강릉문화원 연구총서

강릉의 12향현

강릉문화원 연구총서

강릉의 12향현

조은 최치운

수헌 최응현

사휴당 박공달

삼가당 박수량

원정 최수성

도경 최운우

춘헌 최수

눌재 이성무

보진재 김담

농헌 박억추

괴당 김윤신

임경당 김열

강릉은 예로부터 '문향(文鄕)'이자 '예향(禮鄕)'으로 불렸다. 그러나 임진왜란 전후에 문풍(文風)이 다소 쇠약해지고, 사회기강마저 해이해졌던 것으로 보인다. 강릉지방에 향현사를 건립하게 된 것은 이런 쇠약해진 문풍을 진작시키기 위한 것이라 생각된다.

향현사에는 조선시대 강릉지방에서 배출된 인물 가운데 이 지방민들로부터 추앙을 받는 분들의 위패가 모셔져 있다. 인조 23년 최치운·최응현·박공달·박수량·최수성·최운우 6현을 배향하고, 숙종 8년에는 최수를, 영조 35년에는 이성무·김담·박억추를, 순조 8년에는 김윤신·김열을 배향하여 지금에 이르렀다.

발간사

강릉 향현사鄕賢祠에는 조선시대 강릉을 중심으로 효자와 충신, 열녀로서 귀감이 되는 12명의 위패位牌가 모셔져 있습니다.

이들은 예향의 도시 강릉을 대표하는 인물들로, 성리학이 도입된 이래 성리학이 추구하는 군자君子, 효자孝子, 철인哲人에 이르기까지 실로 다양한 인물들입니다.

예로부터 "효는 백행百行의 근본"이라 했고, "충신은 효자의 가문에서 구한다."고 하였는데, 이 말은 부모에게 효도하는 자가 밖에 나아가서도 충의를 다한다는 말로서, 조선시대 태조 이성계는 건국 직후에 충신·효자·열녀의 행실을 널리 권장하였고, 이들이 살던 마을 입구 또는 살던 집 앞에 정문旌門을 세워 모범으로 삼도록 하였는데, 강릉의 12향현이 바로 이에 해당하는 분들로, 조선시대를 관통하며 현재까지 모두의 귀감이 되는 분들이십니다.

강릉문화원은 『강릉의 12향현』을 발간하면서, 일반인이 쉽게 접할 수 있도록 내용을 정리하고 아울러 관련 기사에 대한 주석 작업도 병행하였고, 이 책이 강릉의 문학과 사상, 그리고 역사 속 깊이 잠들어 있던 인물들을 조명하고, 강릉 시민은 물론, 인근에도 널리 보급되어 시민들의 덕성을 함양하는데 도움이 되길 바랍니다.

끝으로 이 책이 출간되기까지 혼신을 다해 집필해주신 강릉문화원 부설 평생교육원 주임교수인 박도식 교수께 감사드립니다.

2018년 12월 10일

강릉문화원장　최 돈 설

서언

강릉은 예로부터 효자·효부·열녀가 많이 나온 곳이라 하여 '예향禮鄕'이라
한다. 그 효행의 내용을 살펴보면, 부모가 살아 계실 때 극진히 봉양한 사례,
부모·시부모·남편이 병환이 났을 때 지극 정성으로 간호한 사례, 부모가 위험
에 처했을 때 자신의 몸을 돌보지 않고 구한 사례, 부모가 돌아가신 후에 애
틋하게 사모하거나 행동을 근신한 사례 등이 있다. 효녀와 열녀가 많다는 사
실은 유교적인 실천윤리를 실행하는 분위기가 조성되어 있었다는 것을 의미
한다.

강릉은 예로부터 문장과 덕행이 뛰어난 인물이 많이 났다고 하여 '문향文
鄕'이라고도 한다. 『동국여지승람』 풍속조에 의하면, "우리 고장 자제들은 다
박머리 때부터 책을 끼고 스승을 따르고, 글 읽는 소리가 마을에 가득히 들
리며, 게으름을 부리는 자는 함께 나무라며 꾸짖는다"고 하였다. 또 성종 24
년(1493) 홍귀달洪貴達의 〈향교 중수기〉에 의하면, "내가 젊었을 때, '강릉 풍
습이 문학을 숭상하여 그들 자제가 겨우 부모의 품을 벗어나게 되면 곧 향교
에 들어가 배우고, 시골 구석구석 마을에까지 선비들의 몸가짐이 엄숙하고
조용함은 모두 글을 읽는 사람 때문이다'라는 말을 듣고 아름답게 여겼다."고
하였다. 이런 까닭으로 훌륭한 인물이 많이 배출되었던 것이다.

그러나 16세기에 들어 강릉지방은 문풍文風이 다소 쇠약해져 있었고, 사
회기강마저 해이해져 있었던 것으로 보인다. 중종대 강릉교수로 재임하고 있
던 이 고장 출신의 학자 칠봉七峯 함헌咸軒은 "근래에는 풍속이 세속에 물들

어 오히려 옛날과 같지 않아 글로써 세상을 울리는 자가 드물다. 고을에 학식이 있는 자는 학식의 대소를 막론하고 항상 부끄러워하고 한탄스러움을 품어온 것이 한 두 해가 아니다."라고 탄식하였다. 이 고장 출신 허균도 임진왜란을 전후한 시기에 강릉사회의 문풍이 많이 쇠약해져 있었다고 하였다.

조선후기에 들어 강릉 향현사鄕賢祠에 12향현을 배향한 것은 쇠약해진 문풍을 진작시키기 위해서였다. 이들 중에는 과거에 급제하여 관직에 나아가 국왕으로부터 두터운 신임을 받은 인물도 있고, 높은 학식이 있으면서도 관직에 나아가지 않고 학문 연구와 문풍 진작에 힘쓴 인물도 있다. 이들의 공통점은 한결같이 성리학을 바탕으로 강릉지역의 문풍 진작에 앞장서 온 인물이거나 효행에 있어 한 고을에서 모범을 보인 인물들이었다. 그리고 이들 중에는 우리의 직접 조상이 되는 분도 있을 것이고, 우리와 전혀 관련이 없는 분도 있을 것이다. 이들 인물은 어느 특정한 가문의 조상이 아니라 우리 고장을 빛낸 우리 모두의 조상이기도 하다.

지금까지 강릉의 12향현에 대한 연구는 자료집 두 권이 간행된 바 있다. 그러나 이들 책은 모두 원 사료를 나열한 것에 불과하여 일반인이 읽기에 불편하였다. 이러한 상황에서 금번 『강릉의 12향현』을 출간하게 되어 필자로서는 기쁘기 그지없다고 하겠다.

이 책이 간행되기까지는 많은 분들로부터 격려와 도움을 받았다. 이 책이 출판될 수 있도록 지원해 주신 김한근金漢根 강릉시장님과 조영화 문화관광

국장께 감사 인사를 올린다. 또한 이 책이 출간되기까지 격려해 주신 최돈설崔燉卨 원장님께 감사드리며, 기획을 맡은 심오섭沈五燮 국장 및 진행을 맡은 정운성鄭云盛 팀장과 김두연金斗淵 팀원께도 감사를 드리는 바이다. 그리고 이 책을 아담하게 꾸며주신 채륜 편집부 여러분께 감사의 말씀을 드린다. 끝으로 필자를 진정으로 알아주는 마지막 한 명의 독자에게 무한한 감사의 마음을 담아 이 책을 바친다.

2018년 10월 15일
솔올 書齋에서

朴道植

차례

제1장

강릉의 역사와 문화

1. 강릉의 역사

1) 삼국시대 전후의 강릉

강릉은 오랫동안 독특한 문화를 간직해 온 유서 깊은 도시이다. 그동안 학계의 역사적 유적·유물에 대한 지표조사와 발굴의 결과를 종합해 보면, 강릉지역에서는 구석기시대부터 사람이 살기 시작하였고 신석기시대를 거쳐 청동기·철기시대의 단계로 발전되어 왔음이 밝혀졌다.[1]

청동기·철기시대에 접어들어 생산력이 발전하고 계급분화가 이루어지면서 한반도의 각 지역에서는 정치적 지배자들이 출현하게 되었고, 이들을 중심으로 초기국가들이 형성되었다. 우리나라에서 최초로 세워진 국가는 고조선이다. 그러나 고조선은 한漢나라의 침략으로 멸망당하였고, 그 후 한나라는 동방정책의 수행을 위한 전진기지로서 과거 고조선의 세력권 안에 4군郡을 설치하게 된다. 즉 한나라는 기원전 108년에 낙랑군·진번군·임둔군을 설치하였고, 이어 기원전 107년에 현도군을 설치하였다.

한사군이 설치되었을 때 영동지역은 처음에 임둔군에 편제되었으나 군현 경영의 어려움으로 인해 기원전 82년에 임둔군의 15개 현 가운데 일부는 현도군에 이속되고 나머지는 폐지되었다. 그 뒤 토착세력의 저항으로 기원전 75년에 현도군이 중국 동북지역으로 이동하게 되자, 현도군에 이속되었던 현

1　강릉의 역사와 문화에 대한 서술은 박도식, 2017 『강릉을 담은 역사와 문화』, 태학사에 의거하였다.

가운데 단단대령의 동쪽 영동7현(동이현·불내현·잠대현·화려현·사두매현·전막현·부조현)은 새로 설치된 낙랑동부도위의 관할 아래 들어갔다.[2] 기원전 30년에 낙랑동부도위가 폐지됨에 따라 영동7현은 중국의 통치로부터 벗어나 독립된 정치체를 형성하게 되었다. 이 무렵 영동지역에는 동예東濊라는 초기국가가 있었다.

동예에 관한 가장 오래된 기록은 3세기 후반에 편찬된 『삼국지』 위서 동이전이다. 이에 의하면 "예는 남쪽으로 진한, 북쪽으로 고구려·옥저와 접하였고, 동쪽으로 큰 바다에 닿았으니, 조선의 동쪽이 모두 예의 땅이다"고 하였다. 동예의 위치는 북으로 함경남도 정평에서 남으로 강원도 영동지역에 걸치는 동해안 일대로 비정하고 있다. 지금의 강릉은 동예에 속해 있었다.

삼국이 형성되면서부터 영동지방은 신라와 고구려의 영향을 받는다. 신라는 일찍부터 동해안 영동지방으로 진출하기 시작하였다. 문헌상으로 신라의 영향력이 영동지방에 최초로 미치는 것은 2세기 무렵이다. 파사왕 23년(102) 8월 기사에 따르면, 실직국과 음즙벌국이 경계 다툼이 일어나 (파사)왕에게 와서 이를 판결하여 달라고 요청하였을 때, 왕은 이를 판결하는 것이 어려운 일이라 하며 "금관국 수로왕은 연로하고 지식이 많으므로 그를 불러서 판결하게 하자"고 하였다. 이에 수로왕은 여러 가지를 논의한 결과 그 분쟁지역을 음즙벌국에 속하게 했다. 그러나 신라 6부 내의 갈등에 음즙벌국이 연관되어 신라군의 공격을 받고 항복하자 이에 실직국도 항복하였다.[3] 이에 대해 음즙벌국과 실직국이 서로 멀리 떨어져 있다는 점에 주목하여 실직국의 위치를

---

2   이병도는 동이현은 덕원군 부근, 불내현은 안변이나 통천, 화려현은 영흥, 사두매현은 문천이나 고성, 전막현은 평강이나 회양, 부조현은 함흥 부근에 있는 것으로 보았다(이병도, 1976 『한국고대사연구』, 박영사, 201~208쪽).

3   『삼국사기』권1, 신라본기1 파사왕 23년 8월조.

삼척이 아니라 경주 부근의 소국으로 보는 견해도 있지만,[4] 파사왕 23년조 기사에 나오는 음즙벌국과 실직국의 분쟁은 신라가 동해안 해상권을 장악하려는 과정에서 발생한 것으로 이해된다.[5]

신라는 실직·음즙벌국 등을 복속한 후에 동해안 북쪽으로의 개척을 계속 진행하였다. 강릉일대가 언제 신라의 영역으로 편입되었는지는 확실치 않지만, 그 시기는 내물왕 42년(397) 이전의 어느 시기로 보인다. 즉 북쪽 변경의 하슬라에 흉년이 들어 백성들이 굶주리자 왕이 죄수들을 놓아주고 1년간의 세금을 면제해 주었다[6]고 한 것으로 보아 강릉이 신라의 영역으로 편입되었음을 알 수 있다.[7]

내물왕대(재위 356~402)에 신라는 고구려와 친선관계를 유지하였다. 신라는 377년과 381년에 고구려의 도움으로 전진前秦에 사신을 파견하였고, 고구려와의 우호의 대가로 실성實聖을 볼모로 보냈다. 또한 399년에 왜가 신라에 쳐들어왔을 때 고구려에 사신을 보내 구원병을 요청하자 이듬해 광개토왕이 보병·기병 5만명을 보내 신라를 구원해주기도 하였다.[8] 그러나 양국간의 관계는 눌지왕대(재위 417~458)에 들어와 장수왕의 남진정책과 이에 대비한 나제동맹의 체결 이후부터 파열음이 나오기 시작하였다. 눌지왕 34년(450, 장수왕 38) 7월에 하슬라성주何瑟羅城主 삼직三直이 고구려의 변장을 실직 들에서 살

4 방용안, 1986 「悉直國에 대한 고찰」『江原史學』3, 56쪽.

5 서영일, 2003 「斯盧國의 悉直國 倂合과 東海 海上權의 掌握」『新羅文化』21.

6 『삼국사기』권3, 신라본기3 내물왕조.

7 이는 4세기 4/4분기에 들어와 강릉지역 재래의 토기가 신라토기로 대체되는 것에서도 확인할수 있다(李漢祥, 2003 「동해안지역의 5~6세기대 신라분묘 확산양상」『영남고고학』32 ; 심현용, 2009 「고고자료로 본 신라의 강릉지역 진출과 루트」『大丘史學』94 참조).

8 「광개토왕릉비」. 광개토왕은 왜병을 격퇴한 후 그 군대의 일부를 신라 영토 내에 계속 주둔시켜서왕위계승과 같은 신라의 內政에까지 간섭하였다. 「중원고구려비」에는 신라 영토 내에 고구려인 幢主가 주둔하며 군사적 권력을 장악하고 있음이 확인된다(鄭雲龍, 1989 「5世紀 高句麗 勢力圈의南限」『史叢』35, 26쪽).

해하는 사건으로 인해 고구려의 침입을 받았으나 신라왕이 사과함으로써 일단락되었다.[9] 그후 자비왕 7년(464, 장수왕 52)에 신라군이 경주에 주둔하고 있던 고구려 정병精兵 100명을 살해한 사건[10]을 계기로 양국간의 관계는 돌이킬 수 없는 상태에 이르게 되었다.

이에 대한 보복으로 고구려는 장수왕 56년(468)에 말갈 군사와 함께 신라의 실직성을 공격하여 점령하였고, 장수왕 69년(481, 소지왕 3)에 대대적인 공격을 감행하여 동해안 일대를 점령하기에 이른다. 신라와 고구려의 동해안 국경선은 오늘의 흥해지방에 해당되는 미질부성彌秩夫城이었다.[11] 이러한 사실은 『삼국사기』 지리지에 통일신라 때 명주를 구성한 간성·고성·영덕·흥해·울진·청하 등 동해안 지역과 임하·영월 등 영서의 일부 지역들이 본래 고구려의 군현이었다고 기술되어 있는 것에서도 확인할 수 있다. 강릉은 하서량河西良이라 기술되어 있다.

신라가 고구려에 빼앗긴 동해안 영토를 다시 수복하는 것은 6세기 초의 지증왕 때 와서이다. 6세기 초에 즉위한 지증왕은 국호와 왕호를 확정하고, 우경牛耕 장려, 순장殉葬 금지법, 상복법 시행 등 왕실의 위상과 경제적 기반을 확대하였다.[12] 이와 함께 변방의 중요 지역에 12성城을 쌓고, 지증왕 6년(505)에 주군현州郡縣 제도를 정비하는 과정에서 제일 먼저 실직주를 설치하고 거기에 신라에서 가장 명망 있는 인물인 이사부를 군주軍主로 파견하였다. 7년 후에는 이사부를 실직보다 북쪽에 위치한 하슬라주 군주로 파견하였다.

선덕여왕 8년(639)에는 하슬라주를 폐지하고 정치적, 문화적 중심지로서

---

9 『삼국사기』권3, 신라본기3 눌지왕 34년 7월조.

10 『일본서기』권8, 雄略天皇 8년 2월조.

11 李明植, 2002 「5세기 新羅의 對高句麗關係」 『大丘史學』69, 225~229쪽.

12 전덕재, 1990 「4~6세기 농업생산력의 발달과 사회변동」 『역사와 현실』4, 한국역사연구회.

의 북소경北小京을 설치하였다.[13] 그러나 무열왕 5년(658)에 이르러 하슬라 지역이 말갈과 이웃하게 됨에 따라 불안한 상태가 계속되자 소경을 폐지하고 군사적인 성격을 지닌 주州체제로 환원하였다.[14] 즉 무열왕은 말갈에 대한 군사적인 대비책에서 소경의 사신仕臣을 주의 도독都督으로 교체하여 군사적인 대비를 하였던 것이다. 그때 하슬라주는 국방상 요충지에 위치하고 있었기 때문에 6정停 중의 하나인 하서정河西停이 설치되어 있었다.[15]

2) 남북국시대의 강릉

남북국시대란 통일신라를 '남국南國', 발해를 '북국北國'으로 부르는 것을 말한다. 신라의 통일전쟁은 무열왕 때부터 시작되어 문무왕 때에 이르러 서북경의 대동강 이남 지역을 확보하였다. 그 결과 신라는 백제의 영토 모두와 대동강 이남의 고구려 영토를 차지하게 되어 영토와 인구가 이전에 비해 크게 늘어나게 되었다. 이를 효율적으로 지배하기 위해 신라의 중대 왕실은 '일통삼한一統三韓' 의식을 표방하면서 신문왕대에 전국을 9주 5소경으로 정비하였다. 9주의 분포를 보면, 옛 고구려 땅에 3개 주, 옛 백제 땅에 3개 주, 소백산맥 이남 원래의 신라 땅에 3개 주를 두었다. 오늘날 강원도는 삭주朔州와 명주溟州에 속해 있었는데, 강릉은 명주에 속해 있었다. 그때 명주의 관할 군현은 군郡이 9곳, 군縣이 25곳이었다.

---

13 『삼국사기』권5, 신라본기5 선덕여왕 8년 2월조.
14 『삼국사기』권5, 신라본기5 무열왕 5년 3월조.
15 『삼국사기』권35, 지리지2.

〈표-1〉 명주의 관할 군현과 영속(領屬) 관계

군현 이름	영현수	현재 지명
명주(溟州)	4 정선현(旌善縣) 동제현(棟隄縣) 지산현(支山縣) 동산현(洞山縣)	강릉시 정선군 정선읍 정선군 임계면 강릉시 연곡면 양양군 현남면 동산리
곡성군(曲城郡)	1 연무현(緣武縣)	경북 안동시 임하면 경북 청송군 안덕면
야성군(野城郡)	2 진안현(眞安縣) 적선현(積善縣)	경북 영덕군 영덕읍 경북 청송군 진보면 경북 청송군 청송읍
유린군(有鄰郡)	1 해아현(海阿縣)	경북 영덕군 영해읍 경북 영일군 청하면 고현리 일대
울진군(蔚珍郡)	1 해곡현(海曲縣)	경북 울진군 울진읍 경북 울진군 원남면 덕신리 일대
내성군(奈城郡)	3 자춘현(子春縣) 백오현(白烏縣) 주천현(酒泉縣)	영월군 영월읍 충북 단양군 영춘면 평창군 평창읍 영월군 주천면
삼척군(三陟郡)	4 죽령현(竹嶺縣) 만경현(滿卿縣) 우계현(羽谿縣) 해리현(海利縣)	삼척시 정선군 임계면 삼척시 근덕면 교가리 일대 강릉시 옥계면 삼척시 원덕읍 옥원리 일대
수성군(守城郡)	2 동산현(童山縣) 익령현(翼嶺縣)	고성군 간성읍 고성군 현내면 양양군 양양읍
고성군(高城郡)	2 환가현(豢猳縣) 편험현(偏嶮縣)	고성군 고성읍 고성군 외금강면 양진리 일대 통천군 임남면 운암리 일대
금양군(金壤郡)	5 습계현(習谿縣) 제상현(隄上縣) 임도현(臨道縣) 파천현(派川縣) 학포현(鶴浦縣)	통천군 통천면 통천군 송전면 통천군 벽양면 통천군 임남면 외염성리 통천군 학일면 패천리 일대 통천군 흡곡면 학고리 일대

명주는 강릉을 주치州治로 한 직할지와 곡성군·야성군·유린군·울진군·내성군·삼척군·수성군·고성군·금양군 등 9개 군으로 이루어져 있었다. 지금의 행정구역에서 보면, 영동지방 대부분과 평창군·영월군·정선군, 경상북도 북부의 해안쪽 대부분, 함경남도 일부 지역을 관할하였다. 그때 명주의 주치였던 강릉은 명실공히 영동지방의 중심지로서의 역할을 하였다.

신라의 삼국통일에서 서북경은 대동강 선에서 머물렀다. 그러나 이와 같은 사실을 두고도 당나라는 약 70년 가까이 영토권을 인정하지 않다가 성덕왕 34년(735)에 와서 비로소 "패강浿江(대동강) 이남의 땅을 사여한다"고 하였다. 당이 대동강 이남 지역에 대한 지배권을 정식으로 인정하는 것은 당과 발해가 싸울 때 신라의 당에 대한 군사적 지원 이후부터이다.

신라의 서북경은 분명하게 되어 있지만, 동북경에 대하여는 『삼국사기』 자비마립간 11년(468)조에 "봄에 고구려가 말갈과 함께 북쪽 변경 실직성悉直城을 습격하였다. 가을 9월에 하슬라何瑟羅 사람으로서 15세 이상인 자를 징발하여 니하泥河에 성을 쌓았다"는 기록과 『신당서』 발해전에 "발해는 남쪽으로 신라와 접해 있는데 니하泥河로 경계를 이루고 있다"는 기록이 보이고 있다.

니하의 위치 비정에 대해서는 몇 개의 학설이 제기되어 있다. 먼저 『삼국사기』에 기록되어 있는 니하의 위치에 대한 연구는 대체로 덕원 설, 함흥 일대설, 남한강 상류설, 강릉 일대설, 낙동강 상류설, 소양강 설로 구분할 수 있다.

덕원 설은 일찍이 안정복과 유득공이 니하를 덕원으로 보았으며, 김정호도 신라와 고구려 관계에 있어서 니하를 덕원으로 이해하였다. 함흥 일대설은 일본학자 이케우치池內宏에 의해서 제기되었는데, 그는 고원高原 이북 함흥 이남으로 비정하였다. 남한강 상류설은 일본학자 쓰다津田左右吉가 처음 제기하였는데, 영춘·단양 부근의 남한강 상류를 주목하였다. 남한강 상류설은 이

후 사카이酒井改藏·이노우에井上秀雄·이강래·정운용·홍영호 등에 의해서 계승되었으며, 서영일은 논리는 다르지만 정선 일대를 주목하였다. 강릉 일대설은 정약용이 주장한 이후 비교적 폭넓은 지지를 받으며 계승되었지만, 구체적인 위치는 연구자마다 다르다. 이병도는 강릉의 성남천으로 보았고, 서병국·김택균·장창은은 하슬라 사람을 동원하여 성을 쌓았으므로 니하가 강릉과 가까운 곳이라는 전제로 대관령 북쪽의 니현泥峴에서 발원하는 연곡천을 주목하였다. 조이옥·김영하·이인철도 구체적인 위치를 비정하지는 않았지만, 강릉 일대설에 동의하고 있다. 낙동강 상류설은 리지린·강인숙·양태진으로 대표되는데, 이들은 하슬라를 삼척 이남의 울진 일대로 비정하였다. 한편 마쓰이松井 등은 북한강의 지류로서 소양강을 주목하였다.

『신당서』에 기록되어 있는 니하의 위치에 대해서는 대체로 덕원 설, 함흥 일대설, 대동강 설, 강릉 일대설, 용흥강 설로 구분할 수 있다.

덕원 설은 안정복과 유득공이 니하의 위치를 덕원으로 보았고, 함흥 일대설은 이케우치가 고원 이북 함흥 이남으로 비정하였다. 대동강 설은 김정호가 신라와 발해의 경계로서의 니하는 대동강이라 하였으며, 강릉 일대설은 서병국이 연곡천으로 비정하였다. 용흥강 설은 마쓰이가 『삼국사기』 지리지에 인용되어 있는 가탐賈耽의 『고금군국지古今郡國志』의 기록에 의거하여 신라와 발해의 경계인 정천군井泉郡을 지금의 덕원으로 단정하여 덕원과 그 북쪽의 영흥 사이의 용흥강으로 추정하였다. 용흥강 설은 덕원 설을 구체적으로 세분화한 것이다.

이와 같이 『삼국사기』와 『신당서』에 기록되어 있는 니하의 위치를 같은 지역으로 볼 것인가, 아니면 다른 지역으로 볼 것인가에 따라 발해의 영역범위는 달라질 수 있다.

『삼국사기』에 니하가 처음으로 등장하는 것은 지마왕 14년(125)이다. 신라는 북방에 있던 말갈의 침입에 대비하여 지금의 대관령에 목책을 세워 방어하고 있었는데, 말갈이 대령책을 습격하고 니하를 지났다고 기록되어 있다. 당시 신라가 이곳까지 진출할 수 있었던 것은 이미 파사왕 23년(102)에 실직국(지금의 삼척)을 복속하였기 때문에 가능하였다. 이와 같이 신라는 일찍부터 강릉지역까지 진출한 결과 이곳을 중심으로 북방의 경계가 형성되었다. 따라서 삼국시대의 신라는 대체로 강릉 부근을 중심으로 고구려와의 북방 경계를 이루었다가 남북국시대에는 영토를 확장하여 용흥강 부근을 중심으로 발해와 북방 경계를 형성하였던 것으로 추정된다.[16]

한편 7세기 후반에 삼국을 통일했던 신라는 신문왕대(재위 681~692)의 체제정비를 거치면서 전제왕권을 수립하게 되었고, 성덕왕대(재위 702~737)에 와서는 안정된 전제왕권을 누리게 되었다. 그러나 하대로 들어오면서 서서히 쇠망의 조짐을 보이기 시작하였다. 그것은 중대의 마지막 왕인 혜공왕 4년(768)에 일어난 대공大恭의 난으로부터 비롯되었다.

대공의 반란은 전국의 96각간이 석달 동안 서로 얽혀 싸웠다고 전할 정도로 일찍이 보지 못한 대란이었다. 싸움의 양상은 친親혜공왕파와 반反혜공왕파로 나뉘어 전개되었다. 전자의 대표적 인물이 김지정金志貞이었고, 후자의 대표적 인물이 김양상金良相·김경신金敬信이었다. 여기서 반혜공왕파가 승리하고 김양상이 왕위에 오르니 이가 37대 선덕왕(재위 780~785)이다. 선덕왕은 무열왕계가 아니라 내물왕 10세손이다. 이러한 방계 출신인 선덕왕이 왕위에 오름으로써 무열왕계가 왕위를 계승하던 중대는 종말을 고하고 하대가 시작되었다.

신라는 하대에 들어 150여 년 사이에 20명의 왕이 교체되는 대혼란을 겪

---

16 이에 대해서는 홍영호, 2016 『신라의 하슬라 경영 연구』, 경인문화사 참조.

게 되었다. 이 과정에서 지배계급의 분열과 대립이 격화되었고, 이에 따라 중앙의 정치기강은 극도로 문란해지고 지방에 대한 통제력도 약화되었던 것이다. 이러한 와중에 귀족과 사원은 권력·고리대 등 불법적 수단을 동원하여 백성들의 토지를 탈점해서 전장田莊이라 불리는 대토지를 소유하였다. 『신당서』 신라전에는 "재상의 집에는 녹祿이 끊이지 않고 노비가 3천 명이나 된다. 무장한 병사[甲兵]와 소·말·돼지 등도 이와 맞먹는다. 가축은 바다 가운데에 있는 섬에 방목을 했다가 필요할 때면 활을 쏘아서 잡는다. 곡식을 남에게 빌려주어서 늘리는데 기한 안에 갚지 못하면 노비로 삼았다"고 한 것은 당시 귀족들의 농장경영 실태를 말해준다. 농장경영은 국가와 왕실, 귀족들의 열성적인 후원을 받으면서 성장해 온 사원세력도 예외가 아니었다. 사원 소유의 토지는 면세의 특전을 누렸다.

귀족과 사원의 토지탈점으로 인해 토지를 잃은 농민들이 떠돌아다니면서 정부에 대한 불만의 목소리가 커지기 시작했고, 결국에는 진성여왕 3년(889)에 정부의 조세납부 독촉에 항거하여 농민들이 봉기하였다. 최초의 농민봉기는 사벌주에서 일어난 원종元宗과 애노哀奴의 난이었다. 그때 농민군의 규모가 얼마나 컸던지 왕명을 받고 출동한 영기令奇는 그 위세에 놀라 앞으로 나아가지도 못하였다고 한다.

이들의 기세에 자극을 받은 지방세력가들은 각지에서 연이어 반란을 일으켰다. 이 틈을 타 장보고와 같은 해상세력가가 나타났으며, 성城을 쌓고 사병을 지휘하면서 일정한 영역을 다스리는 호족들이 곳곳에서 대두하였다. 그 대표적인 예가 북원(원주)의 양길, 양길의 부하가 된 궁예, 죽주(안성)의 기훤, 완산(전주)의 견훤 등을 들 수 있다. 이러한 상황을 배경으로 효공왕 4년(900)에 견훤이 세운 후백제와 효공왕 5년(901)에 궁예가 세운 후고구려(태봉), 그리고 종래의 신라가 각축전을 벌이는 후삼국시대가 도래하였다.

9세기말 명주는 진성여왕대의 농민봉기를 거치면서 궁예의 세력권 안에 들어가게 된다. 특히 명주는 궁예가 세력을 구축하는데 기반이 된 곳이기도 하다. 궁예는 진성여왕 6년(892) 북원의 양길로부터 군사를 나누어 받아 동정東征을 개시하여 주천(현 영월군 주천면)·내성(현 영월읍)·울오(현 평창읍)·어진(현 정선) 등을 거쳐 동왕 8년(894)에 명주(현 강릉)에 이른다. 궁예가 명주에 들어올 때의 군사는 600여 명이었으나 명주에 도착한 후에 3,500명으로 불어났다. 그것은 궁예가 명주 땅에서 명주호족과 농민, 승려들로부터 지지를 받았기에 원래 그의 군사보다 5배나 늘어났던 것이다. 궁예는 이를 기반으로 하여 양양을 거쳐 저족(현 인제)·성천(현 화천)·부약(현 김화)·금성(현 김화)·철원 등을 정복하였고, 얼마 후 왕건 부자와 패서浿西(평양 이남 예성강 이북) 일대의 호족세력의 귀부歸附를 받아 서쪽과 남쪽 방면으로 진출하여 공주에서 영주를 잇는 선의 이북 지역을 거의 차지하는 커다란 세력으로 성장하였다. 이에 궁예는 901년에 스스로 왕이라 칭하고 '후고구려(태봉)'를 건국하였다.

왕위에 오른 초기에 궁예는 사졸士卒들과 침식을 같이하고 상벌을 공평하게 하는 등 바람직한 지도자상을 보이기도 했다. 그러나 얼마 안 가서 전제적이고 급진적인 면모를 보이기 시작했다. 그는 신라에 대한 극심한 적대의식으로 신라를 '멸도滅都'라 부르고, 신라에서 오는 자를 모두 죽이기까지 했다. 그러자 지식인과 호족들이 서서히 그의 곁을 떠나기 시작했다. 이들은 당시 사회의 중간계층이었기 때문에 급진적인 개혁을 원하지 않았던 것이다. 궁예 휘하에서 동궁기실東宮記室까지 지냈던 박유朴儒는 산속으로 숨어버렸으며, 장주掌奏의 직책에 있던 최응崔凝은 궁예가 왕건에게 모반 혐의를 뒤집어씌울 때 왕건을 도와주었다. 그리하여 궁예는 결국 왕위를 왕건에게 내주게 되었다.

3) 고려시대의 강릉

918년에 궁예의 세력기반을 물려받아 새 왕조의 창시자가 된 태조 왕건은 국호를 '고려'라 하고, 연호를 '천수天授'라고 정하였다. 그러나 왕건 앞에는 허다한 난관이 가로 놓여 있었다. 왕건이 즉위한 5일째 되던 날 혁명 내부세력 가운데 왕건의 왕위를 넘보고 왕권에 도전한 반反혁명 사건이 발생하였고, 얼마 후 궁예의 정치적 기반이었던 청주지역 호족들이 모반을 꾀하여 왕건에 저항하였다. 이와 같이 왕건은 즉위한 후에 궁예를 지지하고 있던 각 지역 호족세력들의 반발과 저항에 직면하게 되었고, 중립적인 입장에서 정세를 관망하고 있던 호족세력들이 후백제로 기울어짐에 따라 정치적 불안이 가중되어 갔다. 이러한 현상은 특히 후백제 영역과 근접한 지역에서 더욱 심하게 나타나고 있었다. 명주호족 김순식도 왕건이 즉위한 후에 불복하고 있었다.

이러한 상황에서 왕건이 해야 할 일은 먼저 궁예정권 하에서 궁예와 결합했던 호족들을 회유 포섭하는 일이었다. 이에 왕건은 제도諸道의 호족에게 사절을 보내 자신을 낮추고 상대를 높이는 겸양의 덕을 발휘하여 호족들을 회유·포섭하였다. 그러자 각지의 호족들이 해가 거듭될수록 고려에 많이 귀부해 왔다. 이렇게 해서 귀부해 오는 호족에게는 토지와 저택을 주기도 하고 관계官階를 수여해주면서 그 통치권을 인정해 주기도 하였다. 그는 여기에 그치지 않고 각 지역의 유력한 호족들의 딸들과 결혼하기도 하였다. 이는 왕건이 호족의 딸들과 정략결혼을 통해 집권은 물론, 왕권을 안정시키는데 활용한 측면이 강하다. 이로 인해 정권의 안정은 이루지만 왕건 사후에 피비린내 나는 왕위쟁탈의 원인을 제공하기도 했다. 또한 중요한 호족들에게는 자신과 같은 왕씨 성을 하사하여 가족과 같은 대우를 하였다. 이러한 정책의 결과 많은 호족들이 귀부해 왔다. 왕건은 김순식을 귀부시키기 위해 집요한 노력을 하였다.

　김순식의 귀부는 3차에 걸쳐서 진행된다. 태조 5년(922) 7월에 왕건이 순식의 아버지 허월을 보내어 타이르니, 순식은 그의 장자 수원守元을 보내어 1차 귀부하였다. 이때 왕건은 수원에게 왕씨 성姓을 하사하고 전택田宅을 주었다. 그러나 순식의 이러한 귀부는 왕건에게는 매우 소극적이고 불만스러운 일임이 분명하다. 그래서 왕건은 순식 자신의 완전한 귀부를 위해 더욱 노력하였을 것이다. 1차 귀부를 한 지 5년이 지난 태조 10년(927) 8월에 순식은 다시 아들 장명長命과 군사 600인을 보내서 고려 궁궐을 숙위하게 하였다. 이에 태조는 순식의 소장小將 관경官景에게 왕씨 성과 관계官階를 수여하고, 그 아들 장명에게는 염廉이란 이름과 원보元甫[17]라는 관계를 주었다. 김순식 본인이 몸소 휘하 세력을 이끌고 왕건에게 완전히 귀부하는 것은 태조 11년(928)에 들어와서이다. 이때 왕건은 순식에게 왕씨 성을 하사하고 대광大匡[18]이라는 관계를 주었다. 대광은 '크게 나라 일을 바로잡을 만한 위치'라는 뜻으로 풀이할 수 있다. 대광은 살아있는 인물에게 주었던 관계 중 최고위였다. 태조대에 대광의 관계를 수여한 예는 재경세력在京勢力 중에는 몇몇 있었으나, 지방세력 중에서는 순식이 최초였다. 이런 점을 통해서 볼 때 당시 김순식의 위치가 얼마나 컸는가를 가히 짐작할 수 있다.

　명주호족 김예金乂도 왕씨 성을 하사받았다. 김예가 언제 어떻게 해서 왕씨 성을 받았는지 알 수 없지만, 앞에서 본 관경이 김순식의 아들 장명과 함께 받은 것으로 보아 그 역시 김순식의 귀부와 밀접하게 관련이 있었던 것으

17　고려시대 관인과 구별되는 특별 부류에게 수여한 직. 태조 2년(919)에 처음 두었고, 태조 19년(936)에 후삼국을 통일한 뒤 관계를 재정비할 때 16등급 중 제8위에 해당되었으며 품계는 4품이었다.

18　문무관에게 수여된 관계 중 최고의 관계. 936년에 후삼국을 통일한 뒤 관계를 재정비할 때 16등급 중 제3위에 해당되었으며 품계는 종1품이었다.

로 추측된다. 명주호족 세력으로서 왕씨 성을 받은 사람은 김순식의 3부자와 관경, 김예 등이었다.

왕건은 명주호족 김순식과 김예로부터 군사적 도움을 받아 태조 12년 (929) 12월부터 시작된 고창군(현 안동) 전투에서 크게 승리하였고, 이 전투의 승리로 강릉에서 울산에 이르는 110여 성이 고려에 귀부하여 왕건의 세력은 크게 강화되었다. 김순식과 김예는 태조 19년(936)에 후백제를 공멸攻滅할 때도 크게 기여하였다. 그러나 고려의 통일과정에서 큰 공을 세운 순식은 얼마 안 가서 중앙정계에서 제거된 것으로 보인다. 왜냐하면 태조 19년 이후부터 김순식에 관해서는 전혀 자료가 찾아지지 않기 때문이다. 아마도 그의 가문은 그후에 중앙정부에 반기를 들었다가 도태되었거나, 아니면 광종의 호족억압책으로 제거되었을 것으로 생각된다. 그러나 김예 계열은 건재하였다. 그는 왕건의 공신이 됨과 동시에 내사령內史令을 역임하였고, 그의 딸은 태조 왕건의 14비 대명주원부인大溟州院夫人이 되었다. 그의 후손은 그후에도 중앙정계에서 활약하였다. 이러한 사실은 그의 현손 왕국모王國髦가 헌종 때 역신逆臣 이자의李資義를 제거한 공로로 권판병부사權判兵部事가 된 것이라든지, 왕백王伯이 충렬왕 때 급제 출사한 것에서 확인할 수 있다.[19]

고려 지방제도의 근간을 이루는 군현제는 태조 23년(940)의 읍호 개정 이래 몇 차례의 개편을 거쳐 현종 9년(1018)에 완성되었다. 고려의 군현제는 처음부터 완성된 형태를 갖추고 출발하지는 않았다. 그것은 신라말 이래 강력한 호족세력이 있었기 때문이다. 따라서 고려초기에는 한동안 호족세력의 자율적 지배를 인정했고, 지방관을 파견하여 중앙정부의 의사를 지방에 직접적으로 관철시키지 못하였던 것이다. 그래서 국초에는 다만 서경西京(현 평양)을

---

19 『고려사』권10, 세가10 헌종 원년 9월 을미조. 『고려사』권109, 열전22 조렴 附왕백.

비롯한 몇몇 요지에 군사적 필요성 때문에 관리를 파견하였고, 조세수취를 위해 금유今有·조장租藏과 전운사轉運使 등으로 불린 비상주 관원을 파견하였을 뿐이다.

고려전기에 지방제도의 본격적 기반은 성종대에 마련되었다. 성종대 지방제도 개편의 첫 조치는 성종 2년(982) 2월 최승로의 건의를 받아들여 주요 거점지역에 12목牧을 설치하여 외관을 파견하면서부터였다.[20] 12목은 양주·광주·충주·청주·공주·해주·진주·상주·전주·나주·승주·황주였다.

12목 설치의 계기가 된 최승로의 상소에서는 "국왕이 백성을 다스리는데 집집마다 가서 날마다 살펴볼 수 없습니다. 그러므로 수령을 파견하여 백성들의 이해를 살피게 하는 것입니다. 태조가 통일한 뒤에 지방관을 두려고 하였으나 대개 초창기였으므로 이를 실행할 겨를이 없었습니다. 그런데 이제 보니 지방토호들이 공무를 빙자하여 백성들을 침탈하기 때문에 백성들이 견디지 못하고 있습니다. 바라건대 지방관을 두기를 청합니다. 비록 한꺼번에 다 파견하지는 못하더라도 먼저 10여 주현을 아울러 한 명의 지방관을 설치하고 그 지방관마다 두세 명의 관원을 두어 백성을 다스리는 일을 맡기십시오."라 하여 그때의 상황을 전하고 있다. 성종대에 12목에 목사를 파견한 것은 민정적民政的 지방행정관 파견의 시초였다는 점에서 그 의의가 크며, 이는 지방 호족세력에 대한 본격적인 통제에 나서게 된 것을 의미한다. 그때 강원도 지역은 12목에서 빠져 있는 것으로 보아 여전히 지방호족의 세력하에 있었던 것으로 짐작된다.[21]

성종 14년(995)에는 처음으로 전국을 10도로 편성하였다.[22] 그리고 12목

---

20 『고려사』권3, 세가3 성종 2년 2월조.

21 변태섭, 1968 「高麗前期의 外官制」『한국사연구』2, 한국사연구회 참조.

22 10도는 본래 당(唐)의 10도제를 모방한 것으로, 그 명칭도 대개 당의 도명을 그대로 채용한 것이었

이 설치되었던 큰 주에 절도사節度使를 두고, 이보다 작은 주에 도단련사都團練使·단련사團練使·자사刺史·방어사防禦使를 설치하였다. 그러나 목종 8년(1005)에 절도사만 남고 양계지방을 제외한 지역에서 도단련사·단련사·자사는 혁파되었다.

이러한 과도기를 거쳐 현종 9년(1018)에는 전국을 5도와 양계로 크게 나누고, 그 안에 경京·도호부都護府·목牧을 위시하여 군郡·현縣·진鎭에 지방관을 상주시키는 형태로 지방제도를 정비하였다. 특히 현종 9년의 지방제도는 고려시대 지방제도의 기본구조가 완성되었다는 점에서 매우 중요한 의미를 지닌다. 이것은 고려 지방제도의 연혁을 기록하고 있는『고려사』지리지가 현종 9년의 지방제도를 기준으로 하여 편성되어 있다는 사실에서도 알 수 있다.

고려의 지방지배는 지역별로 지배방식에 차이가 있었다. 크게 보면 개경을 중심으로 하는 경기와 북방변경지대인 양계, 그리고 나머지 5도의 지배방식이 각기 달랐다. 행정적으로 볼 때 경기는 개성부사가 관할하고, 양계는 병마사 예하의 방어주진으로 편성되었으며, 5도는 안찰사가 관할했다.

5도의 위치와 관할지역 범위는 양광도가 지금의 경기도·충청남북도와 강원도 영서지방의 남부지역 일부를 포함하며, 경상도가 지금의 경상남북도, 전라도가 지금의 전라남북도, 교주도가 지금의 강원도의 영동지방을 제외한 영서지방의 대부분 지역, 서해도가 지금의 황해도 지역이었다. 양계 중 북계北界의 관할 범위는 천리장성 이남의 평안남북도 지역이었고, 동계東界[23]의 관할

다. 행정구획으로서의 10도 명칭은 관내도(關內道)·중원도(中原道)·하남도(河南道)·강남도(江南道)·영남도(嶺南道)·영동도(嶺東道)·산남도(山南道)·해양도(海陽道)·삭방도(朔方道)·패서도(浿西道)이다.

[23] 동계는 성종 10년(991)에 삭방도, 정종 2년(1036)에 동계, 문종 원년(1047)에 동북면, 명종 8년(1178)에 연해명주도, 원종 4년(1263)에 강릉도, 공민왕 5년(1356)에 강릉삭방도, 공민왕 9년(1360)에 삭방강릉도, 공민왕 15년(1366)에 강릉도로 명칭이 바뀌었다(『고려사』권58, 지리지3).

범위는 지금의 영동지방 대부분과 함경남도 정평定平 이남 지역이었다. 동계의 해당구역은 다음과 같다.

〈표-2〉 동계의 관할범위

구분	소속 군현	
안변 도호부	서곡현(瑞谷縣), 문산현(汶山縣), 위산현(衛山縣), 익곡현(翼谷縣), 고산현(孤山縣), 학포현(鶴浦縣), 상음현(霜陰縣)	
純동계 지역	화주(和州), 고주(高州), 의주(宜州), 문주(文州), 장주(長州), 정주(定州), 예주(豫州), 덕주(德州), 원흥진(元興鎭), 영인진(寧仁鎭), 요덕진(耀德鎭), 진명현(鎭溟縣), 장평진(長平鎭), 용진진(龍津鎭), 영흥진(永興鎭), 정변진(靜邊鎭), 운림진(雲林鎭), 영풍진(永豊鎭), 애수진(隘守鎭)	
準남도 지역	금양현(金壤縣, 속현3; 臨道·雲岩·碧山), 흡곡현(歙谷縣), 고성현(高城縣, 속현2; 豢猳·安昌), 간성현(杆城縣, 속현1; 烈山), 익령현(翼嶺縣, 속현1; 洞山), 명주(溟州, 속현3; 羽溪·旌善·連谷), 삼척현, 울진현	

동계의 해당구역은 크게 세 부분으로 나뉜다. 첫째는 안변도호부에서 상음현까지로 안변도호부와 그 속현들로 구성되었고, 둘째는 화주에서 애수진까지로 순純동계 지역의 군현들로 구성되었으며, 셋째는 금양현에서 울진현까지로 준準남도 지역의 주현들로만 구성되어 있다.[24] 동계의 관할 하에는 1도호부·9방어군·10진·25현이 있었는데, 25현은 주현이 8곳이고 속현이 17곳이었다. 이 가운데 조선시대 강원도에 편제된 지역은 금양군, 고성군, 간성군, 익령현(현 양양), 명주(현 강릉), 삼척군, 울진군이다. 명주는 동계의 행정구역

---

24   순양계 지역에는 속현이 없으나, 준남도 지역에는 남도 지역과 같이 속현이 두어지고 있다.

가운데 방어군에 속해 있었다.

강릉은 고려시대 첫 행정개편이 있던 태조 19년(936)에 동원경으로 읍호가 승격되었다. 그 배경에 대해 『강릉김씨족보』에는 "후삼국 통일전쟁 때 명주장군 순식이 가서 도왔더니 명주를 동원경이라 하였다"고 한다. 그러나 태조 23년(940) 군현개편 때에는 어떤 연유에서인지 알 수 없지만 다시 명주로 환원되었다. 성종대에 와서는 명주는 4번에 걸친 빈번한 개명을 거듭하였다. 즉 성종 2년(983)에는 하서부河西府, 성종 5년(986)에는 명주도독부溟州都督府, 성종 11년(992)에는 명주목溟州牧, 성종 14년(995)에는 명주로 개칭되었다. 명주는 원종 원년(1260)에 위사공신衛社功臣[25] 김홍취의 고향이라 하여 경흥도호부慶興都護府로 승격되었다가, 충렬왕 34년(1308)에 강릉부江陵府로 개칭됨으로써 현재의 이름을 갖게 되었다. 공양왕 원년(1389)에는 강릉대도호부로 승격되었다.[26]

고려시대에는 모든 주·부·군·현에 지방관을 파견한 것이 아니라 중요한 지역에 한하여 배치하였다. 고려의 군현은 지방관이 파견된 영군領郡·영현領縣과 파견되지 아니한 속군屬郡·속현屬縣이 있었다. 『고려사』 지리지에 의하면, 명주는 우계·정선·연곡 등 3개의 속현을 거느리고 있었다.

> A-① 우계현은 원래 고구려의 우곡현羽谷縣인데 신라 경덕왕이 지금 명칭으로 고쳐서 삼척군의 관할 하에 현으로 만들었다. 현종 9년에 본주本州에 소속시켰는바 옥당玉堂이라고도 부른다.

---

25 위사공신은 나라를 보위(保衛)한다는 뜻으로, 고종 45년(1258)에 김홍취·김인준 등이 최의(崔竩)와 그의 일당을 주멸하여 최충헌으로부터 시작된 4대 60년에 걸친 최씨 집권을 종식시키고 국정을 왕에게 돌린 사실을 가리킨다.

26 조선시대에 들어와 대도호부는 건국 초부터 강릉·안동에 두었고, 세종 8년(1426) 함경도 영흥에, 세종 10년(1428) 평안도의 영변에, 현종 11년(1670) 경상도 창원에 각각 두었다.

A-② 정선현은 원래 고구려의 잉매현仍買縣인데 신라 경덕왕이 지금 명칭으로 고쳐서 명주의 관할 하에 현으로 만들었다. 현종 9년에 그대로 본주本州에 소속시켰고 후에 군으로 승격시켰는바 삼봉三鳳이라고도 부른다.

A-③ 연곡현은 원래 고구려의 지산현支山縣인데 신라 경덕왕은 옛 명칭대로 두고 명주의 관할 하에 현으로 만들었으며 현종 9년에 지금 명칭으로 부르고 그대로 본주本州에 소속시켰다[이 현 사람들은 전하기를 옛날의 양곡현(陽谷縣)이라고 한다].

정선현과 연곡현은 원래부터 명주의 관할 하에 있었으나, 우계현은 원래 삼척군 관할 하에 있다가 현종 9년(1018) 삼척군이 삼척현으로 강등되면서 명주에 이속되었다.

군·현 아래에는 향·소·부곡과 장莊·처處 등의 특수행정구역을 두고 있었다. 부곡제 영역은 군현에 묶여 행정적으로 주현의 지배를 받았다. 고려시대에 군현은 500여 개에 달했으나 부곡집단은 총 900여 개나 되었다. 지역적으로 80~90%가 지금의 경상도, 전라도, 충청도에 있었다.[27] 강릉지방의 부곡집단으로 사동부곡史冬部曲·오홀부곡烏忽部曲·조대산부곡助大山部曲·소점부곡所漸部曲과 선곡소船谷所·죽원소竹原所 등이 있었음이 확인된다.[28]

---

27 부곡지역의 사람들은 일반 군현의 농민과 같이 농업에 종사하였다. 그 중 향·부곡·장·처에 거주하는 사람들은 국가와 왕실 및 사원의 토지를 추가로 경작하는 역을 부담하였고, 소 주민들은 금·은 등의 광산물, 해산물, 종이·먹·자기 등의 각종 수공업제품을 생산하는 역을 부담하였다. 이에 대해서는 朴宗基, 1990「高麗의 收取體制와 部曲制」『高麗時代 部曲制研究』, 서울대출판부 참조.

28 『신증동국여지승람』권44, 강원도 강릉대도호부조.

4) 조선시대의 강릉

공양왕 원년(1391)에 대도호부로 승격된 강릉은 강원도내 26개 군현 가운데 가장 넓었다.[29] 『신증동국여지승람』에 의하면, 강릉의 사방 경계는 동쪽으로 바닷가까지 10리, 서쪽으로 평창군 경계까지 159리, 횡성현 경계까지 190리, 서남쪽으로 정선군 경계까지 90리, 남쪽으로 삼척부 경계까지 94리, 북쪽으로 양양부 경계까지 60리라고 하였다. 즉 강릉대도호부는 동서로 200리, 남북으로 154리에 달하는 상당히 넓은 지역을 관할하고 있었다. 강릉대도호부는 영조 35년(1759)에 편찬된 『여지도서』에 의하면 21면 86리를 관할하고 있었다.

〈표-3〉 18세기 중엽 강릉대도호부의 면리조직

구 분	면 (21)	리 (86)
강릉 영동면	북일리면	초당리·당북리·대창리(3)
	북이리면	홍제리·성곡리·산황리·임당리·교동리(5)
	정 동 면	유천리·사전리·조산리(3)
	가 남 면	경호리·일희정리(2)
	사 화 면	일애일당리·이애일당리·노동리(3)
	연 곡 면	영진리·역리·현내리·마곡리(4)
	신 리 면	사기리·교항리·향호리·주문리(4)
	성 산 면	건금리·구산리·관음리·보광리·제민원리·위촌리·송암리·서원리(8)
	남일리면	남문외리·금아지리·수문리·견소진리·강문진리(5)
	덕 방 면	입암리·청량리·병산리(3)
	남이리면	문암리·모산리·내곡리(3)
	구 정 면	어단리·덕현리·언별리·학산리·제비리·산북리·목계리·증음치리·고단리(9)
	자가곡면	신석리·시동리·모전리·안인진리(4)
	우 계 면	묵진리·북동리·현내리·산계리·천남리·오곡리(6)
	망 상 면	망상리·만우리·대진리(3)

---

29 강릉대도호부의 관할 면적은 춘천도호부의 약 2배, 원주목의 약 3배, 강원도내에서 가장 작은 흡곡현의 약 40배에 해당하는 넓이였다(盧然洙, 2001 「朝鮮前期 江陵大都護府使 業務 研究」『江原文化史研究』6, 64쪽).

구분	면 (21)	리 (86)
강릉 영서면	임 계 면 도 암 면 진 부 면 봉 평 면 대 화 면 내 면	일리·이리·삼리(3) 횡계리·도암리(2) 동구리·상리·하리·거문리·속사리(5) 봉평리·면온리(2) 신리·대화리·안미리·방림리·계촌리·운교리(6) 일리·이리·삼리(3)

강릉대도호부는 영동 15면 65리와 영서 6면 21리를 관할하였다. 이 가운데 구정면이 9개 리, 성산면이 8개 리, 우계면과 대화면이 각각 6개 리, 진부면이 5개 리의 규모였으나, 가남면·봉평면·도암면은 각각 2개의 리로 되어 있어 그 규모 면에서 큰 차이를 보이고 있다.

강원도의 도명은 태조 4년(1395)에 도내의 거읍巨邑인 강릉의 '강'자와 원주의 '원'자를 취하여 명명한 것이다. 강릉과 원주의 읍호 승강昇降에 따라 도명이 무려 10여 차례의 변경과 복칭復稱이 반복되기도 하였는데, 그것은 불효不孝·패륜悖倫·역모逆謀 등 강상綱常에 위배되는 중죄인이 발생하였을 때 그 죄인만 처벌하는 것이 아니라 그 지방 군현의 등급까지 강등하였기 때문이다. 강릉은 두 번에 걸쳐 현縣으로 강등되었다.

현종 8년(1667)에 강릉이 현으로 강등된 것은 옥기[玉只]가 아버지를 살해한 사건 때문이었다. 이 사건의 전말은 다음과 같다.[30] 강릉에 살던 박귀남朴貴男은 옥기·연화蓮花 두 딸만 두었는데, 귀남이 전염병을 앓아 온몸이 썩어 문드러지자 옥기의 남편 말남末男이 산골짜기에다 초막草幕을 지어 그곳에 데려다 두었다. 그런데 그 병이 집안에 전염될까 두려워한 귀남의 처 난개難介가

30　『현종실록』권11, 현종 7년 2월 계축조.

옥기·말남 및 옥기의 아들 어둔금於屯金과 동모同謀하여 귀남을 결박한 다음 단지에 넣어 산골짜기에 묻었다. 연화도 그의 남편 김기金堅와 함께 갔었다. 그 뒤 향소鄕所에서 이 소문을 듣고 말남과 옥기에게 태형笞刑을 가한 다음 이를 숨기고 보고하지 않았다. 사헌부에서 뒤늦게 그 소문을 듣고 그때의 관리를 추고할 것을 청하였다. 이에 관찰사를 추관推官으로 하여 철저히 신문하게 하였으나, 오래도록 결말이 나지 않았다. 난개·김기·연화 등은 자복하지 않은 채 죽었고 어둔금 등은 오래되어서야 사건의 전말을 자복하였다. 이에 경차관 박증휘朴增輝를 보내어 안문按問한 뒤 왕옥王獄으로 잡아오니, 삼성추국三省推鞫[31]한 뒤 옥기·어둔금을 처형하고 강릉대도호부를 강릉현으로 강등시켰던 것이다. 이 사건으로 인해 도명이 원양도原襄道로 개칭되었다가 숙종 2년(1676)에 강원도로 복구되었다.

정조 6년(1782)에 강릉이 현으로 강등된 것은 이택징의 반역사건 때문이었다. 이 사건의 발단은 5월 26일 공조참의 이택징이 "전하께서 등극한 처음부터 요망스러운 난역亂逆들이 차례로 주륙誅戮 당했는데, 이들은 영조 때 교목세가喬木世家(대대로 문벌이 높은 신하)들의 태반이 무참하게 참절斬截당하는 속으로 들어가 세도世道가 말할 수 없는 지경에 이르러 그 여파의 걱정이 지금도 그치지 않고 있다"는 등의 내용으로 올린 3차례의 상소에서 비롯되었다. 이에 대해 조정 대신들이 연명聯名으로 차자箚子를 올려 "이택징의 상소 내용이 비상한 것이었으므로, 너무도 놀랍고 두려워 처분만을 기다리고 있다"고 반발하였으며, 6월에 대사헌 이재협이 상소하여 "이택징을 역적을 비호한 죄로 논죄할 것"을 청하였으나, 정조는 "내가 스스로 반성하기에 급급하여 우선 이 일에 대해 흑백을 가릴 겨를이 없다" 하여 더 이상 문제 삼지 말도록 하였

---

31 강상 죄인을 임금의 특지(特旨)에 따라 의정부·사헌부·의금부의 관원이 합좌하여 심문하는 것을 말함.

다. 그러나 6월 24일 이유백이 이택징을 비호하는 상소를 올리자, 영의정 서명선은 "이는 오로지 국본國本(왕세자)을 위태롭게 하려는 계교에서 나온 것으로 지난날 홍국영의 음모와 맥락이 관통되어 있다" 하면서 이유백을 잡아가두고 철저히 조사하여 그 근저根抵를 타파할 것을 강력히 청하였다. 그 다음날인 6월 25일 이유백의 동생 이유원이 이유백과 이택징이 공모하여 상소를 올린 것이라고 포청捕廳에 고발하여 체포되기에 이르렀다. 이에 6월 28일 정조는 김상문에 임어하여 이유백·이택징을 친히 국문하고, 본부本府에 명하여 이유백·이유원과 이유백의 사위 최종악, 여관 주인 이몽린을 추국한 결과 김양순·이최중·이명훈·이의익·정성휴 등이 이에 연루되었음이 밝혀지게 되었다. 이택징의 결안結案에는 택징이 이유백에게 뇌물을 주어 상소를 올리도록 하였으며, 상소내용에서 "호서湖西의 유옥儒獄이라고 일컫고 교목喬木이 참벌斬伐되었다고 한 이야기는 모두가 역심逆心에서 나온 것"임을 자백함에 따라 7월 22일 이택징이 물고物故를 당하고, 그의 가솔家率을 노비로 삼고 가산家産을 적몰함으로써 사건은 마무리되었다. 이 사건으로 도명이 원춘도로 개칭되었다가 정조 15년(1791)에 강원도로 복구되었다.

5) 1895년 이후~현대의 강릉

한국을 식민지화하려는 일본은 1894년 6월 경복궁을 불법 점령하여 '민씨정권'을 붕괴시키고 친일적인 개화파정권을 수립시켰다. 김홍집·김윤식·유길준 등을 중심으로 하는 김홍집 내각은 군국기무처를 두고 이후 약 2개월

동안 중요한 개혁법안의 대부분을 통과시켰다.[32]

　김홍집 내각은 우선 국가의 행정기구와 관료체계를 개편하였다.[33] 중앙관제와 인사제도의 개혁이 일단락되자 지방제도의 개편에 착수하였다. 이 지방제도의 개혁은 갑오개혁을 마무리하는 단계에서 추진된 것으로 볼 수 있다. 내무아문에서는 지방제도의 개혁안을 작성하기 위해 각 도의 도정 실무자들로부터 그 연혁과 현황을 듣고 조사에 착수하였다. 그러나 지방제도의 개혁은 지방행정구역을 근본적으로 개편하는 작업이었으므로 원활하게 추진되지 못하였다. 그런데 그때 내무대신이었던 박영효가 이 개혁을 강력히 추진하여 개혁과정에서 나타나는 여러 가지 문제점을 어느 정도 극복할 수 있었다. 그리하여 1895년 5월 26일 〈칙령 제101호〉로 8도제 폐지와 23부제 실시를 골자로 하는 지방관제 개정이 공포되어 다음 달인 윤5월 1일부터 시행할 수 있게 되었다.

　그때 지방제도의 개혁은 8도의 각 감영과 안무영按撫營 및 개성·강화·광주廣州·춘천 등지의 유수부留守府를 폐지하는 동시에 각 도의 관찰사와 안무사 및 각 부의 유수 이하의 지방관을 모두 폐지하였다. 그 대신 소지역주의를 채택하여 전국을 23부로 개편하고, 종래의 부·목·군·현 등 대소의 행정구역을 폐합시켜 획일적으로 군으로 통일한 336군을 두고 23개에 분속시켰다. 그때 신설된 23부와 각부에 소속된 군의 수를 살펴보면 다음과 같다.[34]

　　한성부(11군), 인천부(12군), 충주부(20군), 홍주부(22군), 공주부(27군), 전주부
　　(20군), 남원부(15군), 나주부(16군), 제주부(3군), 진주부(21군), 동래부(10군),

32　유영익, 1990 『갑오경장연구』, 일조각, 181~183쪽.

33　왕현종, 1996 「甲午改革期 官制改革과 官僚制度의 變化」 『國史館論叢』 68 참조.

34　『고종실록』권33, 고종 32년 5월 26일(병신).

대구부(23군), 안동부(16군), 강릉부(9군), 춘천부(13군), 개성부(13군), 해주부(16군), 평양부(27군), 의주부(13군), 강계부(6군), 함흥부(11군), 갑산부(2군), 경성부(10군)

강원도에서 강릉부는 강릉군을 비롯하여 울진·평해·삼척·고성·간성·통천·흡곡·양양 등 9개 군을 관할하였고, 춘천부는 춘천군을 비롯하여 양구·홍천·인제 등 영서 13개 군을 관할하였다. 신설 23부제 아래서 원주·정선·평창·영월은 충주부 관할로 이전되었다.[35]

23부제의 실시는 단순한 행정구역의 재편이라기보다는 지방관의 봉건적 절대권력을 근본적으로 타파하여 지방관의 횡포와 부패를 막고 지방행정체제를 중앙에 예속시키기 위한 것이었다. 이는 외견상으로 획일적이고 간편하여 상당히 합리성을 지니고 있었던 것처럼 보이지만, 소小지역주의에 입각한 과대분할로 인해 실제 행정운영상에 어려움이 많았다. 게다가 종래의 8도제를 무시한 인위적인 획정이었기 때문에 오랜 전통과 현실 사이에 마찰이 불가피하였다. 그리하여 23부제 지방행정구역은 1년 2개월의 짧은 기간으로 폐지되고 1896년 8월 4일 〈칙령 제35호〉에 의해 13도제가 실시되었다.

13도제는 종래의 8도를 기반으로 경기·강원·황해도를 제외한 충청·전라·경상·평안·함경도를 남북으로 분할한 것이었다. 그리고 13도 밑에는 하부행정구역으로 부·목·군을 두었는데, 수도인 한성부만 정부 직할하에 두어 도와 격을 같게 하였다. 한성부를 제외한 일반 부府는 광주·개성·강화·인천 등 경기도 관할하의 4부와 경상남도의 동래, 함경남도 덕원, 함경북도의 경흥 등 모두 7곳, 목은 제주 1곳, 군은 23부제 실시 당시의 336개 군에서 약간의 통폐

---

35 그때까지 강원도 감영이었던 원주가 충주부로 편입된 것은 남한강 상류의 가흥창·흥원창을 포함하는 생활권이란 점이 작용했다고 본다.

합을 거쳐 331개 군으로 확정되었다. 즉 광무개혁의 기본방침인 '구본신참舊本新參' 원칙에 따라 구제도인 도제道制로 돌아갔던 것이다. 그 결과 강원도의 경우 춘천관찰부가 강원도관찰부로 승격되어 원주·강릉을 비롯한 강원도 26개 군을 관할하게 되었다.

13도제 하에서 부·목·군은 지역의 중요성과 특수성에 근거하여 1~5등급으로 구분하였다. 이러한 구분은 23부제 하에서도 인구·토지 등의 기준에 따라 운용하여 오던 것이었다. 부와 목은 당연히 1등급으로 취급하였지만, 군은 5등급을 대폭 축소하여 86개 군에서 단 2개 군으로 줄인 대신 4등급을 확대하여 109개 군에서 214개 군으로 늘인 점이 이전과 달랐다. 강원도 26개 군은 모두 4등급에 속하였다.

13도제 시행 당시 관제개편에서 정부 직할의 한성부에는 판윤, 도에는 관찰사, 부에는 부사, 목에는 목사, 군에는 군수를 두었다. 판윤과 관찰사는 내부대신內部大臣의 지휘 감독을 받아 법률 명령을 집행하고 행정사무를 총괄하되, 각 부의 관계사무는 이를 각 부 대신의 지휘 감독하에 수행하도록 하였다. 그리하여 지방행정은 내부 소관이 되었다. 부사와 목사, 군수는 관찰사의 지휘 감독하에 법률명령과 행정사무를 집행·장리掌理하도록 되어 있었으나, 제주목사 만은 대정大靜·정의旌義 2군을 관할함에 관찰사와 동일한 권한을 갖도록 하는 예외를 두었다.

1895년과 1896년 두 차례에 걸친 지방행정체제의 대개편으로 종래의 모든 관인들이 왕에 대해 직접 책임을 지던 평면적인 행정체제에서 계서제階序制에 의한 책임분담 원칙에 입각한 이른바 피라미드형의 현대적 행정체제로의 전환을 보게 되었다. 특히 오늘날의 지방행정체계가 이 13도제에서부터 그 기반이 확립되었다는 점에서 의미하는 바가 크다고 하겠다. 그러나 8도제→23부제→13도제로 바뀌는 과정에서 군현의 통폐합은 거의 없었다.

일제는 을사늑약 이듬해인 1906년에 지방제도의 개혁을 통해 징세와 치안 등 제국주의 침략적 수단의 측면에서 면의 기능을 강화하였다. 이 때 강릉에 속해 있던 일부 면이 분리되는데, 진부면·대화면·봉평면이 평창군에, 임계면·도암면이 정선군에, 내면이 인제군에 각각 이속移屬되었다. 일제는 조선강점 후 통감부 시기(1906.2~1910.8)부터 추진해 오던 지방행정구역에 대한 전면적인 개편에 착수한다.

일제는 1914년 3월 1일을 기하여 병탄 직후의 12부 317군을 대폭 감축하여 220개 군으로 함으로써 109개 군을 폐합廢合하였다. 이때 강원도에서는 안협군이 이천군伊川郡에, 평해군이 울진군, 금성군이 김화군에, 고성군이 간성군에 각각 편입되었다.[36] 이어 각도 장관을 시켜 동년 4월 1일을 기하여 종전까지의 4,322개 면 중 모두 1,801면을 감하여 2,521개 면으로 하고 면의 명칭도 크게 바꾸어 버렸다.

일제는 군·면 통폐합의 기준에 관하여 "군郡의 경우는 면적 약 40방리方里 인구 약 1만을 정도로 하여 그 이하의 지역은 인접 군에 병합하도록 하였으며, 면面의 경우는 대체로 호수 800호 면적 약 4방리를 표준으로 하여 이를 초과하는 곳은 예전대로 존속시키고 표준에 달하지 못하는 곳은 이를 다른 곳과 병합하도록" 하였다.[37] 일제가 군·면을 통폐합한 이유는 통제력의 강화와 경비의 절감에 있었다.

1914년 행정구역 개편 때 강릉에서는 북일리면·북이리면·남일리면이 군내면으로 병합되었고, 1914년 4월에는 남이리면이 성남면으로, 가남면이 하남면으로 개칭되었다. 그리고 강릉에도 많은 일본인이 거류하면서 본정本町·대

---

36 1914년 지방행정구역의 개편 결과 강원도는 종전의 25개 군이 21개 군으로, 232개 면이 178면으로, 3,087개 동리가 3,122동리로 줄었다(『朝鮮總督府施行年報』, 1914, 18~19쪽).

37 『施政二十五年史』, 164쪽.

화정大和町·대정정大正町·금정錦町·욱정旭町·용강정龍岡町·임정林町·옥천정玉川
町이니 하는 일본식 리명이 생겨났다.

<표-4> 1914년에 개편된 강릉군의 관할 면·리

면(13)	정·리 (116)
군 내 면	본정, 대화정, 대정정, 금정, 욱정, 용강정, 임정, 옥천정, 강문진리, 송정리, 견소진리, 홍제리, 교동리, 포남리, 초당리(15)
덕 방 면	입암리, 청량리, 두산리, 학동리, 병산리, 남항진리, 월호평리(7)
성 남 면	회산리, 내곡리, 노암리, 장현리, 담산리, 박월리, 유산리, 신석리(8)
자가곡면	심곡리, 정동진리, 산성우리, 임곡리, 안인리, 안인진리, 모전리, 상시동리, 하시동리, 운산리(10)
정 동 면	유천리, 지변리, 죽헌리, 대전리, 난곡리, 운정리, 저동리, 안현리(8)
사 천 면	사천진리, 판교리, 석교리, 미노리, 덕실리, 노동리, 사기막리, 방동리, 산대월리(9)
상구정면	도마리, 왕산리, 목계리, 대기리, 송현리, 고단리, 남곡리, 구절리(8)
하구정면	산북리, 제비리, 구정리, 여찬리, 학산리, 어단리, 금광리, 덕현리, 언별리(9)
성 산 면	송암리, 위촌리, 금산리, 구산리, 오봉리, 관음리, 어흘리, 보광리(8)
연 곡 면	삼신리, 퇴곡리, 행정리, 유등리, 신왕리, 송림리, 동덕리, 방내리, 영진리(9)
신 리 면	주문리, 향호리, 교항리, 장덕리, 삼교리(5)
옥 계 면	도직리, 남양리, 조산리, 주수리, 천남리, 현내리, 산계리, 낙풍리, 북동리, 금진리(10)
망 상 면	부곡리, 발한리, 묵호진리, 어달리, 대진리, 망상리, 심곡리, 초구리, 괴란리, 만우리(10)

1916년에는 군내면이 강릉면으로 개칭되었고, 1920년 11월에는 성남면·덕방면·자가곡면(월호평리·신석리) 일부를 병합하여 성덕면으로 개편되었으며, 하남면의 일부가 정동면으로 편입되었다. 1931년에는 강릉군 강릉면이 강릉읍으로 승격되고, 1938년에는 정동면이 경포면으로 개칭되었다. 1940년에는 주문진면이 주문진읍으로 승격되고, 1942년에는 망상면이 묵호읍으로 승격되었다. 1955년에는 강릉읍·성덕면·경포면이 통합되어 강릉시로 승격되고 강릉군의 나머지 지역이 명주군으로 개칭되었다. 1980년에는 묵호읍이 명주군에서 분리되어 삼척군 북평읍과 통합되어 동해시로 승격되었다. 1995년 1월에는 시·군 통합에 따라 명주군이 강릉시에 통합되면서 오늘날 강릉시가 되었다.

<표-5> 강릉시의 연혁

연대		내용
B.C	108년	한무제(漢武帝) 원봉 2년에 임둔군(臨屯郡) 설치.
	82년	현도군(玄菟郡) 관할.
	75년	영동 7현 낙랑 동부도위(樂浪東部都尉) 관할.
	30년	한(漢)의 통치로부터 벗어나 초기국가 동예(東濊) 형성.
A.D	397년(내물왕 42)	신라의 영역으로 편입.
	481년(장수왕 69)	고구려의 영역으로 편입.
	512년(지증왕 13)	하슬라주(何瑟羅州) 설치.
	639년(선덕여왕 8)	하슬라주를 폐지하고 북소경(北小京) 설치.
	658년(무열왕 5)	북소경을 폐지하고 하서주(河西州) 설치.
	756년(경덕왕 15)	하서주를 명주(溟州)로 개칭.
	936년(태조 19)	명주를 동원경(東原京)으로 승격.
	940년(태조 23)	동원경을 명주로 환원.
	983년(성종 2)	명주를 하서부(河西府)로 개칭.
	986년(성종 5)	하서부를 명주도독부(溟州都督府)로 개칭.
	992년(성종 11)	명주도독부를 명주목(溟州牧)으로 개칭.
	995년(성종 13)	명주목을 명주로 개칭.
	1018년(현종 9)	우계현을 삼척현에서 명주로 이속.
	1260년(원종 1)	명주를 경흥도호부로 승격.

연대	내용
1268년(원종 9)	경흥도호부에서 명주로 환원.
1308년(충렬왕 34)	명주를 강릉부(江陵府)로 개칭.
1389년(공양왕 1)	강릉부를 강릉대도호부로 승격.
1457년(세조 3)	강릉대도호부에 진(鎭) 설치, 옥계면과 망상면 설치.
1895년(고종 32)	23부제 실시로 강릉대도호부를 강릉부로 개칭.
1896년(고종 33)	13도제 실시로 강릉부를 강릉군으로 개칭.
1906년(광무 10)	진부면·대화면·봉평면이 평창군, 임계면·도암면이 정선군, 내면이 인제군으로 각각 이속.
1914년	군면 폐합으로 북일리면, 북이리면, 남일리면이 군내면으로 통합.
1916년	군내면을 강릉면으로 개칭.
1931년	강릉면을 강릉읍으로 승격.
1940년	주문진면을 주문진읍으로 승격.
1942년	강릉군 망상면이 묵호읍으로 승격.
1955년	강릉읍을 강릉시로 승격, 강릉군을 명주군으로 개칭
1980년	명주군 묵호읍이 동해시에 통합.
1995년	명주군이 강릉시에 통합

2. 강릉의 문화

영동지역에는 천하의 절경인 금강산을 비롯하여 도처에 명승지가 많다. 그리하여 『택리지』 산수조에서는 "산수의 훌륭한 경치는 당연히 강원의 영동이 제일이다"고 하였고, 『동국여지승람』 강릉대도호부 누정조樓亭條에서는 "우리나라 산수의 훌륭한 경치는 관동이 첫째이고, 관동에서도 강릉이 제일이다"고 하였으며, 같은 책 형승조形勝條에서는 "강릉의 산수가 천하에서 첫째이다"고 하였던 것이다. 강릉지역에 문화 사적지와 천혜의 관광자원이 풍부한 것도 이에 기인한다.

〈표-6〉 강릉시 국가지정 문화재 현황(2018. 2 현재)

종류	지정번호	문화재명	소재지
국보	제51호	임영관 삼문(옛 객사문)	강릉시 용강동 58-1
보물	제81호	한송사지 석조보살좌상	강릉시 오죽헌시립박물관
	제82호	대창리 당간지주	옥천동 333-3
	제83호	수문리 당간지주	옥천동 43-9
	제84호	신복사지 석조보살좌상	내곡동 403-2
	제85호	굴산사지 승탑	구정면 학산리 731
	제86호	굴산사지 당간지주	구정면 학산리 1181
	제87호	신복사지 삼층석탑	내곡동 403-2
	제165호	오죽헌	죽헌동 201
	제183호	해운정	운정동 256
	제191호	보현사 낭원대사탑	성산면 보광리 산 544
	제192호	보현사 낭원대사탑비	성산면 보광리 산 1171
	제214호	강릉향교 대성전	교동 233
	제602호	이이 수고본 격몽요결	강릉시 오죽헌시립박물관

종류	지정번호	문화재명	소재지
보물	제603호 제1220호 제1625-1호	문무잡과방목 명안공주 관련유물 황기로 초서-이군옥시	강릉시 오죽헌시립박물관 강릉시 오죽헌시립박물관 강릉시 오죽헌시립박물관
사적	제388호 제448호 제490호	강릉 임영관 강릉 굴산사지 강릉 초당동 유적	용강동 58-12 외 구정면 학산리 597 초당동 84-2
명승	제1호 제74호 제106호 제108호	명주 청학동 소금강 대관령 옛길 용연계곡 일원 경포대와 경포호	연곡면 삼산리 산1-12 성산면 어흘리 산2-1 사천면 사기막리 산1 경포동 일대
천연 기념물	제166호 제437호 제461호 제484호 제520호	장덕리 은행나무 정동진 해안단구 산계리 굴참나무군 오죽헌 율곡매 방동리 무궁화	주문진읍 장덕리 643 강동면 정동진리 산50-60 옥계면 산계리 산425 죽헌동 201 사천면 방동리 346
중요무형 문화재	제11-4호 제13호	강릉 농악 강릉 단오제	강릉시(강릉농악보존회) 강릉시(강릉단오제보존회)
중요민속 문화재	제5호	선교장	운정동 431

강릉은 예로부터 문장과 덕행이 뛰어난 인물이 많이 났다고 하여 '문향
文鄕'이라 한다. 『동국여지승람』 풍속조에 의하면, "우리 고장 자제들은 다박
머리 때부터 책을 끼고 스승을 따르고, 글 읽는 소리가 마을에 가득히 들리
며, 게으름을 부리는 자는 함께 나무라며 꾸짖는다"고 하였다. 또 성종 24년
(1493) 홍귀달洪貴達의 〈향교 중수기〉에 의하면, "내가 어렸을 때, 강릉 풍습
이 문학을 숭상하여 그들 자제가 겨우 부모의 품을 벗어나게 되면 곧 향교
에 들어가 배우고, 시골 구석구석 마을까지 선비들의 몸가짐이 엄숙하고 조용

함은 모두 글을 읽는 사람 때문이라는 말을 듣고 아름답게 여겼다"고 하였다. 이런 까닭으로 훌륭한 인물이 많이 배출되었던 것이다. 이러한 사실은 과거 급제자를 통해서도 확인된다.

조선시대 관리 진출의 가장 중요한 관문인 문과 급제자수를 살펴보면, 강릉 150인, 삼척·평해 23인, 양양 22인이다. 문과에 응시하기 전의 관문인 사마시(생원·진사)의 입격자는 강릉 408인, 양양 62인, 울진 36인, 평해 34인으로 군현별 편차가 더욱 심하다. 무과는 강릉 72인, 울진 24인, 평해 21인이다. 음사는 울진 95인, 강릉 75인, 양양과 삼척이 27인으로 나타난다.[38]

〈표-7〉 조선시대 영동지방[39]의 과거 급제자

구분 군현	문과 (文科)	무과 (武科)	사마시 (司馬試)	음사 (蔭仕)
흡곡	2	0	0	1
통천	4	3	0	7
고성	13	2	7	5
간성	3	4	9	5
양양	22	33	62	27
강릉	150	72	408	75
삼척	23	18	22	27
울진	9	24	36	95
평해	23	21	34	17
계	249	177	578	249

---

38 『강원도지』권7 및 옥한석, 1994『향촌의 문화와 사회변동』, 한울, 69쪽 참조. 강릉의 과거 합격자 중에는 강릉 출신자도 있지만, 본관이 강릉으로 되어 있는 자도 상당수에 달한다.

39 여기서 영동지방은 동해안 최북단의 흡곡에서부터 평해에 이르는 조선시대의 9개 군현을 말한다. 이를 통상 '영동 9읍'이라 불렀다. 평해군은 1914년 울진군에 병합되고 울진군은 1963년 경상북도로 이관되었다.

강릉은 예로부터 효자·효부·열녀가 많이 나온 곳이라 하여 '예향禮鄕'이라고도 한다. 효자·효부·열녀가 많다는 사실은 유교적인 실천윤리를 실행하는 분위기가 조성되어 있었다는 것을 의미한다. 그 효행의 내용을 살펴보면, 부모가 살아 있을 때 극진히 봉양한 사례, 부모·시부모·남편이 병환이 났을 때 단지수혈斷指輸血(손가락을 잘라 피를 내어 먹이는 것)·할고割股(넓적다리의 살을 베어 약으로 쓰는 것)·상분嘗糞(병세를 살피려고 환자의 변을 맛보는 것)·연종吮腫(환자의 종기를 입으로 빠는 것) 등 지극정성으로 간호한 사례, 부모가 위험에 처했을 때 자신의 몸을 돌보지 않고 구한 사례, 부모가 돌아가신 후에 애틋하게 사모하거나 행동을 근신한 사례 등이 있다.

고려 고종 때 강릉의 향리 출신인 김천金遷은 효자로 널리 알려진 인물이다. 그의 나이 15세 때 몽골군이 강릉에 쳐들어와 많은 사람들이 포로가 되었는데, 그의 어머니와 동생 덕린도 몽골로 잡혀갔다. 김천은 포로로 잡힌 사람들이 끌려가는 도중에 거의 죽었다는 말을 들은 후 상복을 입고 어머니 장례를 마쳤다. 그런데 14년 후에 어느 날 원나라에서 돌아온 백호百戶 습성習成이라는 사람을 통해 어머니가 살아있다는 사실을 알게 된다. 그는 개경으로 올라가 몽골의 동경東京(지금의 요양성)으로 갈 수 있도록 해달라고 조정에 두 번이나 간청했지만 허락받지 못한다. 어머니의 소식을 들은 지 6년째 되던 해에 천호千戶 효지孝至를 따라 원나라에 갔는데, 어머니와 동생은 각각 군졸인 요좌要左와 천로天老의 종으로 있었다. 김천은 주인 요좌에게 애걸하여 은 55냥으로 어머니의 몸값을 치르고 어머니를 모시고 귀국했다. 6년 뒤에 김천은 86냥의 몸값을 치르고 동생도 데려왔다. 두 형제는 종신토록 부모에게 효도를 다하며 우애 있게 지냈다. 훗날 마을 사람들은 김천의 효행을 기리기 위해 옥계면 현내리에 효자각을 세우고 비석에 '효자리孝子里'라고 새겼다.

율곡의 외할머니 이씨는 남편 신명화申命和(1476~1522)의 병이 깊어 생명

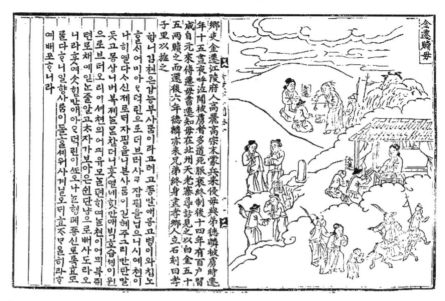

『동국신속삼강행실도』(1614)에 실린 '김천이 어머니 몸값을 치르다'의 글과 그림. 그림은 포로(오른쪽 하단), 상봉(오른쪽 중단), 몸값 치르기(상단), 장례(왼쪽 중단)로 되어 있다.

이 위태한 지경에 이르렀을 때 밤낮으로 하늘을 우러러 기도하였다. 그러던 어느 날 새벽 몰래 남편의 패도佩刀를 가지고 선조의 묘에 올라가 향불 피워 예배하고서 기도하기를 "제가 남편을 따른 지 20여 년이 되었습니다. 그간 남편은 불의한 짓을 하지 않았고 저도 남편의 뜻을 저버린 적이 없습니다. 그런데 하느님께서 어쩌면 이다지도 가혹한 죄를 내리십니까? 저는 이미 어미를 여의었으니 우러를 데라곤 남편뿐입니다. 남편마저 저를 버리게 된다면 저 혼자 구차스럽게 이 세상에 살 수 있겠습니까?" 하고, 드디어 패도를 뽑아 왼손 가운데 손가락을 자르니 피가 철철 흘러 흥건히 괴었다. 이씨는 남편이 이 사실을 알아보아 전혀 내색을 않고 있었는데, 그날 밤 이씨의 꿈에 하늘에서 크기가 대추만한 약이 떨어져 다음날 남편의 병이 씻은 듯이 나았다고 한다.

최시부崔始溥의 처 김씨는 성품이 지극히 효성스러웠다. 김씨는 전신을 쓰지 못한 채 9년 동안 병석에 누워 있던 80세 된 할머니가 이가 빠져 음식을 먹지 못하자 젖을 짜서 미음에 섞어 올렸다. 할머니가 임종할 무렵에는 손가락을 잘라 그 피를 입에 넣어드려 7개월을 더 살게 하였고, 상을 당해서는 3년 동안 여묘살이를 하였다.

박증식朴曾寔의 처 고씨는 남편이 병이 나자 자신의 몸으로 대신할 것을 하늘에 축원하였고, 넓적다리 살을 베어 약을 지었으며, 손가락을 잘라 그 피를 입에 넣어드려 회생하게 하여 수일을 더 살게 하였으나 끝내 죽고 말았다.

이상과 같은 행실에 대해 선조 13년(1580)에 강원도관찰사로 왔던 송강 정철鄭澈은 「관동별곡」에서 "강릉대도호부 풍속이 좋을시고 절효정문節孝旌門(충신·효자·열녀 등을 표창하고 그 정신을 기리기 위해 세운 붉은 문)이 골골이 널렸으니, 비옥가봉比屋可封(집집마다 덕행이 있어 모두 표창할 만하다는 뜻)이 지금도 있다 할 수 있겠구나"라고 하였다.

강릉지역에는 매년 70세 이상 되는 노인들을 명승지로 모셔다가 위로잔치를 베풀어주는 '청춘경로회靑春敬老會'라는 아름다운 풍속이 오랫동안 전해져 왔다. 성종 12년(1481)에 편찬된 『동국여지승람』 강릉대도호부 풍속조에는 "고을 풍속이 노인을 공경하여 매양 좋은 절후를 만나면, 70세 이상된 자를 청하여 경치 좋은 곳에 모아놓고 위로한다. 판부사 조치趙菑가 의좋게 여겨서 공용公用에서 남은 쌀과 포목을 내어 밑천을 만들어 자제 중에서 부지런하며 조심성 있는 자를 가려서 그 재물의 출납을 맡아 회비로 쓰도록 하고 청춘경로회라 이름하였다. 지금까지 없어지지 않았으며, 비록 하인의 천한 사람이라도 70세가 된 자는 모두 모임에 오도록 하고 있다"고 하였다.

청춘경로회는 국가에서 원로 문신들을 위로하고 예우하기 위해 봄가을에 정기적으로 베푼 잔치인 기로연耆老宴과 비슷하였다. 그러나 기로연은 정2품의 실직實職을 지낸 70세 이상의 문과 출신의 관원만 참석할 수 있는 경로잔치였음에 반해, 청춘경로회는 관원뿐만 아니라 노비에 이르기까지 모두 참석할 수 있는 신분을 초월한 경로잔치였다는 점이 달랐다. 강릉 노인들의 증언에 의하면 청춘경로회에는 악공들이 초청되어 풍악을 울렸고, 기생들이 동원되어 노인들이 청춘의 마음을 되찾고 유지할 수 있도록 잘 대접하였다고 한다.

강릉에는 역사적 인물에 연유된 지명이 비교적 많이 발견된다. 조선중기의 효자 박수량은 사천면 미노리에 살았는데, 그의 묘가 있는 산은 그의 아호를 딴 삼가봉三可峰이다. 이조참판 김광철 형제에 관한 지명으로는 사천면에 애일당愛日堂·이설당梨雪堂 등의 지명이 남아 있다.

강릉은 우리나라의 중심에서 멀리 떨어져 있을 뿐 아니라 첩첩산중이어서, 옛날에는 교통이 대단히 불편하였다. 그러므로 이 지역에서 어떠한 사건이 발생하더라도 그 사실이 곧 중앙정부에 알려지지 않는 경우가 많았다. 하물며 어느 개인이 이 지역에 거주·우거한다고 해서 그런 일이 중앙정부의 관심사가 되지 못하였음은 말할 나위도 없다. 따라서 개인의 자유를 제약하는 관청의 제재도 그리 심하지 않았다. 그리하여 이 지역에는 지사·은둔자·풍류객 등이 많이 모여들었던 것이다.

제2장

12향현의 배향과
성씨·본관

1. 12향현의 배향

　　강릉 향현사郷賢祠에는 조선시대 강릉지방에서 배출된 인물 가운데 이 지방민들로부터 추앙을 받는 분들의 위패位牌가 모셔져 있다. 강릉은 예로부터 문장과 덕행이 뛰어난 인물이 많이 났다고 하여 '문향文郷'이라 하였고, 효자·효부·열녀가 많이 나온 곳이라 하여 '예향禮郷'이라 하였다. 그러나 16세기에 들어 강릉지방은 문풍文風이 다소 쇠약해져 있었고, 사회기강마저 해이해져 있었던 것으로 보인다. 이에 대해 함헌은 "근래에는 풍속이 세속에 물들어 오히려 옛날과 같지 않아 글로써 세상을 울리는 자가 드물다. 고을에 학식이 있는 자는 학식의 대소를 막론하고 항상 부끄러워하고 한탄스러움을 품어온 것이 한 두 해가 아니다."라고 탄식하였다.[1]

　　허균 또한 "강릉부는 옛 명주 땅인데, 산수의 아름답기가 조선[東方]에서 제일이다. 산천이 정기를 모아가지고 있어 이인異人이 가끔 나온다. 국초의 동원 함부림의 사업이 역사에 실려 있고, 참판 최치운 부자의 문장과 절개가 또한 동원에 못지않다. 매월당(김시습)은 천고에 동떨어지게 뛰어났으니, 온 천하에 찾아보더라도 참으로 찾아볼 수 없으며, 원정 최수성 또한 뛰어난 행실로 일컬어지고, 중종조의 어촌 심언광과 간재 최연崔演의 문장이 세상에 유명하다. 요즘 이율곡 또한 여느 사람과는 다르다. 우리 중씨(허봉)와 난설헌 또한 강릉의 정기를 받았다 할 수 있다. 현재는 최운부崔雲溥 이후에는 등과한 사

1　「五峯書院實記」 및 『七峯咸先生遺稿』卷1, 邱山書院求助書.

람이 없어, 이인異人이나 문인[翰士]을 만나기 쉽지 않다. 그런데도 과거한 선비는 전혀 볼 수 없으니, 또한 극히 성했다가는 쇠해지는 것이 만물의 이치인가보다."[2]라고 하여 임진왜란을 전후한 시기에 강릉사회의 문풍이 많이 쇠약해져 있었다.

강릉지방에 향현사를 건립하게 된 것은 임진왜란 전후에 쇠약해진 문풍을 진작시키기 위한 것이라 생각된다. 강릉에서는 사당을 세우자는 논의가 있은 지 오래되었으나 그 뜻을 이루지 못하다가, 인조 23년(1645) 8월에 강백년姜栢年이 강릉부사로 재임하고 있을 때 전 목사牧使 이상험李尙馠과 전 직장直長 김충각金忠慤 등 여러 사람들의 건의로 마침내 사당을 완공하여 최치운·최응현·박수량·박공달·최수성·최운우 등 6현을 배향하였던 것이다. 그후 숙종 8년(1682)에는 최수를, 영조 35년(1759)에는 이성무·김담·박억추를, 순조 8년(1808)에는 김윤신·김열을 배향하였다.

〈표-1〉 강릉 12향현

이름	字	號	본관	생몰년대	생진시	대과	최종관직
최치운	伯卿	釣隱	강릉	1390~1440	태종 8(1408)	태종17(1407)	참판
최응현	寶臣	睡軒	강릉	1428~1507	세종 30(1448)	단종 2(1454)	대사헌
박공달	大觀	四休堂	강릉	1470~1552	연산군 1(1495)	현량과(중종14)	병조좌랑
박수량	君擧	三可堂	강릉	1475~1546	연산군10(1504)		현감
최수성	可鎭	猿亭	강릉	1487~1521			

2　『성소부부고』권26, 부록1「鶴山樵談」.「학산초담」은 허균의 나이 25세(1593) 때 강릉에 머무르면서 지은 것으로, 詩評 및 詩話 등 모두 108則이 실려 있다.

이름	字	號	본관	생몰년대	생진시	대과	최종관직
최운우	時中	蹈景	강릉	1532~1605	명종 7(1552)		현감
최수	道源	春軒	강릉	1443~1472		세조14(1468)	현감
이성무	聖始	訥齋	영해	1370~1436			사헌부감찰
김담	譚之	葆眞齋	강릉	1522~1605	중종 34(1539)		
박억추	德曳	聾軒	강릉	1523~1590		효렴과(명종18)	부사
김윤신	德曳	槐堂	강릉	1444~1521	세조 14(1468)	성종 7(1476)	목사
김열	說之	臨鏡堂	강릉	1506~ ?		효렴과(중종)	

2. 12향현의 성씨와 본관

오늘날 대한민국 국민은 누구나 법률에 의거하여 성씨와 본관을 가지게 되어 있다. 그러나 지금부터 500년 전만 해도 성씨가 없는 무성층無姓層의 비율은 전체 인구의 약 40%를 차지하였다. 이들 대부분은 노비를 비롯한 천민층이었다. 모든 사람이 성씨와 본관을 가지게 된 것은 1909년에 일제가 조선 백성들을 한눈에 파악하기 위해 도입한 민적법民籍法이 시행되면서부터이다.

성씨란 일정한 인물을 시조로 하여 대대로 이어 내려온 단계혈연單系血緣 집단을 지칭한다. 우리 역사에서 성씨를 사용하기 시작한 시기는 삼국시대부터이다.[3] 최초로 성씨를 사용한 것은 왕이었다. 고구려는 그 사용연대를 확실히 규정할 수 없으나 대개 장수왕(재위 413~491) 때 중국에 보내는 국서에 고씨高氏를 썼으며, 백제는 근초고왕(재위 346~376) 때 여씨餘氏를 쓰다가 무왕(재위 600~640) 때부터 부여씨夫餘氏라 썼으며, 신라는 진흥왕(재위 540~576) 때부터 김씨金氏를 썼다.[4]

신라 진흥왕대에 세워진 순수비에는 적지 않은 신료들의 이름이 등장하는데, 이들 가운데 성씨를 가진 인물은 찾을 수 없고 이름 앞에 부명部名을 관칭冠稱하였을 뿐이다. 김유신의 할아버지만 하더라도 무력지武力智라고만 하였을 뿐 성씨를 사용한 흔적은 보이지 않는다. 삼국통일을 전후한 시기에 소

---

3   李純根, 1981「新羅時代 姓氏取得과 그 의미」『韓國史論』6, 서울대 국사학과.

4   『北齊書』北齊 河淸 4년(565년, 진흥왕 26)조에는 北齊 武成帝가 진흥왕을 "新羅國王 金眞興"으로 표현하고 있다.

수의 귀족층이 성씨를 사용하기 시작한다.[5] 즉 신라 통일 전후에는 국왕을 비롯해 소수의 인물들만이 성씨를 사용하였음을 알 수 있다. 성씨가 본격적으로 사용되는 시기는 고려초기에 들어와서다.[6]

본관은 성姓이 일반화하는 과정에서 혈족계통을 전혀 달리하는 동성同姓이 많이 생겨남으로 인해 성만으로는 동족同族을 구별할 수가 없게 되자, 씨족의 출신지 또는 씨족이 대대로 살아온 거주지를 성 앞에 붙여서 사용하게 된 것에서 비롯되었다. 본관제도가 시행된 것은 고려초기부터이다.

우리는 옛 문헌을 볼 때 어떤 인물에 대한 내용 중에 '○○인'이라고 기록된 것을 쉽지 않게 대하게 된다. 예컨대 율곡 이이와 이순신의 본관은 '덕수인德水人'이라고 기재되어 있다. 여기서 '덕수'는 율곡과 이순신의 출생지나 거주지를 말하는 것이 아니라 이들 선대에 덕수를 기반으로 세거世居한 적이 있고 그 혈통이 이들에게까지 이어지고 있음을 말하는 것이다. 본관에 대한 이해가 없다면 율곡과 이순신은 같은 고향이라고 오해할 수 있다. 그러나 두 사람은 본관이 '덕수'라는 공통점이 있을 뿐이고, 태어난 곳과 성장한 곳이 각각 다르다. 오늘날 본관은 대개의 경우 거주지와는 아무 상관이 없고, 다만 성씨의 본향을 통해 씨족을 구분하는 것 이상의 의미를 갖지 못한다.[7]

처음에 본관은 주로 지배층에 사용되었으나 후대로 내려오면서 성이 널리 보급됨에 따라 신분질서의 유지와 효과적인 징세徵稅·조역調役의 필요상 일반

---

5 「文武王陵碑」에는 찬자 金□□, 書者 韓訥儒라는 성명이 보인다. 이는 그때 김씨와 한씨를 사용하는 귀족들이 존재하였음을 알려준다. 신라의 6部姓(李·崔·孫·鄭·裵·薛氏)이 등장하기 시작하는 것도 이 무렵으로 추정된다. 이에 대해서는 李鍾書, 1997「羅末麗初 姓氏 사용의 擴大와 그 背景」『韓國史論』37 참조.

6 이수건, 1978「고려전기 토성연구」『대구사학』14; 이수건, 2003『한국의 성씨와 족보』, 서울대출판부; 김수태, 1981「고려 본관제의 성립」『진단학보』52; 김수태, 1999「고려초기 본관연구」『한국중세사연구』8; 채웅석, 1986「고려전기 사회구조와 본관제」『고려사의 제문제』.

7 宋俊浩, 1990「한국의 씨족제에 있어서의 본관 및 시조의 문제」『조선전기 사회사연구』참조.

주민에게까지도 호적에 본관을 기재하게 되었다. 즉 양인이면 누구나 성씨의 사용 여부에 관계없이 본관을 가졌던 것이다. 성의 분화와 아울러 본관도 후대에 내려올수록 분관·분적이 늘어 시조의 발상지 외에 봉군지封君地·사관지賜貫地 또는 그 후손의 일파가 이주한 곳이 새 본관이 되었다.[8]

고려시대 사람들은 대개 거주지인 본관의 이름을 붙여 명주사람, 처인부곡사람 등으로 불렀다. 언뜻 보기에는 오늘날과 별로 다를 바가 없는 듯이 보인다. 그러나 그 사람의 본관이 군현에 소속되었는지, 부곡지역에 소속되었는지를 엄격히 따져 세금 부과여부와 관리 진출에 차별을 둔 관행이 있었다. 가령 향·부곡·장·처에 거주하는 사람들은 국가, 왕실과 사원의 토지를 추가로 경작하는 노동력을 부담하였고, 소所에 거주하는 주민들은 금·은 등의 광산물, 해산물, 종이·먹·자기 등의 각종 수공업제품을 생산하는 노동력을 부담하였다.

이처럼 고려시대에는 일반 군현과 향·소·부곡 가운데 어느 곳을 본관으로 하느냐에 따라 주민의 사회적 지위와 부담이 달랐던 것이다. 그리고 지역사회의 공동체적 관계를 이용한 지배와 본관 사이에 차별적인 지배를 유지하기 위해 호구의 지역적 이동을 억제하였다. 개경에 가서 벼슬을 한다든지 국가의 정책에 의하여 이주한다든지 하는 특별한 사정이 없는 한 본관과 거주지는 일치하였다. 관의 허가를 받지 않은 이주는 유망으로 간주하여, 발각되면 본관으로 송환하였다.

고려초기 이래 각 군현에 어떤 성관姓貫이 존재하였는지는 15세기 전후한 시기에 간행된 『경상도지리지』(1425)를 비롯한 『세종실록지리지』(1454)와 『동국여지승람』(1481)에 성씨 관련 자료가 전하고 있다. 이 가운데 『경상도

---

8   이수건, 2003, 앞의 책, 80~81쪽.

지리지』에는 지역적으로 경상도 일원에 한정되어 있고, 『동국여지승람』에는 인물조와 고적조에 해읍該邑을 본관으로 한 인물과 각 성의 본관이 기재되어 있는 정도이다. 하지만 『세종실록지리지』에는 조선전기 전국 각 군현에 토착하고 있던 토성土姓을 비롯하여 각종의 이입성移入姓과 망성亡姓·속성續姓 등을 망라하여 수록하고 있다. 이러한 성씨들은 비록 조선초기에 파악된 것들이지만, 그것은 이미 고려초기부터 존속해 온 것으로 보인다. 따라서 우리는 『세종실록지리지』에 기재되어 있는 성관체제를 추적하여 고려시대 성관의 유래와 그 존재 양태를 재구성할 수 있다고 본다. 이에 대한 이해를 돕기 위해 『세종실록지리지』의 기록을 토대로 현재 영동지방의 성씨를 들면 〈표-2〉와 같다.

〈표-2〉『세종실록지리지』 소재 영동지방 군현별 성종(姓種) 일람표

군현명	土姓	亡姓(亡次姓)	來姓(亡來姓)·入姓(亡入姓)·續姓·賜姓·歸化姓
강릉부	6; 金, 崔, 朴, 郭, 咸, 王		속성3; 全(정선), 李(평창), 元(원주)[모두 향리], 사성1; 王(후에 玉)
연곡현	5; 明, 李, 陳, 申, 蔣		속성1; 全(정선)[향리]
우계현	4; 李, 邊, 沈, 盧		속성1; 劉
양양부	2; 金, 李	4; 孫, 朴, 河, 鄭	속성3; 張, 林, 尹
동산현	4; 朴, 金, 崔, 陳	1; 李	내성1; 林
간성군	2; 宋, 李	3; 柳, 張, 文	속성11; 金·李(평창), 咸(양근), 尹(영춘), 南(영양), 金(음죽), 全(정선), 張(단양), 安(제천), 孫(평해), 朴(영덕)[모두 향리]
열산현	1; 崔	2; 麻, 皇甫	속성5; 金·全(정선), 孫(평해), 朴(보성), 林(울진)[全·孫·朴·林 4姓; 모두 향리]

군현명	土姓	亡姓(亡次姓)	來姓(亡來姓)·入姓(亡入姓)·續姓·賜姓·歸化姓
고성군	3; 柳, 朴, 孟	亡次姓2; 兪, 吳(孟)	속성5; 劉·吾·崔(강릉), 鄭(九皐), 金(양양)[崔·鄭·金 3姓; 모두 향리]
안창현			입성3; 李(加恩·川寧), 高(利安)
환가현	3; 崔, 朴, 皇甫		
통천군	4; 金, 李, 鄭, 兪	1; 張	내성2; 林, 尹, 망성1; 張. 망래성1; 趙 속성5; 孟·崔·李(경주), 朴(영해), 孫(평해)[崔·李·朴·孫 4姓; 모두 향리]
임도현			망입성2; 崔(慈仁 拔山入), 太(投化入). 속성1; 林
벽산현	1; 崔	2; 林, 孫	
운암현			망입성3; 蔡(金化入), 宋(狼川入), 李(朝宗入). 속성1; 林
흡곡군			망래성3; 孫(碧山來), 劉(金城來), 宋(交州來). 속성3; 申, 金, 羅
삼척군	4; 陳, 金, 沈, 朴		사성1; 秦

영동지방의 각 군현에는 대개 3·4본의 토성이 존재하였다. 즉 강릉 6본, 삼척·통천 4본, 고성 3본, 간성·양양 2본이다. 속현 중에서는 연곡 5본, 우계·동산 4본, 환가 3본, 열산·벽산 1본이다. 이는 조선초기 행정구역을 기준으로 한 것이다. 강릉의 토성은 김, 최, 박, 곽, 함, 왕씨이다.

토성은 고려초 이래 전해져 오던 '고적古籍'과 『세종실록지리지』 편찬 당시 각 도에서 올린 '관關'에 기재되어 있던 성씨를 지칭했다. '고적'은 고려 초 이래 전래해 오던 중앙에 소장되어 있던 군현 성씨 관계 자료였고, '관'은 지방의 각 읍사邑司(향리들의 집무기구)에 비치되어 있던 성씨 자료를 수합 정리하여 중

앙에 보고한 문서였다고 생각된다.[9]

현재 학계에서는 고려시대 향리와 같은 향촌 지배계층의 성씨가 바로 토성이었다고 보는 견해가 우세하다. 그들은 신라말 고려초에 성주·장군·촌주 등의 직함을 지내면서 지방세력을 대표하던 이른바 호족의 후예였다. 호족은 고려의 개국과 통일에 적극 참여하여 개국관료와 삼한공신이 되면서 각기 성관을 분정 또는 하사받았다.[10] 이렇게 형성된 각 읍 토성들은 혹은 본관을 떠나 상경종사함으로써 재경관인이 되었고, 그대로 토착하던 토성은 읍사를 중심으로 상급 향리층을 구성하여 지역사회를 자율적으로 지배하고 질서유지를 책임지는 위치에 있었다. 이후 많은 변화와 분화 과정을 겪고 15세기 지리지가 편찬될 때 이들 성씨가 각종 토성으로서 파악되었던 것이다.

『세종실록지리지』에 수록된 모든 토성이 같은 시기에 형성되었다고는 볼 수 없다. 왜냐하면 토성의 내부구조에서 같은 토성이라도 토성과 차성次姓, 인리성人吏姓과 차리성次吏姓이 있는 것은 양자가 시간적 선후를 두고 형성되었기 때문이다. 차성 또는 차리성이라 했던 것은 토성과 인리성 다음에 각각 형성되었던 것에 기인하는 바이다. 고려시대 동계東界의 북부지방에 위치하였던 흡곡에는 토성이 아예 없다. 그것은 고려초 이래 빈번한 국경 신축으로 인해 주민의 집산이 반복되었기 때문에 토착세력의 유망이 심하여 미처 토성으로 책정되지 않았기 때문이라 본다.[11]

---

9 성씨에 관한 이하의 서술은 이수건, 2003 『한국의 성씨와 족보』에 의거하였다.

10 토성분정에 대한 시기문제는 연구자에 따라 견해를 달리하고 있다. 이수건은 고려 태조 23년(940)에 이루어졌다고 보았고, 채웅석은 그보다 늦은 성종 14년(995)이었다고 하였다. 이는 본관과 성의 결합을 전제로 한 토성개념이었다. 이에 반해 김수태는 토성이 고려중기 이후 지방사회 변화와 연관하여 출현하였다고 한다. 본고에서는 일단 태조 때부터 토성이 분정되었다는 전제하에 논고를 정리한다.

11 흡곡현은 본래 고구려의 習比谷縣인데, 신라 때 習磎縣으로 고쳐서 金壤郡의 領縣으로 하였고, 고려 때 지금의 이름으로 고쳐서 그대로 通川郡의 임내로 하였다가 고종 35년(1248)에 비로소 縣令을 두었다. 본조에서도 그대로 따랐다(『세종실록지리지』, 강원도 간성군 흡곡현).

망성은 '고적'에는 기재되어 있으나 '관'에는 없는 성씨를 지칭했다.[12] 망성은 '망토성亡土姓'과 같은 뜻으로, 『세종실록지리지』를 편찬할 때에는 이미 소멸된 성씨였다. 이는 토성이 확립된 이래 신분이 상승하여 본관지를 옮겼거나 몰락하여 타지방으로 거주지를 이동해 간 경우와 전쟁 등과 같은 비상시에 자신들의 성을 관계 기록에 기재하여 놓지 못한 경우에 해당된다. 망성은 대체로 하삼도지방보다는 근기지방에, 대읍보다는 중소읍에 많았다. 경상·전라도처럼 수도와 멀리 떨어진 곳은 중앙정계의 변동에 그렇게 민감하지도 않고 또 직접적인 영향을 적기 받기 때문에 각 읍 토성이 고향을 편안히 여겨 다른 곳으로 떠나기를 꺼려한[安土重遷] 결과 망성의 발생이 적었던 것이고, 왜구가 심했던 연해지방과 주민의 집산·국경선의 신축이 반복되었던 동계의 북단에 있는 양양부와 간성군은 망성이 많았다.

속성은 '고적'에는 없고 그 대신 '관'에 처음 기재된 성씨를 지칭했다.[13] 즉 속성은 종전에 없던 성을 『세종실록지리지』 편찬 때에 각 도에서 올린 '관'에 추가 등재된 성이었다. 『세종실록지리지』에는 속성을 각 읍 성씨조의 맨 끝에 놓았고 반드시 내성 다음에 기재하였다. 속성은 고려후기 이래 '북쪽의 오랑캐와 남쪽의 왜구[北虜南倭]' 침입과 격심한 사회변동 및 거기에 따른 토성이족의 유망으로 군현과 각종 임내任內(속현과 부곡제 지역)의 향리 자원이 부족하게 되자, 이를 보충 내지 열읍간에 향리수를 조정한 결과로 형성되었던 것이다. 그때 읍사邑司를 구성하고 있던 향리는 군현의 행정실무를 담당하고 있을 뿐만 아니라 관내의 징세徵稅·조역調役에 있어서 필수불가결한 존재였다. 영동지방에서는 간성군·고성군·통천군 등에 속성이 집중되어 있었다.

---

12 "凡稱亡姓 謂古籍所有 而今無者 後皆倣此"(『世宗實錄地理志』, 京畿 廣州牧; 5-615).

13 "古籍所無 今據本道開續錄 後凡言續姓者 放此"(『世宗實錄地理志』, 京畿 楊根郡 迷原庄; 5-616).

입진성入鎭姓은 고려초부터 북진정책에 따라 영토확장과 함께 실시되었던 국가의 사민정책에 의해 남부지방에서 양계지방에 사민해 온 정착민의 성씨를 지칭했고, 입성은 지역적인 이동에서 발생한 성씨를 지칭했다.

내성은 그 자의대로 타지방에서 입래入來한 성씨로서 고려초 이래의 '고적'에도 토성과 함께 기재되었던 성씨를 지칭했다. 토성이 확정된 뒤 그 토성의 유망 또는 소멸에서 망성이 발생하였듯이, 망래성은 입래한 내성이 그후 다시 유망하거나 소멸함에 따라 발생한 성씨이다.

이와 같이 고려 초기부터 각 군현마다 읍사를 중심으로 깊이 뿌리박고 있던 토성은 상경종사·유리·소멸 등의 과정을 밟아 지역적 이동과 신분적 분화를 계속했다. 그 결과 기존토성의 유망에서 '망성'이 발생했고, 지역적인 이동에서 '내성來姓'·'입진성入鎭姓'·'입성入姓' 등이 발생했으며, 여말선초 열읍간의 향리조정책에 의하여 '속성'이 대량 발생했던 것이다.

『세종실록지리지』 성씨조는 한국 성관에 관한 자료 가운데 가장 일찍이 그리고 가장 구체적으로 정리된 것인데도 편찬 이후 한말까지 민간에 공개되지 않았다. 그 대신 이를 축약·혼효한 『동국여지승람』이 조선시대 성관의 기본자료로 인식되었다. 그러나 『동국여지승람』의 성씨조를 보면 『세종실록지리지』 소재 토성·차성·인리성·차리성·백성성·입주후성·입현후성 등의 용어는 없어지고, 단지 본관을 본읍과 임내로 구분하고 토성과 망성을 혼효해서 기재하였다. 그리고 이래移來한 성씨에 대해서는 본관을 세자細字로 주기하되 본관을 모를 때에는 성자 다음에 '내來'·'속續'·'속屬' 자를 부기함으로써 고려 초기 토성분정 이래 성관의 본래 모습이 상실되고 말았다. 다른 한편에서는 인물조와 고적조를 대폭 보강하여 해읍을 본관으로 한 인물과 각 성의 본관을 구체적으로 파악해서 기재함으로써 후대 족보와 『읍지』 및 『대동운부군옥大東韻府群玉』 성씨조와 『증보문헌비고』 제계고帝系攷 부씨족조附氏族條에서

인용할 수 있는 많은 자료를 제공해 주었고, 『세종실록지리지』에 누락된 군현 또는 향·소·부곡성이 기재되어 있어 이를 보완하는 자료로 이용할 수 있다.[14]

『세종실록지리지』를 편찬하던 15세기 전반에는 토성이라는 용어가 널리 사용되었고, 『세종실록』을 비롯한 공사문헌에도 '토성품관 土姓品官'·'토성이민 土姓吏民'·'토성명현 土姓名賢' 등의 용례가 자주 발견된다. 그러나 『세종실록지리지』보다 약 반세기 후에 편찬된 『동국여지승람』의 성씨조에는 고려 이래 성씨의 대종을 이루었던 토성이란 용어가 일체 보이지 않는다. 그것은 그때 사족의 본관이 거주지와 유리되는 현상이 일반화하면서, 종래 토착적 의미의 토성은 이제 무의미해지고 그 대신 성의 출자지와 지망地望 내지 가격家格을 추상적으로 의미하는 본관만이 문제되었기 때문이라 생각된다.

강릉지방에 거주한 성씨는 조선중기 『신증동국여지승람』이 편찬될 당시까지만 해도 크게 변화되지 않았던 것으로 보인다. 요컨대 조선중기까지 강릉지방의 성씨는 토성과 속성이 주로 거주하였음을 알 수 있다. 그러나 조선후기에 이르면 다양한 성씨들이 강릉에 입향하여 거주하였다. 이러한 사실은 영조 35년(1759)에 편찬된 『여지도서』의 신증 조항에 안동 권씨, 간성·영해 이씨, 영월 신씨, 초계·영일 정씨, 여흥 민씨, 평해 황씨, 제주 고씨, 삼척 심씨, 신천 강씨 등이 추가로 기재되어 있는 것과 19세기 후반에 편찬된 『강릉부지』(1871)에는 가산·영월 이씨, 횡성 고씨, 연안 어씨, 파평·현풍 윤씨, 장기 배씨, 부안 장씨, 순흥 안씨, 진주 강씨, 장성·평해 황씨 등이 추가로 기재되어 있는 것에서 확인할 수 있다. 이들 성씨들이 강릉지방으로 이주해 온 것은 지역 내 토성 또는 유력 가문과의 혼인, 친척의 수령 재임시 동행, 임진왜란 때 피난 등이었다.

---

14 이수건, 앞의 책, 282~283쪽.

1) 강릉김씨

강릉김씨 시조는 김주원金周元이다. 김주원의 가계는 신라통일의 대업을 이룬 태종 무열왕계이다. 무열계를 대표하는 김춘추는 선덕여왕, 진덕여왕 재위년간에 가야 왕실 후손인 김유신과 결탁하여 새로운 정치세력을 형성하고, 마침내 비담毗曇·알천閼川 등의 기존의 상대등 세력을 누르고 왕위에 등극하였다. 무열왕은 법민(문무왕)을 비롯하여 10남 2녀를 두었는데, 김주원의 가계는 무열왕-문왕文汪-대충大忠-사인思仁-유정惟靖-주원周元으로 이어진다.

무열계의 왕통은 효성왕·경덕왕을 지나 혜공왕에서 단절된다. 신라 왕위 계승의 변화는 김주원 가계에도 큰 영향을 미친다. 그것은 사인과 유정대에서 나타난다. 유정은 경덕왕 3년(744) 시중侍中[15]에 임명되었고, 그의 아버지 사인은 그 이듬해 상대등上大等[16]에 임명되었다. 그런데 사인이 상대등에 임명되던 해에 유정은 천재지변에 대한 책임을 지고 시중에서 물러났고, 사인은 경덕왕 15년(756) 한화정책漢化政策에 대해 비판했다가 상대등에서 밀려났다. 김주원 가계는 이들 부자가 관직에서 물러나면서부터 정치적으로 약화되어 갔다. 김주원이 명주로 퇴거退居하게 되는 것도 이와 무관하지 않다고 본다.

---

15 신라시대 행정적인 일을 총괄하던 집사부(執事部)의 장관. 진골 출신만이 취임할 수 있었으며, 때때로 국왕의 근친이 임명되기도 하였다.

16 신라시대의 최고 관직. 법흥왕 18년(531)에 설치하였으며, 상신(上臣)이라고도 한다. 귀족의 대변자로 정사를 다스리는 한편 화백(和白)과 같은 귀족회의를 주재하기도 하였다.

강릉김씨 세계도

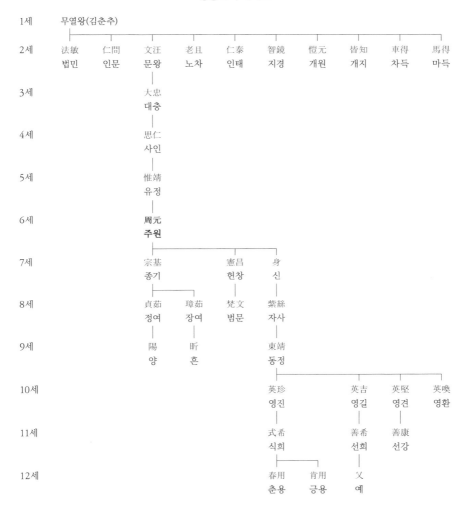

1세	무열왕(김춘추)									
2세	法敏 법민	仁問 인문	文汪 문왕	老且 노차	仁泰 인태	智鏡 지경	愷元 개원	皆知 개지	車得 차득	馬得 마득
3세			大忠 대충							
4세			思仁 사인							
5세			惟靖 유정							
6세			**周元** **주원**							
7세			宗基 종기		憲昌 헌창	身 신				
8세			貞茹 정여	璋茹 장여	梵文 범문	紫絲 자사				
9세			陽 양	昕 흔		東靖 동정				
10세						英珍 영진	英吉 영길	英堅 영견	英喚 영환	
11세						式希 식희	善希 선희	善康 선강		
12세						春用 춘용	肯用 긍용	乂 예		

김주원은 혜공왕 13년(777)에 이찬伊湌, 시중侍中이 되었으며, 선덕왕 6년 (785)에 선덕왕이 죽은 후 왕위계승경쟁에서 가장 유리한 입장에 있었다. 『삼국유사』에 "이찬 김주원이 상재上宰이고, 각간 김경신은 이재二宰로 있었다."

고 한 것은 그때 김주원이 세력 서열의 제1인자였음을 나타낸 것이다. 그리하여 왕의 선출이나 국가의 중대사를 결정하는 권한을 갖고 있던 화백회의에서도 김주원을 지지하는 세력이 우세하여 그를 추대하려고 하였던 것이다. 그런데 그때 상대등이었던 김경신은 화백회의의 의장이라는 직책을 이용하여 다수 귀족들의 의견을 무시하고 먼저 왕실에 들어가 즉위식을 올렸던 것이다. 김경신이 알천신閼川神의 도움으로 즉위하게 되었다고 한 것이라든지, 하늘의 뜻으로 비를 내려 재선출한 결과 왕이 되었다고 한 표현은 그의 즉위를 합리화하기 위한 의도에서 나온 것이라 이해된다.

그러면 김주원은 왜 명주(강릉)를 퇴거지로 택하였을까. 여기에는 어떤 배경이 있었던 것으로 보인다. 가령 「명주군왕 고도기적비문溟州郡王古都紀積碑文」에는 강릉을 "김주원의 어머니 고향[王之母鄕也]"이라 하였고, 『강릉김씨세보江陵金氏世譜』에는 "김주원의 어머니는 연화부인蓮花夫人 박씨朴氏인데, 집이 명주溟州의 대천大川 남쪽 연화봉蓮花峰 밑에 있었고, 무월랑[惟正]이 벼슬로 명주에 왔을 때 인연이 되었다"라고 하였다. 이 기록에 따르면 명주는 김주원의 외가이고, 그의 부모는 무월랑과 연화부인임을 알 수 있다.[17] 즉 김주원이 명주로 퇴거한 것은 선대부터 연고가 있었던 것에서 연유한다.

김주원은 명주로 퇴거한 지 2년 후에 원성왕으로부터 '명주군왕溟州郡王'[18]이라는 봉작封爵을 받았다. 그러면 원성왕은 왜 김주원을 '명주군왕'에

---

17 연화부인의 설화는 『고려사』·『동국여지승람』·『임영지』 등에도 수록되어 있으나, 허균의 『성소부부고(惺所覆瓿藁)』권7, 별연사 고적기(鼈淵寺古迹記)에 수록된 내용이 가장 자세하다.

18 신라 때에는 명주군이 없었으므로 여기서 명주군왕이란 '명주(溟州)의 군왕(郡王)'을 말한다. 즉 명주는 지명이고, 군왕은 관작(官爵)이다. 명주는 오늘날 강릉을 주치(州治)로 한 직할지와 곡성군 야성군 유린군 울진군 내성군 삼척군 수성군 고성군 금양군 등 9개 군으로 이루어져 있었다. 지금의 행정구역에서 보면, 영동지방 대부분과 평창군 영월군 정선군, 경상북도 북부의 해안쪽 대부분, 함경남도 일부 지역을 관할하였다. 군왕은 중국의 후위(後魏) 때 처음 봉해진 뒤, 수(隋)의 개황(開皇, 581~600) 연간에 9등제로 완비되었는데, 여러 봉작 중에서 왕의 형제나 왕자 다음 가는 작위이다. 우리나라에서는 신라 중고기(中古期) 때 처음 시행되었는데, 그 실례가 바로 명주군왕의 책봉이다.

봉하였을까? 명주는 일찍부터 지리적인 특수성 때문에 변경의 요새지로서 중요시되었다. 8세기 후반에 들어 신라에서는 동해안 북방지역에 대한 수비가 중요한 문제로 대두되었다. 이 무렵 신라는 지방의 공적公的 군사력이 기능을 상실해 가는 실정이었고, 더욱이 경덕왕 16년(757) 무렵에는 동북변경에 대한 말갈 및 발해의 위협에 대처하기 위해 지금의 삼척에 있던 북진北鎭을 천정군泉井郡으로 옮기었다. 이 때 일본은 경덕왕 18년(759)부터 경덕왕 21년(762)까지 추진된 신라침공계획에 신라와 발해의 대립관계를 이용하려 했으며, 원성왕 2년(786) 10월에는 일왕日王 문경文慶이 신라를 공격하려 '만파식적萬波息笛'이 있다는 소문을 듣고 군대를 철수한 바 있다. 그때 이러한 상황을 인식하고 있던 신라 조정에서는 동북방 연안의 방비를 맡을 군사력이 필요하였을 것이다. 원성왕이 김주원을 '명주군왕'에 봉하였던 것도 이와 밀접한 관계가 있다고 생각된다.

그리고 김주원은 그와 연고가 있는 명주 관할의 치소州所(강릉)와 익령현翼嶺縣(양양)·삼척군·근을어군斤乙於郡(평해)·울진군을 식읍食邑으로 하사받았다. 식읍이란 왕족, 공신, 봉작자 등에게 지급하였던 영지領地를 말한다. 우리나라에서는 삼국시대부터 조선초기까지 식읍이 존속했는데, 식읍은 시대에 따라 성격이 달랐다. 삼국시대에서 고려초까지는 대체로 어느 일정한 지역을 식읍으로 주었는데, 신라에서 식읍은 그 지역의 토지뿐만 아니라 주민에 대한 지배도 인정되어서 조세와 공물·역역의 수취까지도 가능했다. 따라서 그 때 양양에서 울진·평해에 이르는 동해안 일대는 김주원계의 관할하에 있었다고 하겠다.

김주원이 강릉으로 퇴거한 뒤에 그 자손 중의 일부는 원성왕의 직계손이 집권하고 있던 중앙에 남아 왕위에 도전하기도 하였다. 그 대표적인 사람이 김헌창金憲昌과 김범문金梵文이었다. 김헌창은 그의 아버지 김주원이 왕이 되지 못한 것을 한스럽게 여기다가, 시중侍中을 거쳐 웅천주 도독으로 있던 헌덕왕 14년(822)에 반란을 일으켜 웅천을 본거지로 '장안국長安國'을 세우고 연호를 '경운慶雲'이라 하였다. 한때 충청도·전라도·경상도 일대의 넓은 지역을 차지하여 위세를 떨치기도 했지만, 관군에게 패하여 자결했다. 반란이 진압된 뒤에 그 종족宗族과 당여黨與 가운데 처형당한 자가 239명에 달했다. 그의 아들 김범문은 헌덕왕 17년(825)에 그의 조부와 아버지가 왕이 되지 못한 것을 한탄하여, 고달산高達山의 산적 수신壽神 등과 100여 명을 이끌고 다시 반란을 일으켰으나 실패했다. 김헌창과 김범문의 난으로 인해 헌창·범문 계열은 커다란 타격을 입었다.

반면에 김종기金宗基의 후손들은 김헌창의 난이 진압된 후에도 정치적으로 건재하였다. 이는 김종기와 그의 아들 정여貞茹·장여璋如, 정여의 아들 김양金陽과 장여의 아들 김흔金昕이 시중을 역임한 데서도 알 수 있다. 그런데 시중을 역임하였던 김종기의 자손들이 상대등에 임명된 예는 없었다. 김양 같은 경우는 김우징金祐徵을 도와 신무왕神武王으로 즉위케 한 뒤에 삼국통일시의 김유신과 같은 파격적인 대우를 받았음에도 불구하고 상대등이 되지 못하였다. 그 이유는 원성왕의 직계손이 왕위는 물론이고 왕위계승에서 우위권을 확보케 하는 상대등직을 독점하고 있었는데 반해 김주원의 직계손은 김씨 왕족 가운데 방계傍系에 불과하였기 때문이라 이해된다.

김주원이 받은 '명주군왕'의 지위는 그의 후손에게 세습되었다. 즉 김주원의 지위는 그의 아들 종기와 손자 정여에게 세습되었고, 그의 증손 김양은 죽은 후에 '명원군왕溟原郡王'에 추봉되었다. 결국 김주원계는 3대에 걸쳐 '명주군왕'의 지위를 세습하였던 것이다.[19] 이로써 김주원계는 선대 때부터 연고권

---

19 『임영지』에 의하면, 강릉시 성산면 보광리에 있는 '삼왕동(三王洞)'이란 지명은 김주원과 그의 지위를 세습한 종기, 정여의 묘가 있는 곳이라는 데서 유래되었다고 한다.

이 있던 명주 일대를 지반으로 세력을 구축할 수 있었던 것이다.

김주원의 장자 종기 계열과 차자 헌창 계열은 중앙에서 활약하였지만, 신身계열은 강릉에서 활약한 것으로 이해된다. 이는 뒷날 신身의 직계손인 김예金乂가 강릉지방의 호족세력으로 성장한 데서 찾아진다.

강릉김씨는 고려왕조에 들어와서도 상경종사上京從仕하는 많은 관인을 배출함으로써 그들의 족적기반을 강화시켜 나갔다. 특히 고려 왕건에게 왕씨 성을 사성賜姓받은 왕예王乂 계열과 김인존金仁存 계열의 후손은 문벌귀족으로 발전하였다. 그리고 조선왕조에 들어와서도 98명의 문과급제자를 배출하는 등 가문의 성세를 유지 발전시켜 나갔다.

강릉김씨의 파派가 처음으로 성립되는 것은 18세기이다. 강릉김씨는 시조 김주원의 5세손 김동정金東靖의 아들이 김영진金英珍, 김영길金英吉, 김영견金英堅, 김영환金英喚 등 4인으로 나타나는데, 이들을 기준으로 하여 이후 자손 가운데 현달한 인물을 파조派祖로 하여 분파하였다. 즉 김영진 계열은 청풍파淸風派·영사공 영월파令史公寧越派·안동파安東派·부정공파副正公派·옥가파玉街派를, 김영길 계열은 옥계파玉溪派·평의공파評議公派·효자공파孝子公派를, 김영견 계열은 한림공파翰林公派를 형성하였다. 그리고 김영환 계열은 영환이 후손이 없음으로 인해 가계가 단절되었다.

강릉김씨 파계도

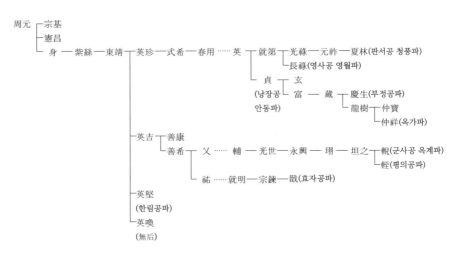

| 1세 | 2세 | 3세 | 4세 | 5세 | 6세 | 7세 | 15세 | 16세 | 17세 | 18세 | 19세 | 20세 |

周元 ┬ 宗基
　　├ 憲昌
　　└ 身 ― 紫絲 ― 東靖 ┬ 英珍 ― 式希 ― 春用 …… 英 ┬ 就第 ― 光祿 ― 元祚 ― 夏林(판서공 청풍파)
　　　　　　　　　　　　　　　　　　　　　　　　　 │　　　　　　　　　 └ 長祿(영사공 영월파)
　　　　　　　　　　　　　　　　　　　　　　　　　 └ 貞 ― 玄
　　　　　　　　　　　　　　　　　　　　　　　　(낭장공　富 ― 蔵 ┬ 慶生(부정공파)
　　　　　　　　　　　　　　　　　　　　　　　　 안동파)　　　　 └ 龍樹 ┬ 仲寶
　　　　　　　　　　　　　　　　　　　　　　　　　　　　　　　　　　　└ 仲祥(옥가파)
　　　　　　　　　　　 ┬ 英吉 ┬ 善康
　　　　　　　　　　　 │　　　└ 善希 ┬ 又 …… 輔 ― 光世 ― 永興 ― 珝 ― 坦之 ┬ 輗(군사공 옥계파)
　　　　　　　　　　　 │　　　　　　　│　　　　　　　　　　　　　　　　　　 └ 輕(평의공파)
　　　　　　　　　　　 │　　　　　　　└ 祐 …… 就明 ― 宗鍊 ― 戬(효자공파)
　　　　　　　　　　　 ├ 英堅
　　　　　　　　　　　 │(한림공파)
　　　　　　　　　　　 └ 英喚
　　　　　　　　　　　 　(無后)

　18세기에 성립된 강릉김씨의 각 파는 후대로 오면서 지속적으로 분파分派를 거듭하였다. 강릉김씨의 각 파는 19세기 초에 다시 수십개의 파로 분파되었다. 평의공파는 평의공 김지金輊의 아들 자갱子鏗(刑曹參議), 자장子鏘(兵馬節度使), 자흠子欽(戶曹參議), 자종子鏦(僉使公), 자현子鉉(監察) 등을 파조로 하여 참의공파參議公派, 절도공파節度公派, 회정공파檜亭公派, 첨사공파僉使公派, 감찰공파監察公派 등으로 분파되었다. 19세기말에는 이들 파가 다시 거주지를 중심으로 거주지명을 파명派名으로 하여 더욱 세분된 파를 형성하였다. 그러나 거주지를 파명으로 하는 경우에는 파의 개념이라기보다는 파보다 한 단위가 낮은 문중 또는 가문의 성격을 띠고 있는 것이 특징이다.

　1931년에 간행된 『생활상태조사』(강릉편)에 의하면 강릉김씨 동족마을은 성산면 금산리에 93호 465명, 강동면 모전리에 60여 호 300여 명, 강동면

상시동리에 90여 호 450여 명, 강동면 하시동리에 30여 호 150여 명, 노암동에 40여 호 200여 명, 사천면 판교리에 30호 150여 명이 거주하였던 것으로 조사 보고되었다.[20] 금산리·노암동·사천면 판교리는 강릉김씨 부정공파가 중심이 되어 거주하였고, 모전리·상시동리·하시동리는 평의공파 후손들이 주로 거주하였던 것으로 보인다.

2005년 7월 26일 강릉김씨 대종회를 방문 조사한 내용과 『강릉김씨 천이백년사』에 의하면, 강릉시 청량동·죽헌동·지변동 인근 백교白橋(핸다리) 일대에는 평의공파 후손들이 모여 사는 동족마을이 존재하는 것으로 나타난다. 그리고 성산면 금산리·노암동·사천면 판교리 일대는 주로 강릉김씨 부정공파 후손들이, 초당동과 강동면 모전리·상시동리·하시동리는 평의공파 후손들이, 그리고 성산면 위촌리는 청간공 김시습의 후손들이 세거하고 있다. 언별리·상운산上雲山 지역은 괴당공옥가파槐堂公玉街派 중에서 참판 응호應虎의 후손들이, 박월동·담산동·회산동 지역은 괴당공 후손인 참의 몽호夢虎의 후손들이 세거하고 있다. 옥가파 중 김윤신의 후손들은 주로 옥가리(지금의 옥천동) 지역과 학산 지역에서 세거하였던 것으로 전해진다. 그런데 옥천동은 도시 중심에 위치한 관계로 동족마을로서의 의미를 상실한 지 이미 오래되었다.

2) 강릉박씨

박씨는 신라 시조왕 박혁거세를 원조로 한다. 이 가운데 강릉박씨는 신라 제 5대 파사왕의 35세손인 박순朴純을 시조로 한다. 『강릉박씨세보江陵朴氏

---

20   善生永助, 1931 『生活狀態調査』3(江陵郡), 조선총독부, 191~192쪽.

世譜』에 의하면, 박순은 고려 명종 4년(1174) 문과에 급제하여 보문각 시어寶文閣侍御(종5품)를 거쳐 남경유수南京留守를 지냈으며, 병부상서 겸 대장군으로 있을 때 석린石隣의 모반을 평정한 공로로 보정정국공신保定靖國功臣에 책록되었다. 신종 때는 6부府를 감독하던 내사문하성의 정당문학 좌복야左僕射(정2품)를 역임하고 중서시랑 평장사를 제수 받고 계림군鷄林君에 봉해졌지만 치사致仕하고 강릉으로 와 자연과 벗하며 여생을 보냈다. 사후에 후손들이 그를 시조로 받들고 본관을 강릉으로 삼으면서 강릉박씨의 세계가 이어지게 되었다.

강릉박씨의 중시조는 박지계朴之桂의 넷째 아들로 태어난 단천공 박자검朴自儉이다. 그는 세종 6년(1424)에 단천도사 겸 안렴사로 재직하며 선정을 베풀어 그 고을 백성들이 공덕비를 세우고 그를 칭송했다. 그의 위로 자온自溫·자량自良·자공自恭 세 형과 아우 자신自愼은 고려가 패망하자 모두 만수산 두문동에 들어가 은거했다고 전해진다.

강릉박씨는 여말에 기가起家하여 조선시대에 족세가 번창하였다. 고려말 박징朴澄은 이곡李穀(1298~1351)과 같은 시기에 출사하였다. 그가 어머니 분묘를 강릉에 모시고 폐찰 염양사艶陽寺를 중건하고 토지와 노비를 희사하여 원찰願刹로 삼았다고 한 것으로 보아 강릉박씨의 재지적 기반을 짐작할 수 있다. 강릉박씨는 조선조에 들어와서 문과 급제자 7명을 배출했다. 자검의 둘째 아들인 박중신朴中信은 세종 20년(1438) 문과에 급제하여 영흥판관을 지냈으며, 부모를 봉양하기 위해서 벼슬을 버리고 고향에 돌아왔다. 강릉에서는 향교를 중건하는 등 선행이 뛰어났으며 중종 2년(1452) 향년 63세로 별세하니 조정에서는 이조참판吏曹參判을 증직하였다. 자검의 셋째 아들 박중경朴中敬은 세종 때 군위현감을 거쳐 성종 때 영월군수를 지냈고 연산군 때 승문원 참교(종3품)에 올랐다.

강릉박씨 세계도

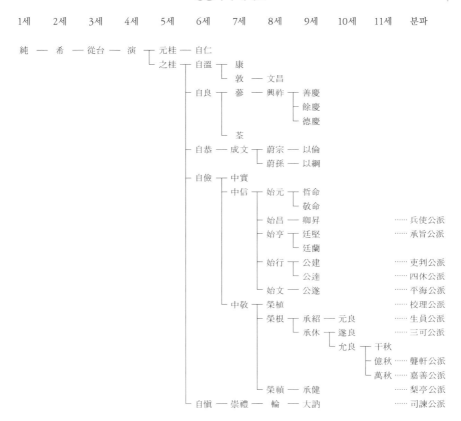

강릉박씨를 대표할 만한 인물은 중신의 아들 박시형朴始亨이다. 그가 공부에 뜻을 두고 과거에 급제하게 된 것과 관련하여 다음과 같은 이야기가 전한다. 시형이 어릴 때 글공부는 하지 않고 활을 메고 사냥을 일삼자 고을에서 천한 사람이라고 버려두었다. 그런데 하루는 길에서 사냥하는 무리들을 만났는데, 그들이 이유 없이 박시형을 꾸짖고 욕을 하였다. 그는 어린 탓에 대항하지 못하고 그 자리에서 활을 꺾어 버리고 집으로 돌아왔다. 그 후 뜻을 굳게

가지고 글을 읽어 세조 2년(1456) 생원·진사시에 동시에 합격하였고, 세조 5
년(1459) 발영시拔英試에 급제하여 사헌부 장령, 호조좌랑, 홍문관 박사·교리·
동부승지同副承旨, 안동부사, 예문관 직제학을 역임했다. 『신증동국여지승람』
에는 그가 지은 「운금루 기문雲錦樓記文」이 전해진다.

> (임영은) 이름난 구역의 훌륭한 경치가 사방에 알려져서, 고관으로 풍류를 좋아
> 하는 사대부 누구나 그 지역에 한번 가서 평소의 소원을 이루고자 하였다. 인
> 걸人傑은 지령地靈으로 말미암고, 물화物華는 하늘이 내린 보배인 것으로서 그
> 절묘하고 장함이 대관령 동쪽에서는 집대성되어 유독 으뜸이 되게 한 것이로
> 다. 그 호수와 산의 훌륭함이 유람하기에 좋은 것은 이곳의 어디를 가든 그러
> 하나, 그 중에서도 한두 가지를 든다면, 관도에 있는 누각은 의운倚雲이라 현판
> 하였고, 연당蓮塘에 있는 누각은 이름이 운금雲錦이다. 동쪽으로 바닷가에 있는
> 정자는 한송寒松이며, 북쪽으로 호수에 가까운 누대는 경포鏡浦다. 이것이 모두
> 명승의 으뜸이다. 손님을 접대하는 자리에서 술 마시며 시가를 읊고, 강산에 취
> 미를 붙이고 우주에 눈을 들어 회포를 헤치고 기상을 펴는 곳이다.

강릉은 수려한 경치가 널리 알려져서 풍류를 좋아하는 사대부라면 누구
나 한번 이곳에 와서 평소의 소원을 이루고자 하였는데, 명승의 으뜸은 의운
루, 운금루, 한송정, 경포대였다. 이곳에서 손님을 접대하면서 술 마시며 시가
를 읊었다고 한다.

박시형은 성종조에 근시近侍가 되어 성종의 총애를 오래 받았고, 『주역』
에 밝아서 왕명을 출납하는 승지로 발탁된 아주 특별대우인데도 사람들이 그
에 대한 이야기가 전해지지 않는다고 하였다. 그 이유는 우리나라 사람들이
국가의 전고典故를 고증할 줄 모르고, 일사逸事(세상에 알려지지 않은 일)를 기

록하는 패관稗官이 없어 비록 관위와 공적功蹟이 빛났던 사람일지라도 사적이 민멸되었기 때문이라고 하였다.

허균은 자신이 젊었을 때 『승정원일기』를 보니, "공[始亨]이 국자박사國子博士로 상소하여 유학을 숭상할 것을 청하니, 성종께서 가상히 여겨 특별히 홍문관에 배치하였다." 하였고, 사관이 되어 비록祕錄을 상고하다 우연히 공에 관한 기사를 보니, "공이 사헌부 지평으로 임금을 배알했을 때 내수사의 비녀婢女들이 음악을 익히는 것을 금지하도록 청했는데 왕께서 허락하였다." 하였다. 또한 『함허당집涵虛堂集』(홍귀달의 문집)에는 "공이 경술에 밝고 품행이 방정하다." 하였고, 『허백당집虛白堂集』(성현의 문집)에는 "공이 안동을 다스릴 때 청렴결백하여 교화가 크게 행해졌다." 하였으며, 『점필재집佔畢齋集』(김종직의 문집)에는 공에 대해 여러 번 칭찬하고 있다고 하였다. 이상으로 본다면 공의 학행·관직·문장이 모두 남보다 뛰어났으나, 다만 나이와 관위가 높지 못해 세상에서 일컬어지지 못했다는 것이다.[21]

시형의 동생 시행始行은 예종 즉위년(1468) 생원시에 입격하고, 이듬해에 추장시秋場試 병과에 급제하였다. 박시원朴始元은 세조 때 승지를 지냈고, 박시창朴始昌은 예종 때 병마절도사(종2품)를 지냈다.

1931년에 간행된 『생활상태조사』(강릉편)에 의하면, 강릉박씨의 동족마을은 운산리에 30여 호 150여 명, 강동면 하시동리에 30여 호 100여 명, 사천면 미노리에 40여 호 200여 명, 판교리에 30여 호 150여 명이 거주하였던 것으로 조사 보고되었다. 운산리에는 강릉박씨 교리공파가 주로 거주하였고, 하시동리·미노리·판교리·덕실리에는 삼가공파 후손들이 주로 거주하였던 것으로 보인다.

21　『성소부부고』권17, 文部14「承政院右承旨朴公墓表」.

3) 강릉최씨(충무공계)

　강릉최씨 충무공계는 고려 때 삼중대광三重大匡으로 경흥부원군慶興府院君에 봉해진 충무공忠武公 최필달崔必達을 시조로 하는 계통이다. 공은 고려 태조의 창업을 도와 태조 원년(918)에 삼중대광 삼한벽상 찬화공신三重大匡三韓壁上贊化功臣에 책록되었고, 영첨의 좌정승領僉議左政丞을 지낸 뒤 경흥부원군慶興府院君에 봉해졌다. 공께서 강릉의 옛 이름인 경흥을 작위로 받았기 때문에 공의 후손들이 강릉을 본관本貫으로 삼았다. 사후에 충무공忠武公 시호를 받았다. 문무를 겸비한 학자로서 고려건국에 문교文敎와 도의道義의 선양에 크게 공헌하여 해동부자海東夫子라 일컬었다고 한다.

　필달의 13세손 최한주崔漢柱는 고려 충렬왕 때 태중대부太中大夫(종3품상 문관품계)로 종정경宗正卿과 정당문학政堂文學을 지내고 명주군溟州君에 봉해졌다. 공은 충렬왕 9년(1283)에 원元나라 세조世祖가 일본을 정벌할 때 종군從軍하였는데, 동해 바다에서 뜻밖에 회오리바람을 만나 쇠닻이 바다 밑 바위 틈에 걸리는 통에 닻줄이 끊어지려 하자 수군水軍들이 당황했다. 그때 공이 향을 피우면서 하늘에 호소하기를 "이 한 몸을 희생하여 여러 목숨을 구하게 하여 주옵소서" 하였다. 그리고 나서 쇠망치와 정을 가지고 바다 속으로 들어가 그 닻을 빼내는데 성공했다. 그러나 몸을 솟구쳐 물 위로 올라와 보니 배는 어디로 갔는지 알 수 없었다. 공은 그때 떠다니는 널빤지에 의지해 살아났다. 고향 사람들이 그 사실을 기록하여 「최한주기적비崔漢柱紀績碑」를 세웠는데, 지금도 울진에 남아 있다.

강릉최씨(충무공계) 세계도

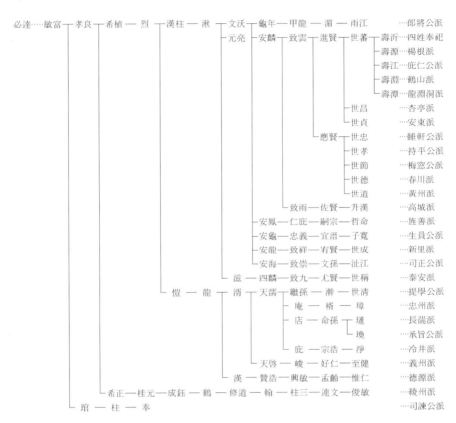

1931년에 간행된 『생활상태조사』(강릉편)에 의하면 강릉최씨 충무공계 동족마을은 송정동에 60여 호 300여 명, 초당동에 60여 호 300여 명, 강릉시 중심가에 40여 호 170여 명, 내곡동에 30여 호 150여 명, 홍제동에 30여 호 120여 명, 임당동에 30여 호 120여 명, 연곡면 송림리에 40여 호 200여 명 이 거주하였던 것으로 조사 보고되었다.

2005년 7월 25일 강릉최씨 대종회를 방문 조사한 결과 초당동, 송정동, 포남동, 내곡동, 성산면 위촌리, 사천면 일대, 주문진 지역에 강릉최씨 충무공계 후손들의 동족마을이 형성되어 있다고 하였다. 그런데 최근 조사된 일부 지역의 경우 도시 확대와 택지 조성, 대단위 주거시설인 아파트가 형성됨으로써 동족마을의 실상은 많이 사라졌다고 할 수 있다. 그렇지만 초당동, 송정동, 포남동, 성산면 위촌리, 사천면, 주문진 지역의 경우 아직까지도 동족들이 많이 거주하는 지역이라 할 수 있다. 강릉최씨 충무공계는 주로 용연동파 후손들이 동족마을을 형성하여 세거하였던 것으로 보인다.

4) 강릉최씨(대경공계)

강릉최씨 대경공계는 고려 태조의 부마로 대경大卿에 올랐던 최흔봉崔欣奉을 시조로 하는 계통이다.

강릉최씨 대경공계의 중시조는 최입지崔立之이다. 공은 진사進士로 문과에 급제한 후 충숙왕·충혜왕·충목왕을 섬겼고, 벼슬이 광정대부 문하시랑 평리 상호군 평장사匡靖大夫門下侍郎平理上護軍平章事에 올랐으며 후에 충익사공신忠翊社功臣에 책훈策勳되어 강릉군江陵郡에 봉해졌다. 말년에 혼란한 정국을 뒤로 하고 모산母山에 은거하면서 산천을 소요하며 시를 읊으면서 지냈다.

강릉지방에서는 옛부터 "살아서는 모산·학산이 좋고 죽어서는 성산이 좋다[生居矛鶴山 死居城山]"는 말이 전해질 정도로 학산은 사람이 살기 좋은 곳이었다. 모산봉 기슭에 위치한 최입지가 살던 고택古宅은 3대에 걸쳐 평장사를 배출한 명당이다. 어느 날 공이 뒷들을 거닐다가 나뭇잎에 쓰여진 글귀를 발견하였는데, 거기에는 "모산의 형세는 다른 산과 달라서 때로 이 고장에서

강릉최씨(대경공계) 세계도

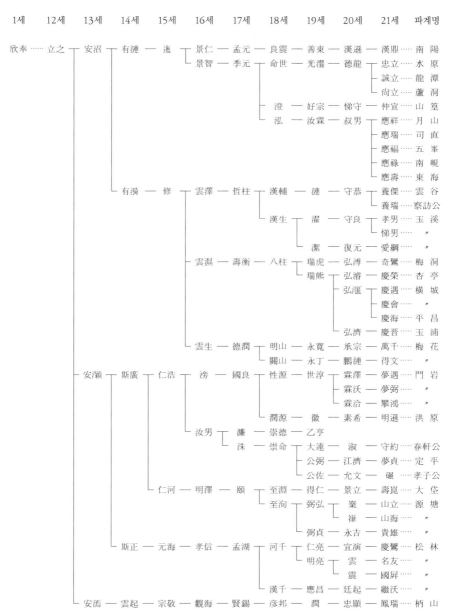

1세	12세	13세	14세	15세	16세	17세	18세	19세	20세	21세	파계명

欣奉 ……… 立之 ┬ 安沼 ┬ 有漣 ― 逌 ┬ 景仁 ― 孟元 ┬ 良震 ― 善東 ― 漢遜 ┬ 漢鼎 …… 南 陽
　　　　　　　　　　　　　　景智 ― 季元 ┬ 命世 ― 光瀅 ― 德龍 ┬ 忠立 …… 水 原
　　　　　　　　　　　　　　　　　　　　　　　　　　　　　　　誠立 …… 龍 潭
　　　　　　　　　　　　　　　　　　　　　　　　　　　　　　　尙立 …… 蘆 洞
　　　　　　　　　　　　　　　　　　　　澄 ― 好宗 ― 悌守 ― 仲宣 …… 山 篁
　　　　　　　　　　　　　　　　　　　　泓 ― 汝霖 ― 叔男 ┬ 應祥 …… 月 山
　　　　　　　　　　　　　　　　　　　　　　　　　　　　　　應瑞 …… 司 直
　　　　　　　　　　　　　　　　　　　　　　　　　　　　　　應福 …… 五 峯
　　　　　　　　　　　　　　　　　　　　　　　　　　　　　　應祿 …… 南 峴
　　　　　　　　　　　　　　　　　　　　　　　　　　　　　　應壽 …… 東 海
　　　　　　　　　　　　　有潣 ― 修 ┬ 雲澤 ― 哲柱 ┬ 漢輔 ― 漣 ― 守恭 ┬ 養傑 …… 雲 谷
　　　　　　　　　　　　　　　　　　　　　　　　　　　　　　　　　　養瑞 …… 察訪公
　　　　　　　　　　　　　　　　　　　　　　　　漢生 ┬ 濯 ― 守良 ┬ 孝男 …… 玉 溪
　　　　　　　　　　　　　　　　　　　　　　　　　　　　　　　　　悌男 …… 〃
　　　　　　　　　　　　　　　　　　　　　　　　　　潔 ― 復元 ― 愛綱 …… 〃
　　　　　　　　　　　　　　　　　　雲濕 ― 壽衡 ― 八柱 ┬ 瑞虎 ― 弘溥 ― 奇鸞 …… 梅 洞
　　　　　　　　　　　　　　　　　　　　　　　　　　　　瑞熊 ┬ 弘濬 ― 慶榮 …… 杏 亭
　　　　　　　　　　　　　　　　　　　　　　　　　　　　　　弘湦 ┬ 慶遇 …… 橫 城
　　　　　　　　　　　　　　　　　　　　　　　　　　　　　　　　慶會 …… 〃
　　　　　　　　　　　　　　　　　　　　　　　　　　　　　　　　慶海 …… 平 昌
　　　　　　　　　　　　　　　　　　　　　　　　　　　　　　弘濟 ― 慶晉 …… 玉 浦
　　　　　　　　　　　　　　　　　　雲生 ― 德潤 ┬ 明山 ― 永寬 ― 承宗 ― 萬千 …… 梅 花
　　　　　　　　　　　　　　　　　　　　　　　　關山 ― 永丁 ― 鵬漣 ― 得文 …… 〃
　　　　　　　　　　安瀾 ┬ 斯廣 ┬ 仁浩 ┬ 滂 ― 國良 ┬ 性源 ― 世淳 ┬ 霖澤 ― 夢遇 …… 門 岩
　　　　　　　　　　　　　　　　　　　　　　　　　　　　　　　　　霖沃 ― 夢弼 …… 〃
　　　　　　　　　　　　　　　　　　　　　　　　　　　　　　　　　霖洽 ― 攀鴻 …… 〃
　　　　　　　　　　　　　　　　　　　　　　　　　　　　潤源 ― 徽 ― 素希 ― 明遜 …… 洪 原
　　　　　　　　　　　　　　　　　　汝男 ┬ 濂 ― 崇德 ― 乙亨
　　　　　　　　　　　　　　　　　　　　　洙 ― 崇命 ┬ 大連 ― 淑 ― 守約 …… 春軒公
　　　　　　　　　　　　　　　　　　　　　　　　　　公弼 ― 江濟 ― 夢貞 …… 定 平
　　　　　　　　　　　　　　　　　　　　　　　　　　公佐 ― 允文 ― 礥 …… 孝子公
　　　　　　　　　　　　　　　仁河 ― 明澤 ― 頤 ┬ 至淵 ― 得仁 ― 景立 ― 壽崑 …… 大 垈
　　　　　　　　　　　　　　　　　　　　　　　　至洵 ┬ 弼弘 ┬ 巢 ― 山立 ― 源塘 …… 〃
　　　　　　　　　　　　　　　　　　　　　　　　　　　　　　崒 ― 山海 …… 〃
　　　　　　　　　　　　　　　　　　　　　　　　　　弼貞 ― 永吉 ― 貴雄 …… 〃
　　　　　　　　　　安渟 ― 元海 ― 孝信 ― 孟湖 ┬ 河千 ┬ 仁亮 ― 宜演 ― 慶鸞 …… 松 林
　　　　　　　　　　　　　　　　　　　　　　　　　　　明亮 ┬ 雲 ― 名友 …… 〃
　　　　　　　　　　　　　　　　　　　　　　　　　　　　　　震 ― 國屛 …… 〃
　　　　　　　　　　　　　　　　　　　　　　　　漢千 ― 應昌 ― 廷起 ― 繼沃 …… 〃
　　　　　　　　　　安濿 ― 雲起 ― 宗敬 ― 觀海 ― 賢錫 ― 彦邦 ― 潤 ― 忠顯 ― 鳳瑞 …… 柄 山

영웅호걸이 많이 태어날 것이다. 오늘 최공의 집을 살펴보니 정맥正脈에 있으므로 후에 평장사가 몇 사람 더 나올 것이리라.”라고 쓰여 있었다.

위의 글에서처럼 입지의 맏아들 최안소崔安沼와 그의 손자 최유련崔有漣은 공민왕 때 문하시랑 평장사門下侍郎平章事에 올랐다. 3대에 걸쳐 평장사를 역임하였기 때문에 이 마을을 '평장동平章洞'이라 불렀고, 이들 최씨를 '평장최씨平章崔氏'라고 부르게 되었던 것이다. 최입지가 살던 고택은 지방유형문화재 81호(1985.1.17)로 지정되었고, 그곳에 평장동 비각平章洞碑閣이 세워져 있다. 최입지는 사후에도 명당에 묘를 잡았다 하여 풍수가들의 입에 자주 회자된다. 대관령 입구에 자리 잡은 그의 묘소는 옥녀가 거문고를 타는 모습으로 옥녀탄금형玉女彈琴形이라고 부른다.

1931년에 간행된 『생활상태조사』(강릉편)에 의하면, 강릉최씨 대경공계의 동족마을은 성덕면 장현리에 40가구 200여 명이 거주하였던 것으로 조사 보고되었다. 현재까지도 장현동 일대는 동족마을의 양상이 보이고 있다. 현재 강릉최씨 대경공계의 분포상황을 보면 강릉을 중심으로 하여 남쪽으로는 삼척·울진·평해·영해·영덕·포항에 이르고, 북쪽으로는 양양·속초·고성·덕원·이원利原·정평定平·북청北靑 등으로 주로 동해안을 따라 분포되어 있고, 서쪽으로는 정선·평창·인제·양구·홍천·원주·영월·횡성·춘천·여주·수원 등지에도 약간씩 분포되어 있다.

5) 강릉최씨(충재공계)

강릉최씨 충재공계는 고려 충숙왕의 부마로 판군기시사를 지낸 최문한崔文漢을 시조로 하는 계통이다. 공은 고려 제27대 충숙왕의 부마駙馬였다. 그러나 공에 대한 행적은 『고려사』나 『고려사절요』 같은 관찬사서류에서는 그 기록을 찾아볼 수 없고, 『강릉최씨세보』와 옛 강릉의 읍지인 『임영지』 등에 그 행적의 일부가 남아 있다.

『강릉최씨세보』에 실려 있는 「고려충숙왕부마충재공행적」에 의하면, 최 문한은 기상이 웅위雄偉할 뿐만 아니라 도량이 크고 일처리가 명쾌하였다고 하며, 3도道의 안렴사按廉使를 지내면서 많은 공적을 남겼다. 그가 영남의 안 렴사로 갔을 때 어느 고을의 성황신이 매우 흉악하여 말을 타고 사당을 지나 가는 자가 말에서 내리지 않으면 문득 말이나 사람을 죽게 한다는 말을 듣고 일부러 말에서 내리지 않고 사당을 지나갔다. 과연 10리 남짓 갔을 때 타고 있던 말이 갑자기 죽자 그는 사당으로 되돌아와 성황신상을 부수고 사당에 불을 놓아 태워버렸다. 그 뒤 그 마을 사람들은 그의 형상을 만들어 제사를 지냈는데 매번 제사를 지내는 날이 되면 그의 얼굴이 문득 붉어지면서 사람 들에게 말하기를, "모읍인某邑人들이 나에게 제사를 지낸다"고 하였는데 나 중에 확인하여 보니 과연 사실이었다는 것이다. 이는 그의 강직한 성품을 잘 보여주는 일화라고 하겠다.

최문한이 살았던 고려 말에는 내부적으로는 권문세가와 신흥사대부 사 이의 대립이 격화되고 있었고, 밖으로는 왜구 및 홍건족의 침입과 원·명교체 에 따른 대외관계의 변화가 일어나던 격변의 시대였다. 마침내 위화도회군을 계기로 반대파를 제거하고 우왕을 축출하여 정치적 실권을 장악한 이성계 일 파는 사전개혁을 단행하여 신진관료층의 경제적 토대를 마련하고 끝내는 공 양왕을 내쫓고 이성계를 추대하여 새 왕조를 개창함으로써 고려왕조는 멸망 하고 말았다.

이러한 시대에 충숙왕의 부마였던 최문한과 같이 고려왕실과 관련이 있는 사람들은 박해를 받을 수밖에 없었다. '불사이군不事二君'의 충절이 남달랐던

강릉최씨(충재공계) 세계도

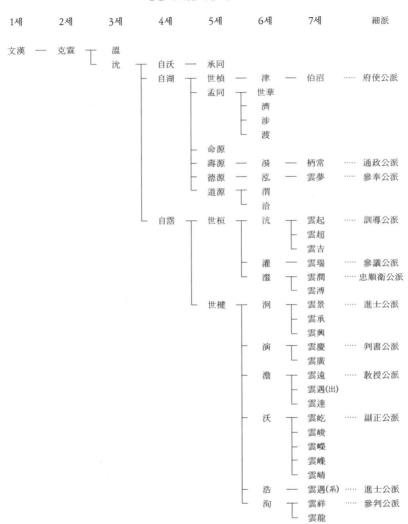

1세	2세	3세	4세	5세	6세	7세	細派

文漢 ― 克霖 ┬ 溫
　　　　　　 └ 沈

4세: 自沃, 自湖, 自霝

自沃 ― 承同

自湖 ― 世楨 ― 津 ― 伯沼 ‥‥ 府使公派
　　　　 孟同 ┬ 世華
　　　　　　　├ 濟
　　　　　　　├ 涉
　　　　　　　└ 渡

命源
壽源 ― 潚 ― 柄常 ‥‥ 通政公派
德源 ― 泓 ― 雲夢 ‥‥ 參奉公派
道源 ┬ 渭
　　　└ 洽

自霝 ― 世桓 ┬ 沆 ┬ 雲起 ‥‥ 訓導公派
　　　　　　　│　├ 雲超
　　　　　　　│　└ 雲吉
　　　　　　　│
　　　　　　　└ 灌 ― 雲瑞 ‥‥ 參議公派
　　　　　　　　 瀣 ┬ 雲潤 ‥‥ 忠順衛公派
　　　　　　　　　　 └ 雲溥

世楗 ┬ 洞 ┬ 雲景 ‥‥ 進士公派
　　　│　├ 雲承
　　　│　└ 雲興
　　　│
　　　├ 演 ┬ 雲慶 ‥‥ 判書公派
　　　│　　└ 雲廣
　　　│
　　　├ 澹 ┬ 雲遠 ‥‥ 教授公派
　　　│　　├ 雲遇(出)
　　　│　　└ 雲達
　　　│
　　　├ 沃 ┬ 雲屹 ‥‥ 副正公派
　　　│　　├ 雲峻
　　　│　　├ 雲嶸
　　　│　　├ 雲�51
　　　│　　└ 雲晴
　　　│
　　　├ 浩 ― 雲遇(系) ‥‥ 進士公派
　　　└ 洵 ┬ 雲祥 ‥‥ 參判公派
　　　　　　└ 雲龍

최문한은 고려의 유신儒臣들과 함께 두문동杜門洞(경기도 개풍군 광덕면)에 은거하였다. 최문한의 행적에 의하면 그는 고려가 멸망하고 조선이 건국되자 끝까지 출사出仕하지 않고 충절을 지킨 고려의 유신 72인 중의 한 사람이었다고 한다. '두문불출杜門不出'이라는 말이 여기에서 비롯되었지만 현재 72인의 성명이 모두 전하지는 않는다. 『임영지』에는 최문한이 두문동에 은거하였다가 강화로 이주하고 다시 강릉으로 옮겨 살았다고 기록하고 있는데, 최문한이 시조가 되는 강릉최씨의 한 계통은 이렇게 해서 생겨났다.

공은 강릉으로 옮겨온 후에도 개경을 왕래하면서 고려의 부흥을 꾀하고, 고려에 충절을 바치는 사람들이 박해를 받지 않도록 애썼다. 공은 개경을 왕래할 때 항상 애지중지하는 준마駿馬를 타고 다녔다. 어느 날 개경에서 돌아와 못가에 있는 버드나무 가지에 말고삐를 매놓고 말을 씻겨 주고 있었는데, 갑자기 못 속에서 안개가 구름처럼 솟아올랐다. 그러자 그의 말이 크게 울면서 안개가 솟아오르는 못 가운데로 뛰어들어 운무雲霧를 타고 용龍으로 변하여 하늘로 올라가 버리는 것이었다. 말이 못 속으로 뛰어 들어가 용으로 변해 버렸다 하여 이 연못을 용지龍池라 부르게 되었다. 공은 자기가 타고 다니던 애마가 용으로 변하여 하늘로 올라가는 것을 보고 고려의 부흥이 불가능하다는 것을 깨닫게 되고 선덕공주와 함께 강릉에 정착하게 된다.

용지는 둘레가 수백 보에 이르는 큰 연못으로 주위에는 창포와 연꽃, 그리고 버드나무가 무성한 아름다운 연못이었다. 그 후 그곳 주민들이 연못을 메우고 논을 일궈 경작하던 것을 영조 30년(1754)에 강릉부사 이현중李顯重이 다시 못을 팠다. 1920년에는 후손들이 유적비와 기념각을 세우고 용지각龍池閣이라고 칭하였다. 그 뒤 퇴락한 것을 1956년에 후손들이 중수重修하고 못에는 석축을 쌓았으며, 1971년에 지방기념물 제3호로 지정되었다. 2009년 9월 도비와 시비로 중건重建하여 현 모습을 지니게 되었다.

1931년에 간행된 『생활상태조사』(강릉편)에 의하면, 강릉최씨 충재공계는 신리면 교항리에 100여 호 470여 명, 연곡면 행정리에 70여 호 300여 명이 거주하였던 것으로 조사 보고되었다. 강릉시 연곡면 행정리, 주문진읍 교항리에 동족마을을 형성되어 있었다고 한다.

6) 영해이씨

영해이씨는 영해寧海의 토성土姓이다. 영해는 본래 삼한시대에 우시산국于尸山國이었으나 탈해왕 29년(79)에 신라가 멸망시키고 우시군于尸郡을 두었다. 신라의 삼국통일 후 경덕왕 16년(757)에 유린군有隣郡으로 개칭했다. 고려 태조 23년(940)에 예주군禮州郡이 되었으며, 현종 때에는 방어사를 두었다. 고종 46년(1259)에 위사공신衛社功臣 박송비朴松庇의 내향이라 하여 덕원소도호부德原小都護府로 승격한 뒤 다시 예주목禮州牧으로 승격했다가 충선왕 2년(1310)에 전국의 목牧을 없앰에 따라 영해부寧海府로 강등되었다. 조선 태조 6년(1397)에 이곳에 진영鎭營을 설치하여 병마사가 부사를 겸하게 하였고, 태종 13년(1413)에 진을 없애고 영해도호부로 바꾸어 조선시대 동안 유지되었다. 고종 32년(1895)에 안동부 소관의 영해군이 되었다가 이듬해에 경상북도의 관할이 되었다. 1914년 행정구역 개편 때 영덕군에 통합되어 영해면이 되었다가 1979년에 읍으로 승격되었다.

영해이씨의 시조 이연동李延東은 신라 때 사도司徒를 지낸 전주이씨全州李氏 이입전李立全의 후손이라고 한다. 이연동이 나라에 공을 세워 영해군寧海君에 봉해지자 그 자손이 본관을 영해로 삼아서 지금에 이르고 있다. 2세 이선李僐은 별장동정別將同正을 지냈으며, 3세 이을년李乙年은 공민왕 9년(1360)

정몽주와 함께 문과에 급제하여 태사감후太史監候를 지냈다.

영해이씨의 강릉 입향조는 이연동의 증손인 이장밀李長密이다. 고려말 봉익대부奉翊大夫 호부전서戶部典書를 지냈는데, 고려의 국운이 다하자 '불사이군不事二君'의 대의大義를 지켜야 한다는 신념으로 처가가 있는 강릉으로 퇴거退居하였다. 부인은 강릉최씨 호장戶長 하河의 딸이었다. 영해이씨의 주요 세거지는 강릉시 사천면 산대월리, 초당동, 강동면 상시동리, 주문진읍 용소골이다.

영해이씨 세계도

1세	2세	3세	4세	5세	6세	7세	8세	9세	10세	11세	12세	13세	14세

```
延東 ─ 偵 ─ 乙年 ┬ 長密 ┬ 成茂 ─ 務素 ─ 穆 ─ 鳳麟 ─ 萬興 ─ 梓 ─ 挺白 ─ 趾曾 ─ 碩根
                │      ├ 善茂
                │      ├ 春茂
                │      └ 良茂 ┬ 仲元
                │             └ 從元 ┬ 賀孫
                │                    └ 傳孫 ─ 彦臣 ┬ 嶷 ─ 珛
                │                                  │ 嶪 ─ 珩 ┬ 尚馥 ─ 模(出)
                │                                  │ 系      └ 尚馣   桂 ─ 光煜
                │                                  └ 崒 ┬ 瑜
                │                                       ├ 珩(出)
                │                                       └ 璥 ┬ 尚馩 ─ 模(系) ┬ 光熙 ┬ 厔
                │                                            │                │     ├ 堂
                │                                            │                │     ├ 重
                │                                            │                │     ├ 塿
                │                                            │                │     └ 塹
                │                                            │                ├ 光烈
                │                                            │                ├ 光廉
                │                                            │                └ 光熙 ─ 睦
                │                                            └ 尚馧 ─ 擥
                └ 長翼(여주파시조)
```

제3장

12향현의 인물

1. 최치운崔致雲

1) 최치운의 생애

최치운은 필달의 17세손으로 자는 백경伯卿, 호는 경호鏡湖·조은釣隱이다. 부친은 생원 안린安麟이고, 모친은 정선전씨로 낭장郞將을 지낸 인구仁具의 딸이다.

최치운의 가계도

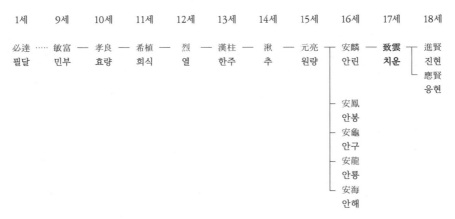

1세	9세	10세	11세	12세	13세	14세	15세	16세	17세	18세
必達 필달	……敏富 민부	—孝良 효량	—希植 희식	—烈 열	—漢柱 한주	—湫 추	—元亮 원량	安麟 안린	**致雲** **치운**	進賢 진현 應賢 응현
								安鳳 안봉 安龜 안구 安龍 안룡 安海 안해		

공은 어릴 때부터 영특하기가 보통 아이들보다 뛰어났는데, 뜻을 독실히 하고 학업에 힘써 19세 때인 태종 8년(1408) 생원시에 입격하였고, 27세 때인 태종 17년(1417) 문과에 급제하였다. 그 후 세종 원년(1419) 승문원 부정자를

거쳐 저작, 박사, 선무랑 부교리, 집현전 수찬, 경연 부검토관, 전농시 주부, 봉상시 주부, 승문원 교리, 지제교 겸 춘추관 기주관 첨지승문원사, 직예문관, 판중추원사, 지승문원사, 이조·공조참의, 승문원 좌승지, 공조참판, 예문관 제학, 세자우부빈객 등을 역임하였다. 최치운이 중앙정계에 진출하기 이전과 이후의 활약상을 살펴보면 다음과 같다.

2) 최치운의 활약상

(1) 강릉향교의 중건

향교는 글자 그대로 고을에 있는 학교를 의미하였다. 우리나라에서 향교가 언제 설립되었는지는 다양한 견해가 있지만, 고려 인종 5년(1127) 3월 전국의 주州에 향학鄕學을 세우도록 조서를 내린 것이 그 시초이다.

강릉향교가 언제 건립되었는지는 확실하지 않다. 「강릉향교실기江陵鄕校實記」향교연혁조에 의하면, "강릉에는 옛날에 강릉부 동남쪽 광정리廣汀里라는 곳에 향교가 있었는데, 병화兵火로 불타버린 지 거의 200년이 되도록 중창을 하지 못하다가 충선왕 5년(1313)에 강릉도존무사 김승인金承印이 현재의 위치에 향교를 건립하였다"고 한다. 즉 강릉향교는 김승인이 건립하기 200년 전에 이미 있었음을 알 수 있다. 그러나 태종 11년(1411)에 화재를 당해 소실되자, 2년 뒤에 강릉대도호부 판관 이맹상李孟常, 전 흡곡현령 김지金輊, 생원 최치운을 비롯한 강릉유생들이 발의하여 향교를 중건하였다. 당시 발의에 참여한 강릉유생은 생원生員 9명, 진사進士 1명, 유학幼學 58명이었다.[1] 이들은 강릉

---

1   생원은 곽거완·김무·최유자·김순생·최충의·박중실·최치운·김자갱·전우정이고, 진사는 김취우이며, 유학은 김윤명·최효문·이홍문·이선종·전유·박전·최광유·최숭·장구성·최종경·최온·최백종·최

향교에서 수업을 받던 교생 내지는 이미 수업을 받은 자들이었다.

(2) 승문원·집현전에서의 관직생활

최치운은 관직에 나아가서는 주로 승문원·집현전에서 근무하였다. 승문원은 명明과의 사대事大와 일본·여진과의 교린交隣에 관한 문서를 관장하였다. 최치운은 명과의 외교문서에 쓰이는 중국 이문吏文[2]에 정통하여 그 교육을 담당하였다.

최치운은 승문원에서 집현전으로 옮기면서 수찬(정6품)에 임명되었다. 집현전이라는 명칭은 고려 인종 14년(1136)에 연영전延英殿을 집현전이라 개칭한데서 비롯되었다. 고려시대 이래 조선 건국 초기까지 집현전은 별다른 활동이 없었다. 그런데 조선 건국 이래로 표방해 온 유교주의 국가로서 갖추어야 할 유교주의적 의례·제도의 확립은 오랜 기간을 필요로 하는 과제였고, 대명 사대관계 또한 어려운 과제였다. 이 두 과제를 원만히 수행하기 위해서는 무엇보다도 이를 감당할 수 있는 인재가 필요하였다. 이에 세종은 즉위 2년(1420)에 집현전을 궁중에 설치하였던 것이다.

집현전은 문관 가운데서 재주와 행실이 있고 나이 젊은 사람을 택해서 이에 충원하여 오로지 경사經史의 강론을 일삼고 임금의 자문에 대비하는 기관으로 설치된 것이었다. 세종 자신의 말로도 "집현전은 오로지 경연을 위해 설

오·최인비·최천용·김옥음·함녕·어종선·김홍례·최유수·이양무·김괴·이산해·박중신·최방·이운례·오신지·최복해·김홍지·이지무·장구서·최치우·최경수·김귀수·김자정·곽융수·심천은·최이섭·김제건·함한·최득우·최영경·곽무·함자예·전유명·곽충효·김자장·김익수·이경·함경문·최득로·어맹경·김유의·김익공·심천경·김자감·어중경이다(『강릉향교지』, 향교중건발).

2   중국과 주고받는 외교문서 및 우리나라의 관청 공문서 등에 사용되던 독특한 한문의 문체. 한문의 골격에 중국의 속어(俗語) 또는 특수한 용어 등을 섞어 쓴 공문서식을 가리킨다. 중국의 속어로는 즘마(怎麼, 무슨)·저리(這裏, 여기)·나시(那廝, 이놈) 등이 그 예이고, 특수한 용어로는 조회(照會)·해용(該用)·정걸시행(呈乞施行)·합행이자(合行移咨) 등이 그 예이다.

치한 것"이라 하였다. 즉 집현전의 기능은 학문활동과 국왕의 자문에 대비하는 것이었다. 이 기능은 집현전이 혁파될 때까지 변동 없이 계승되었다. 특히 집현전에서의 옛 제도[古制] 연구와 편찬 사업은 세종대는 물론이고 조선초기 유교문화 융성의 원동력이 되었다.

집현전의 직제는 겸임관으로 영전사(정1품) 2명, 대제학(정2품) 2명, 제학(종2품) 2명과 전임관으로 부제학(정3품) 1명, 직제학(종3품) 1명, 직전(정4품) 1명, 응교(종4품) 1명, 교리(정5품) 1명, 부교리(종5품) 1명, 수찬(정6품) 1명, 부수찬(종6품) 1명, 박사(정7품) 1명, 저작(정8품) 1명, 정자(정9품) 1명이 있었다. 그 인원은 몇 차례 변경되면서 운영되었으나 세종 18년(1436)에 20명으로 확정되었다.

집현전 관원은 당대의 일류학자가 임명되었다. 최치운이 집현전 관원에 임명될 수 있었던 것도 학문적인 깊이가 있었기에 가능하였다고 본다. 이는 현재 전해지고 있는 40여 편의 시詩, 부賦·표表·사詞·제문祭文·기記·서書 등을 통해서 알 수 있다. 최치운이 세상을 떠났을 때 성삼문·신석조·하위지 등 30여 명이 애도하는 만시輓詩를 보냈는데, 이들과는 집현전에서 근무할 때 만났다.

(3) 여진정벌 참전

조선에서 최초로 여진정벌을 단행하는 것은 태종 10년(1410) 두만강 중류 일대에 살던 오랑캐 정벌이었다. 그러나 이는 오히려 이들을 자극해서 동맹가첩목아童猛哥帖木兒의 세력을 뭉치게 하여 조선에 더 큰 위협이 되었다. 태종은 동맹가첩목아를 회유하여 조선에 복속시키고, 그 지역 일대를 조선의 세력권 아래에 두었다. 한편 명 영락제永樂帝는 파저강(동가강) 유역의 오랑캐를 복속시켜 건주본위建州本衛를 설치하고, 다시 동맹가첩목아를 위협하여 그 지역에 건주좌위建州左衛를 설치하였다. 그때 오도리족의 건주좌위는 조선에 비교적 우호적이었으나 오랑캐의 건주본위는 조선과 사이가 좋지 않았다. 조선에 침입한 여진은 대부분 건주본위였는데, 조선에서는 이들을 '파저야인婆猪野人'이라 불렀다.[3]

조선은 몇 차례에 걸쳐 파저야인의 소규모 침입을 받았으나, 세종 14년(1432) 11월 파저강의 오랑캐 임합라林哈剌 등이 여연지역을 침입하여 조선 군민軍民 53명을 살해하고 77명의 농민과 우마를 노략해 가는 대사건이 발생하였다. 조선정부에서는 여연 사건의 중요성을 인식하여 평안도 도절제사 문귀文貴를 파직하고, 그를 대신하여 최윤덕을 평안도 도절제사, 김효성을 도진무, 최치운을 경력으로 각각 임명하였다. 세종은 최윤덕·김효성·최치운 등을 인견引見하면서 말하기를, "지난 임인년(세종 4, 1422) 사이에 우리 여연을 침노하였고, 그 뒤에 홀라온忽剌溫에게 쫓긴 바가 되어 그 소굴을 잃고는 그 가족을 이끌고 와서 강가에 살기를 애걸하기에, 나라에서 가엾이 여겨 우리나라에 붙어살 것을 허락하였다. 이들을 보호한 은혜가 적지 아니한데 지금 은덕을 저버리고 무고히 쳐들어와서 평민을 죽이고 잡아갔으니, 지극히 흉악한 죄는 베어 용서할 수 없다. 만약 정벌하지 아니한다면 뒤에 뉘우치고 깨달음이 없어, 해마다 반드시 이와 같은 일이 있을 것이다"고 하며, 파저야인을 배은망덕한 무리로 여겨 응징하고자 하였다.

세종 15년(1433) 2월 15일 파저야인에 대한 정벌이 최종적으로 결정되자, 세종은 지대한 관심을 가지고 정벌의 준비에서부터 제반 문제에 이르기까지

---

3 명나라에서는 여진을 거주지에 따라 압록강과 요동 동쪽의 건주(建州)여진, 송화강 상류와 요동 북쪽의 해서(海西)여진, 송화강 하류와 흑룡강 일대의 야인(野人)여진으로 구분하였다. 조선에서는 여진을 종족에 따라 토착여진과 오랑캐[兀良合]·우디캐[兀狄合]·오도리[吾都里 또는 斡朶里]족으로 크게 구분하였다. 이들 중 조선과 관계를 맺은 여진은 토착여진과 오랑캐·우디캐였다. 토착여진은 고려시대부터 두만강 이남으로 남하해 6진 개척을 전후한 시기에 조선으로 귀화한 여진이다. 오랑캐는 압록강과 두만강 유역에서 촌락을 이루면서 농경생활을 했는데, 건주위(또는 파저야인)와 오도리의 세력이 컸다. 우디캐는 흑룡강·아무르강·송화강·모란강·수분하 일대에서 수렵과 어로, 유목생활을 했다.

직접 관여하였다. 세종은 영의정 황희를 비롯하여 맹사성·권진·최윤덕·허조·안순·조말생·정흠지·최사강 등 9명을 사정전思政殿으로 불러 파저야인의 정벌 문제를 논의하였다. 세종은 3월 17일 비밀리에 파저야인 정벌의 명령을 최윤덕에게 내렸다. 4월 10일 평안도 도절제사 최윤덕은 평안도 기병·보병 1만 명과 황해도 군마軍馬 5천을 강계부에 집결시켰고, 군사를 7개 부대로 나누어 각 부대 별로 공격목표를 맡게 하였다. 이때 중군절제사 이순몽은 2,515명의 군사로서 오랑캐의 본거지 이만주의 채리寨里[4]를, 좌군절제사 최해산은 2,070명의 군사로서 거여車餘 등지를, 우군절제사 이각은 1,770명의 군사로서 마천馬遷 등지를, 조전절제사 이징석은 3,010명의 군사로서 올라兀剌 등지를, 김효성은 1,888명의 군사로서 임합라林哈剌 부모의 채리를, 홍사석은 군사 1,110명으로서 팔리수八里水 등지를, 최윤덕은 2,599명의 군사를 거느리고 바로 임합라의 채리를 각각 토벌하였다.

최윤덕은 4월 19일까지 9일 동안 동가강·혼하渾河 일대의 오랑캐 본거지를 유린하여 남녀 248명을 생포하고 183명을 참살하고, 소 110두·말 67필과 각궁角弓·환도環刀 등 무기류 다수를 노획하는 전과를 올렸다. 파저야인에 대한 대첩의 소식을 접한 세종은 전승보를 종묘에 고하고 근정전에서 연회를 베풀어 정벌에 참여한 장수들을 위로하였다. 파저야인 정벌에 공로를 세운 최윤덕은 우의정에 올랐고, 최치운은 통훈대부 지승문원사(정3품)에 올랐다. 이들이 바로 우리나라 서북방의 국경선을 확립한 4군 개척의 주역이었다.

(4) 5차례의 대명사신對明使臣

조선은 명나라에 정기적·부정기적으로 사절을 파견하였다. 정기 사절은

4　변경지방에 목책(木柵)을 세워서 만든 관방(關防)의 마을.

신년을 축하하는 하정사賀正使, 명 황제의 생일을 축하하는 성절사聖節使, 황태자의 생일을 축하하는 천추사千秋使가 있었으나, 중종 26년(1531)에 동지사冬至使가 추가되었다. 부정기 사절은 명나라에 어떤 사건을 보고하거나 해명할 일이 있을 때 파견하는 계품사啓稟使, 특별한 요청을 하기 위해 파견하는 주청사奏請使, 명의 조치에 감사할 일이 있을 때 파견하는 사은사謝恩使, 새 황제 등극이나 황태자 책봉을 축하하기 위해 파견하는 진하사進賀使, 명 황실에 국상이 있을 때 조문 사절로 파견하는 진위사進慰使, 조선에 국상이 발생했을 때 이를 명에 알리기 위해 파견하는 고부사告訃使 등이 있었다. 최치운은 재직 중 다섯 차례나 사신으로 명나라에 다녀왔다.

사신은 의정부·육조·대간에서 먼저 선발하여 천거하면, 왕이 간택하여 임명하는 것이 원칙이었다. 사신은 대체로 청렴결백하고 명나라에 가서 능히 독자적으로 외교적 현안을 처리할 만한 능력이 있는 가선대부(종2품) 이상의 관원 중에서 문관이 선발되었다.

정기 사절은 출발하기 3개월 앞서 선임하였기 때문에 사행을 준비하는 시간적 여유가 충분히 있었으나, 부정기 사절은 급박하게 결정되었다. 최치운은 세종 8년(1426), 세종 10년(1428), 세종 11년(1429)에는 서장관書狀官으로 다녀왔고, 나머지 두 번은 계품사로 다녀왔다. 계품사는 국가의 대체大體와 고금의 사변事變을 아는 자가 선발되었는데, 최치운이 계품사로 파견되었던 것도 이에 정통하였기 때문이다.

세종 21년(1439)에 여진족 범찰凡察과 동산童山 등이 이만주李滿住와 서로 약속하고 반란을 도모하자, 세종은 이를 명나라에 통고하여 이들을 억류해 줄 것을 요청하려고 대신들로부터 명나라에 보낼 사신 몇 사람을 추천받았다. 애초 최치운은 그중에 포함되어 있지 않았으나 세종이 특별히 가선대부嘉善大夫의 품계로 승진시켜 공조참판으로 삼은 다음 사신으로 파견하였다.

그로부터 2달 후에 최치운은 사신의 일을 잘 수행하여 명나라 황제의 윤허를 얻어 칙서를 받들고 귀국하였다. 사신이 귀국하면 국왕은 친히 잔치를 베풀어 주었는데, 세종은 예를 갖추어 교외에서 사행使行을 맞이한 다음 사정전에서 종일토록 위로하는 연회를 베풀어주었다. 또한 사신이 그 직무를 성공적으로 수행했을 경우에는 많은 토지와 노비를 하사하였다. 세종은 최치운에게 안마鞍馬 1필과 전지 300결, 노비 30구를 하사하였다. 최치운이 굳이 사양하며 7차례나 상소를 올리자, 상공相公 허조許稠가 "이 사람은 인사치레로 사양하는 것이 아니고 진실한 마음에서 원하지 않는 것이니, 마땅히 그 이름을 이루게 하소서" 하니, 임금이 그대로 따랐다. 세종 22년(1440) 7월에도 또 동창童倉 등을 억류해 줄 것을 요청하는 일로 명나라에 사신으로 다녀왔다. 최치운은 명나라와의 외교에서 여진 문제를 원만하게 해결하는데 크게 기여하였다.

(5) 『신주 무원록新註無寃錄』 편찬

"죽은 자의 억울한 원한을 없게 하라"는 뜻의 『무원록』은 원나라의 왕여王與가 1308년에 송나라의 『세원록洗寃錄』과 『평원록平寃錄』 그리고 원나라의 다양한 판례 등을 참조하여 살인 사건과 관련된 옥사에서의 시시비비를 명백히 밝히기 위한 목적으로 편찬한 검시 지침서이다. 이 책에는 시간 경과에 따른 사체死體의 변화로부터 사인死因의 규명에 이르기까지 법의학적 감정을 필요로 하는 각종 사항과 검사 재료, 검안서식檢案書式 등이 수록되어 있다.

『무원록』이 우리나라에 언제 전해졌는지는 알 수 없지만, 세종 원년(1419) 2월 형조가 검시의 문안을 주청하는 중에 처음으로 나타난다. 그 후 세종 12년(1430) 2월 율학律學의 취재과목에 『무원록』의 검시규례에 의거하도록 했는데, 그 목적은 백성들이 원통한 일이 없도록 형률·법률을 올바르게 쓰기 위한 것이었다. 그런데 그 내용이 너무 어려웠을 뿐 아니라 조선과 다른 중국의 제도에 기초하였다는 점이 책의 활용에 장애가 되었다. 국가에서는 이를 알기 쉽게 풀고 우리 실정에 맞도록 고치려는 지속적인 노력을 하였다. 이에 세종은 즉위 20년(1438) 11월에 최치운에게 『무원록』의 주석註釋을 달도록 명하였다. 최치운은 『무원록』에 주석을 달고 음훈을 병기하여 세종 22년(1440)에 마침내 『신주무원록』을 완성하였다. 또 공으로 하여금 승문원의 관리들과 학관들을 데리고 법전의 율문律文을 강해講解하도록 명하였다. 무릇 의심스러운 형률의 적용을 결단할 적에는 반드시 공을 불러 의논하였는데, 그 결과 잘못된 판결을 뒤집은 경우가 많았다.

세종은 이듬해 2월 한성부에 명하여 검시장식檢屍狀式이라는 공문서 서식을 따로 공포·간행하게 하였고, 다시 각도 관찰사로 하여금 그것을 인쇄하여 각 군현에 반포하게 하였다. 세종 24년(1442)에는 모든 검시법을 『신주무원록』의 규정에 따르도록 하였고, 인명치사人命致死에 관한 사건이 있을 때는 그 사체가 있는 곳에서 검증을 행한 뒤에 검시장식에 따라 사체검안서를 만들어 재판하

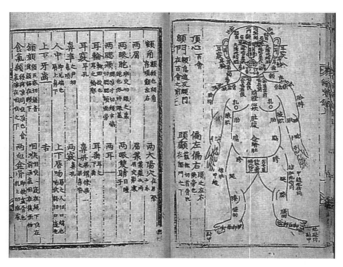

신주무원록

도록 하였다. 공이 주해한 『신주무원록』은 옥사와 관련된 검시의 지침서 역할을 하였고, 『경국대전』 단계에 와서는 조선의 공식 법의학서로 규정되었다.

(6) 녹봉제 개정

조선 건국 초에는 고려의 녹봉제를 답습하여 매년 정월과 7월 두 차례에 걸쳐 녹봉을 지급하였다. 그러나 고려의 제도에 따라 녹봉을 2회로 나누어 지급할 경우 1월과 7월에 미쳐 받지 못하면 관직에 종사하고도 받지 못하는 폐단이 발생하였다. 최치운이 4맹삭반록四孟朔頒祿(1·4·7·10월)을 제정하려고 한 것은 이에 기인한다. 그의 건의는 마침내 수용되어 세종 21년(1439) 정월부터 시행을 보게 되었다.

이 외에도 최치운은 당시 사대부들의 패륜을 지적하며 윤리를 살려야 한다고 하였다. 그 내용은 사대부가 대체大體를 돌아보지 않고 창기에 빠져서 본처를 소박하는 자가 간혹 있는데, 심한 경우에는 창기로 하여금 부엌에서 음식을 책임지게 하거나 혹은 창기가 먹던 음식을 본처에게 먹게 하니, 천하의 천인으로서 도리어 배필의 위에 있게 된다는 것이었다. 그는 사대부의 이러한 행위를 국가에서 비록 절절히 죄인을 심리하나 이를 징계하지 않으므로, 유사攸司로 하여금 이러한 사람들을 조사하여 이름을 적어 이조에 문서를 보내 모두 파면하고, 두 번 범했을 경우에는 영구히 등용하지 말 것을 건의하였다.

3) 최치운 사후의 추모사업

공은 술을 좋아하여 세종 임금이 직접 글을 내려 이를 경계하라 하니, 벽에 붙여놓고 조석으로 쳐다보며 경계하였다. 혹 밖에서 취하여 돌아오면 부인이 벽을 가리키며 이를 보게 하니, 공은 책상머리에 머리를 두드리고 음주를 절제하였다고 한다. 그러나 세종 22년(1440) 12월 17일에 병으로 본가本家에서 향년 51세로 별세하였다. 세종은 부음을 듣고 예관禮官 이하성李夏成을 보내 제사를 지내게 하였다. 제문祭文에 이르기를

경의 몸가짐은 수려秀麗하고 도량은 넓고 너그러웠으며, 경륜은 뛰어나고 학식은 정밀하고 통달하였다. 지난번 북방 야인을 정벌하는데도 자못 큰 공적이 있어 내가 중히 여겨 후설喉舌[5]로 발탁하였다. 여러 해 동안 왕명王命의 출납出納을 여러 해 동안 맡아 충성스러운 말을 아룀이 매우 간절했다. 명明 조정에 여러 차례 아뢰니 명 황제도 유음兪音을 내리었다. 내가 이를 가상히 여겨 은총을 더욱 베풀었다. 형조와 이조에서 판단이 돋보여 장차 크게 등용해서 영원히 보필하는 신하로 삼고자 했었노라.

하고 부의賻儀를 후하게 내렸다.
　세자(뒷날의 문종)는 응교應敎 김문金汶을 보내어 제사를 지내게 하였다. 그 제문祭文의 대략에

학문은 경사經史에 달통하여 빛나는 명성이 일찍 드러났다. 이리하여 내가 지극히 존경하고 더욱 돈독하게 생각했노라. 특히 숭앙崇仰받을 위치에서 빈객으로 몸을 낮추어 여러 해 동안 가르침에 본받을 바가 많았다.

5　목구멍[喉]과 혀[舌]라는 뜻으로 왕명 출납을 맡은 승정원 관원을 말함. 『시경』 「증민(烝民)」에 "왕명을 출납하니, 왕의 후설이다[出納王命 王之喉舌]"고 하였다.

라고 하였다. 유구국琉球國 사람들도 제문이 있었고, 대마도주對馬島主도 후한 부물賻物을 보내왔다. 이듬해 신유년(1441) 2월 12일에 강릉부 북쪽 조산助山 경좌庚坐 언덕에 안장하였는데, 이는 고인의 유명遺命에 따른 것이다. 집현전에서 근무할 때 만났던 성삼문成三問·신석조辛碩祖·하위지河緯地 등은 만시輓詩를 보내 애도하였다.

묘는 대전동 즈므마을 강릉최씨 충무공계 선영에 있고, 묘비는 최치운의 묘 앞에 있다. 춘추관 기주관을 지낸 남수문南秀文이 서序하였고, 집현전 직제학 및 춘추관 기주관을 지낸 유의손柳義孫이 명銘하였으며, 예문관 직제학을 지낸 최흥효崔興孝가 서書하였다. 비문의 전서篆書는 춘추관 편수관을 지낸 정척鄭陟이 썼다. 인조 23년(1645) 8월에 최응현·박공달·박수량·최수성·최운우와 함께 강릉 향현사에 배향되었다.

신도비는 고종 15년(1878) 족보를 간행할 때 건립이 논의되었고, 이후 재원을 마련하여 고종 25년(1888)에 후손 최원집崔遠集 등이 주도하여 건립하였다. 대전동 즈므마을 입구 강릉최씨 충무공계 선영 입구에 있는 삼현비각 안에 있다. 비문은 영의정을 지낸 이유원李裕元이 지었고, 이조판서·홍문관직제학 등을 역임한 조석여曹錫輿가 썼다.

강릉시 대전동[助山] 691번지에 있는 감모재感慕齋는 최치운, 최진현崔進賢, 최응현崔應賢을 제향한 곳이다. 후손들이 제의를 받들기 위해 묘소 근처에 건립하였다. 고종 13년(1876)에 후손들이 현재의 장소로 이건移建하였다. 건물구조는 전면 3칸 측면 2칸의 규모이며, 양쪽에 방을 1칸씩 꾸몄다. 가운데 1칸은 우물마루를 놓고 세살문 4쪽을 달아 제사청으로 꾸몄다. 제사청에는 이건기移建記와 중수기重修記 등 기문이 걸려 있다. 운영은 종중 재정으로 운영되며, 제향일자는 매년 음력 3월 15일이다.

2. 최응현崔應賢

1) 최응현의 생애

최응현은 필달의 18세손으로 자는 보신寶臣, 호는 수헌睡軒이다. 부친은 이조참판을 지낸 치운致雲이고, 모친은 강릉함씨로 현령縣令을 지낸 화華의 딸이다.

최응현의 가계도

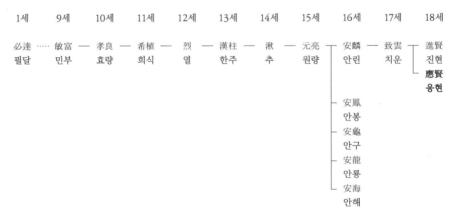

13세 때에 아버지가 세상을 떠났을 때, 모든 예를 극진히 하여 3년상을 마치니 마을 사람들의 칭송이 자자하였다. 그 후 오로지 학문에만 뜻을 두어 21세 때인 세종 30년(1448) 생원·진사 두 시험에 입격하였고, 23세 때인 단종

2년(1454) 식년시 병과에 3위로 급제하여 승문원 부정자에 보임되었으나, 나아가지 않고 자원하여 강릉훈도江陵訓導가 되어 강릉에 홀로 계시는 어머니 함씨를 봉양하였다.[6]

세조 원년(1455) 12월 세조가 즉위하자 원종공신原從功臣[7] 2등에 책록되고 홍문관저작이 되었다. 성균관으로 옮겨서 박사·전적으로 승진하였으나, 세조 8년(1462) 강원도사江原都事에 임명되었는데 세조 12년(1466) 윤3월 세조가 강릉에 행차할 때 말질교末叱橋를 건너다가 사고가 날 뻔 하는 바람에 찰방과 함께 하옥되었다가 석방되었다.

그 후 어머니를 봉양하기 위해 걸군乞郡[8]하여 세조 9년(1463)에 고성군수高城郡守를 역임한 후 영월군수寧越郡守로 이임하여 선정善政을 베푼 것이 많았다. 임기를 마치고 돌아오려고 함에 영월 군민郡民들이 1년간 더 유임해줄 것을 조정에 청하였으나 고향 강릉으로 돌아왔다. 또 성균관 사성司成에 임명되었으나 부임하지 않았다. 공은 어머니를 섬길 적에 잠시도 곁을 떠나지 않았고, 맛있는 음식을 반드시 손수 장만하여 봉양하였다.

성종 2년(1471) 2월 영성부원군寧城府院君 최항崔恒이 조정의 젊은 관료 중

---

6 공의 어머니 함씨는 21세 때 최씨 집안에 시집와서 시부모를 효성으로 섬기고 가사를 정성으로 돌보아 가정이 화목하였다. 참판공께서 수명을 다 채우지 못하고 중년에 세상을 떠나는 바람에 함씨는 40여 년 동안 곧은 절개를 지켰으며, 시(詩)와 예(禮)로써 자손들을 교육하여 모두가 장성해서 입지(立志)하였다. 함씨는 세종 25년(1443)에 정부인(貞夫人)에 봉해졌고, 성종 8년(1477)에 정경부인(貞敬夫人)에 봉해졌다.

7 국가나 왕실의 안정에 공훈이 있는 정공신(正功臣) 외에 왕을 수종(隨從)해 공을 세운 사람에게 준 칭호, 또는 그 칭호를 받은 사람. 공신의 대부분이 정공신의 자제 및 사위 또는 그 수종자들에게 녹훈되었다. 본래는 원종공신(元從功臣)이라 했으나 명나라 태조인 주원장(朱元章)의 이름에 들어 있는 원(元)자를 피해 원(原)으로 고쳐 썼다.

8 일반적으로 수령의 정실을 배제하고 공정한 임무 수행을 위해 수령의 고향인 본향이나 처의 고향 등에는 임명하지 않는 것이 관례였다. 설사 임명된다 하더라도 대개는 사헌부와 사간원 등 언관의 탄핵을 받아 연고가 없는 다른 지역의 수령으로 고쳐 임명되었다. 그러나 늙은 부모가 살아 있을 때 부모를 봉양하기 위해 왕에게 부모가 있는 군현이나 가까운 곳의 수령으로 보내줄 것을 청하게 되면 왕은 본가·생가를 막론하고 수령으로 임명하는 것이 상례였다.

에서 문사文辭가 훌륭한 자로서 최응현·임사홍 등 6명을 뽑아 아뢰자, 성종이 우대하여 서용하도록 하였다. 성종 11년(1480) 함씨가 세상을 떠났을 때 무덤 옆에 움막을 짓고 3년 여묘살이를 하는 동안 한 번도 집에 내려오지 않았으며, 지나치게 슬퍼하고 소식素食하다가 거의 목숨을 잃을 뻔하였다. 그의 효행이 널리 알려지자 대신들이 그를 천거하였고, 성종도 그를 효자·충신으로 생각하였다. 성종 14년(1483) 4月에 3년상을 마치자 그의 효성을 기려 사헌부 집의(종3품) 벼슬을 내렸으나, 그가 굳이 사양하자 성균관 사성으로 바꾸어 임명하였다. 이어 예빈시·봉사시 정正을 거쳐 성종 15년(1484)에 승문원 참교承文院參校에 임명되었다. 성종 18년(1487) 호남의 수적水賊 10여 인을 잡은 공으로 이조참의에 임명되었고, 이듬해 2月 호조 참의에 임명되었으나 곧바로 승정원 동부승지로 발탁되었다. 예조참의로 전직되었다가 10月 충청도관찰사에 임명되었다. 성종 20년(1489) 대사헌에 임명되었고, 성종 22년(1491) 7月 중추부 동지사로 전임되었으며, 그해 9月 경주부윤이 되었다가 성종 25년(1494) 한성부좌윤이 되었다. 연산군 원년(1495) 대사헌에 임명되었으나 이듬해 임금의 뜻을 거스른 이유로 사직하고 고향으로 돌아갔다.

공은 지금의 삼척시 신기면 도경리 남쪽 오십천 강속에 정자를 지어 놓고 산수의 경관을 관상하곤 하였는데, 그 정자가 바로 척주팔경陟州八景의 하나인 회강정廻江亭이다. 이 정자가 언제 없어졌는지 알 수 없고, 지금은 노송 우거진 숲속 바위에 새겨진 '회강정'의 자각字刻 만이 뚜렷하게 남아 있다.

연산군 5년(1499) 3月 성균관 동지사로 임명되자, 최응현은 나이가 많다고 하여 사양하였다. 연산군이 전교하기를 "경은 사유師儒에 적합하므로 그 청을 들어줄 수 없다"고 하였다. 연산군 8년(1502) 12月 한성부 좌윤이 되었고, 연산군 10년(1504) 5月 공조참판이 되었다가 연산군 11년(1505) 정月 병조참판으로 옮겼다. 중종 2년(1507) 윤정月 5일에 병이 나 서울의 집에서 돌아가니, 향년이 80세였다.

2) 최응현의 활약상

성종 16년(1485) 5월 예빈시 정이 되어 세조의 왕비 정희왕후를 부묘祔廟할 때 집례執禮하니, 성종이 비단 1필을 하사하였다. 성종 17년(1486) 12월 동부승지同副承旨 이칙李則이 아뢰기를 "근래 전라도에 수적水賊이 점점 성하여 여러 섬에 사는 백성이 하나도 없습니다."라고 하니, 성종이 봉상시정奉常寺正 최응현을 보내어 사로잡은 해적海賊 90여 명을 다스리게 하여 그 사정事情을 모두 알아내자 이조참의에 제수하였다.

승문원 참교에 재직할 때 최응현은 성종 14년(1483) 8월과 이듬해 12월에 수령의 불법을 적발하는 임무를 띠고 안동과 안성에 파견되었다. 조선시대의 수령은 국왕이 직접 임명하는 전임專任의 지방 행정관으로서 한 고을의 사무를 혼자서 결정하였다. 이에 국가에서는 수령에 대한 적절한 감독과 통제 및 규찰수단이 필요하였던 것이다. 그 기능행사의 일반적인 형태가 관찰사가 수령의 포폄등제를 정하는 것이었고, 수시로 행대行臺·경차관敬差官 등을 군현에 파견하여 수령의 불법을 적발하기도 하였다. 최응현은 안성군수 최옥순이 공물貢物을 만드는 자로 하여금 직접 바치게 한 것을 적발하였다.

성종 15년(1484) 7월에는 개성부에서 오래도록 해결하지 못한 옥사사건을 명쾌하게 해결하였다. 앞서 개성부에 사는 사비私婢 종지終知가 가산家産을 남편의 여동생인 용금龍今의 집에 맡겨 두었는데, 마침 용금이 죽자 그녀의 딸 봉금奉今의 아들 김영우金永祐 등이 종지의 재물을 모두 훔치고는 도둑맞았다고 속여 말하자, 종지가 개성부에 소장訴狀을 제출하였다. 이에 봉금

등은 말이 궁하자 도망하여 서울에 와서 송사가 부정하다고 아뢰니, 경기관
찰사에게 옮겨서 추국하라고 명하였다. 그런데 추국이 끝나기 전에 봉금 등
이 또 아뢰니, 봉상시정 김수손金首孫을 보내어 추국케 하였다. 그의 추국 또
한 정당함을 잃었다고 하므로 사재감 부정 안호安瑚에게 추국케 하였다. 봉금
이 또 아뢰어 안호가 공정하지 않다고 책망하였으므로, 이번에는 성균관 사
성 최응현을 보내어 추국케 하였다. 최응현이 봉금의 옥사를 추국하여 그 실
정을 소상하게 밝히자, 성종은 "최응현을 내가 장차 크게 쓰려고 하는데, 이
제 표장하지 않을 수 없다"고 하며 말 1필을 하사하였다.

성종 19년(1488) 8월에는 삭녕 사람 불정佛丁이 이손李孫을 타살하였는데,
의금부에서는 초검初檢과 복검覆檢이 각각 다른데도 고살故殺로 결정하는 것
은 애매한 점이 있다고 하자, 성종은 이를 대신과 승지에게 의논하게 하였다.
그때 심회沈澮는 "이손이 죽은 뒤에 검시를 비록 분석해 시행하지는 못하였으
나 불정이 타살한 행위를 명백히 문초해 받았으며, 또 맞은 지 9일 만에 죽었
으니 타살한 것이 의심할 바 없다. 율에 의하여 논단하자" 하였고, 윤필상·홍
응·노사신·이극배·윤호·손순효는 "이제 불정을 신문한 계본啓本[9]을 보니 애매
한 점이 많으므로 고살로 논단하는 것은 온당하지 못하다" 하였다. 그러나 최
응현 등은 "이손의 시체의 상처는 이미 검증에서 명확하지 않았으며, 또한 구
타할 때의 증거가 없어 고살로 논단하는 것은 불가하다"고 하여 마침내 사형
을 감하게 하였다.

한편 최응현은 사치풍조의 만연으로 상하의 분별이 문란해지는 것을 개정
할 것을 주장하였다. 15세기 말부터 16세기 초에 이르러서는 부마·왕자를 비
롯하여 부상대고·이서층에 이르기까지 혼인·상장·저택·복식·음식 등에서의

---

9   임금에게 큰일을 아뢸 때 제출하던 문서 양식을 말함.

사치풍조가 만연하면서 사회적으로 큰 문제가 되었다. 공은 "부상대고들이 장송葬送할 때에 횃불을 성대하게 베풀고는 참람하게 재상과 맞먹으려 하니, 장송하는 것이 비록 후한 데 따르는 것이 마땅하다고는 하나 상하의 분별은 문란하게 할 수 없다"고 하면서 그 수를 참작해 정하되 제도를 지나치지 못하도록 하였다.

최응현의 활동 가운데 가장 적극적이고 강직한 성향을 잘 보여주는 것은 그가 사헌부의 장관인 대사헌이 되었을 때였다. 정현왕후(성종의 계비이자 중종의 생모)의 족친인 윤탕로尹湯老가 성종의 국상 기간인 졸곡卒哭(삼우가 지난 뒤에 지내는 제사) 전에 기생과 동거한 사실이 드러났을 때, 대간과 홍문관은 이를 집요하게 탄핵하다가 구금되었다. 이때 최응현은 여타 조정의 관리라 할지라도 졸곡을 마치기 전에 기생과 간음하면 죄를 용서할 수 없는데, 윤탕로가 왕비의 지친으로서 슬픔을 잊고 창기의 집에 묵었으니 대간이 논쟁을 고집하는 것은 당연하다고 하였다. 3개월 이상 대간과 홍문관에 의해 제기된 논박은 윤탕로가 파직된 뒤에도 계속되어 직첩을 환수당하고 경기에 부처付處된 뒤에야 일단락되었다. 이에 대해 이목李穆은 공의 충직을 가리켜 "권신의 면전에서 정치의 옳고 그름을 간할 때는 서릿발이 해를 뚫을 듯 엄격하여 아무도 그를 얕보지 못했고, 비록 왕의 노여움을 살 줄 알면서도 화복禍福을 가려서 마음을 움직이지 않았다"고 하였다.

연산군 6년(1500) 11월 천기天氣가 불순하여 임금이 구언求言하였을 때, 성균관 동지사 최응현이 진언進言하기를, "천둥과 번개의 천변을 없애려면, ① 경연經筵에 부지런히 나오고, ②옥사獄事와 송사訟事의 결단에 힘쓰며, ③군대의 여旅 이외의 정병正兵은 폐지하며, ④장성長城을 쌓지 마소서." 하니, 연산군이 전교하기를, "쓸데없는 짓이다"라고 하였다.

유교의 이념은 예의 실천을 통해 실현되므로 예학禮學은 실천 유학이라 할 수 있는데, 최응현은 예학에도 밝아 『상례고정편喪禮考正篇』을 저술하기도 하였다.

최응현은 최치운과는 달리 영남지방의 사림들과도 교유하였음이 찾아진다. 이러한 사실은 최응현이 학문적으로 가르침을 준 강릉지역 유림의 결사체인 금란반월계원 가운데 최여림崔汝霖이 김종직의 문하로서 김굉필·정여창 등과의 교유한 것이라든지,[10] 최응현이 김종직과 그의 문인 이목과 시를 주고받은 것에서 확인할 수 있다.[11]

최응현은 지역 문풍진작에도 크게 기여했다. 그는 당시 입신출사를 위해 애쓰는 강릉지방의 유생들이 만든 금란반월회金蘭半月會[12]의 스승으로 추앙을 받았는데, 그들을 위해 서문을 써 주면서 벗의 사귐을 다음과 같이 일깨워주었다.

> 벗에는 두 종류가 있다. 하나는 마음으로 사귀는 벗이요[心友], 다른 하나는 얼굴로 사귀는 것이다[面友]. 심우心友는 친구가 선한 일을 하면 함께 기뻐하고, 그릇된 일을 하면 그 자리에서 질책하며, 서로 귀천을 가리지 않고 환난患難을 당하여도 변하지 않고, 분노를 서로 참는 친구라 하였다. 면우는 자기보다 어질

---

10 "일찍이 점필재 문충공의 문하에 출입하였는데 공에 대한 기대와 자랑함이 매우 깊었다. 한훤당(김굉필)과 일두(정여창) 등의 제현과 함께 경전의 뜻을 강론하였는데 자못 남이 깨닫지 못하는 오묘함이 있었다[嘗出入于佔畢金文忠公之門 期詡特深 與寒暄·一蠹諸賢 講論經義 頗有不得之妙]"(『嶺東地方金石文資料集』2, 崔汝霖墓表).

11 점필재 김종직이 지은 「충청도를 순찰하는 관찰사 최응현을 보내다[送崔觀察使應賢巡忠淸道]」(『佔畢齋集』卷23)와 寒泉 李穆이 지은 「최대사헌이 강릉으로 돌아가는데 전송하다-서(序)를 아우르다[送崔大司憲歸江陵 幷序]」(『李評事集』卷1)에는 최응현의 학문을 크게 칭송하고 있다.

12 금란반월회는 세조 12년(1466)에 창계(創契)되었는데, 그 회원은 모두 16명이었다. 회원의 준수 사항으로는 이른바 '맹약 5장'이 있었다. 그 내용은 "첫째, 기쁜 일에는 축하해 주고 슬픈 일에는 조의를 표한다. 둘째, 좋은 날을 가려 경서를 강론하고 우의를 다진다. 셋째, 잘못이 있는 사람에게는 마주 대해 꾸짖는다. 넷째, 약속을 어기는 사람은 벌금에 처한다. 다섯째, 벌을 받고도 고치지 않는 사람은 회원의 자격을 박탈한다"는 것이었다.

면 미워하고, 허물이 있으면 뒤에서 흉보고, 귀한 자에게는 후하고, 천한 자에게는 박하고, 술자리에서는 친하고, 이해利害에서는 다투는 벗이라 하였다金蘭半月會序.

3) 최응현과 오죽헌

율곡이 태어난 오죽헌은 응현의 부친인 최치운이 창건한 집이었다. 그 후이 집은 응현에게 상속되었다가 응현의 둘째 딸이 이사온과 혼인하자 딸에게 상속되었다. 이사온의 본관은 용인龍仁이고 생원生員 출신으로 벼슬은 하지 않았다.

이사온과 최응현의 둘째 딸 사이에는 율곡의 외할머니인 이씨李氏가 무남독녀로 태어났다. 이사온이 일찍이 강릉 처가에서 살았기에 이씨가 오죽헌에서 자랐던 것이다. 이씨는 어렸을 때 외가에서 자랐으므로 실상은 외조부 응현의 슬하에서 양육을 받은 셈이다. 이러한 환경에서 자란 이씨의 성품에 대해 율곡은 「이씨감천기李氏感天記」에서 "타고난 자질資質이 순수하고 맑았으며 행동거지行動擧止가 침착하고 조용하였다. 말은 앞세우지 않고 행하는 데는 민첩하였으며, 일에 대하여는 신중을 기하였지만 선한 일을 하는 데는 망설임이 없었다. 약간 학문을 알아 항상 『삼강행실三綱行實』을 구송口誦하였으며 문장 따위로써 학문을 삼지 않았다."고 하였다.

이씨는 기묘명현己卯名賢[13] 중의 한 사람인 평산신씨 명화命和와 혼인하였

---

13 중종 14년(1519) 기묘사화 때 화를 입은 사림(士林)들을 가리켜 부르는 말. 김정국(金正國)이 편찬한 『기묘당적(己卯黨籍)』에는 94명이 수록되어 있고, 김정(金淨)의 후손 김육(金堉)이 편찬한 『기묘제현전(己卯諸賢傳)』에는 218명이 수록되어 있다.

다. 신명화는 천성이 순박하고 강직하여 어려서부터 성현의 글을 읽되 선악으로써 자기의 언행을 경계하는 자료로 삼았고, 자라서는 더욱 학문과 인격이 뛰어나 동문수학同門修學하는 동료들 사이에서도 지조 굳은 인물로 정평이 나 있었다. 그러나 벼슬에는 뜻이 없어 과거에 응시하지 않다가 41세 때인 중종 11년(1516)에 비로소 진사進士에 올랐다. 그때 영의정 윤은보尹殷輔와 형조판서 남효의南孝義 등이 조정에 천거하였으나 한사코 사양하고 학문을 연구하는 데만 전념했다고 한다. 그로부터 3년 뒤에 기묘사화가 일어났을 때 화를 면할 수 있었다. 그 후 신명화는 그의 처가가 있는 강릉 북평촌北坪村 오죽헌에 퇴거하여 살았다. 신명화가 강릉에 오기 전 이들 부부는 16년 동안 서로 떨어져 살았다고 한다. 그것은 무남독녀였던 이씨가 병환으로 고생하신다는 어머니 최씨의 소식을 듣고 수발을 들기 위해 친정으로 돌아왔기 때문이다. 이씨가 그의 부모로부터 오죽헌을 상속받아 친정에 살았던 관계로 사임당 또한 그곳에서 태어나게 되었던 것이다.

주지하듯이 조선전기까지 재산상속은 아들 딸 모두에 대해 차별이 없는 '자녀균분상속子女均分相續'이 원칙이었다. 이는 고려시대부터 있어온 유제遺制로서, 본래 한국적인 친족·가족제도 및 혼속婚俗과 밀접한 관련하에서 유지되었다. 그러나 실제로는 조상의 제사를 모시기 위한 재산을 '봉사조奉祀條'라 하여 우선적으로 확보하고 난 후에 나머지 재산을 균등분급하는 것이 그때의 확립된 관례였다.

봉사조는 『경국대전』에 이미 그 양이 규정되어 있을 정도로 조선초기부터 공식화되어 있었다.[14] 분재기상에 봉사조가 별도의 항목으로 등장하는 것

---

14 부모가 가지고 있던 노비를 부모 사망한 후에 자녀들끼리 나눌 때 승중자(承重子)에게는 다른 중
    자녀(衆子女)에 비해 1/5을 더 준다고 하였는데, 그것은 그만큼 봉사를 중요시하였기 때문이다
    (『경국대전』권5, 刑典 私賤條).

은 가문마다 차이가 있지만, 16세기 중반에 와서야 대부분의 양반가에 설정되기 시작한다.[15] 이전까지는 아들딸을 불문한 철저한 균분분할상속均分分割相續이 이루어지고, 아들 딸 모두가 조상제사를 돌아가며 받들었기 때문에 봉사조의 의미는 크지 않았다. 즉 윤회봉사輪廻奉祀가 일반적으로 행해지던 시기에는 봉사조가 없거나, 있어도 미약한 수준이었다. 그러나 16세기 중반에 이르러 윤회봉사가 점차 해소 가능성을 보이자 양반 가문에서는 재산 가운데 일부 또는 상당 부분을 거의 예외 없이 봉사조를 설정하게 된다. 봉사조를 설정한 것은 현실적으로 제사가 단절되는 것을 막고 봉사자의 부담을 경감시키기 위한 것도 많았지만, 그것은 성리학의 보급과 사림士林의 성장에 따라 조선왕조가 지향하려는 유교적인 예제가 시간이 지날수록 점차 정착되어 갔기 때문이기도 하였다. 분재기에는 봉사조 이외에 묘에서 지내는 제사를 위해 별도로 '배묘조拜墓條'를 설정한 경우도 있었으나, 이는 봉사조에 비해 나타나는 빈도가 훨씬 적었다.

율곡의 외할머니인 이씨가 다섯 딸에게 재산을 물려줄 때에 작성한 「이씨분재기李氏分財記」[16]에는 분배재산 가운데 봉사조와 배묘조의 명목으로 설정되어 있다.

---

15   현재까지 알려진 분재기 중 봉사조가 처음 설정되어 있는 것은 「유의손형제 화회문기(1447~1450)」가 최초이다.

16   본 문서는 중종 36년(1541)에 이씨가 살아생전에 그의 딸 5명에게 상속분을 미리 정하여 놓은 대로 분배(分配)하고 작성한 것이다. 이 문서는 재주(財主)가 생존해 있으면서 딸들에게 재산을 나누어줄 때에 작성한 것이므로 '허여문기(許與文記)'에 속한다(박도식, 2006 「1541년에 작성된 「李氏分財記」 연구」 『栗谷思想研究』13, 율곡학회 참조).

「이씨분재기」의 봉사조 및 배묘조 내용

봉사조(율곡)	배묘조(권처균)
기와집 1채(서울 中部 壽進坊) 田 7卜 6束(梨川) 畓 20斗落只(砥平) 奴 3口(강릉2, 김제1) 婢 2口(강릉1, 평산1)	기와집 1채(강릉 北坪) 畓 2石落 5斗落只(강릉) 奴 2口(강릉1. 김제1) 婢 3口(강릉2, 김제1)

사임당의 어머니 이씨는 다섯 딸에게 재산을 물려주면서 둘째 딸의 아들 율곡에게는 봉사조로 서울 중부 수진방에 있는 기와집 한 채와 전답·노비를 주었고, 넷째 딸의 아들 권처균에게는 배묘조로 강릉 북평에 있는 기와집[오죽헌] 한 채와 전답·노비를 주었다.

이렇듯 조선초기 재산상속의 관행에 따라 오죽헌은 응현의 둘째 딸 최씨(이사온의 처)에게 상속되었고, 그 후 이사온의 딸 이씨(신명화의 처)에게 상속되었다가 권처균에게 상속되었던 것이다. 권처균은 뒤뜰에 줄기가 손가락만 하고 색이 검은 대나무가 무성한 것을 보고 자신의 호를 '오죽헌'이라고 했는데, 이것이 후에 집 이름[堂號]이 되었다. 오죽헌은 권처균의 후손들에 의해 관리되어 오다가 현재는 강릉시에서 관리하고 있다. 오죽헌은 우리나라 민가 건축의 양식과 구조가 뛰어나 1963년 1월 31일 보물 제165호로 지정되었다.

4) 최응현 사후의 추모사업

중종 2년(1507) 정월 5일에 향년 80세로 졸卒하니, 그해 4월에 강릉 조산助山 갑향甲向의 언덕에 안장하였다. 인조 23년(1645) 8월에 최치운·박공달·박수량·최수성·최운우와 함께 강릉 향현사에 배향되었다.

최응현의 묘소에 비가 있었으나 오래되어 마모되자 후손들이 최응현의 행적을 명확히 알 수 없을 것을 염려하여 숙종 4년(1678)에 후손들이 묘소 입구에 신도비를 세웠다. 비문은 최응현의 외현손인 율곡 이이李珥가 지었는데, 그 대략에

하늘이 사람에게 날 때 준 것은 효도와 충성이라오. 뉘라서 그 근본 생각하여 하늘의 법칙 따르겠는가? 효성스런 우리 공이여, 받들어 주선하셨네. 어머니의 일을 도와 드리며, 앞날이 짧으리라 더욱 섬겼네.

라고 하였다. 글씨는 통훈대부通訓大夫 행사헌부지평行司憲府持平을 지낸 이명은李命殷이 쓰고, 전서篆書는 우의정을 지낸 허목許穆이 썼다. 최응현 신도비는 현재 대전동 대전동 즈므마을 입구에 있는 삼현비각 안에 아버지 최치운崔致雲, 손자 최수성崔壽岷의 신도비와 함께 관리되고 있다.

삼현비각(三賢碑閣)

3. 박공달朴公達

1) 박공달의 생애

　　박공달은 순純의 7세손으로 자는 대관大觀이고, 초호初號는 강호江湖이며 만호晚號는 사지四止·사휴당四休堂이다. 부친은 장악원 정掌樂院正을 지낸 시행 始行이고, 모친은 영양남씨英陽南氏 진사 과蓋의 딸이다.

　　허균은 우리 강릉에서는 조선의 명인석사名人碩士가 많이 배출되었다고 하였다. 예컨대 "국가에 대해 공이 많아 현신賢臣이 된 사람으로는 최치운崔致雲 부자요, 학문과 품행으로 사림에서 칭송된 이는 박공달朴公達·박수량朴遂良이요, 문장으로 세상에 이름을 날린 이는 심언광沈彦光·최연崔演 등이 모두 사가史家의 저술에 기재되어 지금까지도 사람들이 그들의 이야기를 하고 있다"고 하였다.

　　공은 강릉부 사천에서 태어났다. 허균의 「애일당기愛日堂記」에 의하면, "강릉부에서 30리 되는 곳에 사촌沙村(사천)이 있는데, 동쪽으로는 대해大海에 임했으며 북쪽으로는 오대五臺·청학靑鶴·보현普賢 등 여러 산이 바라보인다. 큰 내 한 줄기가 백병산百屛山에서 나와 마을 가운데로 흐르는데, 이 내를 빙둘러 거주하는 이가 상하 수십 리에 거의 수백 가家나 되며, 모두 양쪽 언덕에 의지하여 내에 면해서 문을 내었다. 내의 동쪽 산은 북대北臺로부터 내려와 꾸불꾸불 연속된 것이 용처럼 생겼는데, 바닷가에서 홀연히 솟구쳐 사화산沙火山의 수자리가 되었다.…(교문암) 조금 남쪽으로 언덕 하나가 한가운데를 차지하고 있는데 이름을 쌍한정雙閑亭이라 한다. 그 고을 사람인 박공달과 박수량이 노닐던 곳이라 그렇게 이름지었다. 그 산수의 형세가 울창하고 깊숙하며, 기운이 힘차게 일어나 용솟음치는 까닭에 그중에서 특이한 인물이 많이 났다"고 하였다.

박공달의 가계도

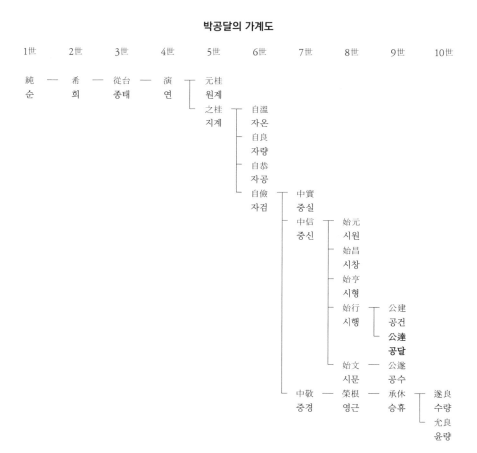

공의 성품은 강직하고 자세가 단정하였으며, 아무리 춥고 더운 날이라도 의관을 정제하여 위엄을 잃는 일이 없어 모두들 '훌륭한 선비[善土]'라고 칭찬했다. 그의 맑고 조용한 성품은 그의 호號인 '사지四止'의 뜻을 자신이 해석한 글에서 잘 알 수 있다. 즉 "앉는 것은 큰 나무 밑에서 그치고[坐止高陰下], 걷는 것은 사립문 안에서 그친다[步止華門裏]. 먹는 것은 텃밭의 푸성귀에 그치고[所食止園葵], 큰 기쁨은 어린아이들에게 그친다[大懼止稚子]"라고 하였다.

공은 26세 때인 연산군 원년(1495) 생원시에 입격했으나, 수신과 독서에만 힘쓸 뿐 벼슬에는 뜻이 없었다. 일찍이 상진尙震[17]이 관동지역을 순찰할 때 공을 만나보고서 다른 사람에게 말하기를 "구슬 항아리에 담긴 가을물 같다"고 공의 인품을 높이 평가하였다.

중종 11년(1516) 가을에 김정金淨[18]이 관동지역을 유람하다가 공을 만나

---

17 성종 24년(1493)~명종 19년(1564). 조선중기의 문신. 본관은 목천(木川), 자는 기부(起夫), 호는 송현(松峴)·향일당(嚮日堂)·범허재(泛虛齋), 시호는 성안(成安)이다. 중종 14년(1519) 별시문과에 급제하여 예문관검열이 되었다. 그뒤 봉교·예조좌랑·지평을 거쳐 장령·교리 등을 지내면서 지방관리의 탐학을 비판하고 농업진흥책을 주장했다. 중종 28년 대사간에 임명되었으며, 부제학·좌부승지·형조참판·관찰사·한성부판윤 등을 거쳐 중종 38년 공조판서가 되었다. 이듬해 성절사가 되어 명나라에 다녀와서 병조판서·우찬성·형조판서를 지냈다. 중종이 죽고 인종이 즉위하자 중종 때 세도를 부렸던 윤원로(尹元老)와 결탁했다고 하여 경상도관찰사로 좌천되었다. 1545년 인종이 죽고 명종이 즉위하여 소윤 일파가 득세하면서 그들의 천거로 병조판서에 복직했으며, 명종 4년(1549) 우의정이 되었다. 명종 6년 좌의정을 거쳐 명종 13년 영의정이 되었는데, 소윤 일파와 어울린다 하여 사림에게 비난도 받은 반면 사림을 등용하려고 힘쓰기도 했다. 그뒤 영중추부사로 전임되어 기로소(耆老所)에 들어가서 궤장(机杖)을 받았다.

18 성종 17년(1486) 충청남도 보은에서 태어나 3세 때 할머니에게 글을 배웠고, 10세가 되기 전에 이미 사서(四書)에 능통하였다. 중종 2년(1507) 증광문과에 장원으로 급제하여 성균관 전적에 임명되었다. 그 후 수찬, 병조좌랑, 정언, 병조정랑, 이조정랑 등을 거쳐 중종 9년(1514)에 순창군수로 부임하였다. 중종 10년에 장경왕후 윤씨가 죽자 담양 부사 박상(朴祥), 무안현감 유옥(柳沃) 등과 함께 중종이 왕후 신씨(愼氏)를 폐출한 것은 명분에 어긋나는 일이라 하여 순창의 삼인대에서 신씨의 복위를 주장하였다. 또한 신씨 폐위의 주모자인 박원종 등의 죄를 다스려야 한다는 상소를 올렸다. 이 상소로 왕의 노여움을 사서 충청남도 보은의 함림역(含琳驛)으로 유배되었다. 이때 권민수·이행 등은 김정·박상 등을 엄중히 다스려야 한다고 간하였다. 하지만 영의정 유순(柳洵) 등은 권민수 등의 견해에 반대하였고, 조광조도 김정 등을 벌해야 한다고 주장하였던 대간을 파직해야 한다고 임금에게 청하였다. 중종 11년(1516)에 박상과 함께 석방되었으며, 이후 대사헌 행부제학 동지성균관사(大司憲行副提學同知成均館事)에 제수되었다. 중종 14년(1519)에 대사헌으로서 어버이를 만난 후 직위에서 물러나기를 청하였으나 받아들여지지 않았다. 기묘사화 때는 영의정 정광필 등이 옹호해 준 덕분에 유배형에 처해져서 처음에는 금산(錦山)에 유배되었다가, 진도를 거쳐

각자의 성명을 말하자 비로소 친해졌다. 김정이 며칠 동안 머물다가 돌아갈
때 박공달에게 시를 지어 주었는데, 그 내용은 다음과 같다.

상봉서은객相逢棲隱客	숨어 살던 친구를 서로 만나니
차지즉방영此地卽方瀛	이곳이 곧 방장方丈과 영주瀛洲[19]로세.
강해고주월江海孤舟月	강과 바다의 외로운 배엔 달이 비치고
표부일객성飄浮一客星	바람에 떠돌아다니는 객 하나는 별을 헤네.
취첨개골거趣添皆骨去	흥취는 개골산에 더해 가고
안입경호청眼入鏡湖淸	눈에는 경호의 푸르름이 들어오네.
분수우천리分手又千里	이제 헤어지면 또 천 리인데
마전한엽령馬前寒葉零	말 앞에는 찬 잎새 떨어지네.

　　김정이 서울로 돌아가서 중종 14년(1519)에 시행한 현량과에 공을 천거하
였다. 현량과의 본래의 명칭은 천거과·천과·천거별시였다. 조선시대의 관료충
원 방식은 주로 과거제에 의존했지만 음서제 또는 천거제도 병행했다. 우리나
라에서는 고려시대부터 과거제도를 비롯한 각종 시험제도가 발달해 왔지만
실제로는 천거제가 계속 실시되었다. 『경국대전』에도 천거제에 대한 법칙이
정해졌으나, 규정대로 지켜지지는 않았다. 성종 때 한때 활발하게 쓰이다가
연산군 때에는 이를 혁파했다. 중종반정에 의해 새로운 정치세력이 등장하면
서 유일천거遺逸薦擧[20]에 대한 관심이 높아졌다. 기호사림은 그들의 지배기반

제주도로 옮겨졌다. 중종 16년(1521)에 신사무옥에 연루되어 스스로 목숨을 끊을 것을 하달하니
36세의 나이로 사약을 마시고 죽었다.

19　방장과 영주는 모두 발해(渤海) 가운데 있다고 하는 삼신산(三神山) 이름이다. 여기에는 신선들이
살며 불사약(不死藥)이 있고 새와 짐승이 모두 희며, 궁궐이 황금으로 지어졌다고 한다.

20　조선시대 관리등용책의 하나. 유일은 숨은 인재라는 뜻이다. 원래 천거제는 문관·학자만이 아니라

을 확대·재정립하기 위해 여러 방면에서 많은 개혁을 단행했는데, 현량과 실시도 그러한 조치 가운데 하나였다. 그들은 종래의 과거제가 제도 자체의 본질적인 모순으로 인해 유생이 사장詞章(시가와 문장)만 학습하게 하고 성리학의 학리추구와 실천을 소홀하게 했다고 지적했다. 그 폐단을 극복할 수 있는 관료선발법은 유일천거제가 가장 바람직하며 그 방법으로 현량과를 실시할 것을 제기했다. 현량과는 학행으로 추천은 하되 별시別試 형태로, 그러니까 과거의 형태로 기용하겠다는 것이다. 그렇게 되면 정식 과거를 치러서 문관을 뽑는 것과 똑같아지는 것이었다. 다시 말해 이전의 문관들은 시험을 통해 뽑았지만 이제는 학행과 덕행, 성리학적 소양 등으로 뽑겠다는 말이다. 중종의 신임으로 등용된 조광조는 훈구파 인물들의 극심한 반대를 물리치고 중종 14년(1519)에 마침내 현량과를 시행하였다.

서울에서는 사관四館[21]이 유생과 조사朝士를 막론하고 후보자를 성균관에 천거하여 보고하면, 성균관은 이를 예조에 전보轉報하였다. 또 중추부·육조·한성부·홍문관·사헌부·사간원 등에서도 예조에 후보자를 천거할 수 있었다. 지방에서는 유향소留鄉所에서 수령에게 천거하면 수령은 관찰사에, 관찰사는 예조에 전보하였다. 이와 같은 과정을 거친 다음 예조에서는 후보자의 성명·출생연도·자字·천거 사항, 즉 성품, 기국器局, 재능, 학식, 행실과 행적, 지조, 생활 태도와 현실대응 의식 등 7가지 항목을 종합해 의정부에 보고한 뒤, 그들을 전정殿庭에 모아 왕이 참석한 자리에서 대책으로 시험, 인재를 선발하도록 하였다.

무관·서리(胥吏) 등에 이르기까지 다양한 직종을 포함하지만, 유일은 초야에 있는 학자나 문신 또는 효행자를 주요대상으로 했다.

21　성균관·교서관·승문원·예문관을 통틀어 일컫는 말. 성균관은 교육기관이었고, 교서관은 서적의 출판, 승문원은 외교문서 작성, 예문관은 왕명의 제찬과 사초의 기록을 담당했다. 또한 과거급제자의 실무연수와 견습을 맡아 하기도 했다. 문과급제자 가운데 갑과 3명을 뺀 나머지는 모두 이 4개 관청에 나누어져, 권지(權知)라는 이름으로 일정기간 동안 근무했다.

이상과 같은 절차에 따라 중종 14년 4월 13일 국왕 중종이 근정전勤政殿에 나아가 천거된 120명을 친히 책문하였는데, 책문의 내용은 "덕이 적은 내가 조종께서 물려주신 어렵고도 큰 업을 이어받아 늦게 자고 일찍 일어나 부지런히 하여 오직 책임을 다하지 못할까 두려워하며 상하가 마음을 같이 하여 요순 임금의 다스림에 이르고자 애쓴 지도 이제 14년이 되었다. 그러나 다스림의 효과는 나타나지 않고 인심은 점점 경박해지고 백성들은 날로 곤궁해지니 내가 저으기 가슴 아프게 여긴다. 그 이유를 찾아보면 반드시 그 까닭이 있을 것이니 분명하게 말할 수 있겠는가. 백성을 편안케 하고 물자를 넉넉하게 하고 좋은 풍속을 일으켜 요순의 다스림으로 돌아가려면 그 길은 무엇이겠는가?"라는 것이었다.[22]

그 결과 생원 박공달을 비롯하여 장령 김식金湜과 지평 박훈朴薰 등 28인이 선발되었다. 급제자 28명은 현직관리 10명, 진사 7명, 생원 5명, 유학 4명, 전직관리 2명 등의 경력을 지닌 사람들이었는데, 그들의 출신 가계는 최고의 명문거족이 14명으로 전체의 반을 차지했다. 이들의 연고지를 분석해보면 경상도 5명, 강원도 1명, 미상 1명 등 7명을 제외한 21명이 기호지방 출신이었다. 이들은 조광조의 추종자들로서 학맥 또는 인맥으로 연결되어 강한 연대의식을 지닌 신진사림파였다. 이들은 급제 후 홍문관을 비롯하여 사헌부·사간원·승정원·성균관 등의 중요기관 요직에 기용되었다. 박공달은 7가지 항목 가운데 성품性品과 행실行實로 천거되어 홍문관 저작을 제수받고 그 후 병조좌랑에 이르렀다.

그러나 현량과의 실시는 사림세력과 대립하고 있던 훈구세력에게는 심각한 도전으로 받아들여졌다. 그들은 이 제도가 전통적인 과거 법규에 어긋날

---

22 『연려실기술』권8, 「中宗朝故事本末」賢良科의 罷科와 復科.

뿐만 아니라, 사림파 세력 강화에 목적이 있다고 보았다. 때문에 그들은 인재 천거에 공정을 기할 수 없다며 극력 반대하고 나섰던 것이다. 결국 현량과는 훈구파와 사림파의 대립을 격화시켜 위훈삭제僞勳削除[23] 문제와 더불어 중종 14년 11월에 기묘사화를 유발시킨 원인이 되었다. 결국 조광조는 사사賜死되고, 김구·김정·김식은 절도안치絶島安置, 윤자임·기준·박세희 등은 극변안치極邊安置되었다. 그리하여 현량과는 폐지되고 급제자는 그 자격이 박탈되었다.

기묘사화로 박공달은 파직되어 고향인 강릉으로 돌아와, 종질從姪인 박수량과 함께 쌍한정에서 시와 술과 담론으로 여생을 보냈다. 수량은 공달에게 시를 지어 이르기를,

삼오강상어아하三五綱常於我何	삼강오상[24] 따위가 나에게 무슨 상관이랴?
일향전미재군다一鄕專美在君多	한 고을의 전적으로 아름다운 것이 그대에게 많이 있다오.
세인일양간쌍로世人一樣看雙老	세상 사람은 한결같이 두 늙은이로만 보겠지마는
봉직수지뢰의마蓬直誰知賴依麻	쑥대가 곧은 것을 뉘라서 삼대에 힘입은 줄 알리오?

---

23 사림파는 중종반정 때 책봉된 정국공신(靖國功臣) 가운데 상당수가 거짓 공훈이니 이들을 골라내어 공신명단에서 삭제할 것을 주장하였다. 이는 그때로서는 훈척의 집권기반을 붕괴시킬 수 있는 아주 혁명적인 개혁조치였다. 공신에서 삭제된다고 하면 단순히 명단에서만 삭제되는 것이 아니라 그 대가로 주었던 토지와 노비까지도 빼앗기는 것이었다. 즉 상대세력의 물적 기반을 뿌리뽑겠다는 것이었다. 이 문제는 중종반정 직후부터 정치적으로 논란이 되어 117명의 공신 가운데 이미 문제가 있던 12명이 삭제되었고, 또 이때 와서 본격적으로 전체 인원의 3/4에 해당하는 76명의 공신이 명단에서 삭탈당하기에 이르렀다. 이러한 급진적인 개혁은 마침내 훈구파의 강한 반발을 불러일으켰다.

24 유교의 도덕사상에서 기본이 되는 세 가지 강령과 다섯 가지 인륜을 말함. 삼강(三綱)은 임금은 신하의 벼리가 되고[君爲臣綱], 아버지는 아들의 벼리가 되고[父爲子綱], 남편은 아내의 벼리가 된다[夫爲婦綱]을 말한다. 오상(五常)은 유교의 다섯 가지 중요한 인륜인 인(仁), 의(義), 예(禮), 지(智), 신(信)을 말한다. 삼강과 오륜은 불가분의 관계가 있다.

하였다.

　이들의 집은 냇물을 사이에 두고 있었는데, 혹 장마로 냇물이 불어 건너지 못할 때에는 각각 양쪽 언덕 위에 올라 물을 사이에 두고 마주 바라보며 술잔을 들고 서로 권하다가 흥이 다하면 집으로 돌아갔다. 박수량이 먼저 세상을 떠나자 공은 제문을 지어 애통해 하기를 "같은 곳에서 태어나 함께 나갔다 돌아와 은둔하니[同一出處同一行藏], 쌍한정의 달빛이 만고에 밝게 비추리라[雙閑亭月萬古長明]"고 하였다. 두 사람의 도의道義가 서로 들어맞는 것을 이로써 볼 수 있다. 공은 명종 즉위년(1545) 8월 승문원 교검承文院校檢[25]에 임명되었으나 벼슬에 나아가지 않았다.

쌍한정(雙閑亭)

25　외교문서를 담당하던 승문원의 정6품직. 임무는 대중국 외교문서인 사대문서(事大文書)의 보관과 행정문서인 이문(吏文)을 관리하고 작성하는 것이었다.

2) 박공달 사후의 추모사업

향년 84세로 세상을 떠나니 경포대에 있는 선영先塋 서쪽 산기슭의 해좌亥坐 언덕에 안장하였다. 인조 23년(1645) 8월에 최치운·최응현·박수량·최수성·최운우와 함께 강릉 향현사에 배향되었다. 그리고 강릉시 운정동에 있는 강릉박씨의 재실인 모선재慕先齋에 박중신, 박시원, 박시창, 박시형, 박시행, 박시문, 박공건, 박태수朴台壽 등과 함께 모셔져 있다. 후손들이 공의 학문적 업적과 기묘명현으로서의 행적을 기록, 보존하기 위해 1976년에 묘비를 세웠다. 비문은 외예손外裔孫 임영臨瀛 최영대崔永大가 썼다.

박민헌朴民獻[26]이 강원도관찰사로 있을 때 공의 정취情趣를 추모하여 친히 옛 자취를 순방하고 "계곡을 낀 산은 그윽하고, 소나무와 노송나무는 은연히 비치니, 쌍한정이 어제와 같이 완연宛然하다" 하며, 화공畵工에게 그 형승形勝을 그리게 하여 가지고 갔다. 공의 행적은 『해동잡록海東雜錄』, 『기묘당적己卯黨籍』, 『기묘명현록己卯名賢錄』 등에 수록되어 있다.

---

26 중종 11년(1516)~선조 19년(1586). 조선중기의 문신. 본관은 함양(咸陽), 자는 희정(希正), 호는 정암(正菴)·슬한재(瑟僩齋)·의속헌(醫俗軒)·저헌(樗軒)이다. 서경덕에게 학문을 배웠다. 명종 원년(1546) 사마시에 장원하고, 같은 해 증광 문과에 을과로 급제해 성균관전적으로 기용되었다. 곧이어 예조좌랑·사간원정언을 지내고, 홍문관부수찬을 거쳐 공조좌랑에 춘추관기사관을 겸하였다. 그 뒤 병조좌랑·수찬을 지냈고, 명종 8년(1553)에 사가독서(賜暇讀書)하였다. 뒤에 해남현감으로 부임하였으나, 전날 홍문관에 있을 때 이기(李芑)가 체직된 일에 대해 함부로 말한 것이 문제가 되어 삭탈관직당하였다. 2년 후 다시 기용되어 지평(持平)·병조정랑·공조참의·동부승지·대사간 등을 지내다가 외직인 강원도관찰사에 제수되었으나 부임하지 않아 또다시 삭탈관직당하였다. 선조 3년(1570) 다시 강원도관찰사에 임명되고, 선조 5년 사은사로 김계휘(金繼輝)와 함께 명나라에 다녀왔다. 그 뒤 우부승지·전라도관찰사·함경북도병마절도사·형조참판·함경도관찰사·상호군·동지첨지부사 등 여러 관직을 두루 지냈다. 성리학과 역학에 뛰어났으며, 시문집인 『슬한재집』이 있다.

4. 박수량朴遂良

1) 박수량의 생애

박수량은 순純의 10세손으로 자는 군거君擧이고, 호는 침암碪巖·삼가당三可堂이다. 부친은 교수敎授를 지낸 승휴承休이고, 모친은 영해이씨寧海李氏로 감찰監察을 지낸 중원仲元의 딸이다.

공의 성품은 호탕한 데다 거리낌이 없어 격식을 갖추거나 꾸미는 것에는 신경을 쓰지 않았다. 비록 잡인들이 스스럼없이 굴어도 싫어하는 기색이 없었고, 충효의 큰 절조에는 해와 별같이 빛나고 반짝거렸다고 한다. 그리하여 후세 사람들은 그를 일컬어 '훌륭한 선비[善士]'라 하였다.

공은 어려서부터 효성과 우애가 지극하였으며, 학문이 일취월장했는데도 벼슬에 나갈 생각은 않고 오직 산수를 벗으로 삼았다. 하루는 과거에 급제한 고을 사람이 공의 집을 방문하였는데, 어머니께서 보시고 칭찬하며 탄복하였다. 공이 말하기를 "무릇 사람의 자식으로 태어나 어버이를 기쁘게 해드리는 것이 가장 큰 일이다"라 하고 마침내 과거에 뜻을 두어 연산군 10년(1504) 생원·진사시에 입격하였으나, 모친상을 당해 대과에는 응시하지 못하였다.

때마침 연산군이 한 달을 하루로 계산하여 3년상을 치루는 단상법短喪法을 엄하게 시행할 때, 공은 3년 동안 여묘살이를 하였다. 여묘살이는 분묘 옆에 작은 집을 짓고 탈상할 때까지 분묘를 보살피고 산다는 뜻으로 시묘살이라고도 하였다. 여묘살이의 유래는 중국의 공자 이전 시기까지 거슬러 올라간다. 『논어』 양화장陽貨章에 의하면 재아宰我가 공자에게 "3년상은 너무 길다면서 1년상으로 하면 어떻겠냐?"고 문의하니, 공자는 "자식이 태어나서 3년이 지나야 부모의 품에서 벗어날 수 있기 때문에 최소한 부모를 위해 3년상은 지켜야 한다"고 하였다. 공자가 세상을 떠났을 때 그의 제자들이 3년상을 마치고 돌아갔는데, 자공子貢은 그 뒤로도 3년 동안 공자의 묘 옆에 여막을 짓고 추모하였다는 기록이 전한다.

박수량의 가계도

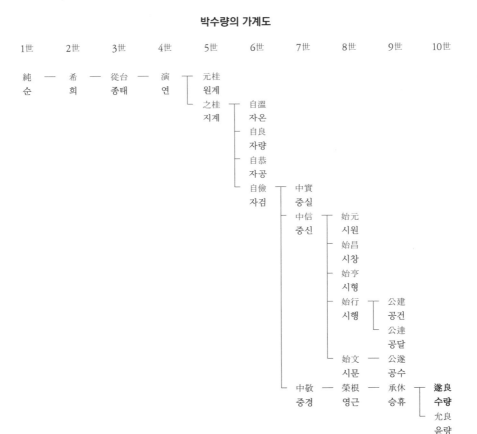

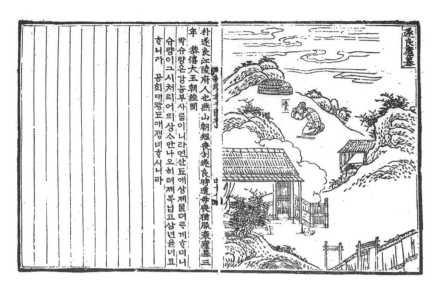

『동국신속삼강행실도』에 실린 수량여묘(遂良廬墓)

우리나라에서는 고려말 주자성리학의 도입과 함께 유교식 상장례로서 여묘살이가 간혹 거행되었다. 조선 건국 이후에는 국가적 차원에서 사대부들에게 유교식 상장례를 보급해 나갔다. 그 결과 3년상과 여묘살이는 사대부가를 중심으로 점차 확산되어 갔고, 연산군대에 이르면 사대부가에서 일반적으로 행하는 상장례로 자리 잡게 되었다. 그러나 연산군은 즉위 11년(1505)에 신료들의 완강한 반대를 무릅쓰고 상제를 고쳐 국상國喪과 사대부의 친상親喪은 달을 날로 계산하여 27개월을 27일 만에 탈상하도록 하였다. 연산군은 이후에도 "왕명은 중한 것이니, 사私를 따르고 공公을 폐하여서는 안 된다"면서 왕명을 엄중히 준수할 것을 명령을 내렸다. 그러나 박수량은 분개하여 말하기를 "차라리 모진 형벌에 죽을지언정 선왕先王의 예제를 어길 수 없다"고 하여 여막에 거처하며 3년상을 치렀다. 이 일로 인해 중종 3년(1508) 생시生時에 효자정려孝子旌閭[27]를 받았다.

　중종 11년(1516) 가을에 김정金淨이 금강산을 유람하는 길에 박수량의 집을 방문한 적이 있었다. 집이 매우 가난하여 일꾼들 사이에 끼어 손수 새끼를 꼬고 있었으므로 김정은 처음에 그가 주인인 줄을 몰랐다. 풀을 깔고서 술을 마셨는데 질동이에 담은 술과 나물 안주였다.[28] 김정이 이틀 밤을 묵으며 한껏 놀다가 떠나는데, 이별에 즈음하여 척촉장躑躅杖(철쭉 지팡이)를 선물로 주면서 시를 읊기를

만옥층애리萬玉層崖裏	수많은 옥들이 층층인 절벽에서
구추상설지九秋霜雪枝	늦가을 서리와 눈을 겪은 가지일세.
지래증군자持來贈君子	가지고 와 이것을 그대에게 주노니
세만시심기歲晚是心期	오래오래 이 마음 변치 말게나.

라고 하였다. 공이 이에 화답하기를

사혐직선벌似嫌直先伐	아마도 곧으면 먼저 베임이 싫어
고욕곡기신故欲曲其身	그 처신 굽히려 했으리라.
직성유존내直性猶存內	곧은 성품 맘에 여전히 남았으니
나능면부근那能免斧斤	어찌 능히 도끼를 면할 수 있을까?

27　정려는 국가에서 충신·효자·열녀 등의 행실을 널리 알리고 표창하는 일을 말함. 정표(旌表)라고도 한다. 조선의 정표정책은 고려의 것을 계승하여 태조 원년(1392) 7월부터 시작하여 순종 때까지 이어졌다. 정표는 대단한 명예로 여길 뿐 아니라 잡역을 면제받기 때문에 향촌사회에서는 정려를 둘러싼 이해관계가 날카롭게 대립하기도 했다.

28　『성소부부고』권23, 說部2「惺翁識小錄」中.

라 하였다. 이는 당시 화의 기미를 예견하고 경계한 것이다. 이때 김정은 31세였고, 박수량은 41세였다.

　공은 평소 흥에 겨우면 시를 읊으며 속세에 연연함이 없는 삶을 살았다. 『동국문장東國文章』에서 공의 시를 평하기를 "고삐와 재갈을 풀어놓은 천마天馬가 하늘을 나는 듯하다"고 하였다. 경포대에 걸려 있는 판상시板上詩 오언절구에

위북경곤축渭北傾坤軸　　위수 북쪽엔 땅의 축이 기울어
형주실동정荊南失洞庭　　형주 남쪽엔 동정호를 잃었구나.
악양루일각岳陽樓一角　　악양루 한쪽 귀퉁이가
표박락동명漂泊落東溟　　표박하여 동해 바다에 떨어졌네.

라고 하였다. 또 칠언절구에

경면마평수부심鏡面磨平水府深　　수면은 거울처럼 평평하고 수심은 깊은데
지감형영미감심只鑑形影未鑑心　　형체만 비춰 보고 마음은 비춰 볼 수 없구나.
야교간담구명조若敎肝膽俱明照　　간담을 모두 비춰 볼 수 있게 한다면
대상응지객한림臺上應知客罕臨　　경포대 위에 나그네 드물게 임하리라.

라고 하였다. 세상을 경계하고 깨우치는 뜻이 담겨 있으니 화답和答한 시로 노래한 후대의 선비들이 많이 있었다. 공은 일찍이 글을 지어 품은 뜻을 다음과 같이 드러냈다.

　조그만 하구나! 나의 인물됨이여. 남이 칭찬하면 좋아하고 남이 험담하면 화

를 낸다. 화를 내는 것은 나의 옳지 않음을 말할 때 화를 내는 것이고, 좋아하는 것은 나의 옳음을 말할 때 좋아하는 것이다. 화낼 때의 내가 곧 '나'이지 척교跖蹻[29]가 아니요, 좋아할 때의 내가 곧 '나'이지 안증顏曾[30]이 아니다. 하나의 '나'가 남의 말에 따라서 둘의 '나'가 되니 조그만 하구나! 나의 인물됨이여.

공은 중종 13년(1518)에 유일遺逸로 천거되었는데, 천목薦目에 "천성이 순후하고 지조가 구차스럽지 않으며, 소박하고 말이 적어 꾸밈이 없으며 효행이 있고 뜻이 독실하다."[31]고 하였다.

공은 그때 가장 큰 문제였던 토지소유의 불균등을 개혁할 것을 주장하였다. 조선전기의 사회·경제 운용의 제도적 토대가 된 것은 과전법科田法이었다. 과전법의 핵심은 국가와 왕실 및 양반관인층을 비롯한 지배기구 및 지배층에 대한 수조지 분급제도이다. 이에 따라 지배계층은 농민으로부터 전조田租를 수취할 수 있는 권리, 곧 수조권을 부여받아 농민경영에 기생하여 지배계층의 지위를 계속해갈 수 있었다. 그러나 16세기에 들어 과전법이 붕괴되고 신분제도에 기초한 수조권적 토지지배가 무너지면서 양반관료들의 사적 토지소유에의 욕구는 더욱 증대하였다. 이들은 개간開墾·매매買得 등의 합법적인 방법 이외에도 권력에 의한 불법적인 방법으로 사적 소유지를 집적해 갔다. 이 과정에서 일반민의 토지까지 강제로 빼앗기도 하는 상황이 벌어졌다.

공은 중종 13년(1518) 5월 중종이 천거인들을 인견하는 자리에서 "우리나라는 백성의 빈부 차이가 너무도 심합니다. 부자는 그 땅이 한량없이 연해

---

29 노(魯)나라의 도척(盜跖)과 초(楚)나라의 장교(莊蹻)를 말하는데, 모두 옛날의 유명한 도둑들로 온갖 만행을 저지르고도 장수를 누린 것으로 전해진다.

30 공자의 문인인 안회(顏回)와 증삼(曾參)을 말함.

31 "天性醇厚 志操不苟 朴訥無華 孝行篤志"(『기묘록보유』 하권, 朴遂良傳).

있고 가난한 자는 송곳을 세울 곳도 없습니다. 비록 정전법井田法이 훌륭하다 하더라도 지금은 시행할 수가 없으니, 균전법을 시행하면 백성이 실질적인 혜택을 입을 것입니다." 하였고, 또 "어진 정사는 반드시 경계經界를 바로잡는 일부터 시작해야 합니다. 1읍邑 안에 수백 결結씩 땅을 가지고 있는 자가 있으니, 이대로 5~6년만 지나면 한 읍의 땅은 모두 5~6인의 수중으로 들어갈 것입니다. 이것이 어찌 옳은 일이겠습니까? 지금 이 땅들을 고르게 분배하면 이야말로 선왕先王이 남긴 정전법의 뜻이 될 것입니다." 하며 균전법을 시행할 것을 주장하였다.

이 자리에는 이전에 토지개혁론을 주장했던 신용개申用漑도 참석했는데, 그는 "균전법은 과연 훌륭한 것이므로 전에도 의논이 있었지마는, 지금 부자의 땅을 떼어서 가난한 자에게 준다 해도 그 부자의 자손이 가난하게 되었을 때 이것을 도로 뺏을 수도 없으니 이 점이 큰 폐이다." 하면서 "박수량의 말은 지금 비록 시행할 수는 없어도 이 또한 지극히 옳은 말입니다." 하며 박수량의 의견에 동조하였다. 유성춘도 전라도 순천지역의 폐해를 들어 박수량의 주장에 적극 지지하고 나섰다.[32] 박수량은 그때 토지소유의 불균등을 지적하고 이를 개혁할 것을 주장하였으나, 중종은 "균전은 지금 시행할 수 없는 형편이다. 자기의 소유를 갈라서 남에게 주는 것은 원망스러울 뿐만 아니라, 가난한 백성은 씨를 뿌릴 수가 없어서 부호들에게 도로 팔아넘기게 될 것이니 이익이 없다." 하였다.

---

32 기사관(記事官) 유성춘(柳成春)이 아뢰기를, "신이 외방에 있을 때 역시 보았습니다만, 순천(順天) 같은 곳은 호부(豪富)한 백성은 한 집에 쌓인 곡식이 1만 석도 되고 5~6천 석도 되었으며 파종하는 씨앗만도 200여 석이나 되었습니다. 천지간의 온갖 재화(財貨)와 물건이는 반드시 가 있어야 할 곳이 있는데 어찌 한 사람에게만 모여 있을 수가 있겠습니까? 한 읍안에서 2~3인이 갈아먹고 나면 나머지는 경작할 땅이 없습니다. 서울에서 자라난 조정 신하들이야 어찌 이러한 폐를 알겠습니까? 지금 균전법을 실시하면 자기의 소유를 갈라서 남에게 주는 것이 되니 원망이 비록 없지는 않겠지마는 백성은 혜택을 입을 것입니다." 하였다(『중종실록』권33, 13년 5월 을축조).

그해 7월 용궁현감龍宮縣監[33]에 임명되어 중종에게 사은숙배謝恩肅拜[34]를 올리던 날, 중종이 공에게 묻기를 "요순시대의 정치를 지금도 다시 할 수 있겠느냐?"라고 하니, "할 수 있습니다"라고 대답하였다. 임금이 "어떤 연유로 그것을 알 수 있는가?"라고 묻자, "신이 시골에서 태어나 자랐으므로 본래 풀 보기를 좋아했습니다. 풀의 본성은 예로부터 단 풀은 지금도 달고, 예로부터 쓴 풀은 지금도 또한 쓴 것입니다. 풀과 같이 보잘것없는 것도 그 본성이 이와 같은데, 하물며 사람의 성품이 어찌 예와 지금에 다르겠습니까? 만약 요순시대의 정치로 다스린다면 그 다스림이 어렵지 않을 것입니다"라고 하자, 임금이 칭찬하며 탄복하였다.

공이 용궁현감으로 있을 때 읍내邑內에서 토지문제로 여러 해 동안 판결을 내지 못하고 다투는 형제가 있었다. 공이 성찬盛饌을 준비해 이들을 초대하여 술을 대접하면서 말하기를 "내가 너희들의 수령이 되어 덕화德化가 행하지 못하여 너희 동기同氣로 하여금 쟁송爭訟을 하게 하니, 내가 무슨 면목으로 너희들의 수령이 될 수 있겠는가? 이 자리는 너희들이 태수太守를 전별하기 위해 마련한 것이다"라 하고, 이어서 에와 지금에 형제간의 우애의 정을 깨우쳐 말하기를 "전토田土는 갖추기 쉽지만 골육骨肉은 얻기 어려운 것이다" 하고 흐르는 눈물이 술잔에 가득 차니, 형제가 감복하여 깨닫고 전토를 서로 사양하였다. 이처럼 공께서는 일 처리를 물 흐르듯 하니 관아의 뜰에 밀린 송사가 없었다.

그러나 공은 기묘사화가 일어나자 파직되어 고향 강릉으로 돌아왔다. 공

---

33 경상북도 예천군 용궁면·개포면·지보면·풍양면 일대에 있던 조선시대의 행정구역.

34 관료로 처음 임명된 자가 궁중에서 임금에게 경건하게 절하는 것을 말함. 동반 9품과 서반 4품 이상의 관직을 받은 사람은 그 다음날 대전(大殿)·왕비전(王妃殿)·세자궁(世子宮)에 가서 사은숙배하되, 가자(加資)나 겸직(兼職) 발령을 받은 경우와 출장이나 휴가를 가거나 돌아왔을 때에는 임금에게만 사은숙배하였다.

은 만년晩年에 자신의 호를 삼가당三可堂이라 하였는데, 자신의 호를 스스로 풀이하기를 "내가 학술이 없으면서도 사마시司馬試에 올랐으니 욕되지 아니하여 가하고, 내가 전지田地도 없으면서도 하루 두 끼 식사를 굶지 아니하니 가하고, 내가 인지仁智가 없으면서 산수를 벗삼아 지내니 욕되지 아니하여 가하다"고 했다.

그때 공의 당숙인 박공달도 파직되어 고향인 강릉으로 돌아왔다. 이들이 사천 바닷가에 있는 작은 정자에서 유유자적하며 노니니, 고을 사람들은 그 정자를 '쌍한정雙閒亭'이라 했다. 이들은 냇물을 사이에 두고 언제나 함께 지냈으며, 혹 장마로 냇물이 불어 건너지 못할 때에는 각각 양쪽 언덕 위에 올라 물을 사이에 두고 마주 바라보며 술잔을 들고 서로 권하다가 흥이 다하면 집으로 돌아갔다.

공이 먼저 세상을 떠나자 공의 당숙인 박공달은 제문을 지어 애통해 하기를 "같은 곳에서 태어나 함께 나갔다 돌아와 은둔하니[同一出處同一行藏], 쌍한정의 달빛이 만고에 밝게 비추리라[雙閑亭月萬古長明]"고 하였다.

공이 지은 시문詩文은 수천 편이 있었는데, 임종할 때 불사르게 하여 전하지 못하게 하였다. 그러나 그 후손이 약간을 수습하여 엮은 『삼가집三可集』이 전해온다.

삼가집(三可集)

2) 박수량 사후의 추모사업

공이 명종 원년(1546) 2월 5일 정침正寢에서 별세하니 향년 72세였다. 강릉부 북쪽 20리 사천 미노리 경좌庚坐에 언덕에 안장하였다. 공이 태어났을 때 중국 사신이 와서 말하기를 "처사성處士星이 동방에 나타났다"고 했는데, 공이 운명하였을 때 중국 사신이 또다시 와서 말하기를 "모년 모월일에 처사성이 이미 떨어졌구나"라고 하였다. 그 날짜를 헤아려보니 바로 공께서 운명한 날이었다. 중국 사신이 돌아가서 천자께 아뢰니, 천자는 사관史官에게 명하여 "모년 모월일에 동국처사 박수량이 졸하였다[某年月日東國處士遂良卒]"고 특별히 기록하게 하였다. 이에 박공달은 만시輓詩에서 "고명은 천년 가도 사서에 길이 전하리라[千歲高名史永傳]" 하였고, 당시의 강릉부사 이이李頤는 만시輓詩에서 "혁혁한 이름이 사책에 남을 사람이다[赫赫芳名留史冊]"고 하였다.

선조 때 강원감사 송강松江 정철鄭澈과 한강寒江 정구鄭逑가 함께 와서 제문祭文을 올렸고, 인조 23년(1645) 8월에 최치운·최응현·박공달·최수성·최운우와 함께 강릉 향현사에 배향되었다. 영조 30년(1754)에 홍문관·예문관 대제학 등을 지낸 이재李縡[35]가 묘표墓表를 지었는데, 명시銘詩에

만고정정송백심萬古亭亭松栢心   만고에 꿋꿋한 송백의 지조를

---

35 숙종 4년(1678)~영조 22년(1746). 조선후기의 문신. 본관은 중봉(中峰), 자는 희경(熙卿), 호는 도암(陶庵)·한천(寒泉), 시호는 문정(文正)이다. 숙종 28년(1702) 문과에 급제하여 형조참판·한성부 우윤에 이르러 균전사(均田使)로 영남에 내려가 시급한 대책을 진술했다가 벼슬의 삭탈을 당했다. 1720년 경종이 즉위하자 예조참판으로 기용되어 도승지·대사헌·이조참판을 거쳐 경종 2년(1722) 홍문관 응교로 정청(庭請)에 참석치 않았으며 홍문관·예문관 대제학, 한성판윤·공조판서·의정부 좌우참찬 등을 역임했다. 신임사화(1721~22) 때 중부(仲父) 만성이 4대신의 당으로 몰려 피살되자 벼슬을 버리고 인제(麟蹄)의 설악(雪岳)에 들어가 성리학을 닦는 데 힘썼으며, 영조 원년(1725)에 여러 번 소명을 받고 소를 올려 군흉(群凶)을 몰아낼 것을 청했으나 영조는 탕평책에 열중한 나머지 그의 소를 받아들이지 않았다. 드디어 용인에 퇴거하니 그를 찾아와 학문을 배우는 선비가 많았다.

대동상설불능침大冬霜雪不能侵   한겨울에 눈서리도 범할 수 없네.

아욕일고사양금我欲一鼓師襄琴   거문고 끌어당겨 풍월하며 추모하니

혼초불귀해운심魂招不歸海雲深   불러도 못 오시고 해운만 피어나네.

라고 하였다. 대사헌 홍봉조洪鳳祚[36]가 비면碑面에 "유명 조선국 임영처사 박공모지묘有明朝鮮國臨瀛處士朴公某之墓"라 썼다. 후손들은 순조 14년(1814) 박수량의 행적을 기리고 후대에 보전하기 위해 묘비를 세웠다.

---

36 숙종 6년(1680)~영조 36년(1760). 조선후기의 문신. 본관은 남양(南陽), 자는 우서(虞瑞), 호는 우산(盂山), 시호는 효간(孝簡)이다. 영조 원년(1725) 문과에 급제하여 삼사(三司)를 거쳐 지중추부사(知中樞府事)에 이르렀다. 서도에 능하였다.

5. 최수성崔壽峸

1) 최수성의 생애

최수성은 필달의 20세 손으로 강릉 출신인데, 만년에 경기도 평택 진위振威의 남탄현南炭峴에 살았다. 자는 가진可鎭이고, 호는 원정猿亭·북해거사北海居士·경호산인鏡湖散人이다. 부친은 생원 세효世孝이고, 모친은 철원최씨로 승지承旨를 지낸 철관哲寬의 딸이다.

최수성의 가계도

1세	4세	9세	13세	14세	15세	16세	17세	18세	19세	20세
必達 필달	┄┄ 崇彦 숭언	┄┄ 敏富 민부	┄┄ 漢柱 한주	── 湫 추	── 元亮 원량	── 安麟 안린	── 致雲 치운	┬ 進賢 진현 │ └ 應賢 응현	┬ 世忠 │ 세충 ├ 世孝 │ 세효 ├ 世節 │ 세절 ├ 世德 │ 세덕 └ 世道 세도	── **壽峸** **수성**

공은 4~5세에 이미 문장을 지을 줄 알았고 10세에 이르러 문장이 대성하였다. 시를 지으면 운율이 이백·두보에 못지 않았고, 글을 지으면 문체가 유

종원·한유에 못지않았으며, 필법에서는 왕희지의 글씨에 견줄 만했고, 화법에서는 고개지의 묘수에 못지않았다고 한다. 이처럼 문장, 글씨, 그림, 음률音律이 당대에 뛰어나니 사람들이 '사절四絶'이라 하였다.

공은 특히 시와 그림에 능했는데, 공의 시는 속세를 벗어난 것과 같이 맑고 깨끗하였다. 기묘명현이었던 김정金淨은 일찍이 공의 시를 사랑하여 "이 사람이야말로 영원히 이름을 시문학에 남길 사람"이라고 높이 평가하였다. 공이 하루는 동호당東湖堂[37]에 이르러 김정을 찾아가니, 김정이 그를 맞이하여 술동이를 열어놓고 매우 즐겁게 술을 마셨다. 김정이 송죽도松竹圖를 그려달라고 요청하자 공이 술에 취하여 누워서 그림을 그렸는데, 김정이 이 그림을 곧바로 족자로 만들었다. 이 그림이 호당湖堂에 전해지고 있었는데, 그림을 볼 줄 아는 사람들은 참으로 천하에 뛰어난 필치라고 하였다. 공이 그린 그림이 또 내장고內藏庫에 있었는데, 왜인倭人의 사신이 그때 마침 와서 온 나라의 명화名畫를 요구하여 보았으나 모두 그의 마음에 들지 않았다. 그런데 공의 그림을 보고 매우 사랑한 나머지 값이 300금金에 달하는 보검 한 쌍과 바꾸자고 청하였으나 중종 임금이 허락하지 않았다. 또한 명나라 사신이 와서 공의 그림을 보고 감탄하며 말하기를 "정말로 천하에 뛰어난 보배"라고 하였다. 공이 저술한 시문詩文은 많았으나 흩어져서 다만 몇 수의 시만 남아서 사람들의 입에 회자될 뿐이고, 서화도 남아 있는 작품이 거의 없다.

---

37 동호당은 일명 독서당(讀書堂)·호당(湖堂)이라고 하였다. 독서당은 조선시대에 젊고 유능한 문신을 선발해 학문 연구와 독서에만 몰두하도록 한 사가독서제(賜暇讀書制)에서 나온 이름이다. 김정은 중종 3년(1508)에 김안로·이자·이언호·최세절·유운·심의 등과 함께 사가독서에 선발되었으나, 그해 10월에 중국 사신의 행차로 인해 정지되었다. 그는 중종 5년(1510)에 김안로·소세양·유옥·유돈·정사룡·신광한·표빙·박세희·김구·윤계·황효헌·정응·손수·유성춘·기준 등과 함께 선발되었으나 숫자가 많다는 이유로 탈락되었다. 그때 소세양·정사룡·신광한·박세희·김구·황효헌·정응 등 7명은 선발되었으나, 김정·김안로 등 7명은 탈락되었다. 그러므로 김정이 언제 사가독서를 했는지는 그 연대가 확실하지 않다(金重權, 1999 「中宗朝의 賜暇讀書에 關한 硏究-賜暇讀書者를 中心으로」 『書誌學研究』18, 350~353쪽).

공은 천성이 지극히 효성스러워 윗사람의 뜻을 따름이 증자曾子가 그의 아버지 증석曾晳을 섬긴 것과 같이 하였다.[38] 공의 나이 13세 때인 연산군 5년 (1499)에 모친상을 당해서는 상복을 입는 기간에 한결같이 『주자가례』에 따라 하고 아침저녁으로 올리는 제물을 손수 준비하였으며, 홀로 된 아버지를 섬기는데 유순하게 명을 따라 뜻을 받들기에 힘썼다. 부친상을 당해 여묘살이를 할 적에는 죽으로 연명하며 애통해 하다가 거의 사경死境에 이르렀는데, 3년을 하루같이 하니 마을 사람들이 모두 감화를 받았다. 부친상을 마친 후에는 과거 공부를 탐탁하지 않게 여겨 속세를 피해 멀리 돌아다니며 이름난 산수를 두루 찾았는데, 마침 평안도 희천에 유배와 있던 김굉필을 찾아가서 학문을 익혔다.

공은 조광조와 함께 김굉필에게서 수학하였는데, 경학에 밝고 행실이 착했으며 수학에 정통하였다고 한다. 조광조가 김굉필에게 수학하게 된 것은 그의 나이 17세가 되던 연산군 4년(1498)에 평안도 어천찰방魚川察訪으로 부임한 아버지를 따라갔다가 마침 옆 고을인 희천에 유배와 있던 김굉필을 만나게 된다. 최수성이 조광조와 함께 김굉필에게서 수학한 것도 이 무렵이었다. 이때 공의 나이는 22세였다.

김굉필은 특히 『소학小學』의 중요성을 강조하고 실천하는 데 앞장섰던 학자였다. 『소학』은 주자가 그의 제자 유자징劉子澄과 함께 삼대三代 교육의 이상을 실현하기 위해 『예기』·『논어』·『맹자』·『효경』 등의 경서와 『한서漢書』·『송사宋史』 등 중국의 역대 사서에서 가려 뽑은 내용들을 발췌하여 엮은 수신修身 교과서이다. 그 가르침은 '물 뿌리고 쓸며, 응대하고 대답하며, 나아가고 물

---

38 『맹자』 이루 상(離婁上)에 "증자가 증석을 봉양할 적에 반드시 술과 고기를 올렸고, 상을 물릴 때에는 반드시 남은 것을 누구에게 주고 싶으신지 여쭈었다. 증석이 '남은 것이 있느냐'고 물으면 반드시 '있습니다.' 하고 대답하였다.…증자 같은 경우는 부모의 뜻을 받들었다고 할 수 있다[曾子養曾晳 必有酒肉 將徹 必請所與 問有餘 必曰有…若曾子則可謂養志也]"라고 하였다.

러가는 예법[灑掃·應對·進退之節]'을 위시하여 '어버이를 사랑하고, 어른을 존경하며, 임금에 충성하고, 벗과 친하게 지내는 도리[愛親·敬長·隆師·親友之道]'에 이르기까지 구체적인 내용을 담고 있다. 주자는 이 책을 성리학의 대강을 서술해 놓은 『대학』을 배우기 전에 반드시 거쳐야 할 단계로 설정함으로써 단순히 수신修身과 제가齊家의 학문이 아닌 수기치인修己治人과 천하를 다스리는 과정의 하나로서 제시하였다.

김종직의 문하에서 배웠던 김굉필은 『소학』의 화신이라 해도 과언이 아니었다. 그는 평생동안 『소학』만을 읽어, 누가 혹 시사時事를 물으면 "소학동자小學童子가 무엇을 알겠는가?"라고 답할 정도로 『소학』에 심취했다고 한다. 당시 『소학』을 교육의 기본으로 삼았다는 것이 다른 학파와 구별되는 김종직 학파의 특징이었다. 김굉필은 광해군 2년(1610)에 정여창·조광조·이언적·이황 등과 함께 5현賢의 한 사람으로 문묘에 종사從祀되었으며, 이황은 그를 "근세도학지종近世道學之宗"으로 칭송했다.

김굉필에 의해 고조되었던 『소학』 숭상 풍조와 도학은 조광조·최수성·김안국 등에게 계승되었다. 김굉필의 학통을 계승한 이들은 뒷날 지치주의至治主義에 입각한 개혁정치를 주도하게 되는 사림파의 주축을 형성했다. 공은 김굉필의 문하에서 글을 배우면서 김정·조광조 등과 서로 좋은 벗이 되어 경전을 탐구하고 도의를 강론하니, 학문이 날로 발전하여 이름난 유학자[大儒]가 되었다.

김굉필은 기묘년의 많은 인재를 논할 때 반드시 최수성이 제일이라 하였고,[39] 성수침은 항상 기묘년의 인재를 논할 때 반드시 공을 첫 번째로 꼽으며 말하기를 "만약 이 사람이 뜻을 얻는다면 임금을 성군으로 만들고 백성에게

---

39 "先正臣金宏弼 論己卯人材之盛 必以崔壽峸爲第一"(『臨瀛世稿』, 猿亭公遺稿「建院疏」).

혜택을 입힐 것인데, 결국 간사한 사람의 손에 죽고 말았으니 매우 애통하다"
고 하였다.[40] 공이 김굉필의 문하에서 수학하면서 도덕과 학문이 참되고 꾸밈
이 없어 사림의 태산북두泰山北斗[41]가 되었기 때문에 제현諸賢으로부터 이와
같은 칭송을 받았던 것이다.

공의 동문인 조광조를 비롯한 기묘사림이 본격적으로 중앙정계에 진출해
서 하나의 정치세력을 이루게 되는 것은 중종 10년(1515) 무렵이다. 이는 그때
시대상황과 밀접한 연관이 있다. 그것은 중종반정을 주도하고 이후 정치를 주
도했던 정국공신靖國功臣 세력의 핵심인물이었던 박원종·성희안·유순정 3대
신大臣이 죽었고, 그 대신 정광필·안당 등 사림에 호의적이었던 비공신세력들
이 정국을 주도하였다. 더구나 그동안 공신세력에게 주도권을 빼앗겼던 중종
자신이 이제는 주도권을 확보하려고 나서게 된다. 이때 중종은 정치적 입지를
강화하기 위해 자신의 지원세력으로서 사림을 본격적으로 기용하게 되었고,
이로써 사림이 중앙정계에 진출할 수 있었던 것이다. 조광조는 그해 6월에 천
거로 조지서 사지造紙署司紙에 임명되었고, 이후 김식·박훈 등 사림의 핵심인
물들이 정계에 진출하게 되었다.

그런데 이 천거제의 문제는 승진 속도가 빠르지 못하였고, 또한 청요직淸
要職인 삼사三司(사간원·사헌부·홍문관)의 관직에도 임명되지 못하였다. 조선사
회를 이끌어 갔던 핵심부서가 삼사였는데, 이 삼사에는 반드시 문과 출신들
만 임명되었다. 그러니 아무리 덕행이 있고 능력이 있다고 하더라도 과거를 통
해 검증받지 못하면 임명되지 못했던 것이다. 따라서 천거제로 들어간 사람들

---

40 "成聽松守琛 常論己卯人才 必以公爲首曰 若使此人得志 可以致君澤民 而卒死於奸人之手 痛
    哉"(『約軒集』卷14,「贈領議政猿亭崔公行狀」).

41 태산과 북두칠성을 우러러 보는 것처럼 모든 사람들에게 존경받는 뛰어난 인물을 비유하는 말. 『新
    唐書』卷176,「韓愈列傳」의 贊에, "한유가 작고한 뒤로 그의 말이 크게 행해져서, 학자들이 그를 태
    산북두처럼 우러러 받들었다[自愈沒 其言大行 學者仰之如泰山北斗云]"고 한 데서 온 말이다.

은 제도적으로 권력의 핵심에 접근할 수 없었던 것이다. 이에 조광조는 추천에 의해 임명되었기 때문에 자기의 이상을 펼치는 데는 한계를 느끼게 된다. 그래서 그해 가을에 알성시謁聖試[42]를 보게 되었고, 합격이 되어 정식으로 관직에 진출하였다. 조광조는 알성시 문과에 합격하자마자 임명된 관직이 성균관 사서였고, 그 직후에 사간원 정언이 됨으로써 삼사에 들어갔다. 이런 식으로 조광조는 초고속 승진을 해서 3년만에 사헌부 대사헌의 지위에까지 올랐다. 그래서 그 주위에는 많은 사람이 삼사를 중심으로 한 요직에 포진하게 되었던 것이다.

조광조는 성리학적인 이상사회를 이루기 위한 일련의 개혁정치를 추진하였다. 그러나 그가 개혁을 강력하게 추진해 나갈수록 개혁을 추진할 인적자원을 확충할 필요성을 느끼게 된다. 그 방안으로 제기된 것이 중종 13년(1518)에 조광조가 주장한 새로운 인재등용법인 현량과賢良科였다. 현량과는 덕행과 재주를 지닌 학자를 추천에 의하여 등용하는 별시 형태로, 정식 과거를 치러서 문관을 뽑는 것과 똑같은 것이었다. 다시 말해 이전에 문관들은 시험을 통해 선발되었지만 현량과는 학행과 덕행, 성리학적 소양 등으로 선발하는 것이었다.

그때 조광조는 최수성을 현량과에 천거하였다. 조광조가 최수성을 천거한 것은 김굉필과 성수침成守琛[43]이 기묘명현 가운데 최수성을 최고로 인정한 것

---

42 왕이 문묘에 참배한 뒤 명륜당에서 성균관 유생들을 대상으로 보았던 시험이다. 다른 시험과 달리 단 한번의 시험으로 급락을 결정했다. 왕이 직접 참석하는 가운데 실시한 시험이므로 친림과의 하나라고 볼 수 있다. 문과는 고시시간이 짧아 응시자가 제대로 실력을 발휘하기 어려웠고, 당일 발표하는 즉일방방이었기 때문에 시관의 인원이 많이 필요했으며 과차에서도 정밀을 기할 수 없었다. 고시과목도 간단하여 석차를 매기는 데 시간이 걸리는 책보다 사륙변려문인 표(表)가 많이 출제되었다. 초기에는 성균관 유생과 3품 이하의 조사에게만 응시자격을 주었으나, 뒤에 성균관 유생만 시취하라는 특명이 없는 이상 지방 유생들도 시험볼 수 있게 했다.

43 성종 24년(1493)~명종 19년(1564). 조선전기의 학자. 본관은 창녕, 자는 중옥(仲玉), 호는 청송(聽松)·죽우당(竹雨堂)·파산청은(坡山淸隱)·우계한민(牛溪閒民)이다. 우계 성혼(成渾)의 아버지

에서 알 수 있듯이[44] 그가 학행과 덕행, 성리학적 소양 등을 갖추었기 때문이라 본다. 그러나 최수성은 어떠한 연유인지는 알 수 없지만 현량과에 응시하지 않았다. 그것은 아마 중종대 집권층의 사회적·도덕적인 모순 때문이 아닌가 생각된다. 즉 반정의 주역이랄 수 있는 중종대의 집권층이 연산군의 학정의 책임을 져야 할 당사자들임에도 불구하고 오히려 학정을 청산할 개혁세력인양 군림한 것과 밀접한 관계가 있었으리라 생각된다.

조광조는 현량과를 통해 그 세력이 확대되자 반정공신反正功臣에 대한 대대적인 위훈삭제僞勳削除를 단행할 것을 강력히 주장하였다. 이 문제는 중종반정 직후부터 논란이 있어 왔는데, 중종 14년(1519) 11월에 와서 사림파는 76명의 공신이 위훈이었다 하여 그 삭제를 주장하여 격론의 과정을 거친 끝에 마침내 삭훈을 관철시켰다. 이러한 급진적인 개혁은 마침내 훈구파의 강한 반발을 불러일으켰고, 사림에 대한 중종의 견제심리까지 작용하게 하는 부작용을 낳아 위훈삭제 조치가 결정되고 3일만에 기묘사화가 일어났다.

훈구대신들은 이들에게 "서로 붕당朋黨을 맺어 자기를 따르는 자는 이끌어주고, 자기와 뜻을 달리하는 자는 배척한다"는 죄명을 적용하여 조광조·김정 등에 대해서는 사사賜死를, 그 외의 인물에게는 중형重刑을 가하자고 주장하였다. 그러나 정광필·이장곤 등 일부 보수적인 온건파 대신의 만류로 사사 대신 위리안치圍籬安置로 결정되었으나, 심정·남곤 등의 계속적인 가죄加罪 요

로 아우 수종과 함께 조광조의 문하에서 수학했다. 중종 14년(1519) 현량과에 천거되었으나, 곧 기묘사화가 일어나 스승 조광조가 처형되고 그를 추종하던 많은 유학자들이 유배당하자 벼슬을 단념하고 두문불출했다. 이때부터 과업(科業)을 폐하고 경서를 두루 읽고 태극도를 깊이 연구했다. 또한 『통서(通書)』 이하의 성리학 서적을 모두 모아 연구에 전념했다. 중종 36년(1541) 후릉참봉에 임명되었으나 부임하지 않았고, 명종 7년(1552) 내자시주부를 비롯해서 여러 차례 벼슬에 임명되었으나 모두 부임하지 않았다. 그의 문하에서 아들 혼을 비롯해서 많은 유학자들이 배출되었다.

44 "金宏弼 論己卯人材之盛 必以崔壽峸爲第一"(『江陵崔氏三賢遺稿』「屛山書院建院疏」). "成聽松守琛論己卯人材 以先生爲首"(『江陵鄕賢行錄』).

청으로 결국 조광조는 사사되고, 김구·김정·김식은 절도안치絶島安置, 윤자임·기준·박세희 등은 극변안치極邊安置, 정광필·이장곤·김안국 등은 파직되었다. 이들 대부분은 조광조 등용 이후 정계에 등장하여 사림파의 상호인진相互引進에 의해 성장한 신진사류로서 대체로 조광조와 정치적 이해관계를 같이한 인물들이었다.

다음의 기사에서 보듯이 최수성은 기묘사림에게 화가 미칠 것을 미리 예상하고 있었던 것으로 보인다.

> 노천老泉(김식의 자)이 효직孝直(조광조의 자)·원충元冲(김정의 자)·대유大柔(김구의 자)와 함께 모여서 이야기하고 있을 때, 최수성이 별안간 밖에서 들어오더니 인사도 않고 한참 섰다가 급히 노천을 불러 "나에게 술 한 그릇을 달라"고 하였다. 술을 즉시 주니 단숨에 마시고 나서 하는 말이 "내가 파선되는 배에 탔다가 거의 빠져 죽을 뻔하여 가슴이 두근거렸는데 이제 술을 마시니 풀린다" 하고, 간다는 말도 없이 바로 가버렸다. 앉은 사람들이 괴상하게 여기니 효직이 말하기를, "파선되는 배라고 한 것은 우리들을 가리킨 것인데 자네들이 알아듣지 못한 것이네"라고 하였다(『대동야승』권3, 병진정사록).

기묘사화가 일어나기 직전인 어느 날 김식이 조광조·김정·김구와 함께 모여서 이야기하고 있을 때, 최수성이 별안간 밖에서 들어와서 오랫동안 서서 인사도 않고 있다가 급히 김식을 불러 술 한 그릇을 달라고 하였다. 김식이 술을 주니 단숨에 마시고 나서 하는 말이 내가 파선되는 배에 탔다가 거의 빠져 죽을 뻔하여 가슴이 두근거렸는데, 이제 술을 마시니 풀린다 하고 간다는 말도 없이 가버렸다. 앉아 있던 사람들이 괴상하게 여기니, 조광조가 말하기를 파선되는 배란 우리를 두고 한 말인데 그대들이 알아듣지 못한 것이라고 하였다.

얼마 후에 기묘사화가 일어나자 남곤이 죄인을 심문하는 추관推官이 되어 최수성도 아울러 추고推考할 것을 중종에게 청하기를, "조광조 등이 최수성을 선사善士로 여기고 태산북두泰山北斗처럼 우러러보아 조정의 진퇴를 반드시 그 사람의 말을 듣고 결정합니다. 최수성은 비록 초야의 선비로 이름이 났으나, 조광조가 나라를 그르친 근원은 모두 최수성에게서 비롯되었습니다. 그리고 김정의 무리들과 별도로 음모를 꾸미느라 항상 김정에게 벼슬을 그만두고 물러나라고 권하고 있으므로 반드시 내막이 있을 터이니 국문하소서." 하고, 최수성도 아울러 잡아들여 심문할 것을 청하자 중종이 허락하였다. 최수성이 공초하기를, "신은 백면서생白面書生인데, 조광조와 무리를 지어 조정의 일을 의논할 리는 만무합니다. 김정의 무리에게 조정에서 물러나 돌아가라고 권한 것은 신이 한 바가 아닙니다." 하였다. 조광조·최수성 등이 붙잡혀 와서 고문을 당할 때, 최수성은 영의정 정광필과 우의정 안당이 힘써 구원하여 죽음을 면하였다.

최수성은 기묘사화 때 조광조·김정·김식 등 그와 친한 동료들이 비참한 죽음을 당하는 것을 보고 술과 여행, 시와 서화 등으로 일생을 보냈다. 그는 가는 곳마다 소나무로 거문고를 만들어 타다가 싫어지면 이것을 버리고 떠나갔는데, 어느 한곳에 머물러 살지 않았다고 한다. 이 과정에서 그는 진위振威(현 경기도 평택)의 남탄현南炭峴에 별장을 마련해서 세상과 인연을 끊고 원숭이 한 마리를 길렀는데, 능히 서찰을 전할 수 있고 우물의 물을 길어 벼루에 따를 때에 턱과 손가락이 사람과 같았다. 그리하여 정자의 이름을 '원정猿亭'이라고 하였는데, '원정'이라는 별호는 이때부터 생겨났다.

기묘사화는 남곤·심정·홍경주가 주도하였으므로 이후 상당한 기간 동안 그들을 주축으로 한 훈구세력이 정국을 주도하게 되었다. 남곤·심정 등은 정권을 잡자, 이전에 조광조 일파를 두둔했다는 이유로 안처겸·문근·유인숙 등을 파직시켰다. 이에 안처겸은 이정숙·권전 등과 함께 남곤·심정 등이 사림을 해치고 왕의 총명을 흐리게 한다 하여 이를 제거하기로 모의하였다. 그러나 이때 그 자리에 참석하였던 송사련宋祀連이 그의 처형 정상鄭鑌과 함께 안처겸의 어머니 초상 때의 조객록弔客錄과 발인 때의 역군부役軍簿를 가지고 안당과 안처겸 등이 무리를 이루어 대신을 모해하려 한다고 무고誣告하였다. 이로 말미암아 남곤이 안당·안처겸·안처근 3부자를 비롯하여 최수성·권전·이정숙·이충건·조광좌·이약수·김필 등 수많은 사람들이 처형되었다.[45] 이 사건이 바로 중종 16년(1521)에 일어난 '신사무옥辛巳誣獄'이다.

최수성이 신사무옥에 연루된 것은 남곤南袞과의 원한에서 비롯되었다. 『임영지』에 의하면, 어느 날 공이 김식金湜의 집에 있는데, 때마침 남곤이 찾아왔다. 공이 번 듯이 누워 있으니, 남곤이 "이 사람은 어떤 사람이오?"라고 물었다. 그러자 김식이 "이 사람은 숨어사는 선비 최원정崔猿亭이오"라고 말했다. 공이 거짓으로 취한 척하고 일어나지 않다가, 남곤이 문으로 나가자 성난 소리로 "그대는 어찌하여 간교한 사람과 교유합니까? 일시에 사류士流를 해칠 자는 바로 이 사람이오"라고 하였다.

『해동잡록』에 의하면 일찍이 남곤이 산수화 한 폭을 김정에게 보내 제시題詩를 써달라고 부탁하였는데, 때마침 그 옆에 있던 최수성이 그 산수화를 보고 제시를 쓰기를

---

45 『燃藜室記述』卷8, 中宗朝故事本末「辛巳安處謙獄」. 『大東野乘』卷11; 『己卯錄續集』, 禍媒「宋祀連傳」. 처음에 안당이 부친 사예 돈후(敦厚)가 늙어 부인을 잃고, 그의 형인 감사 관후(寬厚)의 여종 중금(重今)을 첩으로 삼았다. 중금에게는 감정(甘丁)이라는 딸이 있었는데, 바로 안돈후가 첩으로 삼기 전의 소생이다.…돈후가 죽은 뒤 감정이 배천(白川) 송린(宋璘)한테 시집가서 아들 사련을 낳았다. 천첩 소생이었던 송사련은 안당의 아들 안처겸과 고종 사촌 관계에 있었기 때문에 안씨 집에서는 송사련을 친자제처럼 보살펴 주었다. 그런데 송사련은 성장함에 따라 자기 지위가 미천한 것을 한탄하고 출세할 목적으로 안당의 반대파인 남곤·심정 등에게 빌붙어 안당과 안처겸 등이 역모를 꾀한다고 무고하였다.

낙일하서산落日下西山	지는 해는 서산으로 내려가고
고연생원수孤煙生遠樹	외로운 연기는 먼 수풀에서 일도다.
폭건삼사인幅巾三四人	복건을 쓴 서너 사람이 있으니
수시망천주誰是輞川主	누가 망천[46]의 주인인가?

라고 하였다. 남곤은 평소 그와 친한 최세절崔世節[47]로부터 조카 최수성이 자기들을 비난한다는 말을 들었기 때문에 "지는 해"는 훈구파를 뜻하고, "복건을 쓴 서너 사람"은 사림파를 뜻한다고 해석하였다. 남곤이 이것을 보고 최수성에 대해 원한을 품었다고 한다.

최수성의 신사무옥 연루에 대해서는 『최원정화 풍남태설崔猿亭畵 諷南台說』[48]에 자세히 나타난다. 그 내용을 요약 소개하면 다음과 같다.

원정은 학문이 뛰어났지만 여러 차례 과거에 낙방하였다가 간신히 음관蔭官으로 세마洗馬라는 미관말직을 얻는다. 그런데 성격이 강직하여 직언을 서슴지 않아 자주 세상 사람들의 미움을 사게 되고, 그로 인해 승진의 기회가

---

46 당나라 시인 왕유(王維)가 은거했던 별장이 있던 명승지. 이 별장은 섬서성(陝西省) 장안(長安) 동남쪽에 있는 종남산(終南山) 기슭에 자리 잡았다. 왕유는 만년에 여기에 은거해 자연의 청아한 정취를 노래하여 높은 예술적 성취를 이루었다.

47 최응현의 셋째 아들로 연산군 4년(1498) 생원·진사 양시에 입격하고, 연산군 10년(1504) 별시문과에 갑과로 급제하였으며 뒤에 무과에도 급제하였다. 중종 3년(1508) 홍문관에 들어가고, 중종 10년(1515) 평사를 거쳐 중종 12년 집의에 제수되었다가 곧 3계급을 승진하여 평안도 만포(滿浦)로 가서 야인의 동태를 탐문하고 돌아왔다. 중종 12년(1517) 승지에 발탁된 것을 비롯하여 참찬관·좌승지·우승지 등을 역임하고, 충청도병마절도사를 거쳐 홍문관부제학·황해도관찰사·경상도관찰사·형조참판·강원도관찰사·공조참판 등 내외직을 두루 역임하였다. 유장(儒將)으로 뽑힐 만큼 문무에 뛰어났으며, 시를 잘 지었다. 또한 과학에도 흥미를 보여 중종 31년(1536) 공조참판으로 있을 때 보루각 자격루(報漏閣自擊漏)의 개조 및 제조에 공을 세워 그 청동제 물받이통에 이름이 새겨졌다.

48 『최원정화 풍남태설』은 최원정이 그림으로 남재상을 풍자한 이야기이다. 여기서 최원정은 사림의 명망이 높았던 최수성의 호이고, 남재상은 중종 때 좌의정과 영의정을 지낸 남곤을 말한다. 이 작품은 작자, 연대 미상의 고대소설이기는 하지만 작품의 말미에 원정이 놀던 정자와 그의 후손들이 동네를 지키며 유풍을 지키고 있다는 말이 있는 것을 보면, 이 작품이 실화를 바탕으로 하고 있음을 짐작케 한다. 이에 대해서는 한국학중앙연구원, 『한국민족문화대백과사전』 22권, 463쪽 참조.

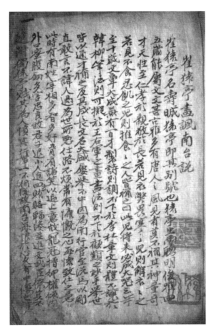

최원정화 풍남태설(崔猿亭畵 諷南台說)

막힌다. 그때 조정의 권력을 장악하고 있던 남재상南宰相(남곤)이 비리를 자행하였으나 아무도 그의 비리를 간하지 못하고 도리어 아부만 하였다. 그런데 유독 원정만 그의 사람됨을 천하게 여기고, 그가 행하는 일을 분하게 여기면서 한결같이 상종하지 않았다. 그 때문에 남곤은 마음속으로 원정에 대해 원한을 품어 왔고, 중상할 계획을 갖고 있었다.

이때 원정의 숙부 최세절이 재주는 있었지만 지조 없이 남곤을 찾아다니면서 벼슬을 구하였다. 원정은 매양 숙부에게 직간直諫하여 "군자와 군자와의 사귐은 두루 미치되 아첨하지 않으며, 소인과 소인의 사귐은 아첨만 하되 두루 미치지 못한다 했습니다. 지금 숙부께서는 군자의 두루 미침은 알지 못하고 오로지 소인들의 아첨만 숭상하니, 무섭고 두려워서 바로 보지 못하는 사람과 업신여기는 사람이 많습니다. 숙부는 마음속으로 부끄럽지도 않으십니까?"라고 하자, 숙부는 이 말을 듣고 다시는 원정을 찾아오지 않았다.

그 후 최수성이 그의 숙부 최세절에게 보낸 시에 "해 저물어 푸른 산 아득도 한데, 하늘은 차고 강물은 절로 일렁이네. 외로운 배여 서둘러 정박해야 하리, 밤이면 풍랑이 거세질 테니[日暮蒼山遠 天寒水自波 孤舟宜早迫 風浪夜應多]"라고 하였다. 최수성의 숙부가 이 시를 남곤에게 보이니, 남곤은 한참을 보더니 말했다. "해 저물어 푸른 산 아득도 한데"라는 구절은 세상의 도리가 점점 나쁜 쪽으로 가고 있다는 뜻이고, "하늘은 차고 강물은 절로 일렁이네"라는 구절은 군주는 약하고 신하는 강하다는 뜻이며, "외로운 배여 서둘러 정박해야 하리"라는 구절은 세상을 피해 은거해야 한다는 뜻이고, "밤이면 풍랑이 거세질 테니"라는 구절은 조정이 장차 어지러워진다는 뜻이라 하였다.

남곤은 이 시가 세상을 우습게 보고 조롱하는 뜻이 참으로 통렬하다면서, 그대의 가까운 친척이 아니었다면 의당 죽였겠지만, 자네 얼굴을 보아 이번만은 용서한다고 하였다. 이후 남곤은 최수성을 해치려는 마음이 전보다 갑절로 커졌다. 그럼에도 남곤은 최수성의 그림 풍격을 흠모하여 그의 숙부에게 부탁하여 8첩 짜리 그림을 얻는데, 그림마다 남곤을 풍자하고 비판하는 내용이 담겨 있었다. 원정이 완성한 그림의 1첩에는 '낙엽이 가을 골짜기에 쌓여 있다[落葉藏秋壑]'라는 제목이, 다른 1첩에는 '희미하게 져 가는 달이 반산에 비추다[殘月照半山]'라는 제목이 붙여져 있었다.

남곤은 "천금의 보물은 얻을 수 있어도 이 8첩 그림은 보기 어렵다"고 자랑하였다. 그러나 한 무관이 그림은 천하의 명화이나 "그림과 제목을 보니 필시 대감과 사이가 좋지 않은 사람의 그림일 듯합니다. 이 사람은 은밀한 뜻으로 풍자하고 모욕하면서 대감을 나라를 망친 소인에 견주었다"고 하였다. 즉

'낙엽장추학'이란 대감을 남송 말에 나라를 잘못 이끈 소인 가사도賈似道[49]에 비유한 것이고, '잔월조반산'이란 왕안석王安石[50]에 비유한 것이라 하자, 남곤은 이 말을 듣고 버럭 성을 내며 "고작 말단 벼슬아치를 지낸 주제에 재상을 풍자하고 모욕하였다"며 공을 죽이려고 했으나 주위의 만류로 해치지는 못하였다.

그 후 남곤은 송사련 사건의 추관推官이 되어 공을 추국하도록 청하여 결국 죽이고 말았다. 신사무옥이 다른 사화처럼 정치적 목적이나 정치이념에서가 아니라 남곤·심정 등의 훈구파 세력들이 그들의 정적政敵인 사림계 인사들을 제거하기 위해 정치적 음모를 동원하였다는 점에서 더욱 그렇게 생각된다.

율곡 이이는 "최수성은 처사處士로서 산림에 은거하면서 도학에 몰두하여 깊이 의리를 알아 명성과 이득[名利]을 구하지 않고 여러 번 명한 관직에도 불응하다가 마침내 기묘사화를 당하여 조광조와 더불어 일시에 간사한 사람들의 모함에 빠져 죽고 말았다"고 하였다. 율곡이 이와 같이 말한 것은 기묘사화 때 목숨을 잃었다고 인식되는 사람들이 대부분 안처겸의 옥사(신사무옥)에 연루되어 죽었기 때문이다.

---

49 중국 남송 말기의 권신. 태주(台州, 지금의 절강성 임해) 사람으로 송나라 이종(理宗) 가귀비(賈貴妃)의 동생이다. 권세를 믿고 갖은 비행을 저지르고 황음무도한 행위를 서슴치 않았으며, 개경(開慶) 원년(1259) 쿠빌라이(忽必烈)가 이끄는 몽고군이 악주(鄂州)를 공격해 오자 할지납폐(割地納幣)하여 강화할 것을 주장하였다. 재정정리책(財政整理策)으로 행한 공전매수책(公田買收策)은 후세에까지 누를 끼친 것으로 비난받았다. 나중에 진의중(陳宜中) 등의 탄핵을 받아 순주(循州)로 좌천되어 가는 도중에 정호신(鄭虎臣)에게 살해되었다.

50 중국 북송 때의 문필가이자 정치가. 신종(神宗)에게 발탁되어 1069년~1076년에 신법(新法)이라고 불리는 청묘법(靑苗法), 모역법(募役法), 시역법(市易法), 보갑법(保甲法), 보마법(保馬法) 등의 정책을 입안하고 추진하였다. 그러나 반(反) 변법파의 맹렬한 공격으로 희녕 7년(1074)에 파직되었다. 다음 해 다시 재상에 복귀하였지만 희녕 9년(1076)에 또 사직하고 말았다. 그 후 강녕(江寧)에 은거하며 오로지 학술 연구와 시작에 몰두하다가, 신종 사후 보수당의 사마광(司馬光)이 집정하면서 변법을 모두 폐지하기에 이르자, 울분을 참지 못하여 병사하였다.

2) 최수성 사후의 추모사업

최수성은 중종 35년(1540)에 신원伸寃되어 의정부 좌찬성 겸 판의금부사에 추증되고 문정공文正公이라는 시호를 받았으며, 인종 원년(1545)에 의정부 영의정에 더 추증되었다.[51] 선조 11년(1578)에는 율곡 선생이 선조에게 계청啓請하여 불천위不遷位의 명이 내렸고, 인조 23년(1645)에는 최치운, 최응현, 박공달, 박수량, 최운우와 함께 강릉 향현사에 배향되었다. 정조 21년(1797)에는 공이 살았던 충청도 보은 병산서원에 기묘명현인 구수복具壽福과 김자수金自粹와 함께 배향되었다.

진위군振威郡에 있던 공의 부조묘不祧廟[52]는 1920년에 강릉 경방經坊(지금의 남문동)으로 이안移安하였고, 진위군 남쪽 탄현炭峴 제역동除役洞 아래에 있던 공의 묘소는 오산 비행장의 확장으로 인해 1952년에 강릉시 대전동 조산助山에 있는 선영先塋 북쪽 산기슭의 신좌辛坐 언덕에 이장하였다. 경방에 있던 황산사를 1982년에 현재의 위치인 강릉시 운정동으로 이건하자 부조묘도 이곳으로 옮겼다.

강릉시 구정면 제비리 154번지에 위치한 충정사忠正祠는 강릉최씨대종회와 영일정씨종친회의 소유로 최수성과 정몽주를 배향하고 있다. 1930년에 개성의 숭양서원崧陽書院에서 정포은鄭圃隱 선생의 진영眞影을 정기용鄭起鎔

---

51 "後二十年 贈議政府左贊成判義禁府事 諡文正公 仁宗乙巳 加贈議政府領議政"(『約軒集』卷14, 贈領議政猿亭崔公行狀).

52 불천위(不遷位) 제사의 대상이 되는 신주를 둔 사당. 본래 4대가 넘는 조상의 신주는 사당에서 꺼내 묻어야 하지만 나라에 공훈이 있는 사람의 신위는 왕의 허락으로 옮기지 않아도 되는 불천지위(不遷之位)가 된다. 따라서 불천지위가 된 대상은 사당에 계속 두면서 기제사를 지낼 수 있다. 부조묘는 중국의 한나라 때부터 시작되었으며, 우리나라에서 부조묘가 등장한 것은 고려 중엽 이후 사당을 짓게 되면서부터이다. 불천위가 된 신주는 처음에 묘 밑에 설치할 것을 원칙으로 하였으나 종가 근처에 사당을 지어둘 수 있게 됨으로써 부조묘가 등장하게 된 것이다. 부조묘는 본래 국가의 공인절차를 받아야 하나 후대로 오면서 지방 유림의 공의에 의해서도 정해졌다.

이 모사模寫하여 강릉시 왕산면 왕산리에 영당影堂을 건립하고 매년 다례茶禮를 봉행奉行하다가 1970년에 현 위치로 이건移建하였고, 1971년에 정몽주와 최수성의 도학연원道學淵源으로 향중사림鄕中士林의 합의로 합사合祀하였다. 1972년에 박정희 대통령이 충정사忠正祠라 친필사액親筆賜額하였다. 1977년에 사우祠宇를 신축하였으며, 1980년에 향중 성금으로 묘정비廟庭碑를 건립하였다. 운영은 강릉최씨와 영일정씨 양 문중의 재정으로 충당한다. 이 사우를 화동서원華東書院이라고도 한다. 매년 음력 8월 중정中丁에 향사享祀를 봉행한다.

6. 최운우崔雲遇

1) 최운우의 생애

최운우의 자는 시중時中이고, 호는 학구鶴衢·향호香湖이며 만년에 도경稻景으로 세상에 칭해졌다. 도경이란 "덕을 실천하고 밝은 행실을 한다[蹈德景行]"는 뜻이다. 문한의 7세손으로 증조부는 군수郡守를 지낸 최자점崔自霑이고, 조부는 현감縣監을 지낸 최세건崔世楗이다. 부친은 강계교수江界敎授를 지낸 담澹이고, 모친은 진주강씨晉州姜氏로 참봉을 지낸 준지俊智의 딸이다. 진사 호浩가 아들이 없어 그의 양자養子가 되었다. 공은 도승지를 지낸 최연崔演의 조카이고, 율곡 이이의 동향同鄕 친구이다.

공은 중종 27년(1532) 외가인 양양부 남쪽 전촌田村에서 태어나 그곳에서 성장하였다. 7세 때 아이들이 앞 냇가에서 물고기를 잡는 것을 보고 몰래 놓아주었다. 마침 지나던 스님이 이 광경을 보고 공을 안아서 바위 위에 앉히고 재배再拜하고 갔는데, 지금 전촌의 북쪽에 있는 화상암和尙巖이 바로 그곳이다.

공이 12세 때 김광진金光軫[53]에게 『대학大學』을 배웠는데, 처음에는 하루

---

[53] 연산군 원년(1495)~ ?. 조선전기의 문신으로 본관은 강릉, 형은 동지중추부사 광철(光轍)이다. 중종 21년(1526) 별시문과에 을과로 급제하여 중종 32년(1537)에 집의(執義)·전한(典翰)·직제학(直提學)을 지냈다. 중종 33년과 34년 두 차례 진주목사로 나가 민폐를 없애는 등 치적을 쌓아 포상을 받고 당상관이 되었다. 그 뒤 차사원(差使員)으로 파견되어 특별한 공을 세워 종2품 가선대부(嘉善大夫)에 승진하였다. 명종 3년(1548)에 경상우도병마절도사, 명종 6년에 전주부윤, 명종 9년에 한성부좌윤·함경도관찰사 등 관직생활의 대부분을 지방관직으로 돌면서 치적을 쌓았다. 명종

종일 들어도 이해하지 못하였으나 책을 절반쯤 읽고서야 대의大義를 깨달았고, 거의 1년이 되어 달통하여 정밀하게 되었다. 이는 공이 사물의 본질을 깊이 알려는 자성資性 때문이었다.

최운우의 가계도

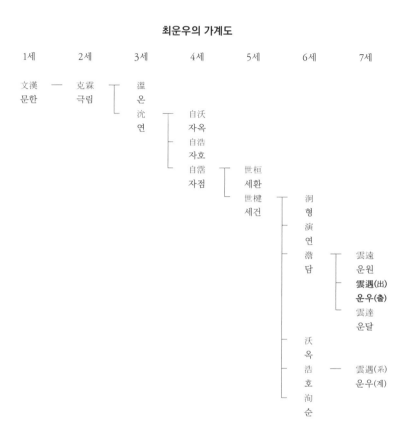

공은 21세 때인 명종 7년(1552) 생원에 입격하였으나 대과에 급제하지는 못하였다. 공은 학문과 덕행으로 10차례 천거되었으나, 관직에 나간 것은 선

10년에 병조참판, 명종 19년에 호조참판이 되었다.

공감감역繕工監監役, 선릉참봉宣陵參奉, 횡성현감橫城縣監이 전부이다. 매번 벼슬을 내릴 때마다 연로한 어머니 봉양 때문에 벼슬을 사양하였다. 설령 어머니의 명이 있어 관직에 나가더라도 얼마 안 되어 돌아와 봉양하였다. 이는 대개 애일愛日[54]하고자 하는 지극한 정성에서 나온 것이었다. 이로 본다면 공이 부모를 섬기는 효성을 가히 알 수 있다.

일찍이 공이 조정의 천거를 받아 부임해 갈 때 이달李達[55]이 지은 시 「서울로 최시중을 보내며[送崔時中之京]」에 이르기를

행로난여차行路難如此	길 떠나는 어려움이 이 같은데
부군갱원정夫君更遠征	그대는 다시 먼 길을 떠나려는가.
대재회숙석大才懷夙昔	큰 재주로 그 옛날 꿈을 지녔지만
박환부평생薄宦負平生	낮은 벼슬로 한평생 져버렸네.
해안총매발海岸叢梅發	해변에는 매화 떨기 피어나고
산교괴조명山橋怪鳥鳴	산 속 다리엔 괴이한 새가 우네.
이회정소색離懷正蕭索	이별하는 마음 너무 쓸쓸해
무경독상정撫景獨傷情	그림자 어루만지며 홀로 마음 상하네.

---

54 세월이 가는 것을 애석히 여긴다는 뜻으로, 효자가 부모를 장구히 모시고자 하는 마음을 이른다.

55 중종 34년(1539)~광해군 4년(1612). 조선중기의 시인. 본관은 홍주(洪州), 자는 익지(益之), 호는 손곡(蓀谷)·서담(西潭)·동리(東里)이다. 원주 손곡(蓀谷)에 묻혀 살았기에 호를 손곡이라고 하였다. 이달의 제자 허균이 이달의 전기 「손곡산인전(蓀谷山人傳)」을 지으면서 "손곡산인 이달의 자는 익지이니, 쌍매당 이첨(李詹)의 후손이다"라고 기록하였다. 이것을 근거로 이달을 이첨의 후손으로 보아 신평이씨로 파악하기도 한다. 그러나 이달은 이석근(李碩根)-이수함(李秀咸)으로 이어지는 홍주이씨이고 조선후기 『신평이씨족보』에서 나타나지 않는다. 아마 허균이 자신의 스승인 이달의 가계를 혼동하여 기록했을 개연성이 크다. 이달은 최경창(崔慶昌)·백광훈(白光勳)과 함께 조선중기 삼당시인의 한 사람으로 꼽힐 만큼 시재가 뛰어났지만, 서자라는 신분상의 제약 때문에 자신의 높은 뜻을 펼치지 못하고 있었다. 또한 형식적인 예법에 구속되는 것을 싫어하여 세상의 거스림을 받았다. 그의 생애는 허균이 쓴 「손곡산인전」에 언급되어 있다.

라고 하였다.

공이 선릉참봉이 되었을 때 능침陵寢과 학교에 관한 일을 상소하였다. 상소는 무릇 수천 언言에 달하였는데, 그 내용은 다음과 같다. 첫째, 건원릉建元陵(태조 이성계의 능)과 헌릉獻陵(조선 태종과 왕비 원경왕후 민씨의 능)에는 모두 비각이 있는데, 영릉英陵(조선 세종과 왕비 소헌왕후 심씨의 능) 이후부터는 하나의 비석도 없다. 바라건대 제릉諸陵에 비석을 세우고 제호題號한다면, 천년 만년 후의 사람들도 모두 모릉某陵은 모종某宗의 침릉임을 알게 되어 그 덕업德業을 상상할 수 있을 것이다. 둘째, 퇴락하고 파손된 신덕왕후神德王后[56]의 능을 건원릉으로 옮겨서 합장한다면 수백 년 동안 황천의 외로운 혼령을 위안할 수 있을 것이다. 셋째, 우리나라 서울과 지방에 성균관과 향교가 있는 것은 인륜을 밝히고 풍속을 후덕하게 하기 위한 것인데, 지금 선비들은 습성이 투박하고 그 배움을 사사로이 하여 맑은 덕이 없어지고 혼탁한 찌꺼기만 횡행하니, 율곡의 『학교모범學校模範』을 중외中外에 반포하여 이를 시행하라고 하였다. 이 상소문을 올리자 그때의 여러 대석학들이 모두 공의 견식과 충성에 탄복하였다.

52세 때인 선조 18년(1583) 12월에 왕자 사부師傅의 물망에 올랐으나 낙점은 받지 못했다. 비록 낙점은 받지 못했지만, 이는 조정에서 현인賢人을 표창하려는 것이므로 관리로 임명된 것과 다름없다고 하겠다.

공은 만년에 횡성현감에 임명되었다. 선조 28년(1595)에 영의정 유성룡柳

---

56 조선 태조의 계비(繼妃). 본관은 곡산(谷山), 판삼사사(判三司事) 강윤성(康允成)의 딸이다. 태종 9년(1409)에 묘를 사을한(沙乙閑) 곡에 이장하였다가 다시 한강 남쪽 공현(鞏縣)의 뒤에 이장하여 왕비의 제례를 폐하고, 봄가을 중월제(中月祭)로 격하시켰다. 선조 14년(1581)에 신덕왕후의 시호와 존호를 회복하자는 논의가 있었으나 정파되었고, 그 뒤 현종대에 이르러 강비의 부묘문제가 다시 대두하였다. 현종 10년(1669)에 송시열 등이 정릉과 흥천사기문(興天寺記文)이 갖추어 있음을 지적하면서 신덕왕후를 종묘에 배향해야 한다는 차자(箚子)를 올렸다. 이해 9월 강비의 기신제를 8월 11일로 고정하여 200여 년 만에 복구하게 되었다.

成龍이 수령이 될 만한 자를 천거하였는데, 최운우를 비롯한 한백겸韓百謙·채애선蔡愛先 등 30명이었다. 영남지방 선비가 대부분인 데다가 간혹 학생으로서 발탁된 자도 있었으므로, 인선이 너무 혼잡스럽다는 비판이 있었고 사림士林의 여론도 비등하였다. 사간원에서 아뢰기를 "재능이 수령이 될 만한 자를 천거하여 나라에서 파격적으로 등용하는 것은 수령의 적임자를 선발하기 위함입니다. 지난번에 비변사備邊司에서 천거한 자들은 혼잡스런 폐단이 없지 않아서 사림의 여론이 매우 타당하지 않게 여기니, 해당 조曹로 하여금 다시 가려 뽑게 하소서." 하였다. 그리하여 이조에서 다시 가려 뽑아 선조 28년 (1595) 6월 최운우는 횡성현감에 임명되었다. 그때는 전란으로 황폐한 때여서 공은 군민軍民의 정사로 초췌해져서 얼마 안 되어 노병老病으로 사직하고 돌아왔다.

공은 군자의 향리鄕里에서 생장生長하여 어려서부터 학문에 뜻을 두어 비록 한가한 때라도 몸가짐을 단정히 하고 의관衣冠을 정돈하여 독서하고 사색하기를 하루가 부족한 듯이 하였다. 당시의 여러 선비들이 공을 동중서董仲舒[57]나 가의賈誼[58]로 추앙하여 이름을 높였으며, 감히 스스로를 그 앞에 두지

---

[57] 중국 전한(前漢) 때의 유학자. 일찍부터 『공양전(公羊傳)』을 익혔으며 경제(景帝) 때는 박사가 되었다. 장막(帳幕)을 치고 제자를 가르쳤기 때문에 그의 얼굴을 모르는 제자도 있었다. 3년 동안이나 정원에 나가지 않았을 정도로 그는 학문에만 정진하였다. 무제(武帝)가 즉위하여 크게 인재를 구하므로 현량대책(賢良對策)을 올려 인정을 받고, 전한의 새로운 문교정책에 참획(參劃)하게 되었다. 오경박사(五經博士)를 두게 되고, 한나라 문교의 중심이 유가(儒家)에 통일된 것은 그의 헌책(獻策)에 힘입은 바가 크다. 그러나 뒤에 자신의 학설로 말미암아 투옥되는 등 파란 많은 생애였다.

[58] 중국 전한(前漢) 문제(文帝) 때의 문인 겸 학자. 시문에 뛰어나고 제자백가에 정통하여 문제의 총애를 받아 약관으로 최연소 박사가 되었다. 1년 만에 태중대부(太中大夫)가 되어 진(秦)나라 때부터 내려온 율령·관제·예악 등의 제도를 개정하고 전한의 관제를 정비하기 위한 많은 의견을 상주하였다. 그러나 주발(周勃) 등 당시 고관들의 시기로 장사왕(長沙王)의 태부(太傅)로 좌천되었다. 자신의 불우한 운명을 굴원(屈原)에 비유하여 「복조부(鵩鳥賦)」와 「조굴원부(弔屈原賦)」를 지었으며, 『초사(楚辭)』에 수록된 「석서(惜誓)」도 그의 작품으로 알려졌다. 4년 뒤 복귀하여 문제의 막내아들 양왕(梁王)의 태부가 되었으나 왕이 낙마하여 급서하자 이를 애도한 나머지 1년 후 33세로 죽었다.

못하였다. 일찍이 스스로 책상 위에 글 일구一句를 써 놓고 방자한 마음을 경계하기를,

금려일시무소사今慮一時無所事   일시의 생각이라도 벼슬길 염두에 두지 말며

망사맹처갱제방妄思萌處更隄防   허망스런 생각 싹트거든 제방을 고쳐 쌓아라.

고 하였다.

공은 24살 때인 명종 9년(1554) 도산陶山에 있는 퇴계를 찾아가 옛 성인의 도道를 듣고 돌아왔다. 이때 율곡이 강릉에 있었는데, 공이 왕래하며 학문을 강론하고 연마하며 도덕과 의리의 교분[道義之交]을 쌓았다. 27세 때인 명종 13년(1558)에는 율곡이 퇴계를 뵙고 돌아오는 길에 공을 향호정香湖亭에서 만나 『춘추春秋』를 강론하며 초고抄稿 1편을 완성하였다. 29세 때인 명종 15년(1560) 황해도에 있는 율곡을 방문하였고, 38세 때인 선조 2년(1569) 11월에 외할머니의 상을 당하여 강릉 북평에 돌아와 있던 율곡을 방문하여 율곡을 따라 의심이 나는 뜻을 강론講論하였다. 47세 때인 선조 10년(1577) 9월에 모부인이 세상을 떠나자 공은 더욱 학문에 뜻을 두어 율곡과 왕복하며 논변論辨을 펼쳤다. 52세 때인 선조 16년(1583) 11월에 사직하고 돌아와 율곡에게 편지를 보내 시폐時弊를 조목별로 진술하였는데, 그 내용은 병비兵備와 조운漕運, 그리고 민심을 진정하고 국본國本을 견고하게 하는 방책 등이었다.

공은 55세 때인 선조 19년(1586) 2월 경기도 파주에 있는 우계 성혼成渾을 방문하였다. 후에 우계가 공에게 답서를 보내어 "먼지 일으키며 가는 행렬을 슬프게 바라보며 망연히 서 있으니, 마치 신선이 타는 선학仙鶴이 구름 속에 있어 잡을 수 없는 것과 같다"고 하였으니, 마음을 허許하고 공경함이 이와 같았음을 볼 수 있다.

공의 학문은 실천궁행實踐躬行[59]을 근본으로 하는 성리학에 심취해 있었다. 일찍이 뜻을 같이하는 심경혼沈景混·김자온金子溫·최사결崔士潔과 함께 오대산과 금강산 등 여러 명산을 두루 유람할 때에도 격물궁리格物窮理[60]의 공부를 다 하지 아님이 없었다. 공은 특히 『심경心經』[61] 읽기를 좋아했는데, 정탁鄭琢에게 현토懸吐한 『심경』이 있다는 소식을 듣고 편지를 보내 구하여 빌려 보기도 하였다.

이 외에도 정유일鄭惟一, 정탁鄭擢, 정구鄭逑, 신응시辛應時, 이우李瑀, 오건吳健, 허엽許曄, 양사언楊士彦, 노수신盧守愼, 원축元軸, 김효원金孝元, 황정욱黃廷彧, 심희수沈喜壽, 송상현宋象賢, 박현구朴玄龜, 한윤명韓胤明, 정윤희丁胤禧, 황여일黃汝一, 박지화朴枝華, 심장원沈長源, 정종영鄭宗榮, 윤승훈尹承勳, 민사안閔思安 등과 교유하였다. 공과 더불어 사귀었던 제현諸賢들은 일세一世의 명류名流가 아닌 사람이 없었다.

송시열은 공을 가리켜 "도道는 도산陶山에 가서 듣고, 덕德은 파주坡州에 가서 쌓았으니, 노魯나라에 군자君子가 없었다면 도道와 덕德을 어디서 취할 수 있었겠는가?"라고 하였다.

공께서는 어머니를 모시고 향호에 거주하였다. 명종 17(1562)에 낳아준 아버지 교수공敎授公이 세상을 떠나고, 이듬해에 또 진사공進士公이 세상을 떠나자 4년간 여묘살이를 하며 정성과 예의를 지극히 갖추었다. 복제服制를 마치고 거처하던 여막을 '망극암罔極庵'이라 이름지었다. 공은 그곳에 있으면서 하루 종일 관대冠帶를 풀지 않았으며, 아침저녁으로 배알하였다. 노수신盧守愼이

---

59 말로 하지 않고 실천하며 남에게 시키지 않고 몸소 행하는 것을 말함.

60 사물의 이치를 탐구하여 궁극에 도달하는 학문을 말함.

61 중국 송(宋)나라 영종 때의 문신 진덕수(眞德秀)가 심(心)에 대해 논한 성현들의 격언을 모으고, 또 여러 선비들의 섬세하면서도 주요한 의논을 모아 주석으로 삼은 책으로, 우리나라 유학자들이 반드시 읽어야 할 책 가운데 하나였다.

보낸 시에 "초야에 묻혀 지낸 것이 이제 4년이 되었다[草坐今來四載庵]"라고
한 곳이 바로 그곳이다.

선조 10년(1577) 9월에 모부인 최씨의 상을 당하여 향동香洞에 부장祔葬하
였고, 이어 묘 아래에서 여묘살이를 하였다. 선조 19년(1586) 가을에 낳아준
어머니인 강부인이 79세에 돌아가시자 공의 나이가 이미 54세임에도 집례執
禮하기를 전상前喪과 같이하였다.

만년에는 향호 상류의 아늑한 곳에 향호정香湖亭을 짓고 문객들과 교유하
였고, 포구浦口를 베개로 삼고 바다를 벗 삼아 수려한 풍광風光과 음풍농월吟
風弄月로 한가로이 지냈다. 마치 풍진風塵의 세상 밖에 있는 것 같아서 사람들
은 신선神仙 혹은 경호도원鏡湖桃源에 비유하기도 하였다. 우계는 선조 19년
(1586) 7월 향포서실香浦書室에 있는 공에게 시를 지어 보냈는데,

점득유거향포촌占得幽居香浦村　향포의 마을에서 조용히 살아가니

근리모옥사도원槿籬茅屋似桃源　무궁화 울타리의 초가집 도원과도 같구나.

독서성리화음전讀書聲裏花陰轉　책 읽는 소리 속에 꽃그늘 돌아가는데

한파유경교자손閑把遺經敎子孫　한가로이 성현의 경전을 펴 자손들 가르치네.

라고 하였다.

공은 풍속교화와 문풍진작에 남다른 노력을 했다. 공께서는 "영남과 호남
에는 서원이 많이 건립되었는데, 오직 강릉에는 서원이 없다"고 하며 탄식하
였다. 공의 나이 25세 때인 명종 10년(1555) 함헌咸軒과 함께 구산丘山에 오봉
서원을 창건하여 공자의 진영眞影을 모셔놓고 후학들로 하여금 뜻을 품고 학
문을 닦는 곳으로 삼았다.

『증보문헌비고』 서원조에 의하면, 전국 327개의 서원 가운데 공자를 배향

하고 있는 곳은 강릉의 오봉서원, 함흥의 문회서원文會書院, 단천의 복천서원福川書院뿐이다. 서원에 공자의 배향이 희귀한 이유는 향교에서 공자를 배향하고 있었기 때문이다. 따라서 서원에는 특별히 공자를 배향할 계기가 있지 않으면 주향하지 않는 것이 당시의 현실이었다.

오봉서원에서 공자를 배향했던 이유는 다음과 같다. 하나는 서원이 건립된 위치가 강릉시 성산면 구산리의 지명이 공자가 태어난 구산丘山과 같았고, 다른 하나는 이 서원의 건립에 공이 큰 함헌이 서장관으로 중국에 다녀오던 길에 가져온 당唐나라의 오도자吳道子가 그린 공자의 화상畵像이 보관되어 있었기 때문이다. 퇴계가 시를 지어 찬미하기를

인재연수고임영人材淵藪古臨瀛　인재가 많이 나는 옛 임영 고을에
벽학구산간석청闢學丘山澗石淸　산골 물 맑게 흐르는 구산에 학교를 열었네.
간도지원칭가명看圖知院稱嘉名　서원의 그림을 보니 아름다운 이름을 알겠고
병사포장괴부정病謝鋪張愧不情　병을 핑계로 학문을 펴지 못한 내 처지 부끄럽네
강성천년명이근降聖千年名已近　성인이 태어나신 지 천년에 이름 가까워져
걸영금일교장명乞靈今日敎將明　오늘 명성 빌렸으니 가르침 장차 빛나리.
기어제군수견좌寄語諸君須堅坐　그대들의 굳건한 배움의 자리에 한 마디 부치니
종래출입해공정從來出入害功程　오가는 길에 방해나 되지 아니할지.

라고 하였다. 그때 사람들이 공자의 휘諱를 범하고 있어 이를 의아하게 여겼으나, 이에 대한 의혹이 없어지게 되었다. 공은 오봉서원에서 남경초南景初·심여호沈汝浩와 함께 강학講學하였다.

공은 선조 33년(1600)에 「연곡향약連谷鄕約」을 시행할 때 강릉부 전체를 관장하는 도약정都約正으로 향약 운영에서 주도적인 역할을 하였다. 「연곡향

약」은 중국의 「주자증손여씨향약朱子增損呂氏鄕約」을 수용하여 그 4대 강목을 표방하고 있으면서도 별도로 〈부록附錄〉과 〈별조別條〉를 두어 향촌사회의 질서를 규정하고 있다. 내용은 대체로 「해주일향약속」과 일치하고 있다. 〈부록〉에서는 시벌施罰의 등급과 수령과의 관계가 설정되고 있으며, 〈별조〉에서는 유향소의 역할과 기능이 규정되고 있다.

2) 최운우 사후의 추모사업

공은 선조 38년(1605) 5월 22일에 세상을 떠나니 향년 74세였다. 강릉시 북쪽 50리에 있는 주문진읍 향호리 정좌丁坐 언덕에 안장하였다. 부모님 생전에는 세월을 아껴[愛日] 벼슬살이를 즐겨하지 않았고, 부모님 사후에는 상례喪禮에 슬픔을 다하였다. 자식을 경계함에 이르러서는 성현聖賢으로서 법을 삼았고, 글로써 종족宗族을 경계한 것은 효孝와 의義의 도가 아님이 없었으므로 향인鄕人들이 감화되고 심복心服하였다. 이에 공이 세상을 떠난 지 41년 후인 인조 23년(1645) 8월에 고을 사람들이 최치운·최응현·박공달·최수성과 함께 강릉 향현사에 배향하였다.

숙종 9년(1683)에 우암 송시열이 묘표墓表를 지었는데,

고인古人의 말에 "충은 반드시 효에서 구한다"고 하였다. 이것으로 미루어 볼 때 공의 어버이 섬기는 효를 가히 알 수 있다. 그러므로 태어나서부터 부모의 장수를 기원하고, 벼슬길에 나아가는 것을 즐겨 하지 않았으나 어버이의 명으로 잠깐 나갔다가 곧 돌아왔다. 직을 훈계함에 있어서는 성현聖賢의 법과 교훈으로 하고, 종족宗族을 이끌고 가르침에는 효의孝義의 도道를 근본으로 하였

다. 공의 벼슬 등위가 심히 영달하지 못해 그 포부를 비록 세상에 펼쳐 보이지 못하였으나, 도를 구하는 마음은 극히 돈후敦厚하여 여러 선생들의 기대하는 바가 많음을 볼 때 일향一鄕의 선사善士라 할 수 있다. 향인鄕人이 감복하여 사당에 배향하였다. 그리고 명銘에 이르기를, "도道는 도산陶山에 가서 듣고, 덕德은 파산坡山에 가서 쌓았으니, 노魯나라에 군자君子가 없었다면 도道와 덕德을 어디서 취할 수 있었겠는가?

라고 하였다. 철종 12년(1861)에 보국숭록대부輔國崇祿大夫 윤정현尹定鉉이 비음기碑陰記를 짓고, 예조판서 김기만金箕晩이 글씨를 썼다. 문집이 간행되어 세상에 전한다.

공이 평소에 지은 저술은 여러 차례 병화兵火를 겪으면서 산일散逸되어 거의 없어졌고, 후손 대수大洙가 1905년에 편집, 간행한 『향호집』 2권 1책이 세상에 전해진다. 권1에는 시 17수, 소疏 1편, 서書 9편, 서序 1편, 잡저 2편, 제문 2편이 실려 있으며, 권2에는 부록으로 시 14수, 서書 25편, 서序 2편, 도산문현록陶山門賢錄·가장家狀·묘표 각 1편이 실려 있다.

시는 몇 수 되지 않으나 「호정망해湖亭望海」·「호정조어湖亭釣漁」 등 서정적 취향이 짙은 작품이 많다. 그의 시에 대하여는 이황도 칭찬을 아끼지 않았다. 서書에는 이이李珥·성혼成渾·정탁鄭琢 등과 주고받은 것이 각 1편씩 수록되어 있다. 그중 특히 율곡 이이에게 보낸 편지에는 임진왜란이 일어나기 이전 어지러운 국가정세를 염려하는 '우국개세憂國慨世'의 내용을 담고 있다. 잡저에는 오대산과 금강산 기행을 적은 「오대산록五臺山錄」과 「금강산록金剛山錄」이 있는데, 「금강산록」에는 유점사楡岾寺·원통암圓通庵·청련암靑蓮庵·비로봉毗盧峰 등의 명승지를 돌아보며 느낀 경관의 아름다움과 저자의 학자로서의 마음가짐이 묘사되어 있다. 부록에는 공과 종유하던 문인들이 그에게 보낸 시와 서書가 실려 있다.

7. 최수崔洙

1) 최수의 생애

최수는 입지의 6세손으로 자는 도원道源이고, 호는 춘헌春軒이다. 부친은
교수敎授를 지낸 여남汝南이고, 모친은 정선전씨로 생원 무務의 딸이다.

최수의 가계도

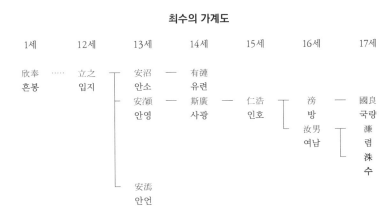

1세	12세	13세	14세	15세	16세	17세
欣奉 흔봉	…… 立之 입지	安沼 안소 安瀯 안영	有蓮 유련 斯廣 사광	仁浩 인호	澇 방 汝男 여남	國良 국량 濂 렴 洙 수
		安漹 안언				

공은 세종 25년(1443) 모산 사제私第에서 태어났다. 천성天性이 강직하여
사사로운 거짓을 용납하지 않았고, 어떠한 위협과 무력에도 굴하지 않았다.
이는 세조 임금이 오대산 어림대御臨臺에서 과거를 개최하였을 때 공이 벽불
문闢佛門을 통과한 것에서 알 수 있다.

세조는 즉위 12년(1466)에 중궁·세자 등과 함께 강원도 고성 온천을 순행

巡幸한 후에 상원사 낙성식에 참석하였다.[62] 낙성식을 마친 세조는 이날 행궁
行宮으로 돌아와서 신숙주·한계희·노사신 등에게 과거 시험장에 나아가서 시
험에 참관하게 하였다. 세조는 친히 책제策題를 내기를 "임금이 지방을 순행
함은 백성의 질고疾苦를 알고자 함이다. 이제 강원도를 보건대, 땅이 넓고 사
람이 드무니, 어떻게 하면 생활이 부유하고 인구가 많게 할 것인가? 군수軍需
가 넉넉지 못하니, 어떻게 하면 넉넉히 쌓을 것인가? 땅이 험하고 길이 머니,
나가서 세상에 쓰이고자 하여도 떨치고 나서지 못하는 자가 어찌 없겠는가?
그것을 각각 모두 진술하여 대답하라. 장차 치용致用의 학문을 보려고 한다"
하고, 좌참찬 최항崔恒·중추부 동지사 임원준任元濬·좌부승지 이영은李永垠을
독권관讀券官으로 삼았다.[63]

　세조는 과거 시험장에 숭불문崇佛門과 벽불문闢佛門을 설치하고, 무사들
로 하여금 철퇴를 들려 벽불문 밖에 서 있도록 명하였다. 그리고 여러 신하들
로 하여금 마음대로 들어오게 하였다. 모두가 숭불문으로 들어오는데 공은
조금도 두려워하는 기색이 없이 홀로 벽불문으로 들어왔다. 무사가 철퇴로
막 내려치려고 할 때 임금이 빨리 중지하라고 명하였다. 공의 지조가 견고하
고 강직함이 이와 같았다. 그때 문과에서는 진지陳趾 등 18인을 선발하였는
데, 공은 낙방하였다.

　공은 세조 14년(1468) 별시문과에서 을과로 급제하여 성균관 박사成均館

62　세조는 3월 16일에 서울을 출발하여 금강산의 장안사(長安寺)·정양사(正陽寺)·표훈사(表訓寺)·
　　유점사(楡岾寺)를 순행하고 9일만에 고성에 도착하였다. 낙산사, 강릉 연곡리, 구산역, 오대산 동
　　구(洞口)를 거쳐 윤3월 17일에 상원사에 도착하였다.

63　『세조실록』권38, 12년 윤3월 무자조. 문과의 시관은 상시관(上試官)을 독권관(讀券官), 참시관
　　(參試官)을 대독관(對讀官)이라 하였다. 이것은 중국 송대(宋代)의 천자(天子)가 독권관에게 시권
　　(試券)을 읽게 하고, 대독관에게 옆에서 틀림이 없는지 살피게 한 데에서 유래한 것이다. 독권관은
　　처음에 2품 이상 3인으로 했던 것을 뒤에는 의정(議政) 1인, 종2품 이상 2인으로 하였다. 대독관은
　　처음에 3품 이하 3인으로 하였던 것을 뒤에 정3품 이하 3인으로 바꾸었다.

博士가 되었다. 성종 원년(1470)에 계속된 성변星變[64]으로 인해 임금이 구언求言[65]하였을 때, 공은 그 원인에 대해 다음과 같이 상소하였다.[66]

첫째는 세조 2년(1456)의 원혼怨魂[67]들의 해골이 땅 위에 버려져도 수습하지 않고 혼백이 떠돌아다녀도 의지할 곳이 없어 천변이 발생하였다고 하였다. 옛날 당唐나라 태종이 건성建成과 원길元吉[68]을, 송宋나라 이종理宗이 제왕 횡濟王竑[69]을 모두 죄를 물어 죽였지만 예로써 장사를 치렀는데, 저 어린 임금(단종)은 그렇게 하지 않았다. 바라건대 강원감사로 하여금 해골을 수습하여 다시 장사지내고, 영월군수로 하여금 매년 제사를 지내게 한다면 화가 도리어 복이 되는 한 수단이 될 것이라 하였다.

둘째는 강릉 상원사 승려 학열學悅의 횡포로 인해 천변이 발생하였다고 하였다. 세조가 상원사와 인연을 맺게 되는 것은 상원사가 명산名山에 위치한 지덕地德이 좋은 명찰로 이름나 있었던 점과 세조의 신임이 두터웠던 신미信眉가 상원사에 거주하고 있었던 점이 크게 작용하였다. 세조 10년(1464) 4월에 세조가 병환이 있자 왕비 정희왕후貞熹王后는 명산승지名山勝地에 원찰願刹

---

64 별의 위치나 빛에 생긴 이상을 말함.

65 나라에 재앙이 있을 때 임금이 신하에게 바른말을 널리 구하던 일.

66 춘헌공 최수의 상소문은 『강릉군지(江陵郡誌)』·『관동읍지(關東邑誌)』 인물조에는 "成宗初上疏請改葬莊陵 又請禁妖僧學悅"이라고만 되어 있으나, 광해군 연간(1608~1623)에 편찬된 『임영지』(前誌)에는 그 전문이 수록되어 있다.

67 단종복위운동으로 죽은 사육신 등의 혼을 말함.

68 당나라 고조(高祖) 재위시에 이세민(李世民, 태종)의 공명(功名)이 날로 성하므로 세민의 동복형(同腹兄)인 태자 이건성(李建成)이 동복제인 이원길(李元吉)과 함께 세민을 제거하려 하였다. 세민이 이를 알고 군사를 거느리고 현무문(玄武門)에서 숨어 기다렸는데, 건성·원길이 들어오다가 변고가 있는 것을 깨닫고 돌아가려 하였으나, 세민이 따라가 건성을 쏘아 죽이고 세민의 요속(僚屬)인 울지경덕(蔚遲敬德)이 원길을 쏘아 죽였다(『唐書』권1, 高祖本紀1 武德 9년).

69 송(宋)나라 태조(太祖)의 12대손으로 영종(寧宗) 가정(嘉定) 14년(1221)에 태자 순(詢)이 죽자 태자가 되었다. 횡이 그때에 국정을 쥐고 있던 사미원(史彌遠)을 미워하여 사미원이 두려워하고 있던 중 영종이 죽게 되었다. 이에 사미원은 조서(詔書)를 위조하여 종실인 균(昀)을 황제로 옹립하고 횡을 제왕(濟王)으로 봉하여 쫓아냈다. 그 후 횡은 사미원이 보낸 진천석(秦天錫)에게 죽음을 당하였다(『宋史』권246, 鎭王竑列傳).

을 세우려고 내관內官을 신미信眉와 그의 제자 학열學悅에게 보내 그 후보지를 묻게 하였다. 정희왕후는 학열로 하여금 국왕의 치병治病을 기원케 하였는데, 뜻밖에도 국왕의 병세가 호전되었다. 이에 세조와 정희왕후는 이에 크게 감동되어 신미의 명산지덕설名山地德說에 따라 상원사를 세조의 원찰願刹[70]로 삼았다. 세조는 세종 때 화재를 입은 상원사를 신미에게 특별히 명하여 중창重創케 하였는데, 이에 소요되는 자재와 경비로 미곡米穀·면포綿布·정철正鐵 등을 하사하였다.[71] 세조 12년(1466) 상원사가 완공되자 세조는 정희왕후·세자(후일 예종)·종친 및 문무관료 등을 거느리고 그 중창·낙성법회에 참석하였다.

세조는 상원사의 중창·낙성법회가 있었던 그 이듬해인 세조 13년(1467) 11월에 호조戶曹에 전지傳旨하여 강릉부의 산산제언蒜山堤堰[72]을 신미에게 하사하였다. 그때 신미가 수빈粹嬪[73]의 요청으로 왕실의 원찰인 상원사에 주지로 있었기 때문에 이러한 명령이 있었다고 한다. 이에 대해 후일 영사領事 노사신盧思愼이 술회한 바로는 처음에 학열이 세조에게 아뢰어 청하였으나 윤허를 받지 못하다가, 신미를 통해 청함으로 세조가 부득이하여 내려준 것이라고 하였다. 신미에게 내려준 산산제언은 거의 쓸모가 없는 진전陳田이었다. 상원사 측에서는 이 진전을 전라도의 기름진 다른 땅과 교환하여 받기를 원했으나 일이 성사되지 못하였다.

---

70 나라의 안녕을 빌고 민가(民家)나 왕실의 명복(冥福)을 빌던 절. 원당(願堂)이라고도 한다.

71 세조는 즉위 10년(1464) 12월에 신미에게 정철(正鐵) 55,000斤, 쌀 500石, 면포(綿布)·정포(正布) 각각 500필을 내려주었고(『세조실록』권34, 10년 12월 신축조), 이듬해 2월에 신미에게 경상도에서 정철 15,000근·중미(中米) 500석, 제용감(濟用監)에서 면포 200필·정포 200필, 내수소(內需所)에서 면포 300필·정포 300필을 주게 하였다(『세조실록』권35, 11년 2월 정유조).

72 박월천과 금광천이 만나는 섬석천(剡石川, 박월동 흐린 냇물 아래쪽)에 있던 저수지.

73 세종 19년(1437)~연산군 10년(1504). 조선 제7대왕 세조의 장남인 의경세자(懿敬世子)의 비(妃). 본관은 청주(淸州), 서원부원군 한확(韓確)의 딸이며 좌리공신(佐理功臣) 치인(致仁)의 누이동생이다. 세조 원년(1455) 세자빈에 간택되어 수빈(粹嬪)에 책봉되었으나 세자가 횡사하였다. 성종 원년(1470) 아들 성종이 즉위하여 세자로서 죽은 남편을 덕종으로 추존하자 왕후에 책봉되고, 이어서 인수대비(仁粹大妃)에 책봉되었다. 시호는 소혜왕후(昭惠王后)이다.

그런데 예종 원년(1469) 2월에 다시 산산제언을 상원사에 사급賜給하였다는 기록이 실록 기사[74]와 〈상원사 성화 5년 강릉대도호부 입안〉[75]에 보인다. 세조 13년(1467) 11월에 사급한 산산제언이 회수되었다는 사실이 문헌상에 전혀 나타나지 않는 점에서 볼 때, 예종 때의 사급은 호불好佛 군주였던 세조가 승하하자 불교를 이단으로 삼았던 유신들의 억불논의抑佛論議가 표면화하면서, 앞서 세조 때 사급한 사실조차 강력히 부인하고 시비를 벌이게 되자 호불의 왕모王母였던 정희대비에 의해서 예종이 세조 때 사급한 사실을 재확인한 것이라 이해된다.

산산제언의 주위에는 3천여 보步 되는 땅이 있었는데, 지형은 앞이 낮고 뒤는 높고, 가운데는 깊고 옆은 높아 물이 차서 가득하였다. 그리하여 묵은 땅이 수십 보이고, 나머지는 높아 물을 댈 수 없는 곳이 2,500여 보나 되었다. 그런데 제방 주변에는 물댈 땅이 500보나 되는데도 세조는 제언을 신미에게 사급하였던 것이다. 신미는 그후 제언을 그의 제자 학열에게 주었는데, 학열은 제방을 헐고 그 땅을 개간하지 않고 묵혀 두었다.[76] 학열은 묵은 땅을 개간하지 못하게 하고 도경盜耕이라 칭탁하여 민전民田 70여 석을 파종할 땅을 빼앗았다.

홍문관 관원들은 학열이 빼앗은 민전을 그 주인에게 돌려주어야 한다고

---

74 "호조에 전지하기를, 강릉부 산산제언(蒜山提堰)을 상원사(上院寺)에 주고, 또 잡역(雜役)과 염분세(鹽盆稅)를 면제해 주도록 하라." 하였다(『예종실록』권3, 원년 2월 기해조).

75 이 문서는 성화(成化) 5년(예종 1, 1469) 윤2월 9일 강릉대도호부에서 상원사에 발급한 입안이다. 현재 국립중앙박물관에 수장되어 있으며, 크기는 79.4×70.5㎝이고, 사방 7.5㎝의 「강릉대도호부사인(江陵大都護府使印)」 9개가 찍혀 있다. 이 문서는 국립중앙박물관, 『조선시대 고문서』(1997), 196쪽에 수록되어 있다. 그 내용은 상원사에 산산제언을 제급(題給)하고 아울러 제잡역(諸雜役)과 염분세(鹽盆稅) 등을 감면하라는 것이다. 이에 대해서는 朴道植, 2003 「조선초기 上院寺 立案 文書 연구」『임영문화』26 참조.

76 성종 때의 상황을 보면 산산제언 안팎의 면적은 200여 섬지기(石落)나 되었는데, 이를 경작하지 않고 또 백성이 개간하는 것을 금하여 진황(陳荒)된 지 이미 오래되었다고 하였다(『성종실록』권187, 17년 정월 신해조). 섬지기는 볍씨 1섬으로 모를 부어 낼 수 있는 논의 넓이를 말한다.

수차례에 걸쳐 제기하였으나, 성종은 선왕께서 하사한 것이라 하여 허락하지 않았다. 홍문관 관원들이 억불을 위한 빌미로 기회가 있을 때마다 이를 문제로 삼자, 성종은 관원을 파견하여 산산제언의 상황을 조사하도록 명하였다. 조사 결과 산산제언 안에 있는 민전이 사원 소유의 토지에 일부 포함된 것이 확인되자, 성종은 민전을 그 주인에게 되돌려 주라고 하였으나 학열의 청탁으로 실행되지 못했다.

셋째는 학열의 식리殖利활동으로 인해 천변이 발생하였다고 하였다. 학열은 해마다 면포 수백 동同(1동은 50필)을 영남에서 싣고 와서 강원감사로 하여금 제읍諸邑에 강제로 나누어주게 하고, 면화 1필의 값을 혹 2석 8·9두 혹은 2석 5·6두로 하여 원하지 않는 백성에게도 그 결부結卜를 계산하여 가을이 되면 사나운 사람을 시켜서 독촉해 징수하는 것이 성화같이 핍박하였다. 강원도민은 부유한 자가 적고 빈궁한 자가 많아 이를 상환償還할 여력이 없는데도, 머리 깎은 무리들이 팔을 걷어 올리고 몽둥이를 끌며 마을을 돌아다니며 민인民人들을 매질하고 노인들을 결박하여 재산과 가축을 남기지 않고 약탈해 갔다. 또한 제 마음대로 법을 해석하여 해마다 1필의 이자를 혹 8·9석, 1석의 이자를 혹 5·6석을 받았다. 이는 고려 이래 미곡포화米穀布貨를 강제로 서민에게 대부하여 고리高利를 취하는 일종의 '번동反同' 행위였다.[77]

그때 학열의 위세는 실로 대단하여 강원감사가 도내에 입경入境하면 반드시 학열을 먼저 방문하였고, 수령은 매일 1회씩 문후할 정도였다. 그러나 궁궐은 깊고 멀어 어리석은 백성들은 상달上達한 길이 없어 가슴을 치고 애통해

---

77 "놀고 먹는 승려와 무뢰배들이 불사를 핑계하고서 함부로 권세 있는 사람의 서장을 받아서 주군에 간청하여 백성들에게 한 말[斗]의 쌀과 한 자[尺]의 베를 빌려주고는 한 섬[飯石]이나 한 길[尋丈]로 거둬들이는 것을 번동이라고 한다[遊手之僧 無賴之人 托爲佛事 冒受權勢書狀 干謁州郡 借民斗米尺布 斂以飯石尋丈 號曰反同]"(『태조실록』권1, 총서). "혹은 어염·잡물 같은 것으로 나누어 계산하여 거두는 것, 혹은 포화를 주고 이자를 받는 것을 시속에서 모두 번동이라 이른다[或以如魚鹽雜物分給而計收 或給布貨而取息 俗皆謂之反同]"(『세조실록』권5, 2년 11월 기축).

하며 울면서 원망하고 있었다. 당시 시골에서의 논의論議와 거리에서 오가는 말들이 한결같은데, "국가에서 간사함을 쫓아내는 것을 의심하지 말고 악惡을 없애는데, 힘써 일개의 사신使臣 한 사람을 보내어 중의 머리 하나를 벤다면 우리는 당분간 그 고기를 먹겠다"고 하였다. 이는 이들의 원망함이 극심하여 비통한 마음에서 나온 말이었다.

공은 유사有司에게 명을 내려 학열의 머리를 베고 백성의 소망에 보답하고, 제방의 땅은 다시 물을 가두어 백성의 땅으로 하여 경작하도록 하락하여 주고, 염양사艶陽寺[78]에서 백성들에게 모아들인 곡식은 주창州倉에 수납하여 군수軍需에 충당한다면 인심이 화합되고 천지도 화답하여 이에 따를 것이라고 하였다. 그러나 공이 올린 상소에 대한 왕의 비답批答은 없었다.[79]

공은 금란반월회金蘭半月會의 글을 엮어 만들었는데, 후인後人이 그것을 베껴 쓰고 그림과 목록을 작성하여 보배처럼 간직하였다. 금란반월회는 세조 12년(1466) 음력 9월 9일 강릉지역 유학자들을 중심으로 결성된 계회契會이다. 회원은 공을 비롯하여 최옥연崔玉淵, 심가보沈家甫, 김이겸金爾兼, 전장손全長孫, 김지金墀, 김대金臺, 최자점崔自霑, 박영정朴永禎, 최렴崔濂, 전이全彝, 김진석金晋錫, 최여림崔汝霖, 박문화朴文華, 김윤신金潤身, 박시문朴始文 등 모두 16인이었다. 이들은 천지일월天地日月에게 혈맹의 우의로서 다같이 맹세할 것을 약속하고, 또 '맹약오장盟約五章'을 만들어 영원히 우의를 돈독히 할 것

---

78 강릉부 북쪽 3리에 위치한 화부산에 있던 절.

79 이를 유중불보(留中不報)라고 한다. 이는 신하가 올린 상소나 봉사(封事)·상서(上書)의 내용이 임금의 마음에 맞지 않을 때, 그 일에 대한 답을 내리지 않기 위하여 임금이 글 등을 궁중에 머물러 두고 윤허하지 않는 것을 말한다. "무릇 신민의 소장이 올라오면 3일을 넘기지 아니하고 반드시 정원에 내려보내야 한다. 만일 비사(批辭)가 없고 계(啓)자만 찍어 내릴 경우에는 승지가 소장에서 말한 내용을 혹 해사(該司)에 내려 복의(覆議)하게도 하고 혹 소청을 윤허하면 성지(聖旨)를 받들기도 하는 것이 곧 규례이다. 만일 계(啓)자를 찍지 않고 내리면 정원이 원각(院閣)에 간직하는데 사관(史官)이 취하여 일기(日記)에 채록(採錄)하고 채록할 만한 것이 없으면 그대로 두는데, 유중불보(留中不報)라 하는 것이 이것이다"(『선조수정실록』권21, 20년 12월 을묘조).

을 규정하였다. 그 내용은 다음과 같다.

> 첫째는 길한 일을 경축하고 흉한 일을 조문하며[吉凶慶弔]
>
> 둘째는 좋은 날을 가려 경사經史를 강론하고 우의를 다지며[良辰講好]
>
> 셋째는 허물이 있을 때는 면대面對하여 책망責望하며[過惡面責]
>
> 넷째는 맹약을 어길 경우에는 벌금을 받으며[忤令贖金]
>
> 다섯째는 고의로 나쁜 행위를 했을 때는 제적除籍한다[故行削籍].

2) 최수 사후의 추모사업

공은 성종 3년(1472)에 진잠현감鎭岑縣監[80]으로 부임하였으나 얼마 안 되어 병을 얻어 31세에 세상을 떠났다. 공은 숙종 8년(1682) 강릉향현사에 배향되었다. 공의 묘소는 강릉시 장현 저수지 근처 선영先塋의 묘역에 있다. 공의 비문碑文은 이삼현李參鉉[81]이 지었는데, 그 대략에

---

80 현 대전광역시 유성구 일대에 있던 군현. 백제 때는 진현현(眞峴縣)이라 하다가 경덕왕 16년(757)에 진령현(鎭嶺縣)으로 개칭, 황산군(黃山郡 : 連山)의 영현이 되었다. 고려초에 진잠현으로 개칭되고, 현종 9년(1018)의 행정구역 개편 때 공주의 속현으로 병합되었다가 뒤에 감무(監務)를 두어 독립했다. 조선초의 군현제 개편으로 태종 13년(1413)에 진잠현이 되어 조선시대 동안 유지되었다.

81 순조 7년(1807)~?. 조선 후기의 문신으로 본관은 용인(龍仁), 자는 태경(台卿), 호는 종산(鐘山)이다. 순조 34년(1834) 사마시에 입격하고, 헌종 7년(1841) 정시문과에 병과로 급제하여 이듬해 홍문관주서가 되었다. 철종 원년(1850) 평안도 암행어사(暗行御史)로 내려가서 민정을 살피고 탐관오리를 징계하여 국권의 위엄을 보였다. 철종 6년(1855) 좌부승지가 되었으나 대사헌 이경재(李經在)와의 논쟁 때문에 반대파의 탄핵을 받아 삭직되었다. 철종 11년(1860) 다시 기용되어 대사성이 되었고, 철종 13년(1862) 진주에서 민란이 일어났을 때 경상도선무사(慶尙道宣撫使)가 되어 영남지방의 민심을 수습하고 관련된 관리들을 징치하였다. 고종 원년(1864) 함흥부안핵사(咸興府按覈使)가 되어 흉흉한 북방의 민심을 수습하였고, 이듬해 예조판서가 되었다. 저서로는 『종산집』이 있다.

하늘과 땅 사이의 순수하고 강건하며 지극히 바른 기운이 사람에게 모여 발한다. 말을 하나 위세威勢와 무력武力에도 굴하지 않고 화복禍福에도 흔들리지 않는 자가 있으니, 천백세千百歲에 한 사람뿐이다. 세조가 선위禪位를 받을 때 조야朝野의 신하들이 두려워하여 감히 말을 못했으나, 공은 직언直言으로 항의抗議를 하였으니 그 열렬한 기개氣槪를 이루 헤아릴 수 없도다. 공의 충성忠誠과 곧은 마음은 사육신死六臣에 비교해도 부끄러움이 없도다. 요승 학열이 남의 마음을 미혹하도록 선동煽動하여도 조정에서는 잘못됨을 말도 못할 때 의연毅然이 상소를 올렸으니 한문공韓文公의 불골표佛骨表[82]와 서로 막상막하라 하겠다.

장현동에는 공과 관련 있는 유적으로 송파정松波亭과 재실인 영사재永思齋가 있다. 송파정은 1946년 강릉최씨 종중 입지계에서 선조 추모와 문중 회합의 장소로 활용하기 위해 세운 정자로, 장현저수지 근처의 송현松峴에 있다.

---

82 한유(韓愈)가 올린 배불(排佛)의 표문(表文)이다. 당 헌종(唐憲宗) 14년(819)에 봉상현(鳳翔縣) 법문사(法門寺)의 호국진신탑(護國眞身塔) 안에 있는 석가문불(釋迦文佛)의 손가락 뼈 한 마디를 상(上)이 중사(中使) 두영기(杜英奇)를 시켜 궁인(宮人)과 향화(香花)를 가지고 임호역(臨皞驛)에 가서 맞아 오게 했는데, 한유가 소(疏)를 올려 그 부당함을 말한 것이다.

8. 이성무李成茂

1) 이성무의 생애

이성무의 본관은 영해寧海, 자는 성시聖始, 호는 눌재訥齋이나 고을 사람들이 백원당百原堂이라 불렀다. 영해이씨는 영해의 토성土姓이다. 영해는 본래 삼한시대에 우시산국于尸山國이었으나 탈해왕 29년(79)에 신라가 멸망시키고 우시군于尸郡을 두었다. 신라의 삼국통일 후 경덕왕 16년(757)에 유린군有隣郡으로 개칭했다. 고려 태조 23년(940)에 예주군禮州郡이 되었으며, 현종 때에는 방어사를 두었다. 고종 46년(1259)에 위사공신衛社功臣 박송비朴松庇의 내향이라 하여 덕원소도호부德原小都護府로 승격된 뒤 다시 예주목禮州牧으로 승격되었다가 충선왕 2년(1310)에 전국의 목牧을 없앰에 따라 영해부寧海府로 강등되었다. 조선 태조 6년(1397) 이곳에 진영鎭營을 설치하여 병마사가 부사를 겸하게 하였고, 태종 13년(1413)에 진을 없애고 영해도호부로 바꾸어 조선시대 동안 유지되었다.

영해이씨의 시조는 이연동李延東이다. 그는 신라 때 사도司徒를 지낸 전주이씨全州李氏 이입전李立全의 후손이라고 한다. 이연동이 나라에 공을 세워 영해군寧海君에 봉해지자 그 자손이 본관을 영해로 삼아서 지금에 이르고 있다.

이성무의 부친은 장밀長密이고, 모친은 강릉최씨로 호장戶長을 지낸 최하

崔河의 딸이다. 장밀은 고려말 봉익대부奉翊大夫 호부전서戶部典書[83]를 지냈는데, 고려의 국운이 다하자 충신은 두 임금을 섬기지 않는다는 '불사이군不事二君'의 대의大義를 지켜야 한다는 신념으로 처가가 있는 강릉으로 퇴거退居하였다. 장밀은 슬하에 성무·선무善茂·춘무春茂·양무良茂 네 아들을 두었다.

이성무는 강릉 호가리虎街里(지금의 옥천동)에서 태어났다. 공은 아우들과 함께 우애가 매우 돈독하고 효성이 지극하니 모든 사람이 탄복하여 사난四難이라 일컬었다. 그 4형제의 효성과 우애가 난형난제難兄難弟였기에 이렇게 일렀다.

공이 일찍이 여러 아우에게 말하기를, "옛날 장공예張公藝[84]는 9세가 함께 살았다. 이제 우리 형제는 같은 집에서도 함께 살지 못하니 어찌 감히 마음이 즐겁다 하겠는가?" 하고 집 한 채를 지으니 그 법도에 조리條理가 있었다. 그리하여 식사 때에도 같이하고, 잠자리에서도 이부자리를 함께 하며 잠시라도 부모 곁을 떠나지 않고 정성을 다해 봉양하였다. 또한 스스로 이르기를 "내가 어버이를 섬기는데 사랑과 공경으로 다하지 못하지만, 내 아우 셋이 그 힘을 다하여 봉양함에 힘입어 내가 안심이 된다. 옛날 사마우司馬牛[85]는 형제가 없

---

83 고려후기 호구(戶口)·공부(貢賦)·전량(錢糧)에 관한 일을 관장하던 관서. 충렬왕 원년(1275) 원나라의 간섭으로 상서육부(尙書六部)의 하나인 상서호부(尙書戶部)를 판도사(版圖司)로 고친 바 있으나 충렬왕 28년(1298) 다시 민조(民曹)로 고쳤다. 충렬왕 38년(1308) 다시 민부(民部)로 고쳤다. 관원으로는 전서(典書), 그 아래 의랑(議郎)·직랑(直郎)·산랑(散郎)을 두었다. 이 민부는 뒤이어 판도사로 고쳤다가 공민왕 5년(1356) 문종 때의 구제(舊制)에 따라 다시 호부로 고쳤다.

84 중국 운주(鄆州) 수장(壽張) 사람으로 북제(北齊), 북주(北周), 수(隋), 당(唐)나라에 걸쳐 99세 동안 장수하고, 한 집에서 9세가 화목하게 같이 살았다는 구세동거(九世同居) 고사의 주인공이다. 『구당서』권188, 열전에 따르면 다음과 같은 이야기가 있다. "운주 수장 사람 장공예는 9세가 동거하였다. 북제 때 동안왕(東安王) 고종(高宗)이 태산(泰山)에 일을 보고 돌아가는 중에 운주에 들르게 되었는데, 장공예의 집을 방문하여 9세가 같이 살 수 있는 비법을 물었다. 그러자 공예는 참을 인(忍) 자 100여 자를 쓴 것을 보여주며 답했다고 한다. 고종이 이에 감격하여 비단을 하사하였다." 여기서 '참는 것이 덕이 된다[忍之爲德]'라는 말이 나왔다.

85 공자의 제자로 춘추시대 송(宋)나라 사람. 『논어』 「안연(顔淵)」에 "사마우가 근심하기를, 남들은 다 형제가 있는데 나만 홀로 없습니다."라고 하자, 자하(子夏)가 말하기를 "제가 듣기를 남에게 공손하고 예(禮)가 있으면 온 천하 안이 다 형제이니, 어찌 군자가 형제 없음을 한탄하겠습니까?[司馬

이성무의 가계도

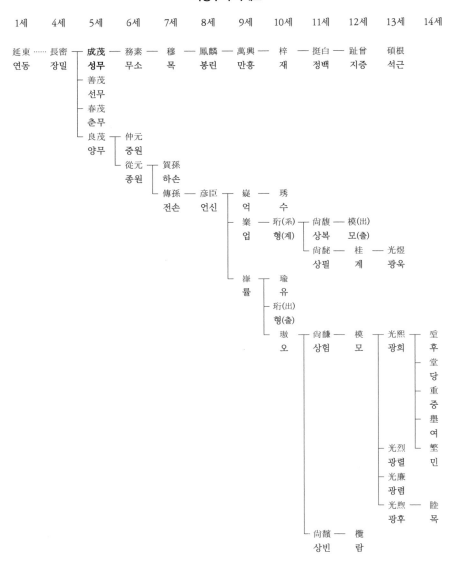

1세	4세	5세	6세	7세	8세	9세	10세	11세	12세	13세	14세
延東 연동	…… 長密 장밀	成茂 **성무**	務素 무소	穆 목	鳳麟 봉린	萬興 만흥	梓 재	挺白 정백	趾曾 지증	碩根 석근	

善茂
선무

春茂
춘무

良茂
양무 ── 仲元
중원

從元
종원 ── 賀孫
하손

傳孫
전손 ── 彥臣
언신 ── 嶷
억 ── 琇
수

業
업 ── 珩(系)
형(계) ── 尙馥
상복 ── 模(出)
모(출)

尙馝
상필 ── 桂
계 ── 光煜
광욱

聿
률 ── 瑜
유

珩(出)
형(출)

璈
오 ── 尙馣
상험 ── 模
모 ── 光熙
광희 ── 垕
후
堂
당
重
중
舉
여
擎
민

光烈
광렬

光廉
광렴

光煦
광후 ── 睦
목

尙馣
상빈 ── 欖
람

牛憂曰 人皆有兄弟 我獨亡 子夏曰 商聞之矣 死生有命 富貴在天 君子敬而無失 與人恭而有禮 四海之內皆兄弟也 君子何患乎無兄弟也]"라고 한 말에서 나온 고사이다.

어 외로움을 근심하였으나, 나는 형제가 있어 외롭지 않아 기쁘다"고 하였다.

공은 일찍이 스스로 경서經書와 사서史書를 폭넓게 익히고 의리義理를 쫓았으며, 그 밖의 일은 문장에 힘쓰고 과거는 한 번도 응시하지 않았다. 그러나 강가의 송어나 연어라도 임금에게 진상進上[86]하기 전에는 감히 먼저 맛보지 않았고, 나라의 제삿날에는 어버이 제사와 같이 정성껏 행하였다.

부친상을 당해서는 3년 동안 여묘살이하며 의대衣帶를 벗지 않고 지성으로 예를 다하였다. 부친 사후에는 어머니를 모시는데 효성을 다하여 봉양하였다. 어머니가 79세에 임하여 병상에 눕게 되자, 공은 아우들과 함께 향을 피우고 하늘에 빌기를 "자식으로서 어머니의 목숨을 대신하게 해 달라"고 기

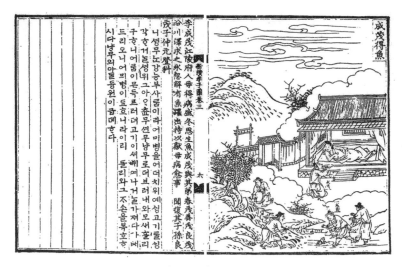

『동국신속삼강행실도』에 실린 성무득어(成茂得漁)

---

86 진상은 각도관찰사, 병마·수군절제사를 위시한 지방장관이 국왕에게 봉상(奉上)하는 예물(禮物)
　　또는 봉상하는 행위를 가리킴. 진상물은 이들 지방장관이 관하 각관(各官)에 부과하여 이를 마련
　　한 다음, 군수(郡守)·현감(縣監) 중에서 차사원(差使員)을 선정하여 물목(物目)과 수량을 사옹원
　　(司饔院)에 상납하였다. 진상의 종류에는 물선진상(朔望進上, 別膳, 日次物膳 및 到界, 瓜遞進
　　上) 방물진상(明日方物, 行幸·講武方物), 제향(祭享)진상, 약재(藥材)진상, 응자(鷹子)진상, 별례
　　(別例)진상 등이 있었다.

원하였더니, 잠시 후에 어머니가 갑자기 깨어나서 말하기를 "꿈에 어떤 사람이 나에게 이르기를 '부인의 네 아들의 효성이 이와 같으니, 하늘이 장차 높은 벼슬로써 갚고, 또한 부인의 수명을 더할 것이오'라고 하였다"고 했다. 얼마 후 어머니가 잉어회가 먹고 싶다고 하였다. 그러나 때는 추운 겨울이라 잉어를 구할 길이 없었다. 공이 세 아우와 함께 행여나 잉어를 얻을까 하여 냇가에 나갔으나, 얼음이 돌과 같이 얼어 있었다. 얼음을 두드리면서 하늘에 우러러 말하기를 "하늘이여! 하늘이여! 원하건대 잉어 한 마리를 어머님의 병환을 낫게 해 주소서" 하니, 얼음이 갑자기 저절로 갈라지면서 두 마리의 잉어가 뛰어나왔다. 그것을 가져다 어머니에게 드렸더니 병환이 씻은 듯이 나았다.

마을 사람들이 감탄하여 말하기를 "이 사람의 효성은 하늘이 낸 것이다"라 하였다. 그 소문이 원근遠近에 전파되어 궁궐에까지 알려져서 태종 17년(1417)에 4형제에게 정려旌閭를 내리고, 4형제에게 사정司正 벼슬을 제수하고 그 자손에게 복호復戶[87]하였다. 또한 공에게 사헌부 감찰司憲府監察[88] 벼슬을 특별히 제수하니, 공이 탄식하며 말하기를 "천은天恩을 외람되이 받으니 마음에 부끄러울 뿐입니다. 지난번 잉어를 얻은 것은 실로 우연한 일이고, 내가 효성과 우애가 부족함이 사실인데 포상襃賞이 이와 같으니, 정情에 넘치는 부끄러움이 이보다 더할 수 없습니다" 하고 끝내 벼슬길에 나아가지 않았다.

태종 임금이 이 말을 듣고 "옛날에 왕상王祥[89]이 어머니 병환에 얼음을 두

---

87 조선시대 호(戶)에 부과한 요역(徭役)을 국가에서 특별히 면제해 주는 것을 말함. 그 대상은 충·효·열로 정표(旌表)된 사람, 80세 이상의 노인, 70세 이상의 2품직을 지내고 고향에 물러가 있는 사람, 공무로 죽은 사람, 향화인(向化人) 등이었다.

88 종6품 관직으로 관리들의 비위 규찰, 재정 부문의 회계 감사, 의례 행사 때의 의전 감독 등 감찰 실무를 담당하였다.

89 중국 24효(孝) 중의 한 사람으로, 자는 휴징(休徵), 시호는 원(元), 임기(臨沂) 사람이다. 자기에게 잔인하게 대하는 계모를 지극한 효성으로 봉양했다. 계모는 산 물고기 먹기를 좋아했다. 한번은 겨울에 계모에게 잉어를 대접하기 위해 강에 내려가 얼음을 깨려고 하자 얼음이 절로 벌어져 한 쌍의 잉어가 뛰어 나왔다는 것이다. 그 밖에도 몇 가지 일화가 있다. 시에 나오는 당리(棠梨) 운운한 것

드리어 물고기가 뛰어올랐거늘, 지금 성무 형제가 또한 그러하니 앞의 효와 뒤의 효는 하늘과 땅에 함께 본보기가 되어 탄복하여 눈물이 흐르는 것을 깨닫지 못하겠노라" 하며 특별히 삼강행실시三綱行實詩 2수首를 내렸다.

팔질자친와의상八耋慈親臥蟻床　팔십 늙으신 어머니 병상에 누워서

경시무물구감상經時無物口堪嘗　철이 지나 없는 물고기 먹고 싶다네.

가련사자고빙읍可憐四子敲氷泣　가련한 네 아들 얼음 두드리며 슬피 우니

발발금린작사상發發金鱗斫似霜　펄펄 뛰는 금비늘이 서릿발 같구려.

천인상감리분명天人相感理分明　하늘과 사람이 서로 감응한 것 분명하고

만고동연재일성萬古同然在一誠　만고에 같은 것은 지극한 효성뿐이네.

근일명주소식호近日溟州消息好　근일 명주에 좋은 소식 있으니

왕상기독천명성王祥豈獨擅名聲　왕상이 어찌 혼자만의 명성을 차지하랴.

임금의 칭찬이 이와 같이 극진하니 모든 사람이 다같이 부러워하여 "이씨 일문一門에 네 왕상王祥이 태어났으니, 참으로 천고千古에 드문 일이다"라고 하였다.

공은 부모에게 효도하고 형제간에 우애하는 일 외에는 항상 수신修身과 제가齊家의 도道에 마음을 두었다. 일찍이 소자邵子[90]의 말을 되새기며 말하기를

입으로 말하는 것은 몸으로 행하는 것보다 못하고, 몸으로 행하는 것은 마음

은 그의 계모가 팥배나무의 열매를 지키라고 하여, 그는 비바람이 칠 때마다 그 나무를 부둥켜 안고 울었다는 것이다.

90　중국 송(宋)나라의 학자·시인. 호는 안락선생(安樂先生), 자는 요부(堯夫), 시호는 강절(康節)이다. 소강절(邵康節)이라 불릴 때도 많다. 이정지(李挺之)에게서 도가(道家)의 학문을 배웠고 상수학(象數學)을 정립하여 역학(易學)의 대가가 되었다. 대표적인 저서로 『황극경세서(皇極經世書)』가 있다.

으로 정성을 다하는 것만 못하다. 입으로 말하는 것은 사람이 들을 수 있고, 몸으로 행하는 것은 사람이 볼 수 있으며, 마음으로 정성을 다하는 것은 신神이 알 수 있다. 사람의 총명한 것도 속일 수가 없는데, 하물며 신의 총명한 것이야 말할 것이 있겠는가? 그러므로 입에 부끄럽지 않은 것은 몸에 부끄럽지 않은 것만 못하고, 몸에 부끄럽지 않은 것은 마음에 부끄럽지 않은 것만 못하다. 아름답도다. 말이여! 내가 마음으로 그것을 다 할 수 없으니 어찌 마음에 부끄러움이 없겠는가? 내가 몸으로 그것을 행하지 않으니 어찌 몸에 부끄러움이 없겠는가? 또한 입으로 그것을 말할 수 있으니 어찌 입이 부끄럽다 하지 않겠는가? 차라리 말을 더듬어서 입을 둔하게 하는 것이 말하는 것보다 나을 것이다.

라 하고, '눌訥'이라는 글자 하나를 골라 자호自號로 삼았다.

숙종 32년(1706)에는 양무의 후손인 이당李堂과 이민李鑿 형제에게 효자정려를 내렸다. 이들 형제는 어려서부터 효성이 지극하였다. 어머니의 병이 위독하자 이당은 하늘에 호소하며 손가락을 끊었고, 아우 이민은 겨우 15세였으나 몰래 자신의 넓적다리를 베어 피를 내어 입에 흘려 넣어서 어머니의 병을 갑자기 소생하게 하였다. 다시 위독하여 끝내 구할 수 없는 지경에 이르자 형 당은 피눈물을 흘리며 음식을 끊고 어머니를 따라 죽었다. 아우 민은 아버지의 병이 위독하자 한겨울에 언 얼음을 깨고 목욕재계 후 밤낮으로 7일 동안 울면서 하늘에 기도하였다. 손가락을 깨물어 뼈가 드러나도록 피를 내어 아버지의 입에 흘려 넣어드렸더니 아버지의 병이 또한 소생하였다. 그러나 다시 병이 심해져 아버지가 세상을 떠나자, 민은 상喪을 당한 지 열흘 남짓 만에 끝내 숨지고 말았다. 부모를 극진히 섬기는 효심에서 나온 이들 형제의 이 같은 행위에 대해 모두들 슬퍼하였다고 한다.

조선왕조는 삼강과 오륜을 바탕으로 한 유교적 풍속교화를 위하여 효자·

충신·열녀 등 행적이 있는 자에게 사회적 신분의 고하, 귀천, 남녀를 막론하고 그들이 살던 동네에 붉은 칠을 한 정문旌門을 세워 표창하고 국가적으로 정표旌表하여 귀감이 되게 했다. 조선왕조의 정려정책은 태조 원년(1392) 7월에 그 방침을 밝힌 이래 계속되었다.

조선초기의 정려정책은 고려의 충신忠臣·효자孝子·순손順孫·의부義夫·절부節婦 등에 대한 것을 그대로 계승하면서 더욱 강화되었다. 그래서 역대 왕들은 즉위하면 반드시 충신·효자·의부·절부에 대해 각 지방에서 보고하도록 하여 그 대상자는 문려門閭를 세워 정표하고 그 집의 요역徭役을 면제하게 하였으며, 또 일부 사람들은 그 행적에 따라 상직賞職 또는 상물賞物을 하사하기도 하였다. 따라서 사족士族의 경우는 가문의 명예였으며, 공사노비公私奴婢의 경우는 면천免賤하여 신분상승을 가능하게 하는 등 실제 생활에 이익을 주어 후손들로 하여금 본받도록 하였다.

정표자들의 사례는 많은 사람들을 감동시키고 교화의 일익을 담당함으로써 유교적 인간상을 정립하는 데 중요한 구실을 하였다. 특히, 임진왜란·병자호란 중에 삼강의 행실이 뛰어난 효자·충신·열녀의 수는 평시보다 몇 배나 더 많았다. 국가에서는 이들을 정려·정문·복호 등으로 포상함으로써 민심을 격려하고자 하였다. 그러나 어떤 면에서는 수상을 목적으로 하는 자도 있어 정표자의 진위문제가 자주 논의되기도 하였다. 정려·정문의 유적은 지금까지 잘 보존되고 있는 곳이 많다.

2) 이성무 사후의 추모사업

공은 영조 35년(1759) 강릉 향현사에 배향되었다. 공의 묘가 전하지 않아

단壇을 위촌리渭村里 선산先山에 설치하고 1년에 한 번 제사를 지낸다. 그리고 정려각旌閭閣은 성곡聲谷으로부터 시내 용강동으로 이건移建하였다가, 후에 또 군정교郡丁橋 옆으로 옮기고 '영해이씨 2세6효지려寧海李氏二世六孝之閭'라 새겨 현판懸板을 걸었다.

정려각 안에는 이성무 4형제와 이당 형제의 효행을 기리는 6기의 비석이 나란히 세워져 있다. 이성무 4형제의 행적을 적은 「사효행적四孝行蹟」과 효자 각 중수 사실을 적은 「사효행적중수기四孝行蹟重修記」, 이당·이민 형제의 효행을 기록한 「이효행적二孝行蹟」이 있다.

공의 외종증손인 삼가三可 박선생(박수량)이 효성孝誠으로 생시生時에 정려旌閭를 받았고, 삼가 선생의 조카 농헌聾軒 박선생(박억추) 또한 효성으로 정려를 받았으며, 삼가 선생의 외외손인 배연수裵延壽 또한 효성으로 정려를 받았다. 세상 사람들이 말하기를 "배씨의 효는 박씨에서 나왔고, 박씨의 효는 이씨에서 나왔으며, 이씨의 효는 또 배씨에서 나왔으니 내외 효자 13인이 공으로부터 시작된 것이다"라고 하였다.

영해이씨 2세6효지려

9. 김담金譚

1) 김담의 생애

김담은 주원周元의 25손이고 부정공파의 파조 경생慶生의 7세손으로 자는 담지譚之, 호는 보진재葆眞齋이다. 부친은 부장部將을 지낸 광복光輻이고, 모친은 삼척심씨로 군수郡守를 지낸 희전希佺의 딸이다.

김담의 가계도

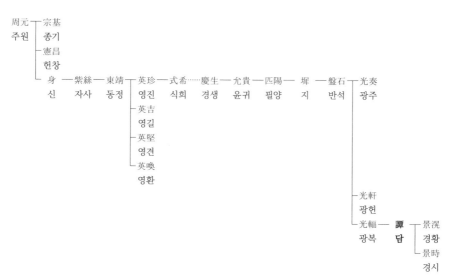

공은 중종 34년(1539) 18세 때 초시初試에 입격하고, 예위禮闡[91]에 나갈 때에 한 중국인이 공의 관상을 보고 "골상骨相은 매우 귀하나 그 귀함이 반드시 수명壽命에 방해가 될 것이다"고 하였다. 이 말을 들은 공은 "내가 만약 일찍 죽으면 누가 부모님을 봉양하겠는가?" 하고 과거에 응시하는 일을 그만두고 돌아와 오직 부모님을 봉양하는 데 힘썼다.

공은 맛있는 음식을 손수 만들어서 아침저녁으로 곁에 모시기를 40여 년을 조금도 게을리하지 않았다. 부친이 병이 났을 때는 대변을 맛보기도 하였고, 아침저녁으로 북두칠성에게 기도하며 자신의 목숨을 부친의 것과 대신하기를 바랐다.

부친상을 당해서는 애통한 마음으로 예禮를 다해 모시었고, 제상祭床에 술잔을 올리면 술을 마신 것처럼 술잔이 저절로 말랐다. 3년 동안 여묘살이를 하며 죽만 먹었고, 하도 울어 눈에서 피가 나와 눈병이 심해 눈이 안 보이게 되었다. 그러자 아들 경황景滉과 경시景時가 지성으로 약을 구하러 다녔다. 그러던 중 공중에서 홀연히 신神이 말하기를 "3년 묵은 간장 세 말을 복용하라"는 소리가 들려왔다. 마을에서 이 소문을 하루가 가기 전에 1석을 보내와 복용하니, 눈병이 씻은 듯이 나았다.

또 묘 앞에 석물을 놓으려고 할 때 돌이 너무 견고하여 정釘으로 때려도 깰 수가 없었다. 공이 돌을 향해 절을 하며 곡哭을 하였더니, 그날 밤 벼락과 천둥이 쳤다. 다음날 아침에 가서 보니 돌이 먹줄을 쳐 깎은 듯이 스스로 갈라져 있었다. 사람들이 "효성이 지극하여 하늘이 감동하여 생긴 것이다"라고 하였다. 묘지 뒤 한 구덩이에 벼락을 맞은 바위가 반쯤 갈라져서 우뚝 서 있는

---

91 과거의 복시(覆試) 또는 그 복시를 보이는 장소를 말함. 예조에서 주관하기 때문에 붙여진 이름이다. '예위(禮闈)'라고도 한다.

데, 이것이 바로 '감천암感天巖'이다. 3년상을 마친 후에도 삭망전朔望奠[92]을 상설하여 아침저녁으로 사당에 배알하였다.

인종·명종의 국상을 당했을 때는 마음으로 3년 의식儀式을 다하고 채식菜食을 하면서 추모하였고, 친척이나 친구의 상을 당하면 성심으로 실행하였다. 공의 종가가 실화失火로 인해 의탁할 곳이 없게 되자 공이 별묘別廟를 지어 임시로 제사를 받들게 하고, 위토位土를 종가宗家에 맡겨 생계를 유지할 수 있게 하여 30여 년이 지나 종가의 살림이 융성하게 되자 제사를 주관케 하였다.

강릉부사가 이를 알고 여러 차례 공의 충효忠孝를 관찰사에게 천거하여 조정에 아뢰어 복호復戶하고 상직賞職을 내렸다. 두 번이나 부름을 받았으나 어머니를 봉양할 수 없다는 이유를 들어 사양하고 나아가지 않았다. 선조 4년(1571) 여름에 양사언楊士彦[93]이 강릉부사로 부임하여 먼저 충효忠孝와 덕행德行이 있는 사람을 찾으니, 사람들마다 "효자 김담은 육행六行[94]을 구비한 사람이다"고 하였다. 이에 자세한 사실을 물으니 사람들은 "효자 김담은 부모에게 효도하고, 형제간에 우애가 깊었으며, 이웃 친척과 화목하게 지냈다"고 대답하였다. 홀어머니를 봉양함에 있어 정성이 지극하고 아름다워 고인古人의 자취에서 찾아보아도 또한 그와 같은 예는 드물었다고 하였다. 양사언이 또다

---

92 고인의 장례가 끝나면 집 안에 상청을 설치하여 2년 뒤 대상(大祥)을 치를 때까지 신주를 모시고 매월 초하루와 보름에 지내는 제사를 말함. 삭망전에는 일헌(一獻)만 올린다.

93 중종 12년(1517)~선조 17년(1584). 조선전기의 문신·서예가. 본관은 청주(淸州), 자는 응빙(應聘), 호는 봉래(蓬萊)·완구(完邱)·창해(滄海)·해객(海客)이다. 명종 원년(1546) 식년문과에 병과로 급제하여 대동승(大同丞)을 거쳐 삼등현감(三登縣監)·평창군수·강릉부사·함흥부사·철원군수·회양군수를 지내는 등 지방관을 자청하였다. 자연을 즐겨 회양군수 때 금강산 만폭동 바위에 '봉래풍악원화동천(蓬萊楓嶽元化洞天)' 8자를 새겼는데 지금도 남아 있다. 안변군수로 재임 중 익조(翼祖)의 무덤인 지릉(智陵)의 화재사건에 책임을 지고 귀양갔다가, 2년 뒤 풀려나오는 길에 병사하였다. 시(詩)와 글씨에 모두 능하였는데, 특히 초서(草書)와 큰 글자를 잘 써서 안평대군(安平大君)·김구(金絿)·한호(韓濩) 등과 함께 조선전기의 4대 서예가로 불렸다.

94 부모에게 효도하고[孝], 형제간에 우애하고[友], 친척 간에 화목하고[睦], 인척간에 정분이 도탑고[婣], 친구 간에 신의가 있고[任], 불쌍한 이를 구휼하는[恤] 여섯 가지의 선행을 말함(『周禮』, 地官 大司徒).

시 공을 조정에 천거하였으나 끝내 나아가지 않았다.

때마침 진부면과 대화면에 가뭄과 황충蝗虫이 심하여 민심이 흉흉해지자, 양부사가 억지로 간청하니 김담은 진부면에서 2년, 대화면에서 3년간 판관判官의 일을 대행하였다. 그로부터 황충이 날아들지 않았고 창고에는 곡식이 넘쳐흘렀다. 공이 판관의 직무를 수행한 지 6년이 되었을 때, 사람들은 "김효자가 고을을 다스리는데 먹줄을 그은 것처럼 차이가 없이 하여 백성들이 평안하였다"고 하였다. 양사언은 "하늘이 효자를 먼저 알고 이 효자를 도왔다"고 술회하고 있다.

그때 이조吏曹에서 임금께 아뢰어 벼슬을 맡을 만한 인재가 있으면 천거하라는 명이 있었다. 양사언이 김담을 첫 번째로 천거하니, 어떤 사람이 말하기를 "지금은 천거한 사람이 벼슬길로 많이 나가는데, 김담은 비록 효자이기는 하나 유학幼學[95] 신분이니 어떠합니까?"라고 하였다. 이에 대해 양사언은 "효라는 것은 백행百行의 근원"이라고 하면서, "효자에 대한 행실을 알아 그 재주를 시험하고 나서 훌륭한 인재를 천거하는 장계를 올리지 않는다면, 장차 현인賢人을 숨겼다는 죄를 받게 될 것이다. 신하로서 임금이 주는 녹을 먹으면서 어찌 차마 이렇게 할 수 있으리오?" 하니, 사람들이 옳은 말이라고 하였다. 양사언은 임기가 차 돌아가게 되자, 위와 같은 사실을 칠언절구 다섯 편을 지어 이별의 회포를 대신하였다.

　　일령원부역곡해一嶺遠浮暘谷海　하나의 고개가 멀리 동쪽 바다에 있고

95　벼슬을 하지 않은 유생(儒生)을 이르던 말. 대개는 소과(小科)의 응시자를 유학이라 하였는데, 소과의 응시자는 물론 벼슬을 아니한 백수(白首)를 나이에 관계없이 유학이라 했다. 『대전회통(大典會通)』에 따르면 조선중기 이후에는 매년 정월에 40세 이상된 유학으로서 재능과 행실이 뛰어난 사람을 고을 사람들이 보증 추천하였으며, 수령이 이를 관찰사에 보고하면 관찰사는 그 추천된 사람의 명단을 작성, 중앙에 천망(薦望)하여 이들의 벼슬길을 열었다.

오운심쇄봉황지 五雲深鎖鳳凰池 　오색 구름이 몇 겹으로 봉황지⁹⁶를 에워 쌓네.

인군당문김생효 仁君倘問金生孝 　어진 임금께서 효자 김담을 물으신다면

지재배건석렬시 只在杯乾石裂時 　잔술이 마르고 돌깨짐을 낱낱이 아뢰리라.

이재속홍진부현 二載粟紅珍富縣 　2년만에 진부현에 조가 붉었고

삼년보합대화민 三年保合大和民 　3년만에 대화 백성이 보합⁹⁷하였네.

비황불입횡계령 飛蝗不入橫溪嶺 　날으는 황충은 횡계역에 들어오지 않았으니

천의선지혜효인 天意先知惠孝人 　하늘의 뜻이 효자에게 은혜준 것을 알겠도다.

수취군갱종불유 溲脆君羹終不遺 　취약한 곳 빠짐없이 그대 은혜 베풀었고

인교자모독무장 忍敎慈母獨無將 　홀로 계신 어머니 어이 효도하지 않았겠나.

구민공봉다여유 丘民供奉多餘裕 　시골 백성 도와서 풍족하게 되었으니

태수문래막감상 太守聞來莫敢嘗 　태수는 듣고 와서 맛보려 하지 않네.

연촌비옥회회수 連村比屋回回首 　옹기종기 모여 있는 집 있는 곳 돌아보니

석표홍정처처간 石表紅旌處處看 　효자 열녀 기린 문이 곳곳에 세워졌네.

수장륙행소래허 誰將六行昭來許 　그 누가 육행을 밝혀 놓았느냐?

비도사인역개관 碑到斯人亦改觀 　비석에 오르게 되면 다시 살펴보게 되리.

도화원리견주진 桃花源裏見朱陳 　무릉도원에서 주진 朱陳⁹⁸이 의좋게 사는 것을 보니

96　원래는 궁궐 안의 연못을 가리키는데, 뒤에 대궐 조정의 뜻으로 쓰이게 되었다.

97　『주역』 건괘(乾卦) 단사(彖辭)의 "하늘의 도가 변화함에 각각 성명을 바르게 하여 큰 화기를 보전케 해 준다[乾道變化 各正性命 保合大和]"라는 말을 압축하여 표현한 것이다.

98　당(唐)나라 때 주씨(朱氏)와 진씨(陳氏)가 한 마을에 살면서 대대로 통혼(通婚)을 하며 서로 화목하게 지냈다는 고사에서 온 말로, 곧 단란한 시골 마을을 비유한 말이다.

군자향중강오륜君子鄕中講五倫 군자들이 마을에서 오륜을 강론하네.

소살육년동각수笑殺六年東閣守 우습구나 6년 동안 동헌東軒을 지키고 있다가

내시공천일충신來時空薦一忠臣 돌아올 때 헛되이 충신 하나 천거했도다.

김담은 70세 때 모친상을 당했는데, 복상에서 슬퍼함이 이전의 부친상과 똑같았다. 공이 일찍이 말하기를, "내 평생에 세월을 헛되이 보내지 않았고, 세상을 원망하지도 않았다"고 하였다. 여러 번 은혜와 포상을 입어 동지중추부사同知中樞府事에 올랐다.

2) 김담 사후의 추모사업

선조 38년(1605)에 세상을 떠나니 향년 84세였다. 공의 묘는 강릉부 남쪽 송현松峴 선영先塋 북쪽 고을 자좌子坐 언덕에 있다. 공의 유훈遺訓은 가승家乘에 실려 전하고, 공의 행실은 광해군 때에 편찬한 『동국신속삼강행실도東國新續三綱行實圖』[99]에 수록되어 있다.

김담은 영조 35년(1759)에 이성무·박억추와 함께 강릉 향현사에 배향되었다. 공이 향현에 배향된 것은 공의 효행孝行이 이 고장에서 모범을 보였기 때문이라 생각된다. 그때 강릉에서 효자를 일컬을 때 남쪽에는 김담이요, 북쪽

---

99 광해군 9년(1617) 왕명에 의하여 홍문관 부제학 이성(李惺) 등이 편찬한 책. 원집 17권과 속부 1권으로 되어 있다. 원집 권1~8은 효자, 권9는 충신, 권10~17은 열녀에 대해 다루고 있으며, 속부는 『삼강행실도』·『속삼강행실도』에 실려 있는 동방인 72인을 취사하여 부록으로 싣고 있다. 이 책의 편찬은 특히 임진왜란을 통하여 체득한 귀중한 자아의식 및 도의정신의 토대 위에서 출발된 것으로 임진왜란 발발 이래의 효자·충신·열녀 등의 사실을 수록, 반포하여 민심을 격려하려는 취지를 가지고 있다. 제목에 나타나 있는 것처럼 그 소재나 내용이 우리나라에 국한되면서 그 권질(卷帙)이 방대하다는 특징을 가질 뿐 아니라, 계급과 성별의 차별 없이 천인계급의 인물이라 하더라도 행실이 뛰어난 자는 모두 망라하였다는 의의를 가지고 있다.

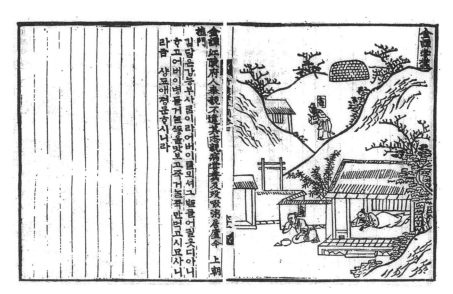

『동국신속삼강행실도』에 실린 김담상분(金譚嘗糞)

에는 배연수裵延壽라고 하였다. 김담의 효성은 아침저녁으로 올린 술잔이 마르고 묘의 석물이 먹줄대로 갈라지는 기이한 일이 있었으며, 배연수의 효성은 두 번에 걸쳐 고기가 뛰어나온 기이한 일이 있었다.[100]

공의 아들 경황景滉과 경시景時, 손자 한坤도 모두 효자정려孝子旌閭를 받았다. 경황과 경시는 나이 50에 연이어 부모상을 당했는데, 여묘살이 3년 동

---

100 "배연수는 태어난 지 겨우 3년 만에 어머니를 여의었는데, 아버지가 병석에 누워 있으면서 농어 고기를 먹고 싶다고 하였으나 때마침 겨울인지라 어디서 구할 도리가 없었다. 연수가 바닷가에 나가 재배(再拜)하고 하늘에 '이 고기를 구하여 아버지의 병을 낫게 하여 주십시오'라고 간절히 빌자, 갑자기 농어가 뭍으로 연이어 뛰어 올라왔으므로 이를 가지고 돌아와 아버지에게 드렸다. 또 하루는 문어가 먹고 싶다고 하였으나 때마침 풍랑이 심하여 어부가 바다에 배를 띄울 수가 없었다. 연수는 종일토록 나룻가 바위머리에 앉아 있다가 어렴풋이 잠이 들었는데, 꿈에 키같이 생긴 붉은 물건이 바다로부터 둥둥 떠서 오기에 급히 일어나 이를 양손으로 움켜 가지고 나와 보니 문어였다. 이는 그의 효성이 지극하여 하늘이 감동한 탓이라고 하였다. 이를 아버지에게 올렸더니 병이 나았다. 아버지가 세상을 떠나자 계모를 정성을 다하여 극진히 모셨다."(『증수 임영지』, 효자).

안 하루도 집에 온 적이 없었다. 제사 지낼 찬饌도 친히 준비하여 아침저녁으로 묘에 곡하였고, 죽을 마시며 상을 마쳤다. 공의 손자 한埠은 부친이 병들어 위독하자 손가락을 잘라 그 피를 입에 넣어 소생케 함으로써 하루를 더 살게 하였고, 모친 병환 시에는 대변을 맛보아 병의 위중 여부를 판단하는 등 지성을 다하였다. 그리하여 세상에서는 이들을 '3세 4효三世四孝'라 칭하였다. 송시열은 「사효행록四孝行錄」의 발문에서 이르기를

> 지금 강릉김씨가보江陵金氏家譜를 보니, 3세 사이에 4효자가 나왔다. 이 어찌 의기意氣가 서로 전하고 가훈이 민멸泯滅되지 아니하여 그 성정性情의 근본을 잃지 않아서 그러한가? 우러러 대현大賢의 가문을 보고 감탄을 금하지 못하겠다. 옛 기록에 북평北坪의 사임당師任堂 신씨申氏가 부덕婦德을 갖추어 문성공文成公 노선생老先生을 낳았다. 선생이 외조모外祖母에게 정성과 공경심을 받들어 갖추어 지성至誠을 다하니 대궐에까지 이르렀다. 선조대왕께서 특별히 귀성歸省을 허락하니, 이와 같이 사방에서 어찌 풍교風敎가 발동하지 아니하겠는가? 옛 성현이 강릉의 풍속을 아름답다 하면서 "집집마다 덕행이 있어 모두 표창할 만한 아름다움이 있다[比屋可封]"고 하였는데, 이는 곧 김씨 가문에서 차지함이 가장 많다.

라고 하며 강릉김씨 3세 4효가 나온 것을 원가袁家에서 나온 4세 5공四世五公[101]에 비유하였다.

김담의 후손들은 정려각에서 200여 년간 제사를 지내왔으나 순조 7년(1807)에 화재로 소실되어 제사가 중지되자, 고종 11년(1873)에 10세손 명구

---

101 중국 후한(後漢) 때 원안(袁安)과 그의 아들 원창(袁敞), 원창의 아들 원탕(袁湯), 원탕의 아들 원봉(袁逢)과 원외(袁隗)가 4세에 걸쳐 5명이 삼공(三公)을 지냈다 하여 붙여진 이름.

3세4효지려(三世四孝之閭)

命九와 13세손 익성益成이 협의하여 가문의 명예와 은덕隱德을 선양하고 후손의 충효사상을 교훈하고 추모하는 뜻에서 건물을 재건하여 편액扁額을 '보진재葆眞齋'라고 하였다. 여기에는 양사언이 쓴 「서김효자행록序金孝子行錄」, 송시열이 지은 「서강릉김씨사효행록후書江陵金氏四孝行錄後」, 송근수宋近洙가 쓴 「보진재기葆眞齋記」, 김익성金益成이 차운한 「보진재낙성운葆眞齋落成韻」, 김덕현金悳顯이 쓴 「보진재중건기葆眞齋重建記」 등의 현판이 걸려 있다. 제향시기는 매년 음력 9월 10일이다.

10. 박억추朴億秋

1) 박억추의 생애

박억추는 순純의 11세손으로 부친은 선무랑宣務郎 훈도訓導를 지낸 윤량允良이고, 모친은 강릉최씨로 신로信老의 딸이다. 공은 박수량의 조카이고, 박공달朴公達의 족손族孫이다.

판서判書 홍우순洪佑順이 지은 당계棠溪 노경복盧景福의 묘표墓表에 의하면, "내가 강릉교수江陵教授가 되었을 때에 박모朴某(박억추를 말함)와 양만고楊萬古[102]가 함께 수업했다"고 하였다. 공은 삼가 박수량에게서 친히 가르침을 받아 수기치인修己治人[103]의 도道에 조예가 깊어 유림儒林의 사표師表가 되었다.

---

102 선조 7년(1574)~효종 6년(1655). 조선중기의 문신. 본관은 청주(淸州), 자는 도일(道一), 호는 감호(鑑湖)·돈호(遯湖)·비로도인(毗盧道人), 아버지는 부사 사언(士彦)이다. 일찍이 생원이 되고, 광해군 2년(1610) 알성문과에 을과로 급제하였다. 인조 17년(1639) 군자감정(軍資監正)이 되어 시폐(時弊)를 논하는 〈조진설치사책(條陳雪恥四策)〉을 상소하고 이어서 통진부사를 지냈다. 아버지의 영향을 받아 서예와 문장에 두루 능하였다. 글씨로 포천의 〈장령정희등묘표(掌令鄭希登墓表)〉가 있다.

103 유가(儒家)의 근본이념인 인(仁)을 실천함으로써 자기 자신을 수양하고 그 인을 다른 사람들, 곧 사회 전체에 구현한다는 유학의 실천론을 말함. 『논어』 헌문(憲問)에 "수기함으로써 공경하고, 수기함으로써 사람을 편안히 하고, 수기함으로써 백성을 편안하게 한다"는 구절과 『맹자』의 성기성물(成己成物), 『대학』의 명명덕(明明德)과 신민(新民), 『장자(莊子)』의 내성외왕(內聖外王)은 모두 수기치인과 같은 뜻이다. 이것을 수기치인으로 요약하여 정리한 것은 송(宋)나라의 학자들이다. 수기는 끊임없는 인의 실천을 통해 자아를 완성하는 것이며, 치인은 완성된 자아를 주변으로 확대시켜 다른 사람이 인격을 완성해가는 것을 돕는 일이다. 따라서 수기와 치인은 따로 떨어질 수 없는 밀접한 관계를 가진다. 수기와 치인의 방법에 대해 주희는 충(忠)과 서(恕)로 설명했다. 즉 "자기를 다하는 것을 충이라 하고, 자기를 미루어가는 것을 서라 한다"는 것이다. 수기치인에 대해 가장 분명하게 설명하고 있는 것은 『대학』의 8조목이다. 명명덕, 즉 치인의 내용과 과정을 세분화하면 격물(格物)·치지(致知)·성의(誠意)·정심(正心)·수신(修身)은 수기에 해당하고, 제가(齊家)·치국(治國)·평천하(平天下)는 치인에 해당한다. 우리나라에서는 이이(李珥)가 『대학』의 체제를 그대로 따

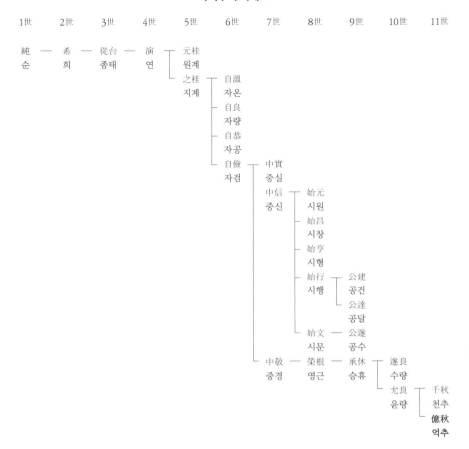

박억추의 가계도

1世	2世	3世	4世	5世	6世	7世	8世	9世	10世	11世

純　—　希　—　從台　—　演　—　元桂
순　　　희　　　종태　　　연　　　원계
　　　　　　　　　　　　　　　之桂
　　　　　　　　　　　　　　　지계　—　自溫
　　　　　　　　　　　　　　　　　　　자온
　　　　　　　　　　　　　　　　　　—　自良
　　　　　　　　　　　　　　　　　　　자량
　　　　　　　　　　　　　　　　　　—　自恭
　　　　　　　　　　　　　　　　　　　자공
　　　　　　　　　　　　　　　　　　—　自儉　—　中實
　　　　　　　　　　　　　　　　　　　자검　　　중실
　　　　　　　　　　　　　　　　　　　　　　—　中信　—　始元
　　　　　　　　　　　　　　　　　　　　　　　중신　　　시원
　　　　　　　　　　　　　　　　　　　　　　　　　　—　始昌
　　　　　　　　　　　　　　　　　　　　　　　　　　　시창
　　　　　　　　　　　　　　　　　　　　　　　　　　—　始亨
　　　　　　　　　　　　　　　　　　　　　　　　　　　시형
　　　　　　　　　　　　　　　　　　　　　　　　　　—　始行　—　公建
　　　　　　　　　　　　　　　　　　　　　　　　　　　시행　　　공건
　　　　　　　　　　　　　　　　　　　　　　　　　　　　　—　公達
　　　　　　　　　　　　　　　　　　　　　　　　　　　　　　공달
　　　　　　　　　　　　　　　　　　　　　　　　　　—　始文　—　公遂
　　　　　　　　　　　　　　　　　　　　　　　　　　　시문　　　공수
　　　　　　　　　　　　　　　　　　　　　　—　中敬　—　榮根　—　承休　—　遂良
　　　　　　　　　　　　　　　　　　　　　　　중경　　　영근　　　승휴　　　수량
　　　　　　　　　　　　　　　　　　　　　　　　　　　　　　　　　—　允良　—　千秋
　　　　　　　　　　　　　　　　　　　　　　　　　　　　　　　　　　윤량　　　천추
　　　　　　　　　　　　　　　　　　　　　　　　　　　　　　　　　　　　—　**億秋**
　　　　　　　　　　　　　　　　　　　　　　　　　　　　　　　　　　　　　억추

　　공의 가문에서는 박수량과 박공달과 같은 효자가 배출되었는데, 공은 그들의 영향을 받아 효성이 지극하였다. 공은 부친이 중병으로 누운 지 7년 동안 백방으로 간호를 했으나 효험이 없었다. 그러던 어느 날 과객이 점심을 대

　　라 『성학집요(聖學輯要)』를 지었다.

접받고 떠나면서 부친 병에는 들오리가 좋다는 말을 일러주었다. 이 말을 들은 공은 들오리를 잡으려 하였으나, 날은 차고 얼음이 꽁꽁 얼어 그물을 펼치기가 어려웠다. 공은 혹시나 하고 들판에 그물을 치고 사흘을 지새웠으나 역시 마찬가지였다. 그런데 나흘째 되던 날 아침에 들판으로 나가려고 하는데 갑자기 두 마리의 오리가 우물 난간에 날아와 앉았다. 공이 정성을 다해 기도하고 오리를 향해 돌 하나를 힘껏 던졌더니, 어찌된 일인지 두 마리 오리가 모두 떨어졌다. 이를 거두어 아버지께 드렸더니 병이 씻은 듯이 나았다.

그 후에 부친이 또 병환이 들어 중태에 빠지니 손가락을 잘라 피를 입에 넣어드려 수일간 목숨을 연장하였다. 그러다 부친이 세상을 떠나자 너무 슬퍼한 나머지 몇 번을 기절하였고, 상제喪祭에 예를 다하였다.

이상과 같은 사실이 조정에 알려져 명종 때 정려旌閭를 받았다. 송한필宋翰弼은 「쌍한정기雙閒亭記」에서 "한 집안의 네 사람 중에서 두 사람이 현량과에 뽑혔고, 효자정문이 셋이 서니 온 나라에 빛나는 가문"이라 하였다. 공은 명종 18년(1563) 효렴과孝廉科[104]에 천거되어 사옹원 참봉司饔院參奉[105]이 되었다. 그때 사옹원 내에 계회첩도契會帖圖가 있었는데, 홍적洪迪[106]이 시를 읊기를

미시은정조갱수未試殷鼎調羹手   큰 솥에 조리를 해보지도 못한 채

---

104 한(漢)나라 때 효행이 지극하고 청렴결백한 사람을 군의 태수가 조정에 관리후보로 추천하는 제도.

105 조선시대 왕의 식사나 궁중의 음식 공급에 관한 일을 맡아보던 사옹원의 종9품직.

106 명종 4년(1549)~선조 24년(1591). 조선중기의 문신. 본관은 남양(南陽), 자는 태고(太古), 호는 양재(養齋)·하의생(荷衣生)이다. 선조 5년(1572) 진사로서 별시문과에 병과로 급제하여 권지승문원정자(權知承文院正字)가 되었다가 곧 사관(史官)이 되었다. 이듬해 사가독서(賜暇讀書)한 뒤 선조 7년(1574) 정자로 홍문관에 들어가 10년 동안 봉직하였다. 선조 16년(1583) 양사(兩司)에서 이율곡(李栗谷)을 탄핵하자 홍문관에서 그를 반박하니 왕은 대노하여 그를 장연(長淵) 현감으로 좌천시켰다. 4년 후 병으로 사임하고 돌아와서 다시 등용되어 병조 정랑을 거쳐 집의·사인에 이르렀다. 벼슬에 나가서 24년 동안 당쟁에 휩쓸리지 않았으며, 특히 시문에 능하고 종왕(鍾王)·회소(懷素)의 필법을 따라 필명도 높았다.

요향천주묘할팽聊向天廚妙割烹	대궐의 수라간에서 요리를 잘도 하도다.
아역증위태관장我亦曾爲太官匠	내 또한 일찍 태관장이 되어서
강제시구오단청强題詩句汚丹靑	부질없는 글을 지어 단청만 더럽히네.

라고 하였다. 이는 큰 인물을 보잘것없는 직위에 등용한 것을 애석하게 여긴 것이다.

명종 21년(1566)에 청하현감淸河縣監이 되고, 선조 3년(1572)에 영평군수永平郡守, 선조 11년(1578)에 청풍부사靑風府使를 지냈다. 다음의 시 「제청풍한벽루題淸風寒碧樓」는 공이 청풍부사 재직할 때에 지은 것이다.

객심고형자생수客心孤逈自生愁	나그네 그리움 외로이 절로 시름 생기니
좌청강성불하루坐聽江聲不下樓	앉은 채 강물소리 듣노라 누각에서 내려올 줄 모르네.
명일우등관도거明日又登官道去	내일 또 벼슬길로 가버린다면
백운홍수위수추白雲紅樹爲誰秋	흰 구름에 단풍은 누구 위한 가을일꼬?

공은 선조 13년(1580) 관직을 사임하고 고향으로 돌아왔다. 세 고을의 수령을 역임하면서 청렴 검소를 스스로 지니고 효제孝悌와 역농力農을 근본으로 하여 민속民俗이 크게 순화되니, 그곳 사람들이 공의 은공恩功을 돌에 새겨 오래도록 칭송하였다.

박억추의 형 천추千秋는 성품이 순박하고 어질었으며, 부모에게 효도하고 형제 간에 우애도 남보다 뛰어났다. 평생 기뻐하고 노여워하는 빛을 얼굴에 띠지 않았으며, 자리에 앉으면 봄바람이 일 듯 순후하였다. 집안은 가난하였으나 논밭이 조금 있었다. 중종 36년(1541) 큰 가뭄에 논밭이 거북이 등처럼 갈라 터지니 여러 사람이 물을 끌어들여 논밭에 대고자 하여도 천추의 논밭을 파헤치지 않으면 물을 끌어댈 방법이 없었다. 천추가 자기 한 사람 때문에 여러 사람 농사를 망칠 수 없다 하여 마침내 그것을 허락하였다. 어려서 경사經史를 열심히 배워 통하지 않은 것이 없었으나 과거에는 오르지 못했다. 만년에는 자제들을 가르치는 것으로 일과를 삼았으며, 게으르지 않고 열심히 가르쳐 먹고 자는 것조차 잊을 지경에 이르렀다. 고을 사람 중에 사마시司馬試에 오른 자는 모두 그의 가르침을 받은 사람들이었다. 문익성文益成이 아직 벼슬을 하지 않고 양양에 나가 있을 때 동산학장洞山學長에 천거되자 기생 두 사람을 보내왔다. 한 기생만 머무르게 하고 한 기생에게는 비단 자락에 시 한 수를 써주며 돌려보내니, 그 시에 "지명과 인사는 상관관계라, 옛적 동산이 곧 오늘의 동산이구나. 현악을 두루 갖춘 삼공의 자리는 못되나, 기생과 같이 풍류를 즐기니 또한 사안謝安[107]이 아니겠는가"[108]라고 하였다.

정조 18년(1794)에 간행된 『삼가집三可集』은 박수량의 행적을 기록한 문집이다. 그런데 『삼가집』 목판본 말미에는 공과 박공달과 사적事蹟이 함께 수록되어 있다. 여기에는 박수량이 분재한 분재기分財記를 그의 조카 박억추에게 쓰게 했던 탓으로 공의 친필이 전해지고 있다.

그 내용은 "중종 39년(1544) 2월 4일, 나(박공달)는 본래 병약한 몸으로 나이 70에 이르렀으니, 어찌 다행한 일이 아니겠는가? 이제 풍병風病이 심하여 기운조차 없고 더욱 피곤하다. 내가 몸도 제대로 거두지 못하고 병상病床에 누워 신음한 지 5년이나 되었으니, 어찌 더 오래 살 수 있겠느냐? 그러하니 더할 말이 없구나. 네가 노모를 모시고 자식들을 거느리고 타향에 가서 산다고

---

107 진(晉)나라 때 재상으로, 자는 안석(安石)이다. 그가 출사(出仕)하기 전 동산(東山)에 은거할 때 산천을 유람하면서 늘 기생을 데리고 다녔다 한다(『晉書』卷79, 謝安傳).

108 "地名人士總相關 昔日東山是洞山 終無絲竹三公位 携妓風流亦謝安."(『증수임영지』, 鄕評).

생각을 하니, 너무나 애석하구나. 오른손이 마비되어 쓰지 못해 붓을 잡을 수 없어 조카 억추를 청해 쓰게 한다"는 것이다. 유필遺筆의 좌측에는 "이것은 삼가 선생께서 말년에 분재했던 문서 가운데 있는 글인데, 농헌공의 수필手筆이므로 귀하게 여겨 유필遺筆을 오래 남기고 또한 추모追慕의 정情을 이기지 못해 판본版本에 올려 후세에 전하려 한다"고 쓰여 있다.

2) 박억추 사후의 추모사업

공은 선조 23년(1590) 8월 5일 향년 68세로 세상을 떠났다. 강릉시 난곡동 전포錢浦(일명 된개) 서쪽 자좌子坐 언덕에 안장하였다. 박억추 묘소에는 오래 전에 세운 묘표가 있었으나 풍파로 훼손이 심하여 후손 박용채朴容采와 박정복朴廷復 등이 이근명李根命에게 비문을 지어줄 것을 청하여 1905년 묘소 앞에 다시 세웠다. 비문에 의하면

> 공의 한 가문에 3현三賢(박공달·박수량·박억추)이 함께 세상을 빛냈다. 조정암趙靜菴(조광조)·김충암金沖菴(김정)·이회재李晦齋(이언적)·권충재權冲齋(권벌) 등 제공諸公들과 도의道義의 교유交遊를 하였다. 이어 기묘己卯의 전철前轍을 다시 밟지 않고 과거를 멀리하여 호랑이 꼬리를 밟지 아니하였고, 산수를 배회하며 성리학을 강론講論하고 닦았다. 마침내 감흥感興을 일으킬 경지境地에 이르러 한 고을이 맑아지니, 지방의 사대부들이 추모하고 잊지 못하여 사당에 제물祭物을 차려 제사를 올린다.

라고 하였다.

공이 오리를 잡았다고 하는 우물인 타압정打鴨井은 현재 강릉시 노암동에 남아 있다. 타압정 옆에는 공을 기리는 '농헌 박선생 타압정비聾軒朴先生打鴨井碑'와 '타압정打鴨亭'이라 이름을 붙인 정자가 근래에 조성되었다. 타압정 오른편으로 백보쯤 떨어진 곳에 있는 기와집이 공의 유허遺墟라고 전해지고 있다.

강릉시 박월동에서 금광리로 가는 버들이 마을에는 박억추의 효자각이 있다. 효자각은 명종 때 효자정려孝子旌閭를 받으면서 세워졌다. 효자각 정면에는 '효자각'이라 쓴 현액이 있고, 내부에는 9세손 박재신朴在信이 새로 세운 효자비와 후손 박만균朴萬均이 쓴 '효자각중수기' 현판이 있다.

타압정(打鴨井)　　　　　　　박억추지려(朴億秋之閭)

공의 행실은 광해군 때에 편찬한 『동국신속삼강행실도東國新續三綱行實圖』에 수록되어 있다. 영조 35년(1759)에는 이성무·김담과 함께 강릉 향현사에 배향되었다. 공이 향현사에 배향된 것은 효행이 이 고장에서 모범을 보였기 때문이라 생각된다. 박억추·박수량·박공달 3인이 강릉 향현사에 배향되었기에 이들을 가리켜 '박씨삼현朴氏三賢'이라 한다.

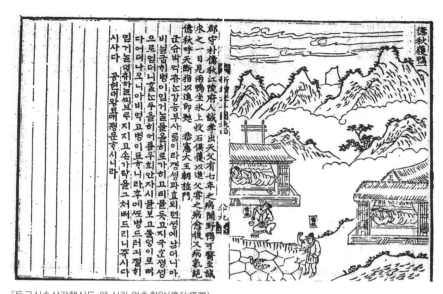

『동국신속삼강행실도』에 실린 억추획압(億秋獲鴨)

11. 김윤신金潤身

1) 김윤신의 생애

김윤신은 주원周元의 22세손이고 옥가파의 파조 중상仲祥의 손자이다. 자는 덕수德叟이고, 호는 괴당槐堂이다. 부친은 사정司正을 지낸 여명汝明이고, 모친은 강릉김씨로 평의評議를 지낸 지輊의 딸이다.

김윤신의 가계도

1세	2세	3세	4세	5세	6세	18세	19세	20세	21세	22세
周元 주원	宗基 종기 憲昌 헌창 身 신	紫絲 자사	東靖 동정	英珍 영진	式希 식희 ……	蔵 천	慶生(부정공파) 경생 龍壽 용수	仲寶 중보 仲祥 중상 (옥가파)	汝明 여명	潤身 윤신

공은 어질고 너그러운 품성稟性이 있고 학문이 일찍이 이루어져 평생의 공부를 춘추서春秋書에 두어 1부를 손으로 베껴 항상 눈여겨볼 자료로 삼았다. 효성 또한 지극하여 어버이를 섬기는 데 힘썼다. 어머니는 성품이 온화하고

굳세었으며 총명하면서 신중하였고, 들은 것을 듣는 대로 기억하였으며, 가사를 잘 돌본다는 훌륭한 이름이 온 고을에 소문났다. 어머니께서 늘 경계하여 이르기를 "너의 외삼촌 3형제가 모두 과거에 급제하여 이름을 떨쳐서 부모를 드러나게 하였으니, 너도 외삼촌들을 본받아라" 하였다. 공은 학업에 뜻을 두어 세조 14년(1468) 생원시에 입격하였다.

공은 그 이듬해인 예종 원년(1469) 2월에 강릉인 선략장군宣略將軍[109] 남윤문南允文 등과 글을 지어 강릉부 사람 전윤全崙에게 주어 상소하게 하였다. 그 내용은 다음과 같다.

새로 정한 공안貢案은 토산물을 고려하지 아니하였으니, 한결같이 불가합니다. 횡간橫看과 공안에 기재된 각궁角弓과 장전長箭은 민호民戶에서 생산되는 것이 아닌데, 소경전所耕田에 의거하여 이를 거두니, 한결같이 불가합니다. 그리고 중[僧] 학열學悅은 불사佛事를 칭탁稱托하여 오로지 재화財貨를 늘리는 것만 일로 삼아 민간에 폐단을 일으키니, 백성들이 심히 고통스럽게 여깁니다. 그리고 또 세조世祖께서 일찍이 본부本府의 진전陳田을 중 신미信眉에게 내려주셨는데, 신미가 이것은 학열에게 주었습니다. 학열이 이 땅을 개간開墾하는 것을 꺼려하여 마침내 이 전지를 빙자하여 백성들의 수전水田 70여 석石을 파종할만한 땅을 빼앗아서 백성들이 자못 근심하고 걱정합니다. 게다가 염양사艶陽寺와 영서嶺西 진부珍富 사이에 창고倉庫를 많이 설치하였는데, 노적露積이 있기까지에 이르렀으니 생민生民들의 피해가 이루 다 말할 수 없습니다. 엎드려 생각건대, 전하께서 불의不義한 부富를 거두셔서 백성들의 마음을 쾌快하게 하소서." 하였다(『예종실록』권3, 원년 2월 을묘조).

---

109 조선시대 서반 종4품 하(下)의 품계명.

위의 내용은 새로 정한 공안貢案과 횡간橫看이 적당하지 못한 일과 상원사 주지 학열學悅[110]이 불사佛事를 칭탁하여 재화財貨 늘리는 것만 일삼아 민간에 많은 폐단을 일으킨 일에 대해 아뢴 것이다.

조선전기 국가의 재정은 공안과 횡간에 의거하여 운영되었다. 공안은 국가의 세입예산표이고, 횡간은 국가의 지출예산표이다. 공안은 조선건국 직후인 태조 원년(1392) 10월 공부상정도감貢賦詳定都監에서 고려조의 세입歲入의 다과와 세출歲出의 경비를 참작하여 처음 제정되었다. 그러나 횡간은 세조 10년(1464) 정월에 이르러서야 제정되었다. 횡간의 제정은 지금까지 관례에 따라 경비를 지출하던 것에서 벗어나 지출예산표에 따른 일정한 항식에 따라 경비를 지출하게 되었다는 점에서 큰 의미를 갖는다고 하겠다. 세조는 횡간이 제정되자 공안도 전면 개정하였다. 그러나 이때 제정된 공안과 횡간은 너무 조속한 시일에 이루어졌기 때문에 많은 문제점을 내포하고 있었다. 세조는 이를 개정하고자 하였으나 그의 죽음으로 실행되지 못하였다.[111]

공물貢物은 중앙의 호조 및 각사, 외방의 각 도와 각 군현에 비치된 공안에 의거하여 대개 중앙각사→군현郡縣→면面→호戶의 체계로 부과·징수되었다. 그런데 각 군현에 분정된 공물은 그 지역에서 산출되는 토산물을 부과하는 것이 원칙이었다. 그러나 공물을 토산물이 산출되는 지역에만 분정하게 되면 해당 지역만 집중적인 수탈을 당하였기 때문에 그 지역에서 산출되지 않는 공물도 분정하였다. 이 때문에 일찍부터 국가는 토지소유의 다과를 기준으로 공물을 분정하였던 것이다. 강릉지방에 토산물이 아닌 각궁角弓(소나 양

---

110 세조가 존경하는 3화상(和尙) 중 1명. 그의 생몰 연대는 확실치 않으나, 대체로 태종초에 출생하여 성종 11년(1480) 무렵에 입적(入寂)하였을 것으로 추측된다. 그는 대선사(大禪師)로 불경을 우리말로 번역하였고, 왕명으로 세조 11년(1465) 2월에 오대산 상원사를 중창하였다.

111 박도식, 2011 『조선전기 공납제 연구』, 혜안 참조.

의 뿔로 장식한 활)과 긴 화살[長箭]이 분정된 것도 이에 기인하는 바이다.

또한 세조는 세조 13년(1467) 상원사에 거주하고 있던 신미信眉[112]에게 황무지가 된 강릉부의 산산제언蒜山堤堰을 사급賜給하였는데, 그후 신미는 이를 그의 제자 학열에게 주었다. 학열은 주변에 있던 수전水田 70여 석을 파종하는 땅을 탈점하여 백성들이 농사를 잃을 뿐만 아니라 제언 밑에 있는 논에 물을 끌어 댈 수도 없었다. 그리고 산산제언 북쪽과 염양사艶陽寺, 진보역珍寶驛 등지에 창고를 많이 설치하여 백성들의 피해가 이루 다 말할 수 없다고 하였다. 김윤신은 이상과 같은 학열의 비행을 아뢰었으나, 예종은 학열에게 죄를 묻지 않았다.

공은 음사蔭仕로 훈도訓導를 하다가 성종 14년(1476) 병과에 급제하여 전적典籍, 주부主簿, 경상도사慶尙都事를 거쳐 사헌부 감찰司憲府監察에 이르렀으나, 연로한 부모님을 봉양하기 위해 걸귀乞歸해 줄 것을 상소하였다. 왕이 비답하기를 "내가 듣기로 그대는 5년 동안 어버이 병을 돌보는데 한 번도 의대衣帶를 풀지 않았다고 하니, 효성이 지극하지 않으면 어찌 그렇게 그렇게 공경할 수 있겠는가? 그대가 나를 도와 정성을 다해 게을리하지 않으니, 충성심이 아니면 어찌 할 수 있겠는가? 이제 난릉蘭陵의 행실行實[113]을 이은 이를 만났으

---

112 조선 전기의 승려. 본명은 김수성(金守省)이고, 아버지는 옥구진(沃溝鎭) 병사였던 김훈(金訓)이며, 동생은 유생이면서도 숭불을 주장했던 김수온(金守溫)이다. 세조 때의 선승(禪僧)인데, 행장은 전하지 않으나 왕실과의 관계 속에서 행해진 불교 중흥의 기록들을 통하여 그 행적을 살필 수 있다. 세조 10년(1464) 2월 세조가 속리산 복천사로 행차하였을 때 그곳에서 사지(斯智)·학열(學悅)·학조(學祖) 등과 함께 대설법회(大說法會)를 열었다. 또한 같은 해에 상원사(上院寺)로 옮겨 왕에게 상원사의 중창을 건의하였고, 이에 왕은 〈오대산상원사중창권선문(五臺山上院寺重創勸善文)〉를 지어 이를 시행하도록 하였는데, 이 권선문에는 그에 대한 왕의 존경심이 그대로 나타나 있다. 세조는 혜각존자(慧覺尊者)라는 호를 내리고 존경하였다.

113 난릉은 순자(荀子)를 가르친다. 순자는 중국 조(趙)나라에서 태어나 제(齊)나라의 직하학파(稷下學派)에 있다가, 후에 초(楚)나라로 가서 난릉(蘭陵) 수령에 봉해져서 살다가 죽었다. 순자는 중국 고대의 3대 유학자 가운데 한 사람으로, 그가 『시경』을 제자인 모형(毛亨)에게 전하였으며 모형은 다시 그의 아들인 모장(毛萇)에게 전하였다. 중국에 한(漢)나라가 들어선 이후 진 시황(秦始皇)이 불태워버린 경전을 복원하는 작업이 진행되었는데, 이때 모장이 아버지로부터 물려받은 『시경』을

니, 내 마음이 망연자실하구나" 하면서 특별히 금성현령金城縣令에 제수하여 부모를 봉양하게 하였다.

부모상을 당해서는 묘소 옆에 초막을 짓고 3년 동안 여묘살이를 하였다. 성종 21년(1490) 복상을 마치고 통선랑通善郎 사헌부 지평司憲府持平에 임명되었다. 그 이듬해 윤은로尹殷老가 이조참판이 되어 지방수령에게 서찰을 보내어 물품을 요구하다가 파직당했다. 그런데 얼마 안 되어 은로가 다시 벼슬을 제수받자 공은 이를 개정할 것을 주장하였으나 임금께서 이를 들어주지 않았다.

같은 해 공은 평안도사平安都事가 되었으나 병으로 곧 전직되었다. 그 후 내직으로는 사헌부 장령掌令·집의執義와 의정부 사인議政府舍人을 역임하였고, 외직으로는 파주·원주목사를 역임하였다. 연산군 5년(1499)에는 안변부사가 되어 옳고 그른 일을 잘 판단하고 관민들을 잘 다스려 칭송이 자자하였다.

공은 성품이 공명정대公明正大하여 가는 고을마다 선정善政을 베풀어 백성의 칭송을 받았다. 여러 번 큰 고을의 수령을 지냈으나 집에는 변변한 가재도구 하나 없어 세상 사람들이 청백리淸白吏라 칭송하였다. 일찍이 강원도 어사江原道御史가 되었을 때, 강릉부사 한급韓汲이 부정하게 모은 재물이 집에 가득하였다. 공이 장계를 올려 파직시키려 하자, 한급의 모친이 가마를 타고 와서 3일 밤을 담장 밖에서 빌었다. 공은 이 모두가 한급이 시켜서 한 것을 알고 끝내 들어주지 않았다.[114]

공은 젊었을 때 임영의 문인과 걸출한 선비 15인과 함께 군자로서 서로 돕고 덕을 닦는 금란반월회金蘭半月會를 조직하여 맹약오장盟約五章을 만들었다.

수정하고 주석을 달았다. 이것이 바로 『모시(毛詩)』라 불리는 것으로, 『시경』의 가장 권위 있는 주석 가운데 하나이다.

114 『증수 임영지』, 총화(叢話).

첫째는 길한 일을 경축하고 흉한 일을 조문하며[吉凶慶弔]

둘째는 좋은 날을 가려 경사經史를 강론하고 우의를 다지며[良辰講好]

셋째는 허물이 있을 때는 면대面對하여 책망責望하며[過惡面責]

넷째는 맹약을 어길 경우에는 벌금을 받으며[忤令贖金]

다섯째는 고의로 나쁜 행위를 했을 때는 제적除籍한다[故行削籍].

금란반월회의 회목會目은 향현이 최수崔洙가 지었고, 서문序文은 최응현崔
應賢이 지었다.

공이 만년晚年에 벼슬을 그만두고 고향에 돌아올 때 강릉부사는 향음주
례鄕飮酒醴[115]와 향사례鄕射禮[116]를 베풀고 공을 영접하여 주빈主賓으로 삼았
다. 공은 정덕 연간(1506~1521)에 향좌수鄕座首[117]가 되어 향령鄕令 1편을 지
었는데, 온 마을이 준행하였다. 그 향약의 조항은 다음과 같다.

---

115 조선시대에 향촌의 유생들이 학교·서원 등에 모여서 나이 많고 덕 있는 사람을 주빈으로 모시고 술
을 마시며 잔치를 하던 의식. 성종 5년(1474)에 편찬된 『국조오례의』에 의하면, 향음주례는 가례
의 하나로 매년 10월에 한성부와 각 도 그리고 모든 주·부·군·현에서 길일을 택해 치렀다. 그 고을
의 수령이 주인이 되어 나이가 많고 덕이 있으며 재주와 행실이 갖추어진 사람을 주빈(主賓)으로
삼고, 그밖의 유생을 빈으로 하여 서로 모여 읍양(揖讓)하는 예절을 지키며 주연을 함께 하고 계
(戒)를 고했다. 또 주인과 손님 사이에 절도 있게 헌수하여 연장자를 존중하고 유덕자를 높이며, 예
법과 사양의 풍속을 일으키도록 했다. 이러한 향음주례는 나이 많고 덕행자를 내세우는 것에서 알
수 있듯이 사족 상호간의 관계를 강조하는 것이었다. 향음주례는 향사당에서뿐만 아니라 향교·서
원 또는 조용한 곳을 골라 시행했다.

116 주(周)나라 시대 향대부(鄕大夫)가 3년마다 어질고 재능 있는 사람을 왕에게 천거할 때, 그 선택을
위해 행하는 활 쏘는 의식. 성종 5년(1474)에 편찬된 『국조오례의』에 의하면, 향사의(鄕射儀)는 오
례 중 군례(軍禮) 의식으로서 "매년 3월 3일(가을에는 9월 9일)에 개성부 및 여러 도·주·부·군·현
에서 그 예를 행한다"고 하였다.

117 조선시대 지방의 자치기구인 유향소(留鄕所 : 후기에는 鄕廳·鄕所로 불림)의 가장 높은 임원. 고을
의 사족(士族)으로 나이 많고 덕망이 있는 사람을 선출하도록 했다. 정원은 읍격(邑格)에 관계없이
1읍에 1명이 원칙이었던 것 같다. 위상과 선출방식은 시기와 지역에 따라 큰 차이가 있다. 16세기
에는 고을의 사족명부인 향안(鄕案)에 등록된 사람들이 모인 향회(鄕會)에서 선출했는데, 반드시
경재소 당상(京在所堂上)의 승인을 받았다.

첫째는 덕업상권德業相勸이다. 덕德은 22가지가 있고 업業은 12가지가 있으니, 덕과 업은 서로 약속한 사람이 각자 덕과 힘써서 닦을 것이고, 서로 권장하되 특별히 행적이 두드러지는 사람은 관청에 보고하여 조정에 상달上達되도록 한다.

둘째는 과실상규過失相規이다. 의로움을 어긴 과실이 6가지이고, 약속을 어긴 과실이 4가지이며, 수행修行하지 못한 과실이 5가지이다. 이와 같은 과실은 서로 약속한 사람이 각자 반성하고 경계하게 하되, 그래도 고치지 않으면 경중에 따라 벌을 내린다. 벌에는 4등급이 있다.

셋째는 예속상교禮俗相交이다. 어른과 어린이의 행위는 5등급이 있다. 예속상교의 일은 유사有司가 이를 주관하고 날짜를 정해 소집하되, 오만하여 약속을 어기는 자는 질책하고, 봄가을로 신의信義를 강의할 때 약법約法을 가르친다.

넷째는 환난상휼患難相恤이다. 7가지가 있다. 환난상휼의 일이 생긴 집은 약장約長과 유사有司에게 고하여 모으고 감독하게 한다. 또 별도의 3가지 조목이 있다.

향약이 각 지방에서 본격적으로 시행되는 것은 임진왜란 이후이다. 그것은 7년 동안 겪은 전쟁의 후유증이 조선사회 전체에 큰 타격을 가져와 향촌사회 재건이 시급한 과제로 대두하였기 때문이다. 강릉지방에서는 선조 33년(1600) 최운우에 의해 「연곡향약」이 시작되었다. 향약의 임원은 도약정都約正 1인, 부약정副約正 2인, 도유사都有司 2인으로 조직되어 있는데, 도약정은 최운우가 맡았다. 도약정의 임무는 「여씨향약문呂氏鄕約文」의 덕업德業을 서로 권장하고, 과실過失은 서로 바로 잡으며, 예속禮俗으로 서로 사귀며, 환난患難을 서로 구제한다는 4가지 절목節目을 총괄하고, 또한 동약인同約人 가운데 드러나게 어긋난 행동을 하는 자는 관官에 고하는 역할도 가지고 있다. 그리고 각 리里에는 이약장里約長과 이유사里有司를 두었다.

그런데 강릉지방에서는 율곡 이이와 최운우 등이 「여씨향약」[118]을 시행하기 전에 이미 김윤신에 의해 정덕년간 正德年間(1506~1521)에 향약이 시행되고 있었다. 이러한 사실은 『관동지關東誌』권10, 『강릉부읍지江陵府邑誌』 김윤신조에 "성종 7년(1476) 문과에 급제하여 관직이 사인舍人에 이르렀다. 향약을 조례條例하여 풍속을 규정했고, 향현사에 배향되었다"고 한 것이라든지, 『강릉김씨옥가파보江陵金氏玉街派譜』 김윤신조에 "정덕년간에 관직에서 물러나 강릉에 돌아와 향령일편鄕令一篇을 지었다. 오늘에 이르기까지 준행되고 있다"고 한 것, 그리고 『강릉향현행록江陵鄕賢行錄』 김윤신조에 "관직에서 물러나 귀향한 후 향좌수鄕座首가 되어 향령일편鄕令一篇을 지었다. 일향一鄕이 이를 준행하고 있다"고 한 것에서 확인할 수 있다. 김윤신이 지은 『향령』은 현존하지 아니하므로 그 원형을 알 수는 없으나, '여씨향약'이 근간이 된 향약이 유학자들 사이에서 효력이 있었던 것으로 보인다.

2) 김윤신 사후의 추모사업

공은 중종 16년(1521)에 생을 마감하였다. 공의 묘는 강릉부 북쪽 10리 경포호수의 북쪽과 증산甑山의 약간 동쪽 정좌丁坐 언덕에 위치한 강릉김씨 옥가파 종산宗山에 있다. 공의 묘비는 묘 앞에 있다. 비의 전면에는 "유명조선통

---

118 중국 송나라 때 만들어진 향약. 1076년 섬서성(陝西城)의 학자인 여대균(呂大鈞)·대충(大忠)·대방(大防)·대림(大臨) 4형제가 향약을 조직하고 그 규약을 기술한 것이다. 원래 『향약』 1권, 『향의(鄕儀)』 1권이었는데, 남송의 주희(朱熹)가 내용을 수정하여 『주자증손여씨향약(朱子增損呂氏鄕約)』을 완성했다. 주된 강목(綱目)은 "좋은 일은 서로 권장한다(德業相勸), 잘못은 서로 고쳐준다(過失相規), 사람을 사귈 때는 서로 예의를 지킨다(禮俗相交), 어려움을 당하면 서로 돕는다(患難相恤)" 등이다. 우리나라에서는 중종 13년(1518)에 김안국(金安國)이 이를 언해하여 『여씨향약언해』를 간행한 바 있다.

훈대부 의정부사인 괴당김공휘윤신지묘 숙인강릉최씨좌부有明朝鮮通訓大夫
議政府舍人槐堂金公諱潤身之墓 淑人江陵崔氏左祔"라 쓰여 있다. 비문은 영조 42년
(1766) 김윤신의 9세손 김형진金衡鎭이 찬하였고, 판서 김상익金尙翼이 썼다.

　　그러나 공의 비문이 세월이 흘러 글자가 마모되어 잘 알아볼 수 없게 되자
1979년 겨울 옥가파 종중에서 신도비 건립을 결의하여 그 이듬해에 세웠다.
신도비는 비각 안에 있는데, 전면에는 전서체로 "괴당강릉김공윤신신도비槐
堂江陵金公潤身神道碑"라 쓰여 있고, 비 뒷면에 국한문혼용체로 쓰여진 행장行
狀이 적혀 있다. 비각 대문 위에는 청덕문淸德門이란 현액이 있고, 비각 정면에
는 괴당공비각槐堂公碑閣이라 쓰여진 현액이 있다. 공은 순조 8년(1808)에 김
열과 함께 강릉 향현사에 배향되었다.

12. 김열金說

1) 김열의 생애

김열은 주원周元의 25세손이고 부정공파의 파조 경생慶生의 7세손이다. 자는 열지說之이고, 호는 임경당臨鏡堂이다. 부친은 진사 광헌光軒이고, 모친은 강릉최씨로 현감을 지낸 세번世蕃의 딸이다.

강릉김씨가 금산리金山里에 들어와 살기 시작한 것은 김열의 아버지 광헌光軒 때부터이다. 광헌은 중종 14년(1519) 진사과에 입격하였으나 기묘사화를 겪고 난 후에 과거의 뜻을 버리고 시서詩書를 읽는 것과 나무 심는 것을 생활의 근본으로 삼았다.

마을 뒤에는 솔봉이 있어 마을을 포근히 감싸고, 앞에는 넓은 금산들과 남대천이 있어 전형적인 배산임수형背山臨水形을 이루고 있다. 즉, 마을 뒤편으로는 대관령 줄기에서 뻗어 내린 야트막한 산들이 동쪽으로 뻗어 홍제동 그리고 강릉의 읍치지역이라고 할 수 있는 강릉읍성 지역과 이어져 있고, 금산들 앞에는 강릉의 젖줄인 남대천이 지나고 있어 논농사를 짓는데 수자원을 쉽게 확보할 수 있는 자연조건을 갖추고 있다. 따라서 이들이 세거하였던 지역은 읍치지역과는 불과 4~5리 정도 밖에 떨어지지 않은 지역이면서 경제적 토대를 또한 쉽게 확보 할 수 있는 조건을 충분히 갖추고 있는 지역이다.

김열의 가계도

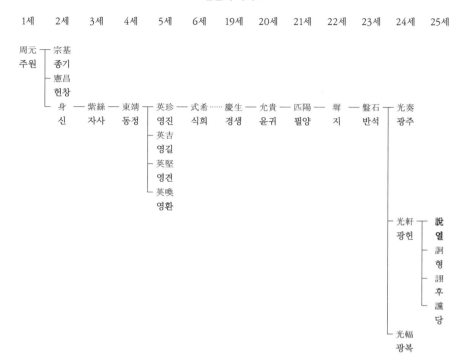

1세	2세	3세	4세	5세	6세	19세	20세	21세	22세	23세	24세	25세
周元 주원	宗基 종기											
	종기											
	憲昌 헌창											
	身 신	紫絲 자사	東靖 동정	英珍 영진	式希 식희	……慶生 경생	允貴 윤귀	四陽 필양	堪 지	盤石 반석	光奏 광주	
				英吉 영길							光軒 광헌	**說 열**
				英堅 영견								詞 형
				英喚 영환								詡 후
												謹 당
											光幅 광복	

　김열은 널리 배우고 독실하게 실천으로 유학을 흥기興起하는 것을 자기의 소임으로 삼았다. 과거의 뜻을 두지 않고 아우들과 더불어 경서經書를 강론하였고, 아무리 춥고 덥더라도 반드시 의관衣冠을 가지런히 했다.

　김열의 어머니는 백세를 살았는데 뜻이 곧고 마음이 온화하였다. 어머니가 자손을 훈계함에 법도가 있었으며 화목으로 종족宗族을 이끌어갔다. 공은 세 아우와 더불어 어머니의 뜻을 받들어 정성껏 봉양하였다. 세 아우가 모두 어렸으므로 어머니가 돌보는 아이들이라 공이 말하되, "우리 집은 절도節度가 있고 품성이 방정方正해야 하는데, 너희들은 아버님께서 일찍 세상을 떠나

셨으니 내가 너희들의 미숙함을 완성시키는 교육의 책임을 지고 돌보게 되었구나" 하였다. 공은 근심하는 빛으로 몸을 단정히 하고 아침 일찍 사당祠堂에 알묘謁廟하고 나와서는 어머니를 모시고 동생들을 인솔하여 대청大廳에 앉아 자상하고 빈틈없이 가르치며 일깨웠다. 밤에는 한 이불 속에 같이 자고, 낮에는 책상을 같이하여 읽고 배우니 일취월장日就月將하였다.

성인이 되어 관혼冠婚의 절차는 어머니에게 아뢰어 결정하여 행하였고, 그 거택居宅도 문이 마주 보이는 곳에 살게 하여 아침저녁으로 만나볼 수 있도록 하였다. 술이나 음식이 생기면 반드시 함께 모여 나누어 먹었으며, 아우들이 혹시 궁핍하면 미리 마련해 두었던 것을 나누어주었다.

쌍계당雙溪堂 김유金紐[119]는 형제간의 우애에 대해 「김열의 네 형제에게 드림贈說之四昆季」이라는 시에서 다음과 같이 읊었다.

동기인간귀이이同氣人間貴怡怡　형제가 함께 모여 서로 위하고 기뻐하니

다군능송척령시多君能誦鶺鴒詩　여러 형제가 척령시[120]를 읊고 있네.

119　조선전기의 문신으로 본관은 안동(安東), 자는 자고(子固), 호는 금헌(琴軒)·취헌(翠軒)·쌍계재(雙溪齋)·관후암(觀後庵) 또는 상락거사(上洛居士)이다. 세조 10년(1464) 녹사로서 춘장 문과에 병과로 급제하고, 황해·평안도의 땅을 개간한 공으로 벼슬에 나가 성균학유가 되었다. 곧 사복직장으로 옮겼으며, 이듬해 호조좌랑으로『경국대전』편찬 작업을 위해 이전(吏典)을 수교했고, 또 경차관으로 전라도에 파견되었다. 세조 12년(1466) 발영시·등준시에 을과로 급제하고, 이듬해 안효례(安孝禮)·유희익(兪希益) 등과 함께 도성(都城)을 측량하고 지도를 작성하였다. 또한, 예문관직제학으로『세조실록』·『예종실록』등을 편찬하는 데 기여가 컸다. 성종 원년(1470) 완성 단계에 있는『경국대전』을 다시 수교하였다. 성종 3년(1472) 동부승지를 거쳐 공조참판·충청도관찰사·동지중추부사 등을 역임하였다. 성종 10년(1479)에 겸성균관동지사가 되고, 성종 12년(1481)에 이조참판이 되었으나 곧 파직되었다가 성종 21년(1490) 다시 이조참판이 되었다. 재주가 있고 학문을 좋아해 글을 잘 지었고, 행서와 초서 등 글씨에 능하였다. 거문고도 잘해 '3절(三絶)'이라 불리었고 그림 또한 잘 그렸다.

120　『시경』소아(小雅) 상체(常棣)에 "상체의 꽃이여, 악연히 빛나지 않는가? 무릇 지금 사람들은 형제만 한 이가 없느니라.…할미새가 언덕에 있으니, 형제가 급난을 당하였도다. 매양 좋은 벗이 있으나, 길이 탄식할 뿐이니라[常棣之華 鄂不韡韡 凡今之人 莫如兄弟…鶺鴒在原 兄弟急難 每有良朋 況也永歎]"라고 한 데서 온 말 인데, 할미꽃과 꽃받침은 한 가지에서 나와서 서로 보호하는 작용이 있으므로 이를 형제간의 우애(友愛)에 비유한 것이다.

욕지백중상화처欲知伯仲相和處 형제들이 서로 화목하게 지내는 곳을 알고 싶어

간취고당훈여호看取高堂壎與篪 늙으신 어머니께 훈호[121]하는 모습 보니 알겠네.

공은 『시경詩經』·『서경書經』·『주역周易』·『예기禮記』·『춘추春秋』를 평생 공부로 삼고 5경의 해석문을 지어 자손들에게 가르쳤는데, 그 깊고 정밀한 구분과 조리의 관통함이 손가락으로 가리켜주는 것처럼 명료하였다.

중종조에 효렴과孝廉科에 천거되어 특별히 평강훈도平康訓導에 제수되었으나 사양하고 나아가지 않았다. 그 후에도 누차 부름을 받았으나 나아가지 않았다. 일찍이 한 달관達官이 강릉에서 벼슬하다가 고관대작高官大爵이 되어 떠나는데, 공이 비단에다 「송어시松魚詩」를 지어 송어의 배에 넣어 보냈다. 그 시의 내용은 다음과 같다.

발발섬린기력다潑潑纖鱗氣力多 은비늘 번뜩이며 기력이 왕성하니

용문구급가도과龍門九級可跳過 벼슬길 확 트여 높은 곳 오르겠네.

가련지진부지퇴可憐知進不知退 가련하게도 나갈 줄만 알았지 물러날 줄 모르니

종실창명만리파終失滄溟萬里波 끝내는 넓고 푸른 바다를 잃고 말리라.

그 사람이 송어의 배를 갈라 시를 읽어보고 괴이하게 여기고, 병을 핑계대고 벼슬을 사양하였다. 얼마 안 되어 사화士禍가 일어났으나 홀로 화를 면하였다. 고을 사람들이 그의 선견지명先見之明에 감복하였다고 한다.

공은 만년에 경포호수 북쪽에 별당 한 채를 짓고 그 당호를 '임경당'臨鏡堂이라 편액하고, 이를 취해 스스로 호를 삼았다. 백가자사百家子史의 서적이 책

---

121 『시경(詩經)』 소아(小雅) 하인사(何人斯)에 "형은 질나팔 불고 동생은 피리 부네[伯氏吹壎 仲氏吹篪]"라고 하였는데, 형제가 서로 화목하게 지내는 것을 말한다.

상 위에 쌓이고 궤에 가득하였으며, 성리학 연구에 몰두하여 강호江湖를 벗하고 영달榮達에 뜻을 두지 않고 지내니, 그때 사람들이 김처사金處士라 불렀다. 공은 이곳에서 여러 제자들과 더불어 강회를 열었다.

김열의 집 앞에는 선친께서 손수 심은 소나무 수백 그루가 있었는데, 공은 아우들과 함께 선친의 뜻을 받들어 이 소나무를 보호하고 기르는데 온갖 정성을 다하였다. 이에 공은 도의지우道義之友로 사귀던 율곡 선생에게 소나무를 가리키면서 말하기를 "나의 선친께서 손수 심으신 것인데 우리 형제 모두가 이 집에서 저 소나무를 울타리로 삼고 지내고 있네. 그래서 이 소나무들을 볼 때마다 선친을 생각하곤 한다네. 이러한 소나무를 내 스스로의 능력으로는 지키기 어려울 것 같아 도끼나 낫으로 베고 잘라 후손들에게까지 온전하게 전하지 못하고 없어질까 늘 두려운 마음뿐이라네. 그대가 이를 보호할 수 있는 교훈될 만한 말을 몇 마디 써주면 집안 사당벽에 걸어 놓고 자손들로 하여금 늘 이를 보게 하여 가슴 깊이 새기게끔 하겠네." 하니, 그때 홍문관교리였던 율곡 선생이 「호송설護松說」을 지어주었다.

그대의 아들이 그대의 뜻을 알고 그대의 손자가 또한 그대 아들의 뜻을 안다면 비록 백대 만큼이나 먼 후세에까지 이와 같은 마음의 뜻으로 전한다면 마침내 없어지지 않고 보존될 것이며, 함부로 베어 재목으로 쓰지는 않을 것이네. 어버이에게 효도하고 형제간에 우애가 깊게되는 것도 선친께서 쓰시다 남겨 놓은 물건을 보면 자연히 일어나게 되는 것이니 비록 부러진 지팡이나 헤진 미투리라도 오히려 보배로 간직하고 공경하는 마음이 우러나는 법인데 하물며 선친께서 손수 심은 나무에 있어서랴!…아버지께서 돌아가시면 그 읽으시던 책을 차마 펴놓고 읽지 못하는 것은 그 끼친 덕이 손수 쓰시어 읽으시던 책에 고스란히 남아 있기 때문이며, 어머니께서 돌아가시면 손수 쓰시던 그릇으로 함부로

임경당

호송설(護松說)

먹고 마시지 못하는 것은 그 은덕이 그릇에 남아 있기 때문인데 하물며 소나무가 우거져 그늘이 드리운 것은 손수 심고 가꾸신데서 나온 것이니 이슬과 비에 그 잎이 윤택해지며, 눈과 서리에 그 자태가 의연함을 바라보며 감회가 절로 일어나 훼손될까 두려우며, 잘라질까 슬퍼지는 것이라네. 가지 하나 잎사귀 하나가 비록 작은 것일지라도 위풍이 있고 당당하니 오히려 이 작은 것까지 손상될까 두려운데 하물며 굵은 가지와 줄기가 손상됨에 있어서랴! 진실로 금수와 같은 마음을 지니지 아니한 사람이라면 반드시 경계할 줄 알 것이니 그대는 이에 힘쓸진저! 내가 이로 인해 느낀 바가 있으니 대체로 선친께서 고됨을 무릅쓰시고 이루어 놓으신 것은 반드시 백년 세월을 기약하고 가업을 이루도록 한 것이리라. 자손이 어버이의 덕행을 본받지 못하면 남기신 유물이 훼손되어 못쓰게 되는 정도가 빨라 한해가 가기도 어려울 것이다. 이 소나무가 선친께서 손수 가꾸어 이만큼 크기까지는 수십년의 세월이 흘렀을 것이다. 이렇게 하여 오랜 세월에 걸쳐 자란 나무도 도끼와 낫으로 베어 훼손한다면 하루아침에 모두 없어져 버리게 될 것이니 가업은 이루기 어렵고 망가뜨리기는 쉬운 것과 무엇이 다르겠는가! 아! 이것이야말로 바로 그 참된 도리를 깨닫게 하는 까닭이 아니겠는가!(『율곡전서』권14).

이 글은 평소에 김열과 친하게 지내던 율곡 선생이 임경당 주변에 소나무를 잘 가꾸는 김열의 부탁으로 지어준 것이다.

2) 김열 사후의 추모사업

공은 순조 8년(1808)에 김윤신과 함께 강릉 향현사에 배향되었다. 공의 묘는 강릉부 서쪽 10리의 성산면 구산리 임좌壬坐 언덕에 있다. 묘소 인근에는 강릉김씨 부정공파 생원공 김반석金盤石, 진사공 김광헌金光軒, 임경당공 김열金說의 전사 준비와 묘제를 위한 영모재永慕齋가 있으며, 매년 음력 9월 15일과 9월 25일 2차에 걸쳐 시제를 봉행한다.

「김열 묘표비金說墓表碑」는 순조 12년(1812)에 6세손 김처진金處鎭, 김국명金國鳴, 8세손 김재광金在鑛, 김재일金在鎰, 김재호金在鎬 등이 김열의 행적과 학문세계를 전승하고 기리기 위해 세웠다. 비문은 송환기宋煥箕가 찬撰하였고, 김희순金義淳이 글씨를 썼다.

송환기가 찬한 비문에 이르기를 "일찍이 나의 선조 우암尤菴 문정공文正公이 지은 『강릉김씨 사효자행록江陵金氏四孝子行錄』의 발跋에 수백년 후에 마음이 움직여 느낀 바가 있더니, 이제 율곡 이문성공이 지은 「호송설護松說」을 보니 공의 평일의 지조와 절개의 위대함이 가히 영구히 전할 만하다"고 하였다.

잠소당潛昭堂 박광우朴光祐·쌍계당雙溪堂 김유金紐·기재企齋 신광한申光漢·어촌漁村 심언광沈彦光·현주玄洲 조찬한趙纘韓·한림翰林 최운부崔雲溥·수고당守孤堂 이치李菑 등의 제현諸賢이 모두 공을 추앙하여 각기 시문을 남겼다.

공의 후손은 정산鼎山 상하리上下里의 임경당에 계속하여 기거起居하며 제현諸賢들의 시문을 함께 걸어놓고 임경당의 면모를 빛나게 하였다. 강릉 가까운 쪽에 있는 것을 '하임경당'이라 하고, 마을 위쪽에 있는 것을 '상임경당'이라 한다. 하임경당을 대개 '임경당'이라 부르고, 상임경당은 '진사댁'이라고도 부른다. 상임경당 내에는 율곡栗谷의 「호송설護松說」을 새긴 현판과 추사秋史의 아버지인 김노경金魯卿이 쓴 '임경당臨鏡堂' 현판이 걸려 있다. 또한 봉조하奉朝賀 김이양金履陽과 상공相公 홍석주洪奭周가 선후先後하여 지은 「중수기重修記」가 있고, 수종재守宗齋 송달수宋達洙와 입재立齋 송근수宋近洙, 율곡 이이李珥의 사손嗣孫 종문種文과 우암尤庵 송시열宋時烈의 사손嗣孫 재경在慶의 판상시板上詩가 함께 있다. 그때 참되고 믿음성이 있는 사귐의 정도正道와 후세 사람이 깊이 존경하고 사모함을 볼 수 있다.

김열의 후손 김병조金秉朝는 아버지가 병이 나자 시탕侍湯하며 곁을 떠나지 않았고, 후원에 칠성단을 만들어 매일 밤하늘에 자신의 몸으로 대신할 것을 축원하였다. 백약이 효과가 없었는데 다행히 명의를 만나 처방을 물었더니 "기러기의 피가 가장 좋다"고 하였으므로 즉시 칠성단에서 축원하였다. 또한 조부모의 분묘에서 축원하였는데 홀연히 기러기 한 마리가 묘 앞에 떨어지므로 이를 잡아 피를 내어 입에 넣어드리니 잠시 후 병이 나졌다. 그 뒤 3년 후에 다시 아버지가 병이 나자 손가락을 끊어 그 피를 넣어드려 소생케 하였으며, 상을 당해서는 여묘살이를 하며 상복을 벗지 않았다.

제4장

12향현 배향의 추이

12향현 배향의 추이

　강릉 향현사에 최초로 배향된 인물은 인조 23년(1645) 최치운, 최응현, 박공달, 박수량, 최수성, 최운우 등 6명이었다. 강릉 최씨가 4명, 강릉 박씨가 2명이다. 최씨 4명 중 최치운·최응현·최수성은 필달必達의 후손이고, 최운우는 문한文漢의 후손으로 혈족을 달리한다.

　강릉지방의 토성土姓인 최씨 가문(충무공계)이 조선왕조에 들어 중앙정계에 본격적으로 진출하는 것은 태종 17년(1417) 최치운이 문과에 급제하면서 부터이다. 공의 아들 최응현은 생원·진사시와 문과에 급제한 뛰어난 학식을 갖춘 자로서 훈도에서부터 참판에 이르기까지 많은 관직을 거치면서 효와 충을 다한 인물로 평가받고 있다. 최응현은 13세에 아버지가 세상을 떠나자 모든 예를 갖추고 직접 상을 차려 향당에서 효자라 칭송받았다. 그 후 문과에 급제하였으나 노모를 모시기 위해 관직을 사양하고 강릉훈도를 자임하였다. 관직에 나아가서는 국왕으로부터 두터운 신임을 받았다. 최응현은 지역 문풍 진작에도 크게 기여했다. 그는 입신출사를 위해 애쓰는 강릉지방의 유생들이 만든 금란반월회金蘭半月會의 스승으로 추앙을 받았는데, 그들을 위해 서문을 써 주면서 벗의 사귐을 다음과 같이 일깨워주었다.

　　벗에는 두 종류가 있다. 하나는 마음으로 사귀는 벗이요[心友], 다른 하나는 얼굴로 사귀는 것이다[面友]. 심우心友는 친구가 선한 일을 하면 함께 기뻐하고, 그릇된 일을 하면 그 자리에서 질책하며, 서로 귀천을 가리지 않고 환난患難을 당하여도 변하지 않고, 분노를 서로 참는 친구라 하였다. 면우는 자기보다 어질면 미워하고, 허물이 있으면 뒤에서 흉보고, 귀한 자에게는 후하고, 천한 자에게는 박하고, 술자리에서는 친하고, 이해利害에서는 다투는 벗이라 하였다 (『三五僑記』).

박공달은 김정金淨에 의해 현량과에 천거되어 홍문관저작·병조좌랑에 올랐으나 기묘사화가 일어나자 파직되어 고향에 돌아왔다. 그 후 인종 원년(1545) 8월 승문원 교검에 임명되었으나 나아가지 않았다. 박수량은 용궁현감을 지내다 기묘사화가 일어나자 파직되어 고향에 돌아와 당숙인 박공달과 함께 경학經學을 논하면서 세월을 보냈다.

조선초기에 선비가 학문을 익히는 데는 가학家學과 사우師友관계가 중요하였다. 사림이 진출하기 이전 단계에서는 사우관계 이상으로 가학에 의한 학문 전수가 일반적이었으나, 성종대에 사림이 중앙정계에 본격적으로 진출하면서부터는 사우에 의해서 그 학문이 연마되었다.

최응현의 부친인 최치운이 학문과 사상을 형성하는데 가장 큰 영향을 준 사람이 누구인지는 직접적인 기록이 찾아지지 않아 알 수 없다. 그러나 최응현은 최치운과는 달리 영남지방의 사림들과도 교유하였음이 찾아진다. 이러한 사실은 최응현이 영남사림파의 영수였던 김종직과 그의 문인 이목李穆과 시를 주고받은 것이라든지,[1] 최응현의 가르침을 받은 강릉지역 유림의 결사체인 금란반월회의 일원이었던 최여림崔汝霖이 김종직의 문인인 김굉필·정여창

---

1   金宗直, 「충청도를 순찰하는 관찰사 최응현을 보내다[送崔觀察使應賢巡忠淸道]」(『佔畢齋集』卷 23). 李穆, 「최대사헌이 강릉으로 돌아가는데 전송하다-序를 아우르다[送崔大司憲歸江陵 幷序]」 (『李評事集』卷1).

등과 경전의 뜻을 강론한 것에서 확인할 수 있다.[2]

최수성은 김굉필의 문인이면서 조광조·김정 등과 교유하였다.[3] 조광조 등은 최수성을 현량과에 천거하기도 했다. 조광조 등이 최수성을 현량과에 천거한 것은 그가 학행과 덕행, 성리학적 소양 등을 갖추었기 때문이었다. 그것은 김굉필과 성수침 등이 최수성을 기묘명현의 최고로 인정한 데서도 알 수 있다. 그러나 최수성은 어떠한 연유인지는 알 수 없지만 관직에 나아가지 않았다. 얼마 후 기묘사화가 발발하여 그의 동지들이 처형당하는 것을 보고 술과 시·서화, 음악 등을 일삼으며 명산을 유람하였다. 그후 최수성은 남곤을 비판한 것이 화근이 되어 신사무옥 때 역적으로 몰려 처형되었다.

최운우는 높은 학식이 있으면서도 관직에 나아가지 않고 학문연구와 문풍진작에 힘썼다. 그는 처음에는 김광진과 퇴계의 문하에서 수학하였고 후에는 율곡·우계와 도의道義로서 교분을 맺었다. 칠봉 함헌과 함께 오봉서원을 창건했고, 「연곡향약」을 지어 널리 시행했다.

강릉 향현사에 최초로 배향된 6향현 중 최치운과 최응현은 출사해 참판·대사헌에 이르렀고, 박공달·박수량·최운우는 관직에 나아갔으나 기묘사화 또는 노령을 핑계대고 관직을 그만두었으며, 최수성은 아예 관직에 나가지 않았다. 그러나 이들은 효행에서 일향一鄕의 모범을 보였으며, 조선사회의 지배질

---

2 "일찍이 점필재(김종직) 문충공의 문하에 출입하였는데 공에 대한 기대와 자랑함이 매우 깊었다. 한훤당(김굉필)·일두(정여창) 등의 제현과 함께 경전의 뜻을 강론하였는데 자못 남이 깨닫지 못하는 오묘함이 있었다[嘗出入于佔畢金文忠公之門 期詡特深 與寒暄·一蠹諸賢 講論經義 頗有不得之妙]"(『嶺東地方金石文資料集』2, 崔汝霖墓表).

3 金宏弼의 門人은 趙光祖, 金安國, 金正國, 鄭鵬, 李賢孫, 柳藕, 李勣, 李湛, 崔壽峸, 禹成允, 禹成勳, 禹成功, 成世昌, 李長坤, 鄭應祥, 李延慶, 尹信, 閔龜孫, 崔忠成, 金絿, 朴漢參, 柳桂隣, 孟權, 李壽昌 등이다(『臨瀛世稿』권1, 金寒暄先生門人錄). 최수성은 "한훤 김선생(金宏弼)의 문하에서 글을 배우면서 김충암(金淨)·조정암(趙光祖) 등과 서로 좋은 벗이 되어 경전을 탐구하고 도의를 강론하니, 학문이 날로 진취되어 큰 선비가 되었다[受學于寒暄金先生之門 與金冲庵·趙靜庵相友善 探討墳典 講劚道義 問學日進 遂成大儒]"고 하였다.

서 이념인 성리학이 뿌리를 내리는 과정에서 강릉지역의 문풍 진작에 앞장서 온 인물들이었다. 『기묘명현록』에 의하면, 제현諸賢 가운데 박공달은 혁과革科, 박수량은 별과피천別科被薦, 최수성은 유사儒士로 각각 구분돼 기록되어 있는데, 이는 이들이 도학정치를 내세우며 개혁정치를 부르짖던 기묘사림과 도 관계되어 있음을 말해준다.

6향현이 배향된 지 37년 뒤인 숙종 8년(1682)에는 춘헌공 최수崔洙가 추배되었다. 일찍이 최수는 세조의 호불好佛행위와 상원사 승려의 횡포에 대해 시정해 줄 것을 지적한 바 있다.

최수가 추배된 지 77년 후인 영조 35년(1759)에는 이성무·김담·박억추가 배향되었다. 이들 3명은 모두 효자정려孝子旌閭를 받았고, 그의 후손들도 효자정려를 받아 효자 가문을 이룩하였다.

이성무는 어머니가 병이 났을 때 잉어가 먹고 싶다고 하였을 때, 그의 동생 춘무·선무·양무와 함께 겨울철에 냇가의 얼음을 깨고 잉어를 구하여 어머니께 드렸더니 어머니의 병이 나았다고 한다. 태종 때 성무 4형제는 효자정려를 받았고, 양무의 후손인 이당李堂과 이민李墅은 숙종 29년(1703)에 정려를 받았다. 김담의 효행에 대해서는 강릉부사로 있던 양사언이 공의 효를 기리는 시에서도 하늘이 효자를 먼저 알았다고 할 정도였다. 공의 두 아들 경황景滉과 경시景時, 경황의 아들 김한金埠 등도 정려를 받았다. 박억추는 생시生時에 효자정려孝子旌閭를 받은 백부伯父 박수량으로부터 학문과 도의를 익혀 유림의 사표가 되었으며, 효성도 뛰어났다. 공은 명종 10년(1555)에 효자정려를 받았다. 박수량·이성무·김담·박억추의 효행에 대해서는 『동국신속삼강행실도東國新續三綱行實圖』에 기록되어 있다.

이처럼 효행이 뛰어난 선조를 향현으로 배향해 받드는 것은 조선왕조의 정표정책과 맥을 같이하는 것이었다. 조선왕조의 정표정책은 태조 원년(1392)

7월에 그 방침을 밝힘으로써 시작되어 순종조까지 계속되었고, 시대별로 차이는 있으나 삼강三綱의 변이 있거나 유교적 질서회복을 위해서는 역대 제왕이 직접 나서 정표정책을 적극 추진해 왔다. 따라서 조선시대에 정표된 효행의 다양한 사례들은 많은 사람들을 감동시키고 교화의 일익을 담당함으로써 유교적 인간상을 정립하는데 중요한 역할을 하였다.

사족의 경우 정표되는 자체가 가문의 명예로 인식되었다. 특히 17세기 이후 학문적 경향으로 예학이 발달되고 문벌 의식이 나타나면서 정표자에 대한 제향이 크게 늘어나고 있음을 볼 때, 강릉 향현사의 효행자 배향은 정표정책에 적극 참여하려는 사림들의 뜻이 반영된 것으로 이해된다.

순조 8년(1808)에는 김윤신과 김열이 마지막으로 향현사에 배향되었다. 김윤신은 일찍이 금란반월회 회원으로서 선략장군 남윤문과 함께 상원사의 작폐를 지적하면서 유교에 근본을 둔 사회질서 확립에 힘썼으며, 후일 관직을 그만두고 향리에 돌아와서는 문풍교화에 힘썼다. 김열은 지극한 효성과 함께 성리학을 깊게 탐구했으며 율곡과는 도의지교道義之交를 맺었는데, 이는 율곡이 김열에게 지어 준 「호송설護松說」에 잘 나타나 있다.

강릉 향현사에 배향된 인물을 살펴보면, 하나는 그들의 생존시기가 1390년에서 1605년 안에 있다는 점이고, 다른 하나는 입신출사를 위한 강릉지방 유생들의 결사체인 '금란반월회'와 밀접한 관계가 있다는 점이다. 가령 최응현은 금란반월회의 스승이고, 최수와 김윤신은 계원이며, 최치운과 최수성은 최응현의 직계 존비속이다. 김열과 김담은 금란반월회 회원인 김지金墀[4]의 손자이며, 최운우는 회원 최자점崔自霑[5]의 증손이다. 박공달은 회원 박시문朴始

---

4   호는 굴산(堀山)이며 훈도(訓導)를 지냈다.

5   자는 자흡(子洽), 호는 괴헌(槐軒)이다. 세조 11년(1465) 생원시에 입격하고 성종 3년(1472) 춘당대시(春塘臺試)에 병과로 급제하였다. 그후 사간원정언(司諫院正言)으로 있었으나 간신들의 비위

文[6]의 조카이며, 박수량과 박억추는 박시문의 재종손(사촌 형제의 손자)과 재증손(육촌의 손자)이 된다.

강릉의 12향현은 군자에서 효자·철인에 이르기까지 실로 다양한 인물이 배향되었다. 물론 대성大姓들 사이에서는 자신들의 조상을 향현으로 배향하려는 노력도 일부 반영됐을 것이다. 그러나 이들을 배향하는 과정에서 여타 대성들로부터 큰 반발은 없었던 것으로 보인다. 그것은 추향 과정에서도 중앙의 정표정책에 따라 백행百行의 근본이 되는 효행에서 뛰어난 인물을 선정했기 때문이라 생각된다.

에 거슬려 고성군수(高城郡守)로 물러났다. 이 때 강원감사로 있던 박원종(朴元宗)이 간신들의 사주를 받고 자점을 파직시키려고 사람을 시켜 그의 재산을 조사하라 하였더니 서책(書冊) 몇 권뿐이었다. 이에 감사가 탄복하고 그를 찾아가 사죄하였으나, 벼슬을 그만두고 관직에 나아가지 않았다고 한다.

6 박시문은 예종 즉위년(1468) 생원시에 입격하고 성종 17년(1486) 문과에 급제하여 군수(郡守)를 지냈다.

부록

『**강릉향현행록**江陵鄕賢行錄』

·번역문

·원문

일러두기

• 이 책은 1931년 강릉향현사에서 간행한 『강릉향현행록(江陵鄕賢行錄)』을 대본으로 삼았다.
• 번역은 본디의 뜻[原義]에 충실을 기하였으며, 직역(直譯)만으로는 정확한 원의의 전달이 곤란한 경우에는 의역(意譯)하여 독자의 이해를 도모하였다.
• 한시(漢詩)는 원문(原文)과 번역문을 함께 수록하였고, 그 외의 글은 번역문을 앞에 실었고 끝에 원문을 실었다.
• 어려운 용어는 이해를 돕기 위해 첨자로 한자(漢字)를 병기하였다.
• 맞춤법과 띄어쓰기는 '한글 맞춤법'을 따르는 것을 원칙으로 하였고, 주석(註釋)은 각주(脚註)로 처리하였다.
• 이 책에 나오는 부호는 다음과 같이 구별하여 사용하였다.
  1) [ ] : 음은 같지 않으나 뜻이 같은 경우의 한자.
  2) 〈 〉 : 보충역(補充譯)을 묶은 것.
  3) " " : 인용문 및 대화체를 묶은 것.
  4) ' ' : " "로 묶은 인용문 및 대화체 안에서의 재인용을 묶은 것.
  5) 『 』 : 책명을 묶은 것.

• 이 책의 번역을 담당한 사람은 다음과 같다.

〈번역〉

朴 道 植(강릉문화원부설 평생교육원 교수, 문학박사)

1. 조은釣隱 **최선생**崔先生

선생의 성은 최崔, 이름은 치운致雲, 자는 백경伯卿, 호는 경호鏡湖·조은釣隱, 본관은 강릉이다. 고려 경흥부원군慶興府院君 충무공忠武公 필달必達의 후손이며, 명주군溟州君 한주漢柱는 선생의 고조高祖이다. 증조曾祖 추湫는 전농소윤典農少尹에 추증追贈되었고, 조祖 원량元亮은 생원·진사에 모두 합격하고 삼사좌윤三司左尹을 역임하고 99세까지 살았다. 석간石磵 조운흘趙云仡[1]이 강릉부사로 있을 때, '연모달존年耄達尊의 문門'이라는 정려를 내렸다. 부친 안린安麟은 생원生員으로 병조참판에 추증되었고, 모친은 정선전씨旌善全氏로 낭장郎將을 지낸 인구仁具의 딸이다.

홍무 23년 경오(공양왕 2, 1390) 6월 19일에 모부인母夫人이 호랑이를 탄꿈을 꾸고 강릉 사제私第에서 선생을 낳았다. 선생은 영민하고 비범하여 학문에 힘써 성리서性理書에 능통하였다. 태종 무자년(1408)에 생원이 되었고, 임진년(1412)에 향유鄕儒 60여 인과 함께 공장供狀을 조정에 올려 강릉향교를 중건하였다. 정유년(1417)에 급제하여 세종 기해년(1419)에 승문원 정자承文院正字에 보임되었고, 경자년(1420)에 저작著作·박사博士로 승진하였다. 신축년

---

1 충숙왕 복위 원년(1332)~태종 4년(1404). 고려후기의 문신으로 본관은 풍양(豊壤)이다. 이인복(李仁復)의 문인이며, 공민왕 6년(1357) 문과에 급제하여 안동서기(安東書記)가 되었다. 합문사인(閤門舍人)을 거쳐서 첨서밀직사사(簽書密直司事)에 오르고, 공양왕 2년(1390)에는 계림부윤(鷄林府尹)이 되었다. 1392년 조선 개국 후에 강릉부사로 제수되었으나 이듬해 칭병으로 사직하고, 광주로 내려갔다가 다시 검교정당문학(檢校政堂文學)이 되었다. 그 뒤로 관직에서 떠나 여생을 보내다가 스스로 묘지를 짓고 73세에 세상을 떠났다. 강릉부사를 지낼 때 청렴결백하였으며 공명정대하여 백성들이 잘 따랐다.

(1421)에 부교리副敎理가 되고, 임인년(1422)에 집현전 수찬集賢殿修撰에 선임되었다. 계묘년(1423)에 부모상父母喪을 당하여 3년 동안 여묘살이를 하였다.

담제禫祭²를 지내기 전에 전농주부典農注簿에 임명되었고, 병오년(1426)에 서장관書狀官으로 북경北京에 다녀온 후 교리敎理가 되었다. 무신년(1428)에 다시 서장관으로 북경에 다녀왔다. 경술년(1430)에 지제교知製敎를 겸하고, 임자년(1432)에 의정부 사인議政府舍人을 제수받고 춘추관 기주관春秋館記注官과 첨지승문원사僉知承文院事를 겸하였다. 계축년(1433)에 예문관藝文館에 입직하였는데, 그때 파저강婆猪江³ 야인野人 이만주李滿住가 변방을 노략질하였다. 세종이 최윤덕崔閏德으로 하여금 군사를 이끌고 문죄問罪할 때, 선생은 종사관從事官이 되어 적경賊境에 이르러 헌첩獻捷⁴하니 선생의 공이 컸다. 임금이 크게 기뻐하여 통훈대부通訓大夫 승문원사承文院事에 몇 관등을 뛰어넘어 제수하였다. 갑인년(1434)에 춘추관 편수관春秋館編修官에 승진하였고, 을묘년(1435)에 공조·예조·이조참의를 지냈다. 무오년(1438)에 좌승지에 임명되고 경연 참찬관經筵參贊官과 홍문관 직제학弘文館直提學을 겸하였다. 이 해에 매월당梅月堂 김공金公이 한양에서 태어났는데, 선생이 한 번 보고 기이하게 여겨 이름을 시습時習⁵이라 하였다. 5세에 이르러 신동神童이라 칭하니 당시 사람들이 그의 인품을 식별하는 것에 감복하였다.

---

2 대상(大祥) 다음 다음 달에 지내는 제사. 초상으로부터 27개월 만인, 즉 대상을 지낸 다음 다음 달 하순의 정일(丁日)이나 해일(亥日)을 택하여 지낸다. 아버지가 생존한 어머니상(喪)이나 처상(妻喪)은 초상 후 15개월 만에 지내는데, 제주(祭主)는 하루 전에 목욕을 하고, 상복 대신 담색복(淡色服)을 입고 가솔과 함께 제상을 사당 문 밖에 놓고 분향·배(拜)·헌(獻)·독축의 순으로 지낸다. 담사(禫祀)라고도 한다.

3 동가강(佟家江·佟佳江)의 다른 이름. 중국의 요녕성(遼寧省)과 안동성(安東省) 경계에 있는 압록강(鴨綠江)의 지류이다.

4 전쟁에 이기고 돌아와서 포로를 바쳐 조상의 영묘(靈廟)에 성공을 고하는 것.

5 '시습'이라는 이름은 『논어』 학이편에 나오는 "배우고 때때로 익히면 또한 기쁘지 아니한가[學而時習之 不亦說乎]"라는 문장에서 따왔다.

기미년(1439)에 야인 동창童倉 등이 이만주와 더불어 모반謀叛하려 하자, 임금이 명나라에 보낼 주청사奏請使[6]를 인선할 때 선생을 가선대부嘉善大夫[7]로 승진시켜 파견하였다. 선생이 사신의 임무를 잘 처리하고 명 황제의 칙서勅書를 받아 돌아오니, 임금이 예를 갖추어 교외에서 영접해 잔치를 베풀어 위로하고 이어서 안마鞍馬와 토지 500결結과 노비 30구口를 하사하였다. 선생이 굳이 사양하며 7차례나 상소를 올리자, 상공相公 허조許稠가 "이 사람은 인사치레로 사양하는 것이 아니고 진실한 마음에서 원하지 않는 것이니, 마땅히 그 이름을 이루게 하소서" 하니, 임금이 그대로 따랐다. 예문제학과 형조·이조참판에 얼마 있다가 옮겨 집현전 제학과 세자 우빈객을 겸하였다. 선생이 경연에 들 때마다 세자가 계단에 내려와 맞이하니 선생이 예에 어긋난다고 하여 사양하였다.

임금이 관리의 형벌을 적용함에 바르지 않고 법을 다스림에 정밀하지 않음을 근심하여 선생에게 명하여 『무원록無寃錄』을 주해註解하게 하였다. 이어서 이학배吏學輩를 데리고 율문律文을 강해講解하고, 무릇 의문 나는 형벌을 판결할 때는 반드시 선생을 불러 의논하게 하니 공평하게 돌이키는 바가 많았다.

선생은 술을 좋아하여 임금이 직접 글을 내려 이를 경계하라 하니, 벽에 붙여놓고 출입할 때마다 보고 반성했다. 혹 밖에서 취하여 돌아오면 부인이 벽을 가리키며 이를 보게 하니, 선생은 책상머리에 머리를 두드리고 술 마시

---

6 조선시대 대중국관계에서 외교관계로 보내던 비정규적인 사절 또는 그 사신. 정치적으로나 외교상으로 청할 일 또는 알려야 할 사항이 있을 때 중국에 임시로 파견하였다. 때에 따라 진주사(陳奏使) 혹은 주문사(奏聞使)라고도 하였다.

7 조선시대 종2품의 문관과 무관에게 주던 품계. 종2품의 하계(下階)로서 가정대부(嘉靖大夫)·가의대부(嘉義大夫)보다 아래 자리이다. 『경국대전』 이후로 문무관에게만 주다가, 『대전회통』에서는 종친(宗親)과 의빈(儀賓, 임금의 사위)에게도 주었다.

기를 절제하였다.

일찍이 관문官門의 행길 위에 밥덩이가 떨어져 있기에 땅에 일부러 부채를 떨어뜨려 이를 주워 삼켰다. 후에 명나라에 사신으로 갔을 때 관상을 보는 사람이 말하기를 "그대는 남몰래 행한 덕이 있으니, 밥덩이를 주워먹은 것이 이 것이로다"고 하였다.

일찍이 이조참판이 되었을 때 수레를 타고 저자 거리를 지나다가 우연히 고향 사람인 호장戶長 이맥李陌을 만났다. 그는 선생의 친척 6촌간이었는데, 헤진 갓을 쓰고 남루한 옷을 입고 있어 소매로 얼굴을 가리고 숨었다. 이에 수레에서 내려 불러서 "이형은 어찌하여 나를 보지 않으려고 피하십니까?" 하고 이야기를 오랫동안 나누니 그의 너그러운 마음씨가 대개 이와 같았다.

어느날 「자모석慈母石」이라는 시를 읊었는데, 그 대략에

암석강두준여벽巖石江頭峻如壁	암석은 강머리에 절벽처럼 솟아 나와 있어
주인지위자모석舟人指爲慈母石	뱃 사람들은 손가락질하면서 자모석이라 했다.
아문자모명我聞慈母名	내가 자모석의 이름을 들으면서
기아부모사起我父母思	부모님 생각이 났다.
망극지은진난보罔極之恩眞難報	끝없는 은덕 진실로 갚기가 어렵지만
이금뢰유이충효而今賴有移忠孝	이제 힘입어 충효로 대신하리라.
행당갈력사명군行當竭力事明君	행하고 힘을 다하여 명군을 섬겨서
서가계명수이친庶可揚名酬二親	이름을 널리 떨침이 양친께 갚는 것이리.

라고 하였다. 대개 그 충효忠孝와 심성心誠이 발하는 바이다.

경신년(1440)에 또 동창童倉이 경성鏡城지방에 거주하기를 청하는 일로 명나라에 가서 칙서勅書를 다시 받고, 황제가 하사한 옥홀玉笏과 학정금각대鶴

頂金角帶를 가지고 돌아왔다. 임금이 기뻐하여 안마鞍馬를 하사하였다. 선생이 명나라에 다녀온 것이 무릇 다섯 번이었다. 이로부터 용퇴할 것을 결심하고 강릉江陵으로 돌아올 즈음에 도성 백성들이 머무르기를 바라는 것이 사마광司馬光[8]이 낙양洛陽으로 돌아감과 같았다. 이해 12월 17일 본가에서 병사病死하니 향년 51세였다.

부음訃音을 들은 임금이 크게 슬퍼하여 어의御醫 양홍수楊弘遂가 치료의 때를 놓쳤음을 벌하고, 예관禮官 이하성李夏成을 보내 제사를 지내게 하였다. 제문祭文에 이르기를

> 경의 몸가짐은 수려秀麗하고 도량은 넓고 너그러웠으며, 경륜은 뛰어나고 학식은 정밀하고 통달하였다. 지난번 북방 야인을 정벌하는데도 자못 큰 공적이 있어 내가 중히 여겨 후설喉舌[9]로 발탁하였다. 여러 해 동안 왕명王命의 출납出納을 여러 해 동안 맡아 충성스러운 말을 아룀이 매우 간절했다. 명明 조정에 여러 차례 아뢰니 명 황제도 유음兪音을 내리었다. 내가 이를 가상히 여겨 은총을 더욱 베풀었다. 형조와 이조에서 판단이 돋보여 장차 크게 등용해서 영원히 보필하는 신하로 삼고자 했었노라.

---

8 중국 북송의 정치가·사학자. 자는 군실(君實), 호는 우부(迂夫)·우수(迂叟), 시호는 문정(文正)이다. 그는 고결한 도덕성을 가지고 있었으며, 학문에 조예가 깊었을 뿐만 아니라 뛰어난 정치가이기도 했다. 1069년~85년에는 개혁가 왕안석의 급진적인 개혁에 반대하는 당파인 구법당을 이끌었다. 유교경전 해석에 보수적 입장을 취했던 그는 단호한 조치보다는 도덕적인 지도력을 통해, 그리고 엄청난 변화보다는 기존 기구의 활성화를 통해 훌륭한 정부를 만들 것을 주장했다. 죽기 직전에 왕안석 일파의 신법당을 조정에서 제거하는 데 성공했으며, 재상인 문하시랑에 임명되자 왕안석이 시행한 개혁정책을 대부분 폐지했다. 편찬국 관리들과 함께 펴낸 『자치통감』은 B.C 403년~A.D 995년의 중국역사를 다룬 것으로 공자가 편찬했다고 알려져 있는 『춘추』에 버금가는 중국의 가장 뛰어난 역사서 가운데 하나이다.

9 목구멍[喉]과 혀[舌]라는 뜻으로 왕명 출납을 맡은 승정원 관원을 말함. 『시경』 「증민(烝民)」에 "왕명을 출납하니, 왕의 후설이다[出納王命 王之喉舌]"고 하였다.

하고 부의賻儀를 후하게 내렸다.

　문종이 동궁東宮으로 있을 때 응교應敎 김문金汶을 보내어 제사를 지내게 하였다. 그 제문祭文의 대략에

　　학문은 경사經史에 달통하여 빛나는 명성이 일찍 드러났다. 이리하여 내가 지극히 존경하고 더욱 돈독하게 생각했노라. 특히 숭앙崇仰받을 위치에서 빈객으로 몸을 낮추어 여러 해 동안 가르침에 본받을 바가 많았다.

라고 하였다. 유구국琉球國 사람들도 제문이 있었고, 대마도주對馬島主도 후한 부물賻物을 보내왔다. 이듬해 신유년(1441) 2월 12일에 강릉부 북쪽 조산助山 경좌庚坐 언덕에 안장하였다.

　매죽헌梅竹軒 성삼문成三問·완역재玩易齋 강석덕姜碩德·경은耕隱 조서강趙瑞康·연빙당淵冰堂 신석조辛碩祖·송정松亭 김반金泮·존양재存養齋 이계전李季甸·단계丹溪 하위지河緯地 등 제현諸賢의 만시輓詩[10]가 있다. 지제교知製敎 남수문南秀文이 비문의 서序를 짓고, 직제학直提學 유의손柳義孫이 명銘하였으며, 직제학直提學 최흥효崔興孝가 글씨를 썼고, 대제학大提學 정척鄭陟이 전자篆字를 썼다.

　선생이 세상을 떠난 지 206년 후 인조 을유년(1645)에 강릉 향현사에 수향首享되었다. 그 후 영의정 이유원李裕元[11]이 신도비문神道碑文을 짓고, 판서

10　만시(輓詩)는 죽은 사람을 애도하여 지은 글로, 만장(輓章)·만사(輓詞)라고도 한다. 형식은 대개 5언 절구와 5언 율시 또는 7언 절구와 7언 율시이다. 그리고 만장을 모아서 종이에 쓴 뒤 대나무 장대에 매달아 고인의 초상집에 비를 맞지 않게 세워두었다가 묘지에 도착하여 산역(山役, 무덤을 만드는 일)을 끝내고 나면 태우지만, 모아 두었다가 문집이나 일대기를 담은 행장록을 만들 때 부록으로 싣기도 하고, 사당을 만들 때 글들을 목판에 새겨 사당에 현판으로 걸어두기도 한다.

11　순조 14년(1814)~고종 25년(1888). 조선후기의 문신. 본관은 경주, 자는 경춘(景春), 호는 귤산(橘山)·묵농(墨農), 시호는 충문(忠文)이다. 헌종 7년(1841) 정시문과에 병과로 급제하고, 헌종 11

조석여曹錫興[12]이 글씨를 썼다. 부인 함씨는 선생이 죽은 후부터 애통함과 슬픔에 잠겨 지냈다. 혹 잠깐 잠이 들면 선생이 와서 자리를 같이 하니, 신령이 옆에 있어 길흉을 고하는 것 같았다. 상을 마치고 여묘廬墓를 파하고, 다시 무덤 옆에 작은 집을 짓고 아침저녁으로 분향焚香하기를 3년이 흘렀다. 어느 날 저녁 어두컴컴한 밤에 선생이 부인에게 고하기를, "그대는 89세를 누리리라" 하였다. 이후 부인은 이때까지 살다가 정경부인貞敬夫人에 봉해졌다. 경자년(1480) 12월에 이르러 부인이 병이 들어 여러 자손에게 말하기를, "금년은 내 남편과 서로 만나기를 기약했고, 내일은 남편의 기일忌日이니 내 마땅히 같은 날 죽으리라"라 했다. 저녁 때에 이르러 제사를 지냈느냐고 자주 묻더니 갑자기 세상을 떠나 기이했다. 같은 곳에 합장合葬하고, 달성군達成君 서거정徐居正[13]이 비문碑文을 지었다. 선생의 유집遺集이 『임영세고臨瀛世稿』로 간행하였다.

년(1845) 동지사(冬至使)의 서장관(書狀官)으로 청나라에 다녀온 후 의주부윤(義州府尹)·함경도 관찰사를 역임하고 좌의정에 이르렀다. 흥선대원군이 집권하자 고종 2년(1865) 수원유수(水原留守)로 좌천되었다가 중추부영사(中樞府領事)로 전임되어 『대전회통(大典會通)』 편찬 총재관(摠裁官)이 되고, 고종 10년(1873) 흥선대원군이 실각하자 영의정에 올랐다. 고종 19년(1882) 전권대신(全權大臣)으로 일본의 변리공사(辨理公使) 하나부사 요시타다[花房義質]와 제물포조약을 조인하였다.

12 순조 13년(1813)~?. 조선후기의 문신으로 본관은 창녕(昌寧), 자는 치경(穉敬), 호는 하강(荷江)이다. 이조판서 조석우(曹錫雨)의 아우이다. 헌종 14년(1848)에 참봉으로서 별시문과에 병과로 급제, 도당록(都堂錄)에 뽑히었다. 경상도암행어사를 거쳐 고종 3년(1866)에 황해도관찰사, 고종 20년(1883)에 이조판서에 이르렀다. 글씨를 잘 썼다.

13 세종 2년(1420)~성종 19년(1488). 조선전기의 문신·학자. 본관은 달성(達城), 자는 강중(剛中), 호는 사가정(四佳亭)로 권근(權近)의 외손자이다. 세종 26년(1444) 식년문과에 급제하고, 문종 원년(1451)에 사가독서(賜暇讀書) 후 집현전박사 등을 거쳐 성종 원년(1470) 좌찬성(左贊成)에 이르렀으며, 이듬해 좌리공신(佐理功臣)이 되고 달성군(達城君)에 책봉되었다. 조선전기의 대표적인 지식인으로 45년간 세종·문종·단종·세조·예종·성종의 여섯 임금을 모셨으며 신흥왕조의 기틀을 잡고 문풍(文風)을 일으키는 데 크게 기여했다. 당대의 혹독한 비평가였던 김시습과도 미묘한 친분관계를 맺은 것으로 유명하다.

2. 눌재訥齋 이선생李先生

선생의 성은 이李, 이름은 성무成茂, 자는 성시聖始, 호는 눌재訥齋이나 향인鄕人이 백원당百源堂이라 불렀다. 본관은 영해寧海로 신라 사도司徒 입전立全의 후손이다. 고조 연동延東은 고려조에 문하시랑門下侍郞이라 영해군寧海君에 봉해졌고, 증조 선위先偉은 동정별장同正別將을 지냈으며, 조부 을년乙年은 문과에 급제하여 부령府令을 지냈다. 부 장밀長密은 호부전서戶部典書로 문장文章과 절행節行이 뛰어났고, 조선이 건국되자 조정의 명을 받았으나 강릉으로 퇴거하였다. 모친은 강릉최씨江陵崔氏로 호장戶長 하河의 딸이다.

선생은 강릉 호가리虎街里(지금의 옥천동)에서 태어났다. 어려서부터 뛰어나게 영리해 다른 아이와 사뭇 판이하였으며, 착한 행실은 물론 효성孝誠과 우애友愛가 지극하여 이름이 널리 알려졌다. 이는 타고난 천성天性이 그렇기 때문이었다. 아우 선무善茂·춘무春茂·양무良茂 세 사람과 함께 우애가 매우 돈독하고 효성이 지극하니 모든 사람이 탄복하여 사난四難이라 일컬었다. 그 4형제의 효성과 우애가 난형난제難兄難弟였기에 이렇게 일렀다.

선생이 일찍이 여러 아우에게 말하기를, "옛날 장공예張公藝[14]는 9세世가

---

14 중국 운주(鄆州) 수장(壽張) 사람으로 북제(北齊), 북주(北周), 수(隋), 당(唐)나라에 걸쳐 99세 동안 장수하고, 한 집에서 9세가 화목하게 같이 살았다는 구세동거(九世同居) 고사의 주인공이다. 『구당서』권188, 열전에 따르면 다음과 같은 이야기가 있다. "운주 수장 사람 장공예는 9세가 동거하였다. 북제 때 동안왕(東安王) 고종(高宗)이 태산(泰山)에 일을 보고 돌아가는 중에 운주에 들르게 되었는데, 장공예의 집을 방문하여 9세가 같이 살 수 있는 비법을 물었다. 그러자 공예는 참을 인(忍) 자 100여 자를 쓴 것을 보여주며 답했다고 한다. 고종이 이에 감격하여 비단을 하사하였다." 여기서 '참는 것이 덕이 된다[忍之爲德]'라는 말이 나왔다.

함께 살았다. 이제 우리 형제는 같은 집에서도 함께 살지 못하니 어찌 감히 마음이 즐겁다 하겠는가?" 하고, 집 한 채를 지으니 그 법도에 조리條理가 있었다. 그리하여 식사 때에도 같이하고, 잠자리에서도 이부자리를 함께 하며 잠시라도 부모 곁을 떠나지 않고 정성을 다해 봉양하였다. 또한 스스로 이르기를 "내가 어버이를 섬기는데 사랑과 공경으로 다하지 못하지만, 내 아우 셋이 그 힘을 다하여 봉양함에 힘입어 내가 안심이 된다. 옛날 사마우司馬牛[15]는 형제가 없어 외로움을 근심하였으나, 나는 형제가 있어 외롭지 않아 기쁘다"고 하였다.

또한 "신체와 모발은 부모로부터 받은 것이니 어찌 감히 훼상毀傷할 수 있겠는가? 세상에 간혹 어버이를 위하여 손가락을 자르거나 넓적다리를 베는 사람이 있으니, 그 정성이 돈독하다면 돈독하고 효성스럽다면 효성스럽다고 할 수 있지만, 어찌 수족手足의 존귀尊貴함을 일깨움에 어긋난다고 하지 않으리오?"라고 하였다. 부친상을 당하여 3년 동안 여묘살이를 함에 경대經帶를 벗지 않고 정성과 예를 다하였다.

일찍이 스스로 경사經史를 폭넓게 익히고 의리義理를 쫓았으며, 그 밖의 일은 문장에 힘쓰고 과거에는 한 번도 응시하지 않았다. 가훈家訓을 이어받아 강가의 송어나 연어라도 임금에게 진상進上[16]하기 전에는 감히 먼저 맛보지 아

---

15 공자의 제자로 춘추시대 송(宋)나라 사람. 『논어』 「안연(顏淵)」에 "사마우가 근심하기를, 남들은 다 형제가 있는데 나만 홀로 없습니다."라고 하자, 자하(子夏)가 말하기를 "제가 듣기를 남에게 공손하고 예(禮)가 있으면 온 천하 안이 다 형제이니, 어찌 군자가 형제 없음을 한탄하겠습니까?[司馬牛憂曰 人皆有兄弟 我獨亡 子夏曰 商聞之矣 死生有命 富貴在天 君子敬而無失 與人恭而有禮 四海之內皆兄弟也 君子何患乎無兄弟也]"라고 한 말에서 나온 고사이다.

16 진상은 각도관찰사, 병마·수군절제사를 위시한 지방장관이 국왕에게 봉상(奉上)하는 예물(禮物) 또는 봉상하는 행위를 가리킴. 진상물은 이들 지방장관이 관하 각관(各官)에 부과하여 이를 마련한 다음, 군수(郡守)·현감(縣監) 중에서 차사원(差使員)을 선정하여 물목(物目)과 수량을 사옹원(司饔院)에 상납하였다. 진상의 종류에는 물선진상(朔望進上, 別膳, 日次物膳 및 到界, 瓜遞進上) 방물진상(明日方物, 行幸·講武方物), 제향(祭亨)진상, 약재(藥材)진상, 응자(鷹子)진상, 별례(別例)진상 등이 있었다.

니하고, 나라의 제삿날에는 어버이 제사와 같이 정성껏 행하고, 아는 사람의 상喪 소식을 들으면 허둥지둥 달려가서 조문하고 하루 종일 행소行素[17]하였다.

모부인이 나이 79세에 임하여 병환이 들자, 선생이 세 아우와 함께 분향焚香하고 하늘에 빌기를 자식으로서 어머니의 목숨을 대신하여 줄 것을 기원하였더니, 잠시 후에 모부인이 홀연히 깨어나서 말하기를 "꿈에 어떤 사람이 나에게 이르기를 '부인의 네 아들의 효성이 이와 같이 지극하니, 하늘이 장차 높은 벼슬로써 갚고 또한 부인의 수명을 더할 것이오'라고 하였다"고 했다. 얼마 후 부인이 잉어회를 먹고 싶다고 하였다. 이 때는 추운 겨울이라 잉어를 구할 방도가 없었다. 선생이 세 아우와 함께 냇가(남대천 연화봉 아래)에 나갔는데 얼음이 돌과 같이 얼어 있었다. 얼음을 두드리면서 하늘에 우러러 말하기를 "하늘이여! 하늘이여! 원하건대 잉어 한 마리를 얻어 어머님의 병환이 낫게 해 주소서" 하니, 얼음이 갑자기 갈라지면서 두 마리의 잉어가 뛰어 나왔다. 그것을 가지고 돌아와 공양하니 어머니의 병환이 약을 쓰지 않고도 마침내 나았다.

마을 사람들이 감탄하여 말하기를 "이 사람의 효성은 하늘이 낸 것이다"라 하였다. 그 소문이 원근遠近에 전파되어 궁궐에까지 알려져서 태종 정유년(1417)에 4형제의 정려旌閭를 내리고, 4형제에게 사정司正 벼슬을 제수하고 그 자손에게 복호復戶하였다. 또한 사헌부 감찰司憲府監察을 특별히 제수하니 선생이 탄식하며 말하기를 "천은天恩을 외람되이 받으니 마음에 부끄러울 뿐이다. 지난번 잉어를 얻은 것은 실로 우연한 일이고, 내가 효성과 우애가 부족함이 사실인데 포상褒賞이 이와 같으니, 정情에 넘치는 부끄러움이 이보다 더할 수 없다" 하고 끝내 벼슬길에 나아가지 않았다.

---

17   비통한 생각에 고기는 먹지 않고 채식만 하는 것을 말함. 소반(素飯) 혹은 소식(素食)이라고도 한다.

임금이 이 말을 듣고 "옛날에 왕상王祥[18]이 어머니 병환에 얼음을 두드리어 물고기가 뛰어올랐거늘, 지금 성무 형제가 또한 그러하니 앞의 효와 뒤의 효는 하늘과 땅에 함께 본보기가 되어 탄복하여 눈물이 흐르는 것을 깨닫지 못하겠노라" 하며 특별히 삼강행실시三綱行實詩 2수首를 내렸다.

팔질자친와의상八耋慈親臥蟻床	팔십 늙으신 어머니 병상에 누워서
경시무물구감상經時無物口堪嘗	철이 지나 없는 물고기 먹고 싶다네.
가련사자고빙읍可憐四子敲氷泣	가련한 네 아들 얼음 두드리며 슬피우니
발발금린작사상發發金鱗斫似霜	펄펄 뛰는 금비늘이 서릿발 같구려.

천인상감리분명天人相感理分明	하늘과 사람이 서로 감응한 것 분명하고
만고동연재일성萬古同然在一誠	만고에 같은 것은 지극한 효성뿐이네.
근일명주소식호近日溟州消息好	근일 명주에 좋은 소식 있으니
왕상기독천명성王祥豈獨擅名聲	왕상이 어찌 혼자만의 명성을 차지하랴.

임금의 칭찬이 이와 같이 극진하니 모든 사람이 다같이 부러워하여 "이씨 일문一門에 네 왕상王祥이 태어났으니, 참으로 천고千古에 드문 일이다"라고 하였다.

선생은 부모에게 효도하고 형제간에 우애하는 일 외에는 항상 수신修身과

---

18 중국 24효(孝) 중의 한 사람으로, 자는 휴징(休徵), 시호는 원(元), 임기(臨沂) 사람이다. 자기에게 잔인하게 대하는 계모를 지극한 효성으로 봉양했다. 계모는 산 물고기 먹기를 좋아했다. 한번은 겨울에 계모에게 잉어를 대접하기 위해 강에 내려가 얼음을 깨려고 하자 얼음이 절로 벌어져 한 쌍의 잉어가 뛰어 나왔다는 것이다. 그 밖에도 몇 가지 일화가 있다. 시에 나오는 당리(棠梨) 운운한 것은 그의 계모가 팥배나무의 열매를 지키라고 하여, 그는 비바람이 칠 때마다 그 나무를 부둥켜 안고 울었다는 것이다.

제가齊家의 도道에 마음을 두었다. 일찍이 소자邵子[19]의 말을 되새기며 말하기를

> 입으로 말하는 것은 몸으로 행하는 것보다 못하고, 몸으로 행하는 것은 마음
> 으로 정성을 다하는 것만 못하다. 입으로 말하는 것은 사람이 들을 수 있고,
> 몸으로 행하는 것은 사람이 볼 수 있으며, 마음으로 정성을 다하는 것은 신神
> 이 알 수 있다. 사람의 총명한 것도 속일 수가 없는데, 하물며 신의 총명한 것이
> 야 말할 것이 있겠는가? 그러므로 입에 부끄럽지 않은 것은 몸에 부끄럽지 않
> 은 것만 못하고, 몸에 부끄럽지 않은 것은 마음에 부끄럽지 않은 것만 못하다.
> 아름답도다. 말이여! 내가 마음으로 그것을 다 할 수 없으니 어찌 마음에 부끄
> 러움이 없겠는가? 내가 몸으로 그것을 행하지 않으니 어찌 몸에 부끄러움이 없
> 겠는가? 또한 입으로 그것을 말할 수 있으니 어찌 입이 부끄럽다 하지 않겠는
> 가? 차라리 말을 더듬어서 입을 둔하게 하는 것이 말하는 것보다 나을 것이다.

라 하고 '눌訥'이라는 글자 하나를 골라 자호自號로 삼으니, 그 인물됨이 더욱
돈독하고 치밀함을 가히 알 수 있다.

선생의 생졸년월生卒年月과 묘가 전하지 않아 단壇을 위촌리渭村里 선산先
山에 설치하고 1년에 한 번 제사를 지냈다. 선생의 아우 양무良茂의 후손 통사
랑通仕郎 당堂과 통사랑 민 형제가 또한 효성이 지극했다. 숙종 병술년(1706)
에 그 문려門閭를 특별히 나타내니 그 유풍流風의 여운餘韻은 모두 선생으로
부터 유래한 것이다.

영조 기묘년(1759)에 향현사에 승향陞享되었다. 정효각旌孝閣은 성곡聲谷

---

19 중국 송(宋)나라의 학자·시인. 호는 안락선생(安樂先生), 자는 요부(堯夫), 시호는 강절(康節)이다.
　　소강절(邵康節)이라 불릴 때도 많다. 이정지(李挺之)에게서 도가(道家)의 학문을 배웠고 상수학
　　(象數學)을 정립하여 역학(易學)의 대가가 되었다. 대표적인 저서로 『황극경세서(皇極經世書)』가
　　있다.

으로부터 시내 용강동으로 옮겨 건립하였다. 후에 또 오죽헌 건너편 대로大路 옆으로 옮기고 '영해이씨 2세6효지려寧海李氏二世六孝之閭'라 새겨 현판懸板을 걸었다. 선생의 외종증손인 삼가三可 박선생朴先生이 효성孝誠으로 생시生時에 정려旌閭를 받았고, 삼가 선생의 조카 농헌聾軒 박선생 또한 효성으로 정려를 받았으며, 삼가 선생의 외외손인 배연수裵延壽 또한 효성으로 정려를 받았다. 세상 사람들이 말하기를 "배씨의 효는 박씨에서 나왔고, 박씨의 효는 이씨에서 나왔으며, 이씨의 효는 또 배씨에서 나왔으니 내외 효자 13인이 선생으로부터 시작된 것이다"라고 하였다.

3. 수헌睡軒 최선생崔先生

선생의 성은 최崔, 이름은 응현應賢, 자는 보신寶臣, 호는 수헌睡軒, 본관은 강릉이다. 조은釣隱 선생의 아들이고, 모친은 정경부인貞敬夫人이 된 강릉 함씨로 현령縣令을 지낸 함화咸華의 딸이다.

선생은 세종 무신년(1428) 4월 3일에 태어났다. 어려서부터 독서를 즐기고 유희遊戲를 하지 않아 다른 어린이들과는 크게 달랐다. 경신년(1440)에 나이 13세 때 부친상을 당하여 애통해하며 몸을 돌보지 않고 예를 극진히 하였으며, 친히 제사에 쓰일 음식을 올리니 마을 사람들이 효성을 칭찬하였다.

상을 마치고는 오로지 학문에만 뜻을 두어 무신년(1448)에 사마 양시司馬 兩試에 합격하였다. 단종 갑술년(1454)에 을과乙科 1인에 급제하여 승문원 부정자承文院副正子에 보임되었으나, 모부인母夫人이 시골에 계셨으므로 경직京職에는 나아가지 않고 자원하여 강릉훈도江陵訓導를 지냈다. 저작박사著作博士와 성균관 전적成均館典籍에 올랐으나 사은謝恩하고 즉시 돌아왔으며, 누차 불렀으나 부임하지 않았다.

세조 임오년(1462)에 강원도사江原都事로 임명하니, 모친을 봉양하기 위해 걸군乞郡[20]하여 계미년(1463)에 고성군수高城郡守를 역임한 후 영월로 이임

---

20 일반적으로 수령의 정실을 배제하고 공정한 임무 수행을 위해 수령의 고향인 본향이나 처의 고향 등에는 임명하지 않는 것이 관례였다. 설사 임명된다 하더라도 대개는 사헌부와 사간원 등 언관의 탄핵을 받아 연고가 없는 다른 지역의 수령으로 고쳐 임명되었다. 그러나 늙은 부모가 살아 있을 때 부모를 봉양하기 위해 왕에게 부모가 있는 군현이나 가까운 곳의 수령으로 보내줄 것을 청하게 되면 왕은 본가·생가를 막론하고 수령으로 임명하는 것이 상례였다.

하여 은혜로운 정사를 베푼 것이 많았다. 임기를 마치고 돌아오려고 함에 군민郡民이 원하여 1년을 더 역임하였다. 성균관 사성成均館司成에 임명되었으나 또 취임하지 않았다.

병술년(1466) 가을에 금란반월회金蘭半月會 서문을 썼는데, 그 대략에

> 임영臨瀛의 문인門人과 결출한 선비[傑士] 15인이 군자로서 5장章을 맹약盟約하여 서로 사이좋게 지내며, 수헌옹睡軒翁이 항상 스승의 자격으로 참여하여 자문에 응했다. 옹이 말하기를 "벗을 사귀는 데는 두 가지가 있는데, 마음으로 사귀는 벗[心友]과 얼굴로 사귀는 벗[面友]이 있다. 오직 그 마음으로 할 뿐이지, 그 어찌 얼굴로 벗을 사귀겠는가? 원컨대 그대들은 각자 스스로 공경해야 할 것이다."

라고 하였다.

성종 경자년(1480)에 모친상을 당하여 3년 동안 여묘살이 하면서 한 번도 집에 들리지 않고 너무 애통해 하다가 몸이 여위어서 거의 생명을 잃을 뻔하였다. 상을 마치니 대신大臣들이 모두 그의 어짐을 천거하였다. 계묘년(1483)에 사헌부 집의司憲府執義에 발탁되었으나 사양하자, 성균관 사성司成으로 바꾸니 얼마 안 되어 돌아와서 집의執義에 제수되었다. 예빈시禮賓寺·봉상시奉常寺 정正을 역임할 때, 송도松都에서 오랫동안 판결이 나지 않는 의문스러운 옥사가 있어 선생을 특별히 파견하니, 예리하게 묻고 분석하여 명쾌하게 해결하였다. 왕은 이를 가상히 여겨 안마鞍馬를 하사하였다.

정미년(1487) 겨울에 호남에서 수적水賊 90여 명을 사로잡으니, 또 선생을 보내어 이를 다스리게 하여 그 사정事情을 모두 알아내자 이조참의吏曹參議로 올려 제수하였다. 무신년(1488)에 동부승지同副承旨에 임명되었다가 예조참의

禮曹參議로 옮기고, 충청도관찰사로 발탁 임명되었다. 왕이 교서를 내리기를

옛말에 "충신은 효자의 가문에서 구한다" 하였으니 임금과 부모는 하나인 것이다. 대개 타고난 천성은 부모를 섬기는 데는 효로써 다하고, 임금을 섬기는 데는 충성으로써 하니 어찌 두 가지를 이르겠는가? 오직 경은 학식이 풍부하고 재주가 뛰어나 일찍이 과거에 급제하여 그 명성이 진신縉紳[21] 사이에 은연중에 퍼져서 모두 말하기를, "한漢나라 조정의 명경名卿이라도 그보다 나을 수 없다"고 하였다. 그러나 애일愛日[22]하는 정성이 돈독하고 영달하여 나아가고자 하는 뜻이 전혀 없어 부모님이 계신 곳을 빙빙 돌며 군郡의 일을 맡은 것이 20년이 되었다. 이미 그 부모에게 효도를 다한 것인즉 이제 임금에게 충성을 다하지 않을 것인가? 부모를 섬기는 마음으로 이를 옮겨 임금을 섬기는 것이 내가 경에게 바라는 바이다. 경을 승정원으로 발탁하여 올렸다가 머지않아 다시 한림원의 직을 띠게 하였다. 내가 경을 애호함이 더함은 있어도 폐기함은 없으니 경이 이를 보답하고자 하는 마음이 없을 수 있겠는가? 돌아보건대 충청도는 옥송獄訟이 다른 도에 비해 많으니 참으로 효제孝悌의 풍속이 쇠퇴하고 충후忠厚한 습속이 묽어졌기 때문이다. 그 책임을 맡은 자가 그 풍속을 보고 살피는 일을 해야 하지 않겠는가? 이에 경을 우도右道의 감사로 명하노니 경이 가서 마음과 힘을 다하여 일도一道 안에 모두 아름다운 풍속이 되게 하고 백성들은 모두 선량한 인사가 되어 효제孝悌에 돈독하고 완악하고 어리석음을 끊어버리게 하며, 예의와 겸양을 일으키고 사송을 종식시키는 것은 경에게 달려 있다. 특히 관할하는 바에 듣는 것을 용이하고 간편하게 하여 통정通政 이상의 일은 상주上奏

---

21 홀(笏)을 큰 띠에 꽂는다는 뜻으로, 그런 복장을 할 수 있는 신분의 사람 곧 공경(公卿) 또는 고관(高官)의 뜻으로 쓰임.

22 세월이 가는 것을 애석히 여긴다는 뜻으로, 효자가 부모를 장구히 모시고자 하는 마음을 이른다.

하여 결정[定奪]하고, 통훈通訓 이하는 경이 임의로 처리하도록 하라. 아! 두루 묻고 두루 상의하여 오직 이 직무를 다하고 가위질하듯 베어 자르지 말며 인애의 유풍을 영원히 보존하기를 바라노라. 그러므로 이와 같이 교시하노니 마땅히 잘 알지어다.

라고 하였다. 점필재佔畢齋 김종직金宗直[23]이 시를 지어 보냈는데, 그 대략에

최공문망내기인崔公聞望乃其人	최공은 명성과 인망이 바로 적합한 사람이라
자소풍릉칭뢰뢰自少風稜稱磊磊	젊어서부터 위풍이 뇌락하다 일컬어졌네.
순풍미속이순치順風美俗易馴致	아름다운 풍속이 쉬이 점차로 이뤄질 것이니
태사정응차필대太史定應泚筆待	태사는 응당 붓에 먹물을 찍고 기다리리라.
주남유체불수한周南留滯不須恨	주남에 유체[24]하는 걸 의당 한할 것 없으니
타일급과기정내他日及瓜期鼎鼐	후일 임기가 차면 재상을 기약할 걸세.

---

23 세종 13년(1431)~성종 23년(1492). 조선전기의 문신·학자. 경상남도 밀양 출신으로 본관은 선산(善山), 자는 계온(季昷)·효관(孝盥), 호는 점필재(佔畢齋), 시호는 문충(文忠)이다. 단종 원년(1453) 23세 때 진사가 되고 세조 5년(1459) 식년문과에 급제하여, 이듬해 사가독서(賜暇讀書)를 했으며, 세조 8년(1462) 승문원박사 겸 예문관봉교에 임명되었다. 이듬해 감찰이 되고, 이어서 경상도병마평사·이조좌랑·수찬·함양군수 등을 거쳤으며, 성종 7년(1476)에 선산부사가 되었다. 성종 14년(1483) 우부승지에 올랐으며, 이어서 좌부승지·이조참판·예문관제학·병조참판·홍문관제학·공조참판 등을 역임하였다. 세조·성종 대에 걸쳐 벼슬을 하면서 항상 절의와 의리를 숭상하고 실천하였으며, 그 정신이 제자들에게까지 전해져 이들 또한 절의를 높이고 의리를 중히 여기는 데 힘썼다. 이러한 연유로 자연히 사람들로부터 존경받는 인물이 되었고, 당시 학자들의 정신적인 영수가 되었다. 이들 사림들이 당시 훈척계열의 비리와 비도(非道)를 비판하고 나서자, 이에 당황한 유자광·정문형·한치례·이극돈 등이 자신들의 방호를 위해 연산군 4년(1498)에 무오사화를 일으켰다. 그 결과 많은 사림들이 죽거나 귀양을 가게 되었고, 김종직도 생전에 써둔 「조의제문(弔義帝文)」과 관련되어 부관참시(剖棺斬屍)를 당하였다.

24 서한(西漢) 때 사마천(司馬遷)의 아버지인 태사공(太史公) 사마담(司馬談)이 병이 위독하여 주남 지방에 체류하느라 무제(武帝)가 태산(泰山)에 봉선(封禪)하는 의식에 참가하지 못하여 매우 유감으로 여겼다 한다. 여기서는 재주가 뛰어난 사람이면서 지방관에 머물러 있음을 비유하였다.

라 하여 선생에 대한 기대감이 이와 같이 높았다.

기유년(1489)에 대사헌에 임명되었고, 신해년(1491)에 동지중추부사同知中樞府事가 되어 경주부윤慶州府尹으로 있을 때 향교를 진흥시키는 데 대학大學의 제도에 준거하여 문화를 흥성興盛하게 하는데 힘썼고, 다른 치적도 많아 경주 사람들이 흥학비興學碑를 세웠다. 갑인년(1494)에 동지사同知事에 임명되고 한성부 좌윤漢城府左尹을 역임하였다. 연산군 정사년(1497)에 다시 대사헌에 임명되고, 무오년(1498)에 직간直諫으로 임금의 뜻에 거슬려 파직되어 향리鄕里로 돌아왔다. 점필재佔畢齋의 문인 한재寒齋 이목李穆[25]이 그 직언直言으로 파직당함에 분개하여 서시序詩를 지어 써 보냈는데, 그 대략에

중국은 문헌의 고장이라 현인賢人과 군자君子가 많은 것에 대해 굳이 논할 바가 없지만, 우리 동방東方에도 기자箕子 이래로 인재가 많이 배출되었습니다. 그러나 근래 백여 년간으로 말한다면 관원이 되어 능히 권신權臣을 면전에서 배격하고 늠름한 기상이 마치 추상秋霜과 강렬하게 내리쬐는 해와 같아 범할 수 없는 사람은 홀로 정언正言 이존오李存吾[26]뿐이었습니다. 이제 홀연히 이를 계승할 사람이 있으니, 아! 아름답습니다. 사직社稷의 복입니다. 대신大臣의 잘못을 먼저 말하고, 임금의 노여움을 충성심으로 아뢰어 화禍와 복福으로 그 마음을

---

25 성종 2년(1471)~연산군 4년(1498). 조선전기의 문신·학자. 본관은 전주, 자 중옹(仲雍), 호는 한재(寒齋), 시호는 정간(貞簡)이다. 19세 때 진사에 합격하여 성균관 유생(儒生)이 되고 왕대비가 성균관에 음사(淫祠)를 설치하여 무당을 부르자 이를 쫓아냈다. 유생을 이끌고 윤필상(尹弼商)을 탄핵하다가 공주에 부처(付處)되었다. 1495년(연산군 1) 증광문과에 장원, 사가독서(賜暇讀書)하고 전적(典籍)으로 종학사회(宗學司誨)를 겸임, 이어 영안도평사(永安道評事)가 되었다. 1498년 무오사화 때 윤필상의 모함으로 김일손(金馹孫) 등과 함께 사형되었고, 1504년 갑자사화 때 다시 부관참시(剖棺斬屍)되었다. 후에 신원(伸寃)되어 이조판서에 추증되었다.

26 이존오(李存吾 : 1341~1371)는 고려 후기의 문신. 본관은 경주(慶州), 자는 순경(順卿), 호는 석탄(石灘)이다. 1366년 우정언이 되어 신돈(辛旽)의 횡포를 규탄하다가 왕의 노여움을 샀으나 이색(李穡) 등의 변호로 극형을 면하고 장사감무로 좌천되었다. 후에 석탄에서 은둔생활을 하다가 울분으로 병이 나서 죽었다.

추호도 움직이지 못하니, 공과 같은 사람이 어찌 많이 있다고 하겠습니까? 성현들이 이룬 공적이 이로써 더욱 증험되고, 산림山林의 강직한 선비의 기개氣槪가 이로써 더욱 장대하고, 만대萬代에 이르는 사직社稷의 근본이 이로써 더욱 견고해졌습니다. 이것이 바로 저가 병을 무릅쓰고 일어나 감읍感泣하며 위로하는 까닭입니다.

라고 하였다. 이에 당참정唐參政의 도회시渡淮詩 "평생동안 충성과 신의를 지키다가 오늘 마침내 풍파를 만났다도[平生仗忠信 今日任風波]"의 1련聯과 "관동제일인關東第一人"의 5자字를 싯귀의 머리에 배열하고, 또 도연명의 「귀거래사歸去來辭」의 운韻 30자를 빌려 쌍압雙押으로 지어 보냈다.

경신년(1500)에 조정에서 의논하여 한성부 우윤漢城府右尹에 임명되고, 대사헌과 공조·병조·이조참판을 역임하였다. 을축년(1505)에 강원도관찰사에 임명되었으나 늙음을 이유로 사양하고 부임하지 않았다. 중종 병인년(1506)에 형조참판刑曹參判에 임명되고 동지성균관사同知成均館事와 오위도총부 부총관五衛都摠府副摠管을 겸하였다. 무릇 8조의 임금을 내리 섬기었고, 삼사三司·헌부憲府·사조참판四曹參判을 지냈다. 대개 선생의 효성은 끝이 없었고, 충성 또한 직무를 다하여 온 나라의 모범이 되었다.

정묘년(1507) 윤정월 5일에 강릉 고향집에서 돌아가시니, 향년 80세였다. 이 해 4월에 강릉 조산助山에 위치한 부친 묘소 뒤 경좌庚坐 언덕에 안장하였다. 외현손 문성공文成公 율곡 이이가 신도비명神道碑銘을 지었는데, 그 대략에

하늘이 사람에게 날 때 준 것은 효도와 충성이라오. 뉘라서 그 근본 생각하여 하늘의 법칙 따르겠는가? 효성스런 우리 공이여, 받들어 주선하셨네. 어머니의 일을 도와 드리며, 앞날이 짧으리라 더욱 섬겼네.

라고 하였다. 지평持平 백운白雲 이명은李命殷[27]이 글씨를 썼고, 우의정 미수眉
叟 허목許穆[28]이 전자篆字를 썼다.

인조 을유년(1645)에 강릉 향현사에 배향하였다. 숙종 무오년(1678)에 선
생의 5세손 문식文湜이 관동지방을 순안巡按할 때 묘비를 세우고 돌로 묘를
단장하였다. 선생은 점필재와 교유하여 성리학性理學에 정통하였고, 예학禮學
에 깊어 『상례고喪禮考』 5편을 저술하였다. 일고逸稿가 있는데 『임영세고臨瀛
世稿』로 간행하였다.

---

27 인조 5년(1627)~?. 조선후기의 문신으로 자는 경숙(敬叔), 호는 백운(白雲)·봉천(鳳川), 본관은
   전주(全州)이다. 숙종 원년(1675) 문과에 급제하여 숙종 3년에 정언(正言)·지평(持平)을 거쳐 이듬
   해 장령(掌令)이 되고, 숙종 5년에 송시열의 처단을 상소하고 사직했다. 글씨와 그림에 능했다.

28 선조 28년(1595)~숙종 8년(1682). 조선의 명신·학자 본관은 양천(陽川), 자는 화보(和甫)·문부
   (文父), 호는 미수(眉叟)·대령노인(臺嶺老人), 시호는 문정(文正)이다. 정구(鄭逑)·장현광(張顯光)
   의 문인이다. 50여 세가 되도록 세상에 알려지지 않은 채 제자백가(諸子百家)의 서(書)·경서(經書)
   등의 연구에 전심하여 예학(禮學)에 일가를 이루었다. 효종 8년(1657) 지평(持平)에 초임되어 이듬
   해 장령(掌令)이 되고, 현종 원년(1660) 자의대비(慈懿大妃)의 복상 문제(服喪問題)에 관한 예론
   (禮論)으로 서인(西人) 송시열(宋時烈) 등의 기년설(朞年說, 만 1년)을 반대 3년설을 주장하였으나
   현종에 의해 기년설이 확인됨으로써 남인이 숙청당할 때 그는 삼척부사로 좌천되었다가 2년 뒤 사
   직하고 향리인 연천(漣川)에 돌아갔다. 숙종 원년(1675) 제2차 복상 문제로 예송(禮訟)이 일어나
   자 서인의 대공설(大功說, 만 9개월)을 반대하여 기년설을 채택케 하는 데 성공한 남인이 집권하자
   대사헌이 되고 이조참판을 거쳐 우의정에 올랐다. 숙종 5년(1679)에 허적을 탄핵하다가 파직되어
   고향에서 저술과 후진 교육에 전심했다. 글씨는 전서(篆書)에 능하여 동방 제1인자라는 찬사를 받
   았고, 그림과 문장에도 뛰어났다.

4. 춘헌春軒 최선생崔先生

선생의 성은 최崔, 이름은 수洙, 자는 도원道源, 호는 춘헌春軒, 본관은 강릉이다. 그의 선조先祖는 전주화족全州華族으로 5대조 입지立之는 고려왕조 부마駙馬로 평장사平章事 강릉군江陵君에 봉해져 그 자손들이 본관을 강릉으로 삼게 되었다. 고조 안영安濚은 이조판서吏曹典書를 지냈고, 증조 사광斯廣은 호조판서를 지냈으며, 조부 인호仁浩는 군수郡守를 지냈고, 부친 여남汝南은 음서蔭敍로 교수敎授를 지냈다. 모친은 정선전씨旌善全氏로 생원 무務의 딸이다.

세종 계해년(1443)에 선생은 모산母山 사제私第에서 태어났다. 천성天性이 강직하여 사사로운 거짓을 용납하지 않았고, 어떠한 위협과 무력에도 굴하지 않았으며, 화禍와 복福에도 흔들림이 없었다. 문장에 능했으며, 항상 불도佛道의 횡행과 노산군魯山君의 복권되지 않음을 분개하였다.

세조 무자년(1468)에 급제하여 성균박사成均博士가 되었다. 성종 경인년(1470)에 임금이 성변星變[29]으로 인해 구언求言[30]하였을 때, 선생은 의분이 북받쳐 앞뒤를 돌아보지 않고 상소하였다.

　신이 들으니 천둥벼락이 내리치면 부러지지 않는 사물이 없고, 만근 무게로 누

29　별의 위치나 빛에 생긴 이상을 말함.
30　나라에 재앙이 있을 때 임금이 신하에게 바른말을 널리 구하던 일.

르면 부서지지 않는 사물이 없다고 합니다. 임금의 권위는 천둥벼락과 같고, 임금의 위세는 만근의 무게와 같습니다. 진실로 정도正道를 열고 충간忠諫을 구하고자 한다면, 온화한 얼굴로 말씀을 받아들이지 않으면 누가 감히 바른 말을 간곡하게 하여 내려지심과 누름의 화를 자기 스스로 취하겠습니까? 다행이 이제 성상聖上께서 지당한 말씀을 하시고, 올바른 조서詔書를 내리시어 문무백관부터 아래로 산림처사山林處士에 이르기까지 시정時政의 득실得失과 민간의 이해利害를 진술하도록 허락하셨습니다. 참으로 위대하십니다. 임금의 말씀이여! 참으로 지극하십니다. 임금의 마음씨여! 참으로 요순堯舜 임금의 베품과 같고, 우탕禹湯 임금이 실행한 바와 같습니다. 한漢·당唐 이래로 없던 일이 겨우 나났습니다. 신이 비록 좁은 소견이나마 감히 깨끗한 마음으로 평소에 듣고 보아온 바를 기록하여 전하를 위해 고하려 합니다.

신이 일찍이 독서를 하며 하늘과 사람을 관찰할 때, 허물과 상서러움의 징조가 그 사이를 반드시 통하고 있다는 것을 알게 되었습니다. 이것은 이편에서 실정失政하면 저편에서 변變이 생기고, 그 미치는 영향이 빠르다는 것이니 어찌 두렵지 않겠습니까? 삼가 생각하건대 주상전하께서 즉위한 이래 대단히 삼가시고 조심하시어 충간忠諫을 따라 백성을 사랑하심이 갓난아이를 돌보심과 같으니 삼황三皇[31] 이래 없던 일입니다. 밝고 밝은 하느님께서 하계下界를 밝게 비추어 큰 복을 내리시어 편히 쉴 수 있도록 하였습니다. 즉위하신지 겨우 2년을 넘기었는데 음양이 서로 어긋나 가뭄이 계속되고, 천둥벼락이 때를 잃고 일어나고, 별자리의 모양이 경계할 것을 나타내어 천재지변이 빈번하여 재앙災殃의 징조가 드러나니, 천도天道가 머지않아 견책譴責을 임금에게 알리는 좋지 않은 일이 이러한 연유로 반드시 있을 것입니다. 신은 생각하건대 군주는 만백성 위에

---

31 중국 고대 전설에 나타난 3명의 임금. 복희씨(伏羲氏)·신농씨(神農氏)·황제씨(黃帝氏). 혹은 천황씨(天皇氏)·인황씨(人皇氏)·지황씨(地皇氏).

있고 모든 신神의 주인이라고 생각합니다. 백성이 가져야 할 것을 얻지 못하고 신神이 거처할 곳이 불안하면, 온화한 기운이 막히고 어그러지는 기운이 생기는 것은 필연의 이치입니다.

신이 그윽이 보건대 지난 병자년(세조 2, 1456)에 간신奸臣들이 난을 일으켰는데, 성변星變으로 인해 노산군魯山君을 끼고 그 간사한 뜻을 펴보려고 하여 사직은 깃발에 매단 것보다 위태로워 나라의 형세가 거의 위태롭게 되었습니다. 세조대왕께서는 태어나면서부터 성스러운 무력을 아시어 지극한 정성으로 하늘을 움직여 간특한 꾀가 저절로 드러나 흉당凶黨들은 머리를 바쳤으나 하늘과 사람의 공분公憤으로 인해 노산군이 영월로 유배되었습니다. 그 후 재신宰臣과 대성臺省이 간언諫言을 올렸기 때문에 권고에 못 이겨 사사賜死한 것은 죄를 가지고 논하면 죽어도 남는 허물이 있을 것입니다.

그러나 노산군은 옛날에 임금의 자리에 올라 왕사王事를 행하신 분이었고, 세조대왕께서는 일찍이 왕위를 물려받은 분이었습니다. 해골이 땅위에 버려져도 수습하지 않고 혼백이 떠돌아다녀도 의지할 곳이 없습니다. 어두운 밤중에 답답한 마음이 있어도 펴지 못하고, 배고품에 먹을 것을 구함이 어찌 없겠습니까? 신은 천둥벼락이 발생하는 것은 반드시 이에 연유하는 것이라 생각합니다. 옛날 당唐나라 태종이 건성建成과 원길元吉[32]을, 송宋나라 이종理宗이 제왕횡濟王竑[33]을 모두 죄를 물어 죽였지만 예로써 장례를 치렀습니다. 저 재능이 있는

---

32 태종은 본디 당 고조(唐高祖)의 아들 22명 가운데 둘째인 진왕(秦王)이었는데, 각처에서 봉기하는 비적을 토벌하여 큰 공을 세우자 고조가 총애하였다. 626년 6월에 그의 형인 태자 건성(建成)과 둘째 아우 제왕 원길(齊王元吉)이 반란을 꾀하였으나 일이 발각되어 도망가는데 진왕이 직접 활을 쏘아 두 형제를 죽였으며, 건성의 아들 승도(承道)·승덕(承德)·승훈(承訓)·승명(承明)·승의(承義)와 원길의 아들 승업(承業)·승난(承鸞)·승장(承奬)·승유(承裕)·승도(承度) 등 10명의 조카들을 사형시켰다(『唐書』卷79, 高祖諸子列傳).

33 송 영종(宋寧宗)이 아들이 없어서 종실 중에서 제왕 횡(濟王竑)을 양자로 데려왔는데, 그때의 권신이었던 사미원(史彌遠)이 영종이 죽은 뒤 조서를 고쳐 황자(皇子) 횡(竑)을 폐하고 다른 종실에서 양자를 들여 이종(理宗)을 즉위시켰다(『宋史』卷246, 鎭王竑列傳).

임금들이 숭상함이 이와 같이 하였거늘 하물며 당·송보다 못해서야 되겠습니까? 노산군은 비록 후사後嗣가 없으나 흥하고 멸하고 이어지고 끊어짐은 전하 이 손에 달려 있습니다. 엎드려 바라건대 넓고 큰 은혜를 베푸시어 그 도道의 감사監司로 하여금 해골을 수습하여 다시 장사지내고, 그 고을 수령에게 매년 제사를 지내게 한다면 이는 곧 화가 도리어 복이 되는 한 수단이 될 것입니다.

신이 살펴보건대 강원도 마법산麻法山 제방 주위의 땅이 3천여 보步인데, 지형은 앞이 낮고 뒤는 높고, 가운데는 빠지고 옆은 높아 물이 차서 가득합니다. 그리하여 묵은 땅이 수십 보이고 나머지는 높아 물이 돌아가지 못하는 땅이 2,500여 보步나 되니, 우리 백성이 경작할 수 있는 땅이 이와 같습니다. 그 나머지는 물댈 수 있는 땅이 20여 결結이 채 되지 않으나, 국가에서 자세히 헤아려 살피지 않고 요승 학열學悅의 말만 듣고 경작하지 못하는 땅은 개간하지 않고 버려두고 제방을 파헤쳐 경작하도록 하여 상원사에 시납施納하여 불공의 비용으로 하였습니다. 저 학열이라는 자는 욕심이 많고 염치가 없어 묵은 땅을 개간하지 못하게 하고 도경盜耕이라 칭탁하여 민전民田 70여 석을 파종할 땅을 빼앗았습니다. 다만 빼앗긴 자의 잃음뿐만 아니라 그 아래에 물을 댈 수 있는 땅도 가뭄으로 물이 없어 버려져 묵여 진황지陳荒地가 되었습니다.

이 뿐만 아니라 강릉부 북쪽 2리쯤에 염양사艶陽寺의 창고가 있었는데, 을유(세조 11, 1465) 년간에 면포綿布 수백 여 동同을 남도南道로부터 해마다 싣고 와서 1필의 값을 혹 2석 8·9두 혹은 2석 5·6두로 하여 원하지 않는 백성에게도 그 결부結卜를 계산하여 강제로 나누어주고 가을이 되면 사나운 사람을 시켜서 독촉해 징수하는 것이 성화같이 핍박합니다. 대저 강원도민江原道民은 부유한 자가 적고 빈궁한 자가 많습니다. 기운없이 머리만 숙인 채 죽음에서 벗어나기에도 겨를이 없는데, 어찌 상환償還할 수 있겠습니까? 그리하여 머리 깎은 무리들이 팔을 걷어 올리고 몽둥이를 끌며 마을을 돌아다니며 민인民人들을 매질하고 노인들을 결박하여 재산과 가축을 남기지 않고 약탈해 가는 지경에 이르렀습니다. 또한 제 마음대로 법을 해석하여 해마다 1필의 이자를 혹 8·9석, 1석의 이자를 혹 5·6석을 받았습니다. 금년도 이렇게 하고 내년에 또 이와 같이 하여 수만數萬의 곡식은 겹겹이 쌓이고, 백성들은 굶어죽는 자가 보이고 여기저기 떠도는 자가 끊이지 않으니, 아마도 성안聖眼으로 보신다면 가히 눈물이 흐르실 것입니다. 그러나 궁궐은 깊고 멀고 바닷가는 멀어 어리석은 백성들은 상달上達한 길이 없어 가슴을 치고 애통해 하며 울면서 원망하고 있습니다.

지금 시골에서의 논의論議와 거리에서 오가는 말들이 한결 같은데, "국가에서 간사함을 쫓아내는 것을 의심하지 말고 악惡을 없애는데 힘써 일개의 사신使臣 한 사람을 보내어 중의 머리 하나를 벤다면 우리는 당분간 그 고기를 먹겠다"고 합니다. 이는 진실로 이들의 원망함이 극심하여 비통한 마음에서 나온 말입니다. 옛날 연燕나라의 단丹[34]이 피눈물을 흘리니 흰 무지개가 태양을 꿰뚫었고, 추연鄒衍[35]이 비분悲憤을 품으니 여름에 서리가 내렸습니다. 한 사람 원한의 감응感應이 이와 같을진대, 하물며 한 고을 수만 백성들의 시름과 비참함이 하

---

34 중국 전국시대의 연(燕)나라 태자. 태자는 진(秦)나라에 볼모로 잡혀가 있으면서 고초를 겪다가 간신히 연나라로 돌아온 뒤에 그 원한을 갚고자 하였다. 이때 연나라의 검객인 형가(荊軻)가 날마다 연나라의 시장에서 개백정들과 어울려 개백정으로 대우해 주었다. 그러던 중 서부인이 가지고 있는 비수가 아주 날카롭다는 말을 듣고는, 백 금(金)을 주고 이 비수를 사서 형가에게 주었다. 형가가 그 비수를 가지고 진(秦)나라로 들어가 시황을 죽여 은혜를 갚고자 하였다. 형가는 역수(易水)를 건너면서 "차가운 역수 가에 바람결 쓸쓸한데, 장사 한 번 떠나면 다시 돌아오지 않으리[風蕭蕭兮易水寒 壯士一去兮不復還]"라는 노래를 부르고 진나라로 들어가 계책을 써서 진 시황에게 가까이 다가가 품고 있던 비수를 꺼내 진왕을 찌르려고 하였다. 그러나 뜻을 이루지 못하고 도리어 죽음을 당했다. 그러자 진 시황이 노(怒)하여 연나라를 멸망시키니, 태자는 태자하(太子河)로 도망쳤다가 죽었다(『戰國策』燕策3).

35 중국 전국시대의 사상가. 추연(騶衍)이라고도 한다. 맹자보다 약간 늦게 등장하여 음양오행설(陰陽五行說)을 제창하였다. 세상의 모든 사상(事象)은 토(土)·목(木)·금(金)·화(火)·수(水)의 오행상승(五行相勝) 원리에 의하여 일어나는 것이라 하였고, 이에 의하여 역사의 추이(推移)나 미래에 대한 예견(豫見)을 하였다. 이것은 오행상생설(五行相生說)과 더불어 중국의 전통적 사상의 기초가 되었다.

늘에 이르지 않겠습니까? 신은 재변이 일어나는 것은 또한 여기에 근원이 됨을 두려워하는 것입니다. 엎드려 바라건대 불가佛家의 유해有害함과 무익無益함 그리고 백성의 지극한 어리석음을 알고 두려워하십시오. 무익無益으로 유익有益을 해害하지 말고, 모습을 드러내지 않는 방법으로 눈에 보이는 백성에게 해害를 끼치지 마십시오. 유사有司에게 명을 내려 학열의 머리를 베고 백성의 소망所望에 보답하십시오. 그리고 제방의 땅은 다시 물을 가두어 백성의 땅으로 하여 경작하도록 허락하여 주시고, 염양사에서 백성들에게 모아들인 곡식은 주창州倉에 수납收納하여 군수軍需로 충당한다면 인심이 화합되고 천지도 화답하여 이에 따를 것입니다.

아아! 천하 국가의 일은 재상宰相이 아니면 행사할 수 없고, 간관諫官이 아니면 말을 할 수 없습니다. 신은 본래 평범한 유생儒生으로 지위가 재상도 아니고 직책이 간관도 아니니, 어찌 관직官職에서 넘어서는 말을 다 말할 수 있겠습니까? 다행히 직언直言을 하라는 조서詔書를 내렸기에 분수를 생각하지 않고 엎드려 아룁니다. 전하의 지혜는 천하에서 제일 높아 어리석은 백성의 말을 들으시고, 위세威勢가 오랑캐에게 미치어 필부匹夫를 굴복시키고, 허물을 들으면 반드시 고쳐 간諫하는 것을 좇기를 물 흐르는 것 같이 하여 재앙이 미치는 이치理致를 살피어 잘못된 연유를 생각하며, 하루 종일 비록 겨를이 있어도 쉬지 않고 공경심을 발하는데 힘을 써서 소용所用되는 것을 만드십니다. 백성을 두렵게 여겨 이를 돌보는데 게을리하지 않으므로 도道를 음미함이 삼왕三王[36]과 더불어 이를 숭상하면 수억년의 복이 천지에 오래도록 드리워질 것입니다. 비록 혜성彗星이 요사妖邪함을 행하고 천둥벼락이 재앙이 되며, 꿩 울음소리가 은殷나라에서 들리고 돌같이 굳은 말이 진晉나라 땅에서 들린다 하여도 마땅히 흉조凶

---

36 하(夏)의 우왕(禹王)·상(商)의 탕왕(湯王)·주(周)의 문왕(文王)을 말함.

兆가 바뀌어 길조吉兆가 되고 재앙이 변하여 상서로움이 될 것입니다. 하물며 지금 전하께서는 명을 받아 천자天子가 되어 정사政事를 베푸심에 오직 새롭게 하고 있습니다. 높은 벼슬의 선비와 어린아이와 노인들의 이야기에 이르기까지 밝은 귀로 듣지 아니함이 없고 눈을 크게 뜨고 바라보며 목을 늘이고 발돋움하여 들을 만한 것을 기다리겠다는 조서詔書를 내려 귀먹어리와 장님의 말을 들으십니다. 이것은 어리석은 신의 행운만이 아니라 국가의 행운입니다. 원하건대 전하는 깊이 생각하소서.

라고 하였는데, 비답이 없었다[疏入不報].[37]

조종에서는 그가 조종에 있는 것을 두려웠기 때문에 진잠현감鎭岑縣監[38]으로 내보냈다. 관직에 있은 지 2년이 되는 임진년(성종 3, 1472)에 분憤이 나서 병을 얻어 세상을 떠나니 향년 30세였다. 강릉부 남쪽 10리 송현松峴 해좌亥坐 언덕에 안장하였다.

선생이 진잠에 처음 부임하였을 때 이민吏民들이 그의 연소年少함을 경시하기에 혹 부지런히 힘쓰지 않는 자가 있었다. 모과 수천 개가 있기에 그것을 섞어서 어지럽혀 놓고 선생께서 그 수를 암기하였다. 하루는 주리主吏가 모두

---

37 신하가 올린 상소나 봉사(封事)·상서(上書)의 내용이 임금의 마음에 맞지 않을 때, 그 일에 대한 답을 내리지 않기 위하여 임금이 글 등을 궁중에 머물러 두고 윤허하지 않는 것을 말함. 유중불보(留中不報)라고도 한다. "무릇 신민의 소장이 올라오면 3일을 넘기지 아니하고 반드시 정원에 내려보내야 한다. 만일 비사(批辭)가 없고 계(啓)자만 찍어 내릴 경우에는 승지가 소장에서 말한 내용을 혹 해사(該司)에 내려 복의(覆議)하게도 하고 혹 소청을 윤허하면 성지(聖旨)를 받들기도 하는 것이 곧 규례이다. 만일 계(啓)자를 찍지 않고 내리면 정원이 원각(院閣)에 간직하는데 사관(史官)이 취하여 일기(日記)에 채록(採錄)하고 채록할 만한 것이 없으면 그대로 두는데, 유중불보(留中不報)라 하는 것이 이것이다"(『선조수정실록』권21, 20년 12월 을묘조).

38 현 대전광역시 유성구 일대에 있던 군현. 백제 때는 진현현(眞峴縣)이라 하다가 경덕왕 16년(757)에 진령현(鎭嶺縣)으로 개칭, 황산군(黃山郡 : 連山)의 영현이 되었다. 고려초에 진잠현으로 개칭되고, 현종 9년(1018)의 행정구역 개편 때 공주의 속현으로 병합되었다가 뒤에 감무(監務)를 두어 독립했다. 조선초의 군현제 개편으로 태종 13년(1413)에 진잠현이 되어 조선시대 동안 유지되었다.

다라고 고하니, 선생이 꾸짖기를 모과의 수가 얼마나 되고 용처用處가 얼마나 되는데, 너는 어찌하여 모두 다라고 고하는가? 이민들이 모두 놀라 신묘하게 여겼다. 이로부터 청문廳門을 봉하지 않더라도 감히 속이지 못하였다.

세조가 일찍이 상원사에 행차하여 선비들을 시험할 때 숭불문崇佛門과 벽불문闢佛門을 설치하고, 무사들로 하여금 철퇴를 들려 벽불문 밖에 서 있도록 명하였다. 그리고 여러 신하들로 하여금 마음대로 들어오게 하였다. 모두가 숭불문으로 들어오는데 선생은 조금도 두려워하는 기색이 없이 홀로 벽불문으로 들어왔다. 무사가 철퇴로 막 내려치려고 할 때 임금이 빨리 중지하라고 명하였다. 선생의 지조가 견고하고 강직함이 이와 같았다.

숙종 임술년(1742)에 강릉향현사에 승향陞享되었다. 이조참판과 예문관제학을 지낸 이삼현李參鉉[39]이 묘표墓表를 지었는데, 그 대략에

하늘과 땅 사이의 순수하고 강건하며 지극히 바른 기운이 사람에게 모이니, 말을 하나 위세威勢와 무력武力에도 굴하지 않고 화복禍福에도 흔들리지 않는 자가 있으니 천백세千百歲에 한 사람뿐이다. 세조가 선위禪位를 받을 때 조야朝野의 신하들이 두려워하여 감히 말을 못했으나, 공은 직언直言으로 항의抗議를 하였으니 그 열렬한 기개氣槪를 이루 헤아릴 수 없도다. 공의 충성忠誠과 곧은 마음은 사육신死六臣에 비교해도 부끄러움이 없도다. 요승 학열이 남의 마음을 미혹하도록 선동煽動하여도 조정에서는 잘못됨을 말도 못할 때 의연毅然이

---

39 순조 7년(1807)~?. 본관은 용인(龍仁), 자는 태경(台卿), 호는 종산(鍾山)이다. 순조 34년(1834) 사마시(司馬試)를 거쳐 헌종 7년(1841) 정시문과(庭試文科)에 병과(丙科)로 급제하여 홍문관제학 (弘文館提學)을 거쳐 철종 원년(1850)에 평안도 암행어사가 되었다. 철종 6년(1855)에 좌승지(左承旨)로 있을 때 대사헌 이경재(李經在)와의 논쟁으로 삭직되었다. 뒤에 다시 기용되어 철종 13년(1862)에 전국적으로 민란이 일어나자 경상도선무사(宣撫使)·함흥부안핵사(咸興府按覈使) 등으로 나가 민심을 수습하고 예조판서에 이르렀다.

상소를 올렸으니 한문공(韓文公)의 불골표(佛骨表)[40]와 서로 막상막하(莫上莫下)라 하겠다.

라고 하였다. 선생이 금란반월회문(金蘭半月會文)을 편수(編修)하였는데, 후세 사람들이 그려서 도(圖)를 만들어 보배처럼 간직하였다.

---

40 한유(韓愈)가 올린 배불(排佛)의 표문(表文)이다. 당 헌종(唐憲宗) 14년(819)에 봉상현(鳳翔縣) 법문사(法門寺)의 호국진신탑(護國眞身塔) 안에 있는 석가문불(釋迦文佛)의 손가락 뼈 한 마디를 상(上)이 중사(中使) 두영기(杜英奇)를 시켜 궁인(宮人)과 향화(香花)를 가지고 임호역(臨皞驛)에 가서 맞아 오게 했는데, 한유가 소(疏)를 올려 그 부당함을 말한 것이다.

5. 괴당槐堂 김선생金先生

선생의 성은 김金, 이름은 윤신潤身, 자는 덕수德叟, 호는 괴당槐堂, 본관은 강릉이다. 명주군왕溟州郡王 주원周元의 후손이다. 고조 천蕆은 정순대부正順大夫를 지냈고, 증조 용수龍壽는 중정대부中正大夫를 지냈으며, 조부 중상仲祥은 교위校尉를 지냈고, 부친 여명汝明은 사정司正를 지냈다. 모친은 강릉왕씨江陵王氏로 평의評議를 지낸 지輊의 딸이다.

선생은 어질고 너그러운 품성稟性이 있고 학문이 일찍이 이루어져 평생의 공부를 춘추서春秋書에 두어 1부를 손으로 베껴 항상 눈여겨볼 자료로 삼았으며, 효로써 어버이를 섬기는데 힘썼다. 모부인母夫人이 일찍이 경계하여 이르기를 "너의 외삼촌 5형제가 모두 등과登科하여 이름을 떨쳐서 부모를 드러나게 하였으니, 원컨대 너는 이를 본받아야 한다"고 하였다. 선생은 학업學業에 뜻을 두어 세조 무자년(1468)에 생원에 합격하여 음사蔭仕로 훈도訓導를 지냈다. 성종 병신년(1476)에 병과丙科에 급제하여 사록司錄·전적典籍·주부主簿와 경상도사慶尙都事를 역임하고, 들어와서 전중감찰殿中監察가 되었는데 늙은 어버이를 봉양하기 위해 걸귀乞歸해 줄 것을 상소하였다.

왕이 비답하기를, "내가 듣기로 그대는 5년 동안 어버이 병을 돌보는데 한 번도 의대衣帶를 풀지 않았다고 하니, 효성이 지극하지 않으면 어찌 그렇게 그렇게 공경할 수 있겠는가? 그대가 나를 도와 정성을 다해 게을리하지 않으니,

충성심이 아니면 어찌 할 수 있겠는가? 이제 난릉蘭陵의 행실行實[41]을 이은 이를 만났으니, 내 마음이 망연자실하구나" 하며 특별히 금성현령金城縣令에 제수하여 노인을 봉양하는 본보기로 삼으니, 이는 어진 신하와 어진 임금의 홀륭한 만남이었다. 이어 부모상을 당해서는 예를 지켜 장례를 치렀다.

복상服喪을 마치고 들어와서는 사헌부 장령掌令·집의執義·지평持平과 의정부 사인議政府舍人을 역임하였고, 나가서는 파주·원주목사를 역임하였다. 천성이 공정하고 솔직하여 역임한 여러 고을에서 모두 명성名聲과 업적業績이 있었다. 임기를 마치고 돌아올 때는 짐바리가 없어 집에는 변변한 가재도구 하나 없었으니 세상 사람들이 청백리淸白吏라 칭송하였다. 일찍이 강원도 어사御史가 되었을 때 일이다. 강릉부사 한급韓汲이 학정虐政을 일삼고 재물을 탐냈으므로 장계를 올려 파직하려고 하였다. 한급의 모친이 가마를 타고 와서 3일 밤을 담장 밖에서 빌었는데, 이는 모두 한급이 시킨 것이었다. 선생이 굳게 거절하고 들어주지 않으니 그 준엄함이 이와 같았다.

젊었을 때 임영臨瀛의 문인文人과 걸출한 선비[傑士] 15인과 함께 군자로서 서로 돕고 덕을 닦는 금란반월회金蘭半月會를 조직하여 맹약오장盟約五章을 지었다.

첫째는 길한 일을 경축하고 흉한 일을 조문하며[吉凶慶弔]

둘째는 좋은 날을 가려 경사經史를 강론하고 우의를 다지며[良辰講好]

---

41 난릉은 순자(荀子)를 가르친다. 순자는 중국 조(趙)나라에서 태어나 제(齊)나라의 직하학파(稷下學派)에 있다가, 후에 초(楚)나라로 가서 난릉(蘭陵) 수령에 봉해져서 살다가 죽었다. 순자는 중국 고대의 3대 유학자 가운데 한 사람으로, 그가 『시경』을 제자인 모형(毛亨)에게 전하였으며 모형은 다시 그의 아들인 모장(毛萇)에게 전하였다. 중국에 한(漢)나라가 들어선 이후 진 시황(秦始皇)이 불태워버린 경전을 복원하는 작업이 진행되었는데, 이때 모장이 아버지로부터 물려받은 『시경』을 수정하고 주석을 달았다. 이것이 바로 『모시(毛詩)』라 불리는 것으로, 『시경』의 가장 권위 있는 주석 가운데 하나이다.

셋째는 허물이 있을 때는 면대面對하여 책망責望하며[過惡面責]

넷째는 맹약을 어길 경우에는 벌금을 받으며[忤令贖金]

다섯째는 고의로 나쁜 행위를 했을 때는 제적除籍한다[故行削籍].

향현인 춘헌春軒 최선생(최수)이 회목會目을 짓고, 수헌睡軒 최선생(최응현)이 서문序文을 지었다.

만년晩年에 벼슬을 그만두고 고향에 돌아올 때 강릉부사가 향음주례鄕飮酒禮[42]와 향사례鄕射禮[43]를 베풀고 선생을 영접하여 주빈主賓으로 삼았다. 고을의 좌수座首[44]가 되어 향령鄕令 1편을 지으니, 온 마을이 이를 준수하였다. 그 향약의 조항을 보면

첫째는 덕업상권德業相勸이다. 덕德은 22가지가 있고 업業은 12가지가 있으니, 덕과 업은 서로 약속한 사람이 각자 덕과 힘써서 닦을 것이고, 서로 권장하되 특별히 행적이 두드러지는 사람은 관청에 보고하여 조정에 상달上達되도록 한다.

둘째는 과실상규過失相規이다. 의로움을 어긴 과실이 6가지이고, 약속을 어긴 과실이 4가지이며, 수행修行하지 못한 과실이 5가지이다. 이와 같은 과실은 서

---

42 향촌의 유생들이 학교·서원 등에 모여 학덕과 연륜이 높은 이를 주빈(主賓)으로 모시고 술을 마시며 잔치를 하는 향촌의례(鄕村儀禮)의 하나. 성종 5년(1474)에 편찬한 『국조오례의』에 의하면, 향음주의는 가례의 하나로 매년 10월에 한성부와 각 도 그리고 모든 주·부·군·현에서 길일을 택해 치렀다. 그 고을의 수령이 주인이 되어 나이가 많고 덕이 있으며 재주와 행실이 갖추어진 사람을 주빈(主賓)으로 삼고, 그밖의 유생을 빈으로 하여 서로 모여 읍양(揖讓)하는 예절을 지키며 주연을 함께 하고 계(戒)를 고했다. 또 주인과 손님 사이에 절도 있게 헌수하여 연장자를 존중하고 유덕자를 높이며, 예법과 사양의 풍속을 일으키도록 했다.

43 조선시대 행해진 향촌교화를 위한 행사. 향사례는 매년 봄(3월 3일), 가을(9월 9일) 두 차례에 걸쳐 지방 수령이 효(孝)·제(悌)·충(忠)·신(信)·예(禮)에 뛰어난 자를 초청하여 술과 음식을 베풀고 연회가 끝나면 편을 갈라 활쏘기 행사를 거행하던 의식을 말함.

44 조선시대 지방의 자치기구인 유향소(留鄕所 : 후기에는 鄕廳·鄕所로 불림)의 가장 높은 임원을 말함. 고을의 사족(士族)으로 나이 많고 덕망이 있는 사람을 선출하도록 했다.

로 약속한 사람이 각자 반성하고 경계하게 하되, 그래도 고치지 않으면 경중에 따라 벌을 내린다. 벌에는 4등급이 있다.

셋째는 예속상교禮俗相交이다. 어른과 어린이의 행위는 5등급이 있다. 예속상교의 일은 유사有司가 이를 주관하고 날짜를 정해 소집하되, 오만하여 약속을 어기는 자는 질책하고, 봄가을로 신의信義를 강의할 때 약법約法을 가르친다.

넷째는 환난상휼患難相恤이다. 7가지가 있다. 환난상휼의 일이 생긴 집은 약장約長과 유사有司에게 고하여 모으고 감독하게 한다. 또 별도의 3가지 조목이 있다.

이율곡과 최도경崔蹈景 선생은 여씨향약呂氏鄕約에 의거하여 이를 윤색하였다. 선생은 예학禮學에 막힘이 없고 능통하여 풍속을 바로 잡음이 모두 이와 같았다.

순조 무진년(1808)에 강릉향현사에 승향陞享되었다. 묘는 강릉부 북쪽 10리 경포호수의 북쪽과 증산甑山의 동남쪽 정좌丁坐에 있다. 9세손 형진衡鎭이 행장行狀을 지었다.

6. 사휴당四休堂 박선생朴先生

　　선생의 성은 박朴, 이름은 공달公達, 자는 대관大觀, 초호初號는 강호江湖이며 만호晚號는 사지四止 또는 사휴당四休堂, 본관은 강릉이다. 신라 충렬공忠烈公 제상提上의 후예이며, 고려말 충경공忠敬公 지계之桂의 현손이다. 증조 자검自儉은 본조(조선)에 들어와 문과에 합격하여 단천군수端川郡守를 지냈고, 조부 중신中信은 사마·문과에 합격하고 영흥판관永興判官을 지냈다. 부친 시행始行은 생원·문과에 합격하고 응교應敎를 지냈으며, 이조판서吏曹判書에 추증追贈되고 문헌文憲이라는 시호를 받았다. 5형제가 모두 등과登科하였다. 모친은 영양남씨英陽南氏로 진사 과薖의 딸이다.

　　선생은 성종 경인년(1470)에 태어났다. 어려서부터 효성과 우애가 돈독하였고, 말을 가려서 했다. 아무리 춥고 더운 날이라 하더라도 의관을 단정히 하고 앉으니, 고을 사람들이 선사善士라 칭하였다. 연산군 을묘년(1495)에 생원에 합격하였는데, 그 때 나이 26세였다. 자신을 수양하고 행동을 조심하여 가만히 앉아 독서만 하고 다시는 과거 공부를 하지 않았다.

　　충암冲菴 김정金淨이 선생과 삼가三可 선생의 명성을 듣고 중종 병자년(1516) 가을에 풍악산(금강산)을 유람하고 오는 길에 방문하였다. 여러 날 머무르며 친숙해지자 한 수의 시를 읊기를

　　　　상봉서은처相逢捿隱處　　　　은신처 찾아와서 반갑게 만나보니
　　　　차지즉봉영此地卽蓬瀛　　　　이곳이 바로 신선이 사는 곳이로세.

강해편주월江海扁舟月	강과 바다엔 조각배 달빛이 가득한데
표부일객성飄浮一客星	표류하는 이 몸은 떨어진 별이로다.
취첨개골원聚添皆骨遠	마음엔 금강산경이 아직도 남았건만
안입경호청眼入鏡湖靑	눈에는 경포호수 푸르름이 비쳐 드네.
분수우천리分手又千里	이별하고 또다시 천리길 떠나려니
마전상엽령馬前霜葉零	무심한 단풍잎은 말머리를 떨어지네.

라 하였으니, 이는 세상을 등지고 조용히 지내는 삶을 나타낸 것이었다. 충암이 조정에 돌아가 기묘년(1519) 4월에 현량과賢良科[45]에 극력 천거하였다. 전지傳旨의 대략에

정사를 하는 급무는 인재를 구하는 것이 첫째이니, 현인을 추천하는 책임은 오직 재상宰相에게 있다. 내가 정사에 임해 잘 다스리기를 원하여 어진 인재를 구하고자 하는 마음이 간절했으나, 그 효과는 나타나지 않고 어진 인재 또한 버려져서 매양 인재가 없음을 한탄하였다. 너희 의정부는 그 실체가 나의 생각과 같아 널리 자문하고 찾아 내가 걱정하는 뜻에 부합하도록 하라.

---

45 중국 한(漢)나라 때에 실시된 관리등용 방법으로, 일명 현량방정과(賢良方正科)라고도 한다. 중종 14년(1519) 기존의 과거제도가 사장(詞章)의 학습만을 일삼게 하는 등 여러 가지 폐단이 드러나고 참다운 인재의 선발이 어려웠기 때문에, 조광조의 건의에 의하여 한나라의 현량방정과를 모방하여 실시하였다. 그 절차는 서울에서는 4관(四館, 예문관·성균관·승문원·교서관)에서 유생이나 현지 관료들 중에서 후보자를 성균관에 추천하고, 성균관은 다시 예조에 보고하도록 하였으며, 중추부·육조·한성부·홍문관 등에서도 예조에 후보자를 추천하게 하였다. 지방에서는 유향소에서 수령에게 천거하면 수령은 관찰사에게, 관찰사는 다시 예조에 보고하였다. 그 후 예조에서는 중앙에 있는 경재소가 추천한 인물까지 합쳐서 후보자의 성명, 기국(器局), 재능, 학식, 행실과 행적, 지조, 생활태도와 현실 대응의식 등 일곱가지 항목을 종합하여 의정부에 보고하였다. 그런 후에 이들을 전정(殿庭)에 모아놓고 임금이 친림한 자리에서 대책으로 시험하여 인재를 선발하도록 하였다. 그 결과 중종 14년 4월에 120명의 후보자 중에서 장령 김식(金湜), 지평 박훈(朴薰) 등 28명이 선발되었다. 그러나 동년 11월 발생한 기묘사화로 조광조를 중심으로 한 신진 사류들이 훈구세력의 탄핵을 받아 실각되면서 현량과는 폐지되고 급제자들은 모두 파방(罷榜)되었다가, 선조 원년(1568)에 이준경(李浚慶) 등의 주장에 힘입어 급제자들의 자격이 회복되었다.

고 하였다. 계목啓目의 대략에

> 역대로 선비를 뽑는 법과 제도가 각기 달랐습니다. 오직 서한西漢의 효렴과孝
> 廉科와 현량과賢良科 등이 가장 옛 제도에 가깝습니다. 나라 안의 훌륭한 인재
> 를 경사京師에서 천거하면 천자께서 친히 책문策問을 하였습니다. 지금도 이것
> 을 모방하여 유생과 조정의 선비를 막론하고 성균관에 천거하여 예조에 알리
> 고, 지방에서는 수령이 감사에게 보고하고 감사는 예조에 알리어 서울과 지방
> 의 천거한 사람을 합쳐 책문할 것을 고하소서.

라고 하니, 왕이 이를 윤허하였다.

그때에 서울과 지방에서 천거한 사람이 120인이었다. 임금이 근정전勤政
殿에 납시어 이르기를, "내게 덕이 없고 어두운 자질로 조종祖宗의 대업大業을
이어받아 이른 아침부터 늦은 밤까지 부지런히 힘을 써도 오직 능히 책임을
하지 못할까 두려워했는데, 이제 상하가 마음을 같이 하여 당우唐虞(요순)의
다스림을 이룰 것이니, 각기 평소에 간직한 바를 모두 진술하라. 내 친히 보겠
노라" 하였다.

김식金湜 등 28인을 책문으로 선발하였는데, 선생은 병과丙科에 제 10인
으로 뽑히었다. 이달 20일에 급제자를 불러 홍패紅牌와 어화御花를 내렸으나
가뭄으로 유가遊街를 정지하라고 명하였다. 홍문관 저작弘文館著作에 임명되
고 병조좌랑兵曹佐郞을 역임하였다. 이해 11월 15일에 사림士林에 화가 일어나
북문으로 밤에 나와 아침에 동시東市에 이르렀다. 소인배들이 현량과를 가리
켜 공적公的인 것이 아니라 하여 폐지해 버렸다.

선생은 강릉에 퇴거하여 사월촌沙月村(사천)에 집을 짓고 종질從姪 삼가당
三可堂 박수량과 더불어 경학經學을 강강講하고 연마하는 것으로 즐거움을 삼으

며 세상을 잊고 살았다. 날마다 바닷가의 작은 언덕에 올라 노니니 사람들이 쌍한정雙閑亭이라 불렀다. 두 분의 집이 시냇물을 사이에 두고 있었는데, 혹 물이 불어 건널 수 없으면 시내를 사이에 두고 마주 앉아 술잔을 들고 서로 권하며 흥이 다한 뒤에 돌아갔다. 삼가당三可堂이 세상을 뜨니, 선생이 글을 지어 애통해하기를

| 동일출처동일행장同一出處同一行藏 | 같은 곳에서 태어나 함께 나갔다 돌아와 은둔하니 |
| 쌍한정월만고장명雙閑亭月萬古長明 | 쌍한정의 달빛이 만고에 밝게 비추리라. |

라는 구절이 있다. 두 선생의 도의道義가 부합됨이 이와 같음을 볼 수 있다.

선생이 낙향한 지 20여 년이 지난 인종 을사년(1545)에 이르러 다시 천과薦科로 명하여 승문원 교검承文院校檢을 제수했으나 나아가지 않았다. 명종 즉위초에 이기李芑와 윤인경尹仁鏡 등이 아뢰어 또 천거과를 폐지했다. 선조 무진년(1568)에 상공相公 이준경李浚慶 등이 뇌진雷震의 변으로 인하여 계문을 올려 다시 천과를 설치하니, 선생은 본직을 되찾게 되었다. 영상領相 상진尙震[46]이 관동지방을 순안巡按할 때, 이곳을 찾아와서 선생의 사람됨을 다른

---

46 성종 24년(1493)~명종 19년(1564). 조선중기의 문신. 본관은 목천(木川), 자는 기부(起夫), 호는 송현(松峴)·향일당(嚮日堂)·범허재(泛虛齋), 시호는 성안(成安)이다. 중종 14년(1519) 별시문과에 급제하여 예문관검열이 되었다. 그뒤 봉교·예조좌랑·지평을 거쳐 장령·교리 등을 지내면서 지방관리의 탐학을 비판하고 농업진흥책을 주장했다. 중종 28년 대사간에 임명되었으며, 부제학·좌부승지·형조참판·관찰사·한성부판윤 등을 거쳐 중종 38년 공조판서가 되었다. 이듬해 성절사가 되어 명나라에 다녀와서 병조판서·우찬성·형조판서를 지냈다. 중종이 죽고 인종이 즉위하자 중종 때 세도를 부렸던 윤원로(尹元老)와 결탁했다고 하여 경상도관찰사로 좌천되었다. 1545년 인종이 죽고 명종이 즉위하여 소윤 일파가 득세하면서 그들의 천거로 병조판서에 복직했으며, 명종 4년 우의정이 되었다. 명종 6년 좌의정을 거쳐 명종 13년 영의정이 되었는데, 소윤 일파와 어울린다 하여 사림에게 비난도 받은 반면 사림을 등용하려고 힘쓰기도 했다. 그뒤 영중추부사로 전임되어 기로소에 들어가서 궤장을 받았다.

사람에게 말하기를 "이 사람은 옥항아리에 담긴 가을 물과 같이 맑다" 하였으니, 선생을 높이 받들어 귀하게 여김이 이와 같았다.

선생이 일찍이 사지四止의 뜻을 스스로 풀이하기를, "앉는 것은 큰 나무 밑에서 그치고[坐止高陰下], 걷는 것은 사립문 안에서 그친다[步止蓽門裏]. 먹는 것은 텃밭의 푸성귀에 그치고[所食止園葵], 큰 기쁨은 어린아이들에게 그친다[大懼止穉子]"라고 하였으니, 한가롭고 담박하게 유유자적한 정취를 미루어 알 수 있다. 선생이 어촌漁村 심언광沈彦光[47]에게 보낸 시에 "참지 못한 눈시울에 임금 생각 눈물지고[不堪眼軟思君漏]"라 하였는데, 비록 강호江湖의 구석진 곳에서 있다고 하나 임금을 그리워하고 나라를 충성하는 정성은 조금도 변함이 없었다.

향년 84세에 돌아가시니 강릉 경포대에 있는 선영先塋 서쪽 산기슭의 해좌亥坐 언덕에 안장하였다. 인조 을유년(1645)에 향인鄕人들이 사당을 세워 향현사에 배향하였는데 선생도 그중 한 분이다.

의속헌醫俗軒 박민헌朴民獻[48]이 관동지방을 순방巡訪할 때에 두 선생이 유

---

47 성종 18년(1487)~중종 35년(1540). 조선중기의 문신. 본관은 삼척(三陟), 자는 사형(士炯), 호는 어촌(漁村), 시호는 문공(文恭)이다. 중종 2년(1507)에 진사가 되고 중종 8년(1513) 식년문과에 을과로 급제, 검열(檢閱)에 보직되었다. 중종 24년(1529)에 형 언경(彦慶)과 함께 유배 중인 김안로(金安老)의 용서를 주청하여 예조판서에 등용하게 하였다. 그후 응교(應敎)·직제학(直提學)·대사간·부제학을 역임하고, 이조판서에 이르렀으나 김안로가 점차 횡포정치를 일삼고 자신의 외손녀를 세자빈(世子嬪)으로 삼으려 하자, 이를 극력 반대한 탓으로 김안로의 모함을 받아 함경도관찰사로 좌천되었다. 중종 32년(1537)에 김안로가 사사(賜死)된 뒤 우참찬(右參贊)을 거쳐 공조판서가 되었으나, 앞서 안로를 구출한 일로 탄핵을 받고 이듬해 삭직(削職)되었다가 뒤에 신원되었다. 문장에 뛰어났고 문집에 『어촌집』이 있다.

48 중종 11년(1516)~선조 19년(1586). 조선중기의 문신. 본관은 함양(咸陽), 자는 희정(希正), 호는 정암(正菴)·슬한재(瑟僩齋)·의속헌(醫俗軒)·저헌(樗軒)이다. 서경덕에게 학문을 배웠다. 명종 원년(1546) 사마시에 장원하고, 같은 해 증광 문과에 을과로 급제해 성균관전적으로 기용되었다. 곧이어 예조좌랑·사간원정언을 지내고, 홍문관부수찬을 거쳐 공조좌랑에 춘추관기사관을 겸하였다. 그 뒤 병조좌랑·수찬을 지냈고, 명종 8년(1553)에 사가독서(賜暇讀書)하였다. 뒤에 해남현감으로 부임하였는데, 전날 홍문관에 있을 때 이기(李芑)가 체직된 일에 대해 함부로 말한 것이 문제가 되어 삭탈관직당하였다. 2년 후 다시 기용되어 지평(持平)·병조정랑·공조참의·동부승지·대사간 등을 지내다가 외직인 강원도관찰사에 제수되었으나 부임하지 않아 또다시 삭탈관직당하였다. 선조 3년(1570) 다시 강원도관찰사에 임명되고, 선조 5년 사은사로 김계휘(金繼輝)와 함께 명나라에 다녀

유자적하던 정취情趣를 추모하여 고적古蹟을 순방하고 "계곡을 낀 산은 그윽하고, 소나무와 노송나무는 은연히 비치니, 쌍한정이 어제와 같이 완연宛然하다" 하며, 화공畫工에게 그 형승形勝을 그리게 하여 가지고 갔다.

　선생은 타고난 품성은 매우 고결하여 도道와 성현聖賢을 사모하였다. 그리하여 출사出仕하여서는 당대의 추앙받는 사람이 되었고, 지역에서는 한 고을의 모범이 되었다. 학문에 힘쓰고 독실한 행실이 없었다면 어찌 이와 같을 수 있겠는가? 선생의 행적은 『동국명신록東國名臣錄』과 『기묘당적己卯黨籍』에 기록되어 있다. 유고遺稿 약간 편이 있는데, 『삼가선생문집三可先生文集』 가운데 함께 간행하였다.

왔다. 그 뒤 우부승지·전라도관찰사·함경북도병마절도사·형조참판·함경도관찰사·상호군·동지첨지부사 등 여러 관직을 두루 지냈다. 성리학과 역학에 뛰어났으며, 시문집인 『슬한재집』이 있다.

7. 삼가당三可堂 박선생朴先生

선생의 성은 박朴, 이름은 수량遂良, 자는 군거君舉, 초호初號는 침암砧巖이고 만호晚號는 삼가당三可堂, 본관은 강릉이다. 신라 1등공신이었던 시호가 충렬忠烈인 제상提上의 후예이다. 고조 자검自儉은 본조(조선)에 들어와 문과에 급제하여 단천군사端川郡事를 역임하였고, 증조 중경中敬은 생원生員이었는데 최수헌崔睡軒 선생이 「취옹가기醉翁家記」를 지어 주었다. 조부 영근榮根은 생원이었는데 매월당梅月堂 김시습金時習이 처사시處士詩를 지어 칭송하였다. 부친 승휴承休는 교수敎授를 지냈고, 모친은 영해이씨寧海李氏로 감찰監察을 지낸 중원仲元의 딸이다.

선생은 성종 을미년(1475)에 태어났다. 선생은 어려서부터 효성孝誠과 우애友愛가 저절로 이루어지고, 학문이 일취월장日就月將하였다. 성년成年에 이르러 우아한 지조가 한층 고결하여 세상살이에서 일어나는 번잡하고 괴로운 일에 뜻이 없어 오직 산수山水를 벗삼아 즐겼다. 하루는 고을 사람 중에 과거에 급제한 사람이 방문하였는데, 모부인母夫人께서 보시고 칭찬하며 탄복하였다. 선생이 말하기를 "무릇 사람의 자식으로 태어나 어버이를 즐겁게 해드리는 것이 가장 큰 일이다" 하고 마침내 과거에 뜻을 두어 연산군 갑자년(1504)에 생원·진사시에 제 4인으로 합격하였으나, 그 후 다시는 과거에 응시하지 않았다.

때마침 연산조의 단상제短喪制가 매우 엄할 때에 모친상을 당하였는데, 선생은 분개하여 말하기를 "차라리 모진 형벌에 죽을지언정 선왕先王의 예제를 어길 수 없다" 하고 무덤 근처에 여막廬幕을 짓고 3년상을 마쳤다. 중종 3년 무진(1508)에 생시정려生時旌閭를 명하니, 정성근鄭誠謹과 더불어 동시에 효자 정려孝子旌閭를 받았다.

병자년(1516) 가을에 충암沖菴 김정金淨이 풍악산(금강산)으로부터 남쪽으로 선생의 집을 방문하였는데, 처음 만났지만 마음이 맞고 정이 들어 옛날부터 사귄 벗처럼 친밀하여 술동이에 표주박으로 대작對酌하면서 여러 날을 머물렀다. 충암이 이별에 즈음하여 철쭉 지팡이[躑躅杖]를 선사하며 시를 읊기를

만옥층애리萬玉層崖裏　　수많은 옥들이 층층인 절벽에서
구추상설지九秋霜雪枝　　늦가을 서리와 눈을 겪은 가지일세.
지래증군자持來贈君子　　가지고 와 이것을 그대에게 주노니
세만시심기歲晩是心期　　오래오래 이 마음 변치 말게나.

라고 하였다. 선생이 이에 화답하기를

사혐직선벌似嫌直先伐　　아마도 곧으면 먼저 베임이 싫어
고욕곡기신故欲曲其身　　그 처신 굽히려 했으리라.
직성유존내直性猶存內　　곧은 성품 맘에 여전히 남았으니
나능면부근那能免斧斤　　어찌 능히 도끼를 면할 수 있을까?

라고 하였다. 이는 당시 화의 기미를 예견하고 경계한 것이다.

그때 조정에서 의논하여 아뢰기를 "경술經術에 밝고 의로운 행동하는 사람을 차서를 따지지 말고 발탁해 쓴다[不次擢用]고 사림에 장려한다" 하니, 재상을 비롯한 제현諸賢이 선생을 현량과賢良科에 천거하였다.

무인년(1518) 5월 27일에 임금께서 천거인擧薦人 좌랑佐郎 박훈朴薰·사지司紙 정완鄭浣·주부注簿 박수량朴遂良을 인견하였는데, 선생이 균전均田 정사政事에 대해 의논을 가지고 아뢰기를 "균전은 참으로 좋은 제도이나 시행에 어려움이 많아 갑자기 시행함은 옳지 않습니다" 하였다. 충재沖齋 권벌權橃⁴⁹이 당시 승선承宣으로 자세하게 기록하였는데, "선생의 경륜經綸은 시행되지 않았지만 삼대를 다스릴 만한 도道를 이미 품고 있었다"고 하였다.

충청도사忠淸都事가 되어 나아가 감사 손중격孫仲檄에게 청하여 도연명陶淵明의 시집詩集을 간행하여 학교 생도들에게 읽게 하였다. 눌재訥齋 박상朴祥⁵⁰이 그 시집의 발문跋文에 이르기를 "선생의 마음 씀은 실로 도연명에게서 취한 바가 있으니, 현인이 멀리 물러가 은거[高蹈遠引]하며 세상을 피하는 뜻이다"라고 하였다.

이해 7월 용궁현감龍宮縣監에 특별히 제수하였는데, 임금이 불러 보시고 묻기를, "요순堯舜시대의 정치를 다시 할 수 있겠는가?"라고 하니, "할 수 있습니다"라고 대답하였다. 임금이 "어떤 연유로 그것을 알 수 있는가?"라고 묻자,

---

49 성종 9년(1478)~명종 3년(1548). 조선중기의 문신·학자. 본관은 안동, 자는 중허(仲虛), 호는 충재(沖齋)·훤정(萱亭)·송정(松亭), 시호는 충정(忠定)이다. 중종 2년(1507) 문과에 급제하고 예조참판으로 기묘사화에 관련되어 파직당하고 10여 년 묻혀 살다가 중종 28년(1533)에 복직되었다. 지중추부사(知中樞府事)로 종계변무(宗系辨誣)차 명나라에 사절로 갔으며, 뒤에 예조 판서·지의금 부사(知義禁府事)를 겸임하였다. 명종 초에 윤원형(尹元衡)의 윤임(尹任) 배척을 반대하다가 삭주(朔州)에 유배되어 죽었다. 선조 때 좌의정으로 추증되었다.

50 성종 5년(1474)~중종 25년(1530). 조선중기의 문신·학자. 본관은 충주, 자는 창세(昌世), 호는 눌재(訥齋), 시호는 문간(文簡)이다. 연산군 2년(1496)에 진사가 되고, 연산군 7년(1501) 식년 문과에 을과로 급제하여 교서관정자(校書館正字)로 보임받고, 박사를 역임하였다. 승문원교검(承文院校檢)·시강원사서(侍講院司書)·병조좌랑을 지내고, 연산군 11년(1505) 외직으로 전라도사(全羅都事)를 지냈다. 중종 6년(1511) 수찬·응교를 거쳐 담양부사로 나아갔다. 중종 10년(1515) 순창군수 김정(金淨)과 함께 상소해 중종반정으로 폐위된 단경왕후 신씨(端敬王后愼氏)의 복위를 주장하였다. 또 박원종 등 3훈신(勳臣)이 임금을 협박해 국모를 내쫓은 죄를 바로잡기를 청하다가 중종의 노여움을 사서 남평(南平)의 오림역(烏林驛)으로 유배되었다. 중종 16년(1521) 상주와 충주의 목사를 지내고, 만기가 되자 사도시부정(司䆃寺副正)이 되었다. 중종 21년(1526) 문과 중시에 장원하고 이듬해 작은 죄목으로 나주목사로 좌천되었고, 당국자의 미움을 사서 중종 24년(1529) 병으로 사직하고 고향으로 돌아왔다. 청백리(淸白吏)에 녹선(錄選)되었다.

"신이 시골에서 태어나 자랐으므로 본래 풀 보기를 좋아했습니다. 풀의 본성은 예로부터 단 풀은 지금도 달고, 예로부터 쓴 풀은 지금도 또한 쓴 것입니다. 풀과 같이 보잘것없는 것도 그 본성이 이와 같은데, 하물며 사람의 성품이 어찌 고금古今에 다르겠습니까? 만약 요순시대의 정치로 다스린다면 그 다스림이 어렵지 않을 것입니다"라고 하자, 임금이 칭찬하며 탄복하였다.

용궁 읍내邑內에서 토지문제로 여러 해 동안 판결을 내지 못하고 다투는 형제가 있었다. 선생이 성찬盛饌을 준비해 이들을 초대하여 술을 대접하면서 말하기를 "내가 너희들의 수령이 되어 덕화德化가 행하지 못하여 너희 동기同氣로 하여금 쟁송爭訟을 하게 하니, 내가 무슨 면목으로 너희들의 수령이 될 수 있겠는가? 이 자리는 너희들이 태수太守를 전별하기 위해 마련한 것이다"라 하고, 이어서 고금古今에 형제간의 우애의 정을 깨우쳐 말하기를 "전토田土는 갖추기 쉽지만 골육骨肉은 얻기 어려운 것이다." 하고 흐르는 눈물이 술잔에 가득 차니 형제가 감복하여 깨닫고 전토를 서로 사양하였다. 영남지방은 넓고 커서 송사訟事가 많이 쌓여 있었다. 선생의 판결이 물 흐르듯 하니, 인근 8~9군郡의 밀렸던 송사가 모두 해결되었다.

기묘년(1519) 11월 15일 밤에 흉악한 무리들이 권력을 농단하여 사류士類들이 큰 화를 입은 일이 일어났다. 판서 김정金淨·대사헌 조광조·대사성 김식金湜이 동시에 옥에 갇히니, 다 선생을 천거한 사람이었다. 선생은 화가 자신에게도 미칠 것을 알고 마침내 벼슬을 버리고 귀향하니, 행탁行橐은 쓸쓸하고 다만 빈 대그릇 하나 뿐이었다. 선생이 처음 부임하던 날에는 푸른 암소 한 마리를 타고 남으로 왔다가, 돌아갈 즈음엔 그 암소가 새끼를 낳았다. 그리하여 그 송아지를 관부官簿에 올려, 현이 그 소로 수백에 이르는 송아지를 낳아 짐을 실어 나르니 신구新舊의 쇄마가刷馬價[51]로 삼았다고 한다.

선생의 당숙堂叔되는 사휴당四休堂 선생이 현량과賢良科에 올라 벼슬이 병조좌랑兵曹佐郎에 있을 때 사화士禍가 일어나는 것을 보고 역시 고향으로 퇴거退居하였다. 시냇물을 사이에 두고 서로 의지하고 만나면서 경학經學을 강론講論하였다. 바닷가 조그만한 언덕에 송백松栢을 심고 날마다 그 위에 올라 즐겁게 노니니 사람들이 쌍한정雙閒亭이라 불렀다.

선생의 집 서쪽에 언덕이 우뚝 솟아 있어 이름하여 삼가정三可亭이라 하였다. 혹 일가정一可亭·이가정二可亭·삼가정三可亭이라고도 한다. 선생이 자해自解하여 이르기를 "내가 학술이 없으면서도 사마시司馬試에 올랐으니 욕되지 아니하여 가하고, 내가 전지田地도 없으면서도 하루 두 끼 식사를 굶지 아니하니 가하고, 내가 인지仁智가 없으면서 산수를 벗삼아 지내니 욕되지 아니하여 가하다"고 했다. 대개 속세를 초월하는 기미를 알 수 있고, 넉넉하고 한가롭게 자적自適하였기에 화가 미치지 않았다.

명종 병오년(1546) 2월 5일에 정침正寢에서 별세하니 향년 72세였다. 성종 을미년(1475)에 선생이 태어났을 때 중국의 사신이 와서 말하기를, "처사성處士星이 동방에 나타났다"고 했는데, 선생이 운명하였을 때 사신이 또다시 와서 말하기를, "모년 모월일에 처사성이 이미 떨어졌구나"라고 하였다. 날짜를 헤아려보니 바로 선생이 운명한 날이었다. 중국 사신이 돌아가서 아뢰니, 사관史官에게 명하여 "모년 모월일에 동국처사 박수량이 졸하였다[某年月日東國處士遂良卒]"고 특서特書하였다. 이에 사휴 선생이 만시輓詩에서 "고명은 천년 가도 사서에 길이 전하리라[千歲高名史永傳]" 하였고, 당시의 강릉부사 이이李

頤는 만시輓詩에서 "혁혁한 이름이 사책에 남을 사람이다[赫赫芳名留史冊]"고 하였다. 강릉부 북쪽 20리 사천 미노리 경좌庚坐 언덕에 안장하였다.

선조 때 강원감사 송강松江 정철鄭澈과 한강寒江 정구鄭逑가 함께 와서 제문祭文을 올렸고, 인조 을유년(1645)에 향인鄕人들이 사당을 세워 배향하였다. 영조 갑술년(1754)에 대사헌 도암陶菴 이재李縡[52]가 묘표墓表를 지었는데, 명시銘詩에서

만고정정송백심萬古亭亭松柏心   만고에 꿋꿋한 송백같은 굳은 지조

대동상설불능침大冬霜雪不能侵   엄동설한 찬바람도 범할 수 없네.

아욕일고사양금我欲一鼓師襄琴   거문고 끌어당겨 풍월하며 추모하니

혼초불귀해운심魂招不歸海雲深   불러도 못 오시고 해운만 피어나네.

라고 하였다. 대사헌 홍봉조洪鳳祚[53]가 비면碑面에 "유명 조선국 임영처사 박공모지묘有明朝鮮國臨瀛處士朴公某之墓"라 썼다.

잠곡潛谷 김육金堉[54]이 찬술한 『기묘명현록』에 "선생은 꾸밈이 없이 수수하

---

52   숙종 4년(1678)~영조 22년(1746). 조선후기의 문신. 본관은 중봉(中峰), 자는 희경(熙卿), 호는 도암(陶庵)·한천(寒泉), 시호는 문정(文正)이다. 숙종 28년(1702) 문과에 급제, 형조참판·한성부 우윤에 이르러 균전사(均田使)로 영남에 내려가 시급한 대책을 진술했다가 관직을 삭탈 당하였다. 1720년 경종이 즉위하자 예조참판으로 기용되어 도승지·대사헌·이조참판을 거쳐 경종 2년(1722) 홍문관 응교로 정청(庭請)에 참석치 않았으며 홍문관·예문관 대제학, 한성판윤·공조판서·의정부 좌우참찬 등을 역임했다. 신임사화(1721~22) 때 중부(仲父) 만성이 4대신의 당으로 몰려 피살되자 벼슬을 버리고 인제(麟蹄)의 설악(雪岳)에 들어가 성리학을 닦는 데 힘썼으며, 영조 원년(1725)에 여러 번 소명을 받고 소를 올려 군흉(群凶)을 몰아낼 것을 청했으나 영조는 탕평책에 열중한 나머지 그의 소를 받아들이지 않았다. 드디어 용인에 퇴거하니 그를 찾아와 학문을 배우는 선비가 많았다.

53   숙종 6년(1680)~영조 36년(1760) 조선후기의 문신. 본관은 남양(南陽), 자는 우서(虞瑞), 호는 우산(盂山), 시호는 효간(孝簡)이다. 영조 원년(1725) 문과에 급제하여 삼사(三司)를 거쳐 지중추부사(知中樞府事)에 이르렀다. 서도에 능하였다.

54   선조 13년(1580)~효종 9년(1658). 조선후기의 문신. 자는 백후(伯厚), 호는 잠곡(潛谷), 본관은 청풍(淸風)이다. 선조 38년(1605) 사마시에 입격하여 성균관으로 들어갔다. 광해군 원년(1609)에 동

고, 말이 적으며 화려하지 않다. 효행이 매우 돈독하여 유일遺逸로서 현감縣監에 제수되었다"고 하였다.

선생은 평소 흥에 겨우면 시를 읊으며 속세에 연연함이 없는 삶을 살았다. 동국문장東國文章이라 불렀으며, 시평詩評에 "고삐와 재갈을 풀어놓은 천마天馬가 하늘을 나는 듯하다"고 하였다. 경포대에 걸려 있는 판상시板上詩 오언절구에

위북경곤축渭北傾坤軸	위수 북녘은 곤축이 기울었고
형주실동정荊南失洞庭	형주 남녘에선 동정호를 잃었으니,
악양루일각岳陽樓一角	악양루 한 모퉁이 무너져 내려앉아
표박락동명漂泊落東溟	물 위에 둥실 떠서 동명으로 찾아왔네.

라고 하였다. 그 후 감사와 수령이 '형남실동정荊南失洞庭'의 싯구로 선비를 뽑는 시제詩題로 하였다. 또 칠언절구에

경면마평수부심鏡面磨平水府深	거울 같은 맑은 물에 수부는 깊으니
지함형영미감심只檻形影未鑑心	형상만 비추고 마음은 못 비추네.
약교간담구명조若敎肝膽俱明照	만약 저 물이 마음까지 밝게 비춘다면

료 태학생들과 함께 청종사오현소(請從祀五賢疏)를 올린 것이 화근이 되어 문과에 응시할 자격을 박탈당하자, 성균관을 떠나 경기도 가평(加平)으로 돌아가 잠곡에서 은둔생활로 10년을 지냈다. 1623년 인조반정으로 다시 조정에 불려와 금오랑(金吾郞)을 역임하고 다음해 봄에 이괄(李适)의 난으로 임금이 피난하자 호종한 공으로 음성 현감(陰城縣監)이 되었으며 그해 괴과(魁科)에 급제, 이어 삼사(三司)·이랑을 거쳐 사인·부제학·성균좨주(祭酒)·예조판서를 역임, 효종 2년(1651) 영의정이 되었다. 앞서 충청감사로 있을 때 대동법(大同法)을 실시하도록 상소하여 공부(貢賦)의 불균형·부역의 불공평을 없애고자 하였으나, 왕의 승낙을 받고도 조정에서 실시하지 않았으므로 우의정을 지내게 되자, 각계 각층의 반대를 무릅쓰고 다시 상소하여 호서(湖西) 지방에 실시한 바 좋은 성과를 거두자, 반대하던 자들도 선정이라고 탄복했다.

대상응지객한림臺上應知客罕臨　　　　경포대에 오를 사람 몇이나 될까?

라고 하였다. 세상을 경계하고 깨우치는 뜻이 담겨 있으니 화답和答한 시로 노래한 후대의 선비들이 많이 있었다. 일찍이 글을 지어 품은 뜻을 드러내기를

조그만 하구나! 나의 인물됨이여. 남이 칭찬하면 좋아하고 남이 험담하면 화를 낸다. 화를 내는 것은 나의 옳지 않음을 말할 때 화를 내는 것이고, 좋아하는 것은 나의 옳음을 말할 때 좋아하는 것이다. 화낼 때의 내가 곧 '나'이지 척교跖蹻[55]가 아니요, 좋아할 때의 내가 곧 '나'이지 안증顔曾[56]이 아니다. 하나의 '나'가 남의 말에 따라서 둘의 '나'가 되니 조그만 하구나! 나의 인물됨이여.

라고 하였다.

선생의 시문詩文은 수천 편이 있었는데, 임종할 때 불사르게 하여 전하지 못하게 하였다. 그러나 그 후손이 약간을 수습하여 세상에 간행하였는데, 상공相公 유언호兪彦鎬[57]가 발문跋文을 지었다. 쌍한정은 미노리 바닷가에 있으

55　노(魯)나라의 도척(盜跖)과 초(楚)나라의 장교(莊蹻)를 말하는데, 모두 옛날의 유명한 도둑들로 온갖 만행을 저지르고도 장수를 누린 것으로 전해진다.

56　공자의 문인인 안회(顔回)와 증삼(曾參)을 말함.

57　영조 6년(1730)~정조 20년(1796). 조선후기의 문신. 본관은 기계(杞溪), 자는 사경(士京), 호는 칙지헌(則止軒), 시호는 충문(忠文)이다. 영조 37년(1761) 정시문과에 을과로 급제하여 검열(檢閱)·설서(說書) 등을 지냈다. 벽파로서, 시파 홍봉한(洪鳳漢) 중심의 척신정치를 없애는 것이 청의와 명분을 살린다고 생각한 정치적 모임인 청명류(淸名流) 사건에 연루되어, 붕당을 타파하고자 한 영조로부터 흑산도로 정배 명령을 받았다. 정조 즉위와 함께 시파로 태도를 바꾸어 정조의 총애를 받고, 『명의록(名義錄)』 편찬을 담당하였다. 이듬해 이조참의로 발탁되었으며, 이조참판 등을 거쳐, 정조 5년(1781) 형조판서가 되었다. 정조 11년(1787) 우의정으로서 동지 겸 사은사로 청나라에 다녀왔다. 이듬해 중추부판사로서 조덕린(趙德鄰)사건으로 제주 대정현(大靜縣)에 위리안치되었다가 정조 15년(1791) 풀려나오고, 정조 19년(1795) 좌의정에 올랐으나 사퇴, 돈령부영사(敦寧府領事)에 이르렀다.

며, 운곡雲谷 송한필宋翰弼[58]이 기문記文을 썼다. 정효각旌孝閣은 쌍한정雙閒亭 옆에 있으며, 몽촌夢村 김종수金鍾秀[59]가 그 비문을 지었다.

---

58   조선중기의 학자·문장가. 본관은 여산(礪山) 자는 계응(季鷹), 호는 운곡(雲谷)이다. 신사무옥(辛
      巳誣獄)의 밀고자 사련(祀連)의 4남 1녀 중 막내아들로, 익필(翼弼)의 동생이다. 할머니가 사예(司
      藝) 안돈후(安敦厚)의 서출(庶出)이었으나, 아버지가 신사무옥을 고변한 공으로 당상관에 올라 집
      안이 번성하게 되었다. 형 익필과 함께 당대의 문장가로 이름이 높았는데, 이이(李珥)가 당시 자신
      과 성리학에 대해 논의할 만한 사람은 익필·한필 형제밖에 없다고 할 정도로 뛰어났다. 선조 19년
      (1586) 신사무옥의 피해자 안당(安瑭)의 후손이 무죄를 주장하며 송사(訟事)를 벌였는데, 이에 맞
      송사로 대응했다가 사련이 무고한 것이 밝혀져, 가족들이 모두 노비가 되어 흩어졌으므로 그 뒤의
      행적에 대해서는 알려지지 않았다.

59   영조 4년(1728)~정조 23년(1799). 조선후기의 문신. 본관은 청풍(淸風), 자는 정부(定夫), 호는
      진솔(眞率) 또는 몽오(夢梧), 시호는 문충(文忠)이다. 영조 26년(1750)에 생원·진사가 되었고, 영
      조 44년(1768) 안산군수로서 식년문과에 급제하여 예조정랑·홍문관부수찬 등을 거쳤다. 영조 48
      년(1772) 청명을 존중하고 공론을 회복하여 사림정치의 이상을 실현하려는 청명당을 만들었다. 척
      신당을 비판하다 당폐를 일으켰다는 죄목으로 기장현에 유배되었다가 다음해에 풀려났다. 영조가
      죽은 뒤 승지·경기도관찰사·평안도관찰사·이조판서·우참찬·병조판서에 올랐다. 정조 4년(1780) 이
      조판서로서 홍국영(洪國榮)의 죄를 논하여 그를 축출했다. 정조 5년에 대제학, 정조 13년에 우의정
      에 올랐다. 정조 16년에 상소를 올려 사도세자를 위해 역적을 토벌하자는 영남만인소를 물리쳐 가
      라앉혔다. 정조 17년 좌의정에 올랐으나, 이듬해 다시 사도세자 문제를 들고나온 채제공(蔡濟恭)
      을 반대하다가 평해로 유배되었다. 남해로 옮겨졌다가 치사했다. 정조의 묘정에 배향되었다.

8. 원정猿亭 **최선생**崔先生

　　선생의 성은 최崔, 이름은 수성壽峸, 자는 가진可鎭, 호는 원정猿亭·북해거
사北海居士·경호산인鏡湖散人, 본관은 강릉이다. 조은釣隱 선생의 증손이고,
수헌睡軒 선생의 손자이며, 생원 세효世孝의 아들이다. 생원공生員公은 효행孝
行과 지조志操를 중히 여겼는데, 마침내 세상에 드러나서 효로써 지평持平에
천거되었으나 나아가지 아니하였다. 모친은 철원최씨鐵原崔氏로 승지承旨를 지
낸 철관哲寬의 딸이다.

　　선생은 성종 정미년(1487)에 태어났다. 어려서부터 지기志氣가 다른 사람
들과 비교할 수 없을 만큼 매우 뛰어났고, 총명이 남보다 뛰어나 9세 때 이미
문예文藝가 일가를 이루었으니, 대개 천재는 배워서 터득하는 것이 아니었다.
소총자篠叢子 홍유손洪裕孫[60]이 선생을 보고 경탄하여 말하기를, "이 아이는
세속 밖에 인물이므로 마땅히 깊은 골짜기 가운데 있어야 한다"고 하였다.

　　연산군 기미년(1499) 13세 때 모친상을 당해 상례喪禮를 준수하여 아침저
녁으로 제물을 갖추어 제사하되 반드시 손수 준비하였다. 부친을 모시는 일

60　세종 13년(1431)~중종 24년(1529). 조선전기의 학자. 본관은 남양(南陽), 자는 여경(餘慶), 호는
　　조총(篠叢)·광진자(狂眞子)이다. 일찍이 당대의 석학 김종직의 문인으로 들어가 문장에 탁월한 재
　　능을 보임으로써 남양부사로부터 이역(吏役)을 면제받았다. 단종 3년(1455) 수양대군이 단종의
　　왕위를 찬탈하자 벼슬길에 나가기를 포기하고 세상을 등졌다. 성종 13년(1482)부터는 당시의 명
　　류(名流) 남효온(南孝溫)·이총(李摠)·이정은(李貞恩)·조자지(趙自知)·김시습(金時習)·김수온(金守
　　溫) 등과 자주 모임을 갖고 죽림칠현을 자처하며 시와 술로 세월을 보냈다. 연산군 4년(1498) 무오
　　사화 때 체포되어 국문을 당하고 제주도로 유배되었으며 노비의 신분으로 전락하였다. 이후 1506
　　년에 중종반정으로 풀려났다. 중종 24년(1529)에 사망하였다. 99세까지 장수하여 조선시대 역사
　　인물 중 가장 오래 산 사람으로 알려져 있다.

에는 유순하게 말씀을 따르고 뜻을 받드는 일에 힘쓰고, 돌아가신 후에는 여묘살이 할 때 죽으로 연명하며 슬퍼하여 몸이 쇠약해졌다. 3년을 하루 같이 하니 마을사람들 모두 감복하였다.

복상을 마치고 과거에는 뜻을 두지 않았다. 비록 과장에 나가더라도 글을 짓지 않고 백지를 그대로 가지고 나오거나 글을 지어도 이름을 쓰지 아니하니, 이는 벼슬에 뜻이 없다는 것이었다. 한훤당寒暄堂 김굉필金宏弼의 문하에서 수학하며, 정암靜菴 조광조趙光祖·탄수灘水 이연경李延慶·모재慕齋 김안국金安國·사재思齋 김정국金正國·신당新堂 정붕鄭鵬·정존靜存 이담李湛·금헌琴軒 이장곤李長坤·자암自菴 김구金球와 같은 여러 선비들과 더불어 동문同門이 되어 연마鍊磨하니 학문이 일취월장하여 이름난 유학자[大儒]가 되었다. 문장, 글씨, 그림, 음률音律이 당대에 뛰어나니 사람들이 사절四絶이라 하였다. 여러 선비들이 벼슬길에 나아가기를 권하였지만, 끝내 뜻을 고치지 않고 산수를 벗삼았다. 을축년(1505)에 선생의 나이 19세 이후부터 오대산·금강산·속리산·지리산·가야산 등 명산名山을 노닐며 즐거워했다. 일찍이 여행용 자루에 삼현三絃[61]을 지니고 다니다가 소나무를 만나면 꺼내어 산해곡山海曲을 연주하며 회포를 풀고, 연주를 마치면 나무에 걸어놓고 갔다.

중종조에 정암 조광조를 비롯한 제현諸賢과 조정에서 사류士流를 인진引進할 때 선생을 천거하였으나 관직에 끝내 나가지 않았다. 선생이 어느 날 헌 삿갓과 해어진 옷을 입고 정암의 집에 이르렀을 때, 제학提學 김구金絿·대성大成 김식金湜·충암冲菴 김정金淨이 모여 앉아 있는 것을 보았다. 오랫동안 서서 인사도 하지 않고 "내가 술 한잔을 마실 수 있겠습니까?" 하니, 즉시 주었다. 흔쾌히 마신 후에 "내가 한강을 건너는데 뱃사공이 서툴러 회오리바람을 만

---

61 현금(玄琴)·가야금(伽倻琴)·비파(琵琶)를 말함.

나 몇 번이나 빠질 뻔하여 마음이 두근거렸는데, 이제 술을 마시니 마음이 놓입니다" 하고는 말도 없이 가버렸다. 앉아 있던 사람들이 모두 괴이하게 여기니, 정암靜菴이 웃으며 "패선敗船은 우리들을 비유하여 가리키는 말인데, 제군들이 알지 못한 것이다" 하였다. 얼마 안 되어 사화가 일어나니 그 말이 과연 증험되었다.

하루는 정우당淨友堂 김식金湜의 집에 있는데, 때마침 남곤南袞이 찾아왔다. 선생이 번듯이 누워 있으니, 남곤이 "이 사람은 어떤 사람이오"라고 물었다. 그러자 노천이 "이 사람은 숨어사는 선비 최원정崔猿亭이오"라고 말했다. 선생이 거짓으로 취한 척하고 일어나지 않다가, 남곤이 문으로 나가자 성난 소리로 "그대는 어찌하여 간교한 사람과 교유합니까? 일시에 사류士流를 해칠 자는 바로 이 사람이오."라고 하였다. 남곤은 이 말을 듣고 원한을 깊이 품었다고 한다.

일찍이 남곤이 산수화를 가지고 와서 김충암金冲菴에게 시를 써 주기를 청하였다. 선생이 때마침 이를 보고 시를 써 주기를

낙일하서산落日下西山	떨어지는 해는 서산으로 내리고
고연생원수孤煙生遠樹	외로운 연기는 먼 수풀에서 일도다.
폭건삼사인幅巾三四人	복건福巾을 쓴 3·4인이 있으니
수시망천주誰是輞川主	누가 망천輞川[62]의 주인인고?

라고 하니, 남곤이 이것을 보고 더욱 원한을 품었다.

---

62 당나라 시인 왕유(王維)가 은거했던 별장이 있던 명승지. 이 별장은 섬서성(陝西省) 장안(長安) 동남쪽에 있는 종남산(終南山) 기슭에 자리 잡았다. 왕유는 만년에 여기에 은거해 자연의 청아한 정취를 노래하여 높은 예술적 성취를 이루었다.

선생의 숙부인 참판 세절世節[63]이 남곤과 친하게 지냈다. 선생이 매번 간하기를, "제가 그 사람됨을 보니 참으로 소인배입니다. 지금 간사한 무리배들이 잔악하고 간특한 재변을 일으키는 것을 번번이 보니, 사림에 큰 화가 머지않아 일어날 것입니다. 바라건대 속히 관직을 버리고 고향으로 돌아가십시오"라고 하였다. 그리고 시詩와 서書를 써서 풍자하였다. 시詩에 이르기를

일모추강상日暮秋江上   해지니 가을 강위에

천한수자파天寒水自波   하늘이 서늘하니 물결이 저절로 일어나네.

고주의조박孤舟宜早迫   외로운 배에는 의당 먼저 닥치리라

풍랑야응다風浪夜應多   풍랑은 밤이면 더욱 거세지는 법이니.

라고 하였다. 서書에 이르기를,

강산이 막혀 오가는 인편이 드물어 우러르는 마음 더욱 간절합니다. 매서운 봄날씨에 벼슬길의 안후安候는 어떠하신지요? 이 조카는 무사히 집에 돌아왔습니다. 경포의 물색物色은 더욱 새롭고, 오대산의 화조花鳥는 예전 그대로입니다. 이런 가운데서 한가롭게 지내니, 이것이 곧 즐거운 일인가 합니다. 머리를 돌려 한양을 바라보니, 서강西江의 풍파는 어느 때나 진정될까 걱정됩니다. 세상 일이 이와 같으니, 묘년卯年과 신년申年에 어려움이 있을 것인데, 굳이 벼슬길에서

---

63 최응현의 셋째 아들로 연산군 4년(1498) 생원·진사 양시에 입격하고, 연산군 10년(1504) 별시문과에 갑과로 급제하였으며 뒤에 무과에도 급제하였다. 중종 3년(1508) 홍문관에 들어가고, 중종 10년(1515) 평사를 거쳐 중종 12년 집의에 제수되었다가 곧 3계급을 승진하여 평안도 만포(滿浦)로 가서 야인의 동태를 탐문하고 돌아왔다. 1517년 승지에 발탁된 것을 비롯하여 참찬관·좌승지·우승지 등을 역임하고, 충청도병마절도사를 거쳐 홍문관부제학·황해도관찰사·경상도관찰사·형조참판·강원도관찰사·공조참판 등 내외직을 두루 역임하였다. 유장(儒將)으로 뽑힐 만큼 문무에 뛰어났으며, 시를 잘 지었다. 또한 과학에도 흥미를 보여 중종 31년(1536) 공조참판으로 있을 때 보루각 자격루(報漏閣自擊漏)의 개조 및 제조에 공을 세워 그 청동제 물받이통에 이름이 새겨졌다.

무엇을 구하겠습니까? 호산湖山에 돌아와 쉬면서 여생을 보존하는 것이 묘책입니다. 인편이 있기에 대략의 마음을 말씀드리고 잘 갖추어지지 않은 글을 마칩니다.

라고 하였다.

　기묘년(1519) 2월 2일에 선생을 미워하고 시기하는 자가 남곤에 말하여 기묘사화가 일어났다. 남곤이 송사련宋祀連 옥사의 추관推官이 되어 선생도 아울러 추국하기를, "조광조 등이 최모崔某를 태산북두泰山北斗[64]와 같이 추앙받는 선사善士라 하고, 조정에 나아가고 물러나는 것이 모某로부터 결정이 된다 하니, 이름이 비록 산림山林의 선비라 하나 조광조가 나라를 잘못 이끄는 근본은 모두 최모崔某에게서 연유한다. 또한 김정의 무리들과 더불어 특별한 음모가 있어 매번 벼슬을 그만두고 쉬도록 권유하니 반드시 그 사정이 있다"고 하며 심하게 국문하였다. 선생이 진술하기를, "사림들이 불화하니 화가 일어날까 두려워 숙부에게 물러나기를 권했을 뿐이다. 백면서생白面書生이 조광조의 당이 되어 조정에 참여하여 논의論議한다는 것은 이치에 맞지 않는 일이고, 일생 동안 배운 것은 오직 충효뿐이다"라고 하였다. 또 묻기를 "그대는 인격이 높고 성품이 깨끗한 선비로서 어찌하여 탐욕스럽고 비루한 한급韓汲[65]의 딸과 혼인하였는가?" 하니, 대답하기를 "선친께서 생전에 이미 혼약이 있었는

64　남의 존경받는 사람을 비유. 『당서(唐書)』 한유전(韓愈傳) 찬(贊)에 "한유가 작고한 뒤로 그의 말이 널리 행해져서, 학자들이 그를 태산북두처럼 우러러 받들었다[自愈沒 其言大行 學者仰之如泰山北斗云]"라고 한 데서 온 말이다.

65　조선중기의 문신. 본관은 청주, 자는 심원(深源)이다. 연산군 9년(1503) 별시문과에 삼등과로 급제하였다. 장령을 거쳐 중종 5년(1510)에 강릉부사로 재직하던 중 관물(官物)인 면포(綿布) 150필로 양곡을 산 일이 발각되어 장오죄(贓汚罪)로 파출당하고, 추문(推問)이 이어졌다. 사실여부를 확인하기 위해 조정에서도 여러 차례 논의가 진행되었고, 본도 감사의 추고(推考)에 이어 경차관을 파견하여 심문하기도 하였다. 결국 장(杖) 100, 유(流) 2,500리로 정하여 녹안(錄案)하고 조율(照律)하여 아뢰자, 공(功) 1등을 감하고 장형은 속(贖)하게 하였으며, 자손은 금고(禁錮)하도록 하였다.

데, 아버지가 돌아가셨다고 유명遺命을 따르지 않을 수 없었다. 하물며 탐욕스럽고 비루함이 한가韓家 혼자가 아니고 온 세상이 모두 한급과 같은데, 어찌 택하여 혼인하지 않을 수 있겠는가?" 하였다. 간신들이 죄 없는 선생을 잡아다가 억지로 죄인을 만들어 마침내 극형에 처하였다. 처형에 임하여 율시 한 수를 지었는데

사십년래망북성四十年來望北星	40년 동안 북두칠성을 바라보니
수륜청위만다정垂綸淸渭謾多情	맑은 물에 낚시대를 드리워도 다정함은 없도다.
요천홀모건곤암堯天忽暮乾坤暗	높은 하늘이 문득 저물어 천지가 어둡고
순일수침우주명舜日隨沈宇宙冥	태평한 날이 가라앉으매 우주가 그윽하다.
병학욕비최우익病鶴欲飛摧右翼	병든 학이 날고자 하나 날개가 부러졌고
장경장분갈창명長鯨將噴渴滄溟	큰 고래가 물을 뿜으려 하나 큰바다가 말랐네.
망망대지투하처茫茫大地投何處	아득한 대지 어느 곳에 던지오
독립황혼대월명獨立黃昏待月明	홀로 황혼에 달이 밝기를 기다리네.

라고 하였다.

신사년(1521) 10월 21일 얼굴에 엄정한 빛을 띠고 형장에 나아가니 향년 35세였다. 이날 흰 무지개가 해를 관통하고 천둥 번개가 수백리에 진동하였으며, 짙은 안개가 사방을 막아 지척咫尺을 분간할 수 없게된 지가 수일이나 되었다. 문인門人 이달형李達亨이 발[簾]로 시신을 염습하여 골짜기에 임시로 묻어두고 밤에 그 옆에 지키고 있는데, 꿈에 선생이 나타나 절구 한 수 읊기를

현실수상방玄室誰相訪	이 무덤을 뉘라서 찾아오리
청원독가친淸猿獨可親	처량한 원숭이 소리나 친하련다.

자종염곡후自從廉谷後　　　　　발에 싸여 골짜기에 온 뒤로는

요억개해인遙憶盖骸人　　　　　멀리 주검 덮어준 그 사람을 생각하노라.

라고 하였다고 한다.

　　선생의 별장이 진위현振威縣의 치소治所 남쪽 탄현炭峴에 있었다. 일찍이
한 마리의 원숭이를 길렀는데, 능히 서찰書札을 전하고 우물에서 물을 길어와
벼루에 따를 때에 턱으로 가리키면 마치 사람과 같이 하였다. 그리하여 마침
내 '정亭'이라 이름하고, 산을 '원猿'이라 부르고, 우물 또한 '원猿'으로 이름지
었다. 동쪽에 서천鋤川이 있어 항상 하나의 낚시대를 가지고 냇가 상류에서 낚
시하며 한가한 정취를 맛보며 지냈다. 어느날 송재松齋 한충韓忠66과 자리에 모
였을 때, 송재가 거문고를 연주하니 선생이 문득 일어나 춤을 추며 말하기를
"지금의 선비와 군자君子가 한번 명예를 훼손하고 화복禍福을 만나면 곧 평상
심을 잃으니, 재난을 당했을 때 어찌 절개를 지킬 수 있으리오?" 하였다. 일찍
이 정암靜菴 조광조의 문하를 방문했을 때, 그 문인 중 장음정長吟亭 나식羅湜
을 보고 "압록강 동쪽에는 나생羅生 한 사람 뿐이로다"고 감탄하였다.

　　하루는 동호당東湖堂67에 이르러 김충암金冲菴을 방문하여 술을 마시며 매

66　성종 17년(1486)~중종 16년(1521). 조선중기의 문신. 본관은 청주, 자는 서경(恕卿), 호는 송재
　　(松齋), 시호는 문정(文貞)이다. 중종 5년(1510)에 생원이 되고, 중종 8년(1513) 문과에 장원하여
　　전적(典籍)을 거쳐 정언(正言)·이조정랑(吏曹正郎)을 거쳐 응교(應敎)에 이르러 중종 13년(1518)
　　종계변무(宗系辨誣)를 위한 주청사(奏請使) 남곤(南袞)의 서장관(書狀官)으로 명나라에 다녀왔
　　으나 그때 서로 의견 충돌이 있어 남곤의 미움을 받았다. 중종 14년(1519)에 전한(典翰)을 거쳐 직
　　제학(直提學)·동부승지(同副承旨)·좌승지(左承旨)를 역임하고 남곤에 의해 충청도 수군절도사로
　　전임되었다. 이해 겨울 기묘사화가 일어났을 때 조광조와 교유가 있었다 하여 거제도에 유배되고,
　　중종 16년(1521) 신사무옥에 연루되어 의금부에 투옥되었다가 장살(杖殺)당했다. 율려(律呂)·음
　　양(陰陽)·천문(天文)·지리(地理)·복서(卜筮)에 모두 능했다. 뒤에 신원(伸冤)되고 이조판서에 추증
　　(追贈)되었다.

67　일명 독서당(讀書堂)·호당(湖堂)이라고 하였다. 독서당은 조선시대에 젊고 유능한 문신을 선발해
　　학문 연구와 독서에만 몰두하도록 한 사가독서제(賜暇讀書制)에서 나온 이름이다. 김정(金淨)은
　　중종 3년(1508)에 金安老(김안로)·이자(李耔)·이언호(李彦浩)·최세절(崔世節)·유운(柳雲)·심의

우 즐기고 있었다. 충암이 송죽도松竹圖를 그려달라고 청하니, 선생이 취중에 붓을 잡고 그렸다. 충암이 즉시 족자를 만들어 동호당에 전하니, 그림을 감상할 줄 아는 사람들이 천하의 절필絶筆이라 칭송하였다. 선생이 그린 그림을 또 내장고內藏庫에 보관하였는데, 일본인이 마침 와서 우리나라의 명화名畵를 둘러보다가 선생의 그림을 보고 너무 사랑하여 보검 한 쌍과 바꾸기를 청하며 말하기를 "이 칼의 값은 300금입니다"고 하니, 임금이 이를 허락하지 않았다. 사신이 또 와서 선생의 그림을 보고 감탄하기를 "진실로 훌륭한 보물이다"고 하였다.

선생은 또 수학에 정통하였다. 삼척 중대사重臺寺에 하나의 상자를 보관하고 있었는데, 이름을 원정궤猿亭櫃라 하였다. 이를 움직이면 재앙이 일어나니 스님들이 감히 열지 못하였다. 임진왜란 후에 한 서생書生이 이를 열어 보니 최씨의 보첩譜牒이었다. 최씨의 선계先系를 비로소 책으로 완성하였다. 청송聽松 성수침成守琛이 기묘己卯의 인재를 논할 때 선생을 으뜸으로 삼았고, "만약 이 사람으로 하여금 뜻을 이루게 하였다면 임금을 극진히 보필하고 백성을 윤택하게 할 수 있었을 텐데, 간신들의 손에 갑자기 죽었으니 애석하도다"라고 하였다.

선생이 세상을 떠난 후 20년이 지난 중종 경자년(1540)에 의정부 좌찬성 판의금부사議政府左贊成判義禁府事를 추층하고 상절공尚節公이란 시호를 내렸다. 인종 을사년(1545)에 대광보국숭록대부 의정부 영의정大匡輔國崇祿大夫議政府領議政을 추증하고 문정공文正公이란 시호를 내렸다. 묘는 진위振威 탄현 아

(沈義) 등과 함께 사가독서에 선발되었으나, 그해 10월에 중국 사신의 행차로 인해 정지되었다. 그는 중종 5년(1510)에 김안로·소세양(蘇世讓)·유옥(柳沃)·유돈(柳墩)·정사룡(鄭士龍)·신광한(申光漢)·표빙(表憑)·박세희(朴世熹)·김구(金絿)·윤계(尹溪)·황효헌(黃孝獻)·정응(鄭譍)·손수(孫洙)·유성춘(柳成春)·기준(奇遵) 등과 함께 선발되었으나 숫자가 많다는 이유로 탈락되었다. 그때 소세양·정사룡·신광한·박세희·김구·황효헌·정응 등 7명은 선발되었으나, 김정·김안로 등 7명은 탈락되었다. 그러므로 김정이 언제 사가독서를 했는지는 그 연대가 확실하지 않다.

래 원산猿山 제역동除役洞 건좌乾坐 언덕에 있다. 선조 무진년(1568)에 율곡 이문성공李文成公이 경연에서 아뢰어 묘 아래의 토지 8결을 내려 제사를 받들게 하고, 묘 아래 마을 30호를 복호하여 수묘守墓케 하였다. 인조 을유년(1645)에 강릉 향현사에 배향하였다. 약헌約軒 송징은宋徵殷이 행장行狀[68]을 지었다. 숙종 을미년(1715)에 진위사림振威士林이 묘비를 세울 때, 고을 수령이었던 풍양豊壤 조해수趙海壽가 비문을 지었다. 진위유생振威儒生 원홍리元弘履 등이 서원 건립을 청하는 상소를 올렸는데, 그 대략에

> 최모崔某는 어려서부터 산림에 묻혀 지내기를 좋아하는 고아高雅한 지취志趣가 있어, 세상을 등지고 수많은 서적을 읽어 학문이 고매하여 마침내 대유大儒가 되었습니다. 또한 천성이 지극히 효성스러워 윗사람의 뜻을 따름이 증삼曾參이 증철曾晳을 섬긴 것과 같이 하였습니다. 상제喪制에는 한결같이 『주자가례朱子家禮』를 따르니 향인들이 또한 감화感化를 받았습니다. 이러했음으로 선정신先正臣[69] 이이李珥는 "최모崔某는 처사處士로서 산림에 은거하면서 도학道學에 잠심潛心하여 깊이 의리를 알아, 명리名利를 구하지 않고 여러 번 명한 관직에도 불응하다가 마침내 기묘사화를 당하여 조광조와 더불어 일시에 간인奸人들의

---

68 죽은 사람의 문생이나 친구, 옛날 동료 또는 아들이 죽은 사람의 세계(世系)·성명·자호·관향(貫鄕)·관작(官爵)·생몰연월·자손록 및 언행 등을 서술한 것이다. 이는 후일 사관들이 역사를 편찬하는 사료 또는 죽은 사람의 명문(銘文)·만장·비문·전기 등을 제작하는 데 자료로 제공하기 위한 것이다. 행장의 행(行)이 행동거지를 의미하는 데서 볼 수 있듯이, 행장은 죽은 사람의 행실을 간명하게 써서 보는 사람으로 하여금 죽은 사람을 직접 보는 것처럼 살펴볼 수 있도록 했다. 따라서 행장은 전기(傳記)와는 달리 잡다한 이론은 기록하지 않는 것이 원칙이다. 우리나라에서 행장의 역사는 『속동문선』에 처음 보인다. 조선 초기 홍귀달(洪貴達)의 행장 등이 대표적이다. 조선 초의 행장은 행장 본래의 체재를 어느 정도 갖추고 있다. 그러나 조선 후기의 행장은 상소의 시말, 사건의 배경, 그 의론과 행동거지의 철학적 배경, 이단을 배격하는 이유까지 기록했다. 어떤 행장은 책 한권 분량인 경우도 있었다. 이러한 현상은 중국 송나라의 황간(黃幹)이 주자(朱子)의 행장을 40여 장 쓴 데서 유래했다.

69 학문과 덕망이 높은 작고한 신하를 칭하는 말.

모함에 빠져 죽고 말았다"고 하였습니다. 김굉필의 문하에서 수학하면서 도덕과 학문이 참되고 꾸밈이 없어 사림의 태산북두泰山北斗가 되었기 때문에 제현諸賢으로부터 칭송을 받는 것이 이와 같았습니다.

라고 하였다. 그 후 정사년(1737)에 보은유생報恩儒生들이 상소하니 윤허를 받았다. 상촌桑村 김자수金自粹와 병암屛菴 구수복具壽福이 보은 병산서원幷山書院에 함께 배향되었는데, 선생이 제 2위位로 모셔졌다. 경신년(1902) 겨울에 진위振威에서 강릉 경방리經坊里로 이안移安하였다. 선생의 유집遺集이 『임영세고臨瀛世稿』로 간행하였다.

9. 임경당臨鏡堂 김선생金先生

　　선생의 성은 김金, 이름은 열說, 자는 열지說之, 호는 임경당臨鏡堂, 본관은 강릉이다. 명주군왕 주원周元의 24세손으로 현감 윤귀允貴의 5세손이다. 고조 필양匹陽은 진사進士였고, 증조 지墀는 훈도訓導를 지냈으며, 조부 반석盤石은 생원이었고, 부친 광헌光軒은 진사進士로 호를 정봉鼎峯이라 하였다. 모친은 강릉최씨江陵崔氏로 현감縣監을 지낸 세번世番의 딸이다.

　　선생은 어려서부터 총명하여 제예才藝가 마을에서 뛰어났다. 널리 배우고 독실하게 실천으로 유학을 흥기興起하는 것을 자기의 소임으로 삼았다. 과거에 뜻을 두지 않고 아우 형詗·후詡·당讜과 더불어 경서經書를 강론하였고, 아무리 춥고 덥더라도 반드시 의관衣冠을 가지런히 했다. 어머니가 백세를 살면서 곧은 뜻과 온화한 덕성으로 자손을 훈계함에 법도가 있었으며 화목으로 종족宗族을 이끌어갔다. 선생은 세 아우와 더불어 부모의 뜻을 받들어 정성껏 봉양하고, 혹 맛있는 음식이 있으면 반드시 부모에게 먼저 드린 후에 아우와 조카들에게 나누어주었다. 부친상을 당하여 3년 동안 죽만 먹으며 애통해함이 처음과 끝이 한결같았다. 아우가 혹시 궁핍하면 내 것을 덜고 모은 것으로 도와주니 우애의 천륜天倫이 모두 이와 같았다.

　　선생은 『시경』·『서경』·『주역』·『예기』·『춘추』를 평생 공부로 삼고, 5경經의 해석문을 지어 자손에게 가르쳤는데, 그 깊고 정밀한 구분과 조리의 관통함이 손가락으로 가리켜 주는 것처럼 명료하였다. 몽매蒙昧한 사람으로 하여금 암담한 물가에서 뗏목의 중요함을 일깨우는 것 같고, 어두운 거리에 매달린

거울에 비친 등불과 같았다.

중종조에 효렴과孝廉科에 천거되어 특별히 평강훈도平康訓導에 제수되었으나 사양하고 나아가지 않았다. 그 후에도 여러 차례 부름을 받았으나 나아가지 않았다. 만년에 경포호수 북쪽에 집을 짓고 임경당臨鏡堂이라 하였다. 백가자사百家子史[70]의 서적이 책상 위에 쌓이고 궤에 가득하였으며, 성리학 연구에 몰두하며 강호江湖를 벗하고 영달榮達에 뜻을 두지 않고 지내니, 그때 사람들이 김처사金處士라 불렀다.

부친 정봉공鼎峯公은 기묘년(중종 14, 1519)에 사마司馬였는데 사화士禍가 일어날 기미를 알아채고 마침내 세상과 관계를 끊을 뜻을 가지고 시를 지어 뜻을 표시하고, 정봉鼎峯 아래에 집을 짓고 소나무 수백 이랑을 심어 삶의 터전으로 삼았다. 선생은 아버지의 뜻을 추모하여 동생들과 더불어 모두 이곳에 살면서 소나무를 보호하고 길렀다. 율곡 문성공文成公이 선생과 도의道義의 교유交遊가 있어 「호송설護松說」을 지었다. 그 대략에

그대의 아들이 그대의 뜻을 알고 그대의 손자가 또한 그대 아들의 뜻을 안다면, 비록 오랜 세월이 흘러도 그 뜻은 언제까지나 전하여 없어지지 않고 보존될

---

70 중국 선진시대부터 한대(漢代)초까지의 제자백가(諸子百家)의 각 학파 및 저작을 말함. 제자(諸子)란 각 학파의 대표적인 인물로 보통 선진 제자를 가리킨다. 예를 들면 유가에는 공자·순자, 도가에는 노자·장자(莊子), 묵가에는 묵자(墨子), 법가에는 상앙(商鞅)·한비자(韓非子), 명가(名家)에는 혜시(惠施)·공손룡(公孫龍) 등을 들 수 있다. 당시 관학은 민간에까지 퍼져 있었으며, 또한 제후가 선비를 우대하는 풍습이 성행하고 있었다. 제후들은 학사나 대부에게 온갖 사상을 섭렵하게 하고, 저서를 지어 자기 주장을 세우도록 함으로써, 당시 사회의 변혁이나 천도관(天道觀)·명실관계(名實關係)·예법(禮法)·왕도·패도(覇道)·인성론(人性論) 등의 문제에 관한 견해를 발표하도록 했다. 그리하여 사상가들은 여러 학파를 형성하게 되어 깊이 있는 사상과 풍격 높은 걸작들이 많이 나타났다. 그러나 한나라 무제(武帝) 때 백가(百家)가 정책적으로 배척되고 오로지 유교만이 숭상되어, 백가쟁명(百家爭鳴)의 시대는 끝을 맺었다. 제자백가시대는 중국철학의 황금기라고 할 수 있으며 그 이후의 철학 발전에 큰 영향을 끼쳤다. 이때 논란이 되었던 여러 가지 철학적 개념·범주와 명제는 그 이후에도 계속해서 중국철학 논쟁의 주요대상이 되어왔다. 그 가운데 유교와 도교의 영향이 가장 크다고 할 수 있다.

것이다. 선친께서 쓰시다 남겨 놓은 물건이 비록 부러진 지팡이나 헤진 신발이라도 오히려 보배로 간직하고 공경하거늘, 하물며 선친께서 손수 심은 나무에서야? 이 그늘이 드리운 소나무는 손수 재배의 손길이 있었기 때문이고, 그 무성함은 눈과 서리의 탓이며, 탐스러운 열매는 눈서리가 있어 그러함이니 보기도 좋거니와 숨은 뜻 또한 소중하다. 가지 하나라도 손상될까 두려운데 하물며 그 줄기야 누가 범하겠는가?

라고 하였다.

한 높은 벼슬아치가 일찍이 강릉에서 벼슬하다가 고관대작高官大爵이 되어 떠났는데, 선생이 비단에다 절구絶句 한 수를 지어 송어의 배에다 넣어 보냈다. 그 시에

발발섬린기력다潑潑纖鱗氣力多 은비늘 번뜩이며 기력이 왕성하니
용문구급가도과龍門九級可跳過 벼슬길 확 트여 높은 곳 오르겠네.
가련지진부지퇴可憐知進不知退 가련하게도 나갈 줄만 알았지 물러날 줄 모르니
종실창명만리파終失滄溟萬里波 끝내는 넓고 푸른 바다를 잃고 말리라.

고 하였다. 그 사람이 송어의 배를 갈라 시詩를 읽어보고 괴이하게 여기고, 즉시 병을 핑계대고 벼슬을 사양하였다. 얼마 안 되어 사화가 일어나 홀로 화를 면하게 되었으니, 당시 사람들이 그의 선견지명에 감복하지 않는 사람이 없었다.

선생의 행실은 『읍지邑誌』와 『여지승람輿地勝覽』에 실려 있고, 『강릉인물지江陵人物誌』 맨 앞에 선생이라 칭했다. 묘는 강릉부 서쪽 내구산內邱山 임좌

壬坐 언덕에 있다. 성담性傳 송환기宋煥箕[71]가 묘표墓表를 지었는데, 그 대략에 "일찍이 나의 선조 우암尤菴 문정공文正公이 지은 『강릉김씨사효자행록江陵金氏四孝子行錄』의 발문跋文을 보고 수백년 후에 감흥感興을 일으킨 바가 있었는데, 이제 율곡 이문성공이 지은 「호송설護松說」을 살펴보니 더욱이 그대의 평상시 지조志操와 절개節槪가 위대하였음을 알고 영원히 세상에 고하노라"고 하였고, 이조판서 대제학大提學 김희순金羲淳이 글씨를 썼다.

순조 무진년(1808)에 향인鄕人들이 선생을 향현사에 배향하였다. 잠소당潛昭堂 박광우朴光祐·쌍계당雙溪堂 김유金紐·기재企齋 신광한申光漢·어촌漁村 심언광沈彦光·현주玄洲 조찬한趙纘韓·한림翰林 최운부崔雲溥·수고당守孤堂 이치李菑 등의 제현諸賢이 모두 선생을 추앙하여 각기 시문을 남겼다.

선생의 후손이 정산鼎山 상하리上下里의 임경당에 계속하여 기거起居하며 제현諸賢들의 시문을 함께 걸어놓고 임경당의 면모를 빛나게 하였다. 봉조하奉朝賀 김이양金履陽[72]과 상공相公 홍석주洪奭周[73]가 선후先後하여 중수기重修記

---

71 영조 4년(1728)~순조 7년(1807). 조선후기의 문신·학자. 본관은 은진(恩津), 자는 자동(子東), 호는 심재(心齋)·성담(性潭), 시호는 문경(文敬)이다. 송시열의 5대손이다. 영조 42년(1766)에 진사가 되고 영조 48(1772) 생원시에 합격하였다. 정조 23년(1799) 사도시주부(司䆃寺主簿)가 되고, 사헌부지평·시헌부장령·군자감정(軍資監正)을 거쳐 진산군수가 되었으나 병을 핑계로 사직하였다. 순조 7년(1807) 형조참의·예조참판, 순조 8년 공조판서, 순조 11년 의정부우찬성에 올랐다. 당시 심성(心性)의 변(辨)으로 성리학계에서 논쟁을 벌일 때 한원진(韓元震)의 주장을 지지하였다. 학덕을 겸비하여 조야의 존경을 받았으며, 문하에 많은 선비가 모여들었다.

72 영조 31년(1755)~헌종 11년(1845). 조선후기의 문신. 본관은 안동, 자는 명여(命汝)이다. 정조 19년(1795) 정시문과에 을과로 급제하여 순조 12년(1812) 함경도관찰사가 되고, 순조 15년에 예조·이조·병조·호조의 판서를 역임하였다. 호조판서 때는 토지측량 실시와 세제·군제의 개혁, 화폐제도의 개선 등을 강력히 주장하였다. 순조 16년 2,6월 두 차례 한성부판윤에 임명되고, 순조 19년에 홍문관제학·의금부판사에 이어 그해 5월에 다시 한성부판윤을 지낸 다음 좌참찬(左參贊)이 되고, 순조 20년에 네 번째로 한성부판윤에 임명되었다. 헌종 10년(1844) 만 90세가 되어 헌종으로부터 궤장(几杖)을 하사받았으며, 이듬해 봉조하(奉朝賀)로 있다가 죽었다.

73 영조 50년(1774)~헌종 8년(1842). 조선후기의 문신. 본관은 풍산(豊山), 자는 성백(成伯), 호는 연천(淵泉), 시호는 문간(文簡)이다. 정조 19년(1795) 식년문과에 갑과로 급제하여 직장(直長)을 거쳐 주서(注書)로 검열을 겸하고, 순조 2년(1802)에 정언(正言)이 되었다. 이듬해 응교(應敎)로 사은사의 서장관(書狀官)이 되어 청나라에 다녀온 뒤 교리·도승지·부제학을 역임, 순조 15년에 충청도관찰사가 되었다. 이어 전라도관찰사를 거쳐 순조 30년 병조판서에 승진하고, 다음해 사은사(謝

를 지었고, 수종재守宗齋 송달수宋達洙·입재立齋 송근수宋近洙·율곡 이이李珥
의 사손嗣孫 종문種文과 우암尤庵 송시열宋時烈의 사손嗣孫 재경在慶의 판상시
板上詩가 함께 있다. 당시 사람들의 서로 믿는 정正과 후세 사람들의 경모敬慕
하는 도타움을 이에서도 가히 볼 수 있다.

恩使)가 되어 다시 청나라에 다녀와서 순조 34년 이조판서를 거쳐 좌의정에 올랐다. 순조가 서거하
자 실록총재관(實錄摠裁官)으로 『순조실록』 편찬에 참여하였다. 헌종 2년(1836) 남응중(南膺中)
의 역모 사건에 연루되어 대사헌 김로(金路)의 탄핵을 받아 삭출(削黜)되었다가 헌종 5년에 대왕
대비 김씨(金氏, 순원왕후)의 특지(特旨)로 복직하여 중추부영사(中樞府領事)에 이르렀다. 성리학
(性理學)에 정통한 10대 문장가로 꼽혔다.

10. 보진재葆眞齋 김선생金先生

　　선생의 성은 김金, 이름은 담譚, 자는 담지譚之, 호는 보진재葆眞齋, 본관
은 강릉이다. 명주군왕溟州郡王 주원周元의 후손으로 고조 필양匹陽은 진사進
士였고, 증조 지墀는 훈도訓導를 지냈으며 호를 굴산崛山이라 하고 금란반월
회金蘭半月會를 조직하였다. 조부 반석盤石은 생원이었으며, 부친은 광복光輻은
낭장郞將을 지냈다. 모친은 삼척심씨로 군수郡守를 지낸 희전希佺의 딸이다.

　　선생은 중종 임오년(1522)에 태어났다. 18세에 초시初試에 합격하고 예위
禮闈[74]에 나가려고 할 때, 한 중국인이 선생의 관상을 보고 "골상骨相은 매우
귀하나 그 귀함이 반드시 수명壽命에 방해가 될 것이다" 하니, 선생이 "내가
만약 일찍 죽으면 누가 부모님을 봉양하겠는가" 하고 과거에 응시하는 일을
그만두고 돌아와 어버이를 봉양하는데 전념하였다. 부친이 병석에 눕자 대변
을 맛보았고, 아침저녁으로 북두칠성에 기도하며 자신의 몸으로 대신하기를
바랬다. 마침내 아버님이 돌아가시자 애통한 마음으로 예禮를 다해 극진히 모
시다가 몇 번이나 기절하였다. 제사상에 술잔을 드리면 술을 마신 것처럼 술
잔이 저절로 말랐다. 장례를 지내고 여묘살이 하면서 죽만 먹었으며, 피눈물
로 비통하게 곡哭하니 안질이 생겨 앞을 못 보게 되었다. 아들 경황景滉과 경
시景時가 지성으로 약을 구하는데 공중에서 홀연히 신神이 말하기를 "3년 묵
은 간장 3말을 복용하라"는 소리가 들려왔다. 마을에서 이 소문을 듣고 하루

74　생원·진사의 복시(覆試)를 말함. 예조(禮曹)에서 주관하기 때문에 붙여진 이름이다.

가 가기 전에 1석을 보내와 복용하니, 과연 신기하게도 효험이 있었다. 또 묘 앞에 석물石物을 놓으려고 할 때, 돌이 너무 견고하여 정釘으로 때려도 깰 수가 없었다. 선생이 돌을 향해 절을 하며 곡哭을 하였더니, 그날 밤 벼락과 천둥이 쳤다. 다음날 아침에 가서 보니 돌이 모두 먹줄을 쳐 깎은 듯이 저절로 갈라져 있었다. 사람들이 "효성이 지극하여 하늘이 감동하여 생긴 일이다"라고 하였다. 묘지 뒤 한 궁지弓地에 벼락을 맞은 바위가 반쯤 갈라져서 우뚝 서 있었는데, 세상 사람들이 감천암感天巖이라 전한다. 매번 묘에서 곡을 할 때는 숲 속에 호랑이가 항상 지키고 있다가 선생을 보면 경의敬意를 표하듯이 고개를 숙이고 엎드렸다. 3년상을 마친 후에도 삭망전朔望奠[75]을 상설하여 아침저녁으로 사당에 배알하였다.

인종·명종 두 임금의 국상을 당했을 때 마음으로 3년 의식儀式을 다하고 채식菜食을 하면서 추모하였다. 친척과 친구의 상을 당하면 반드시 성심으로 실행하였다. 선생의 종가宗家가 실화失火로 인하여 의탁依託할 곳이 없게 되자 선생이 별묘別廟를 지어 임시로 제사를 받들게 하고, 위토位土를 종가에 맡겨 생계를 유지할 수 있게 하였다. 30여 년이 지나 종가의 살림이 융성하게 되자 되돌려 제사를 주관하게 하였다. 강릉부사가 이를 알고 여러 차례 선생의 충효忠孝를 도백道伯에게 천거하여 조정에 알려 복호復戶하고 포布와 상직賞職을 내렸다. 두 번이나 부름을 받았으나 어머니를 봉양할 사람이 없으므로 사양하고 나아가지 않았다. 그때 봉래蓬萊 양사언楊士彦[76]이 강릉부사로 부임하여

75　집에서 매달 초하룻날과 보름날 아침에 지내는 제사를 말함.

76　중종 12년(1517)~선조 17년(1584). 조선전기의 문신·서예가. 본관은 청주(淸州), 자는 응빙(應聘), 호는 봉래(蓬萊)·완구(完邱)·창해(滄海)·해객(海客)이다. 명종 원년(1546) 식년문과에 병과로 급제하여 대동승(大同丞)을 거쳐 삼등현감(三登縣監)·평창군수·강릉부사·함흥부사·철원군수·회양군수를 지내는 등 지방관을 자청하였다. 자연을 즐겨 회양군수 때 금강산 만폭동 바위에 '봉래풍악원화동천(蓬萊楓嶽元化洞天)' 8자를 새겼는데 지금도 남아 있다. 안변군수로 재임 중 익조(翼祖)의 무덤인 지릉(智陵)의 화재사건에 책임을 지고 귀양갔다가, 2년 뒤 풀려나오는 길에 병사

또다시 조정에 천거하였으나 끝내 나아가지 않았다.

이때에 진부·대화 두 고을이 가뭄과 황충으로 극심한 피해를 입었다. 양부사가 선생을 억지로 모시고 함께 가서 민인을 안집安集시키고, 선생으로 하여금 판관判官의 일을 대신 행하게 하였다. 그러자 황충이 경계를 넘어오지 않았고 창고에는 곡식이 넘쳐흘렀다. 양부사가 너무나 기이하게 여겨 이 사실을 서술하고 시詩를 지어 칭송하였다. 그 서문의 대략에

> 사람들이 김효자金孝子 아무개는 육행六行[77]을 갖춘 사람이라고 칭송했다. 부모에게는 효성이 지극하고, 형제간에 우애가 있으며, 친척과 돈독하게 지내고, 이웃 사람들과 화목하게 지내니, 옛사람들의 행적行蹟을 살펴보아도 이러한 사람이 드물다. 일찍이 고을을 다스릴 때 법도에 어긋나지 아니하였고 많은 백성들을 편안하게 돌보았다. 금년 봄 이조吏曹에서 인재를 천거하라는 명령이 있어 내가 선생을 첫째로 추천하였으나 이에 응하지 않으니, 그 돌과 같은 확연한 지조志操는 천진天津의 호손胡孫 흔들림을 입지 않았다. 비록 대이삼장大耳三藏[78]이라도 어찌 능히 선생의 생애를 엿볼 수 있겠는가?

라고 하였고, 또한 시의 대략에

하였다. 시(詩)와 글씨에 모두 능하였는데, 특히 초서(草書)와 큰 글자를 잘 써서 안평대군(安平大君)·김구(金絿)·한호(韓濩) 등과 함께 조선전기의 4대 서예가로 불렸다.

77 효(孝)·우(友)·목(睦)·인(姻)·임(任)·휼(恤)을 말함. 효는 어버이에게 효도하는 것, 우는 형제간의 우애(友愛), 목은 구족(九族)간의 화목, 인은 인척(姻戚)과의 정분, 임은 친구간의 신의를 지키는 것, 휼은 없는 자를 구휼하는 것을 말한다.

78 중국 당나라 때의 스님. 대이삼장의 고사에 대해서는 『주서기의(朱書記疑)』에 "옛날 고승(高僧)이 그의 문도 대이삼장에게 '내마음이 어디 있는가?' 하자 삼장이 '스승의 마음은 천진교 위의 호손에게 있습니다' 하였는데, 삼장은 남의 마음을 간파하는 능력이 있는 자였다." 하였다. 『송자대전수차(宋子大全隨箚)』권2에서 "옛날 고승이 그의 문도 대이삼장에게 '내 마음이 어디 있는가?' 하자, 삼장이 '스승의 마음은 천진교 위의 호손(원숭이)에게 있습니다' 하였는데, 삼장은 남의 마음을 간파하는 능력이 있는 자였다"라고 하였다.

일령원부역곡해一嶺遠浮暘谷海 하나의 고개가 멀리 동쪽 바다에 있고

오운심쇄봉황지五雲深鎖鳳凰池 오색 구름이 몇 겹으로 봉황지[79]를 에워 쌓네.

인군당문김생효仁君倘問金生孝 어진 임금께서 효자 김담을 물으신다면

지재배건석렬시只在杯乾石裂時 잔술이 마르고 돌깨짐을 낱낱이 아뢰리라.

이재속홍진부현二載粟紅珍富縣 2년만에 진부현에 조가 붉었고

삼년보합대화민三年保合大和民 3년만에 대화 백성이 보합[80]하였네.

비황불입횡계령飛蝗不入橫溪嶺 날으는 황충은 횡계령에 들어오지 않았으니

천의선지혜효인天意先知惠孝人 하늘의 뜻이 효자에게 은혜준 것을 알겠도다.

도화원리견주진桃花源裏見朱陳 무릉도원에서 주진朱陳[81]이 의좋게 사는 것을 보니

군자향중강오륜君子鄕中講五倫 군자들이 마을에서 오륜을 강론하네.

소살육년동각수笑殺六年東閣守 우습구나 6년 동안 동헌東軒을 지키고 있다가

내시공천일충신來時空薦一忠臣 돌아올 때 헛되이 충신 하나 천거했도다.

라고 찬양하였다.

선생의 나이 70에 어머니가 돌아가시자 복상服喪하고 애통함이 이전의 부친상과 같이 하였다. 집에 늙은 여자 종 눌정이訥叱丁伊라고 부르는 충비忠婢가 있었는데, 어머니가 그를 지극히 사랑했으므로 어머니가 돌아가신 후에

---

79 원래는 궁궐 안의 연못을 가리키는데, 뒤에 대궐 조정의 뜻으로 쓰이게 되었다.

80 『주역』 건괘(乾卦) 단사(彖辭)의 "하늘의 도가 변화함에 각각 성명을 바르게 하여 큰 화기를 보전 케 해 준다[乾道變化 各正性命 保合大和]"라는 말을 압축하여 표현한 것이다.

81 당(唐)나라 때 주씨(朱氏)와 진씨(陳氏)가 한 마을에 살면서 대대로 통혼(通婚)을 하며 서로 화목 하게 지냈다는 고사에서 온 말로, 곧 단란한 시골 마을을 비유한 말이다.

도 그 여자 종을 전일보다 더 대우하여 주었다. 일찍이 선생이 말하기를, "내 평생 세월을 헛되이 보내지 않았고, 하늘과 땅을 향해 원망하지도 않았다"고 하였다. 여러 번 나라의 은공恩功을 입어 동지중추부사同知中樞府事에 올랐다.

선조 을사년(1605)에 천명天命으로 돌아가시니 향년 84세였다. 그 유훈遺訓이 가승家乘에 실려 전하고, 임금이 충효를 비답하고자 정려旌閭를 명하고 그 행실을 모아 『삼강행실록三綱行實錄』[82]에 수록하였다. 선생의 아들 첨추僉樞 경황景滉과 교수敎授 경시景時, 손자 훈도訓導 한琈이 모두 효성으로 정려旌閭를 받으니, 세상 사람들이 '3세4효三世四孝'라 일컬었다. 우암尤庵 송문정공宋文正公이 사효행록四孝行錄의 발문跋文을 지었으니, 그 대략에

> 지금 강릉김씨가보江陵金氏家譜를 보니, 3세 사이에 4효자가 나왔다. 이 어찌 의기意氣가 서로 전하고 가훈이 민멸泯滅되지 아니하여 그 성정性情의 근본을 잃지 않아서 그러한가? 우러러 대현大賢의 가문을 보고 감탄을 금하지 못하겠다. 옛 기록에 북평北坪의 사임당師任堂 신씨申氏가 부덕婦德을 갖추어 문성공文成公 노선생老先生을 낳았다. 선생이 외조모外祖母에게 정성과 공경심을 받들어 갖추어 지성至誠을 다하니 대궐에까지 이르렀다. 선조대왕께서 특별히 귀성歸省을 허락하니, 이와 같이 사방에서 어찌 풍교風敎가 발동하지 아니하겠는가? 옛 성현이 강릉의 풍속을 아름답다 하면서 "집집마다 덕행이 있어 모두 표창할 만한 아름다움이 있다"고 하였으니, 이는 곧 김씨 가문에서 차지함이 가장 많다.

---

82 세종 13년(1431)에 집현전 부제학 설순(偰循) 등이 왕명에 따라 조선과 중국의 서적에서 군신(君臣)·부자(父子)·부부(夫婦) 등 3강(三綱)의 모범이 될 만한 충신·효자·열녀를 각각 35명씩 모두 105명을 뽑아 그 행적을 그림과 글로 칭송한 책이다. 각 사실에 그림을 붙이고 한문으로 설명한 다음 7언절구 2수의 영가(詠歌)에 4언일구의 찬(贊)을 붙였고, 그림 위에는 한문과 같은 뜻의 한글을 달았다. 그 후 이 책은 성종 12년(1481)에 한글로 번역되어 간행되었다.

라고 하였다.

효자각은 노간魯澗 남쪽 고개에 있는데, 우암尤庵의 발문跋文과 봉래蓬萊의 서문序文이 효자각에 걸려 있고, 추사秋史 김정희金正喜[83]가 '3세4효지려三世四孝之閭'라 썼다. 묘는 강릉부 남쪽 송현松峴 선영先塋 북쪽 골짜기 위 자좌子坐 언덕에 있다. 제학提學 윤봉조尹鳳朝[84]가 묘표墓表를 지었고, 참판 홍봉조洪鳳祚가 글씨를 썼다.

영조 기묘년(1759)에 강릉향현사에 배향되었다. 선생의 후손이 노간魯澗의 종손가宗孫家 옆에 보진재葆眞齋를 건립하였다. 상공相公 송근수宋近洙[85]가 편액을 쓰고 기문記文을 지었다.

---

83 정조 10년(1786)~철종 7년(1856). 조선말기의 문신·실학자·서화가·금석학자. 순조 19년(1819) 문과에 급제하여 성균관대사성, 이조참판 등을 역임하였다. 학문에서는 실사구시를 주장하였고, 서예에서는 독특한 추사체를 대성시켰으며, 특히 예서·행서에 새 경지를 이룩하였다.

84 숙종 6년(1680)~영조 37년(1761). 조선후기의 문신. 본관은 파평(坡平) 자는 명숙(鳴叔), 호는 포암(圃巖)이다. 숙종 31년(1705) 증광문과에 병과로 급제하여 지평·정언·부수찬 등을 역임하였다. 숙종 39년(1713)에 암행어사가 되고, 이조좌랑·부교리·응교·승지를 거쳐 대사간에 승진되고, 이어 우승지로 나갔다. 경종이 즉위하면서 소론이 집권하자 사직 은퇴하였다. 영조 원년(1725) 승지에 재등용되어 곧 이조참의가 되고, 다시 부제학으로 실록도청당상(實錄都廳堂上)을 겸하여『경종실록』편찬에 참여하였으며, 이듬해 예조참판이 되었다. 영조 3년(1727) 정미환국으로 노론이 숙청될 때, 앞서 영조 원년(1725) 방만규(方萬規)가 탕평을 배척하는 상소문을 올린 일에 관련되어 파직되었다. 삭주(朔州)에 유배, 이어 정의(旌義)에 안치되었다. 영조 17년(1741) 공조참판에 등용되고, 영조 19년 부제학, 영조 33년년 우빈객(右賓客)이 되었으며, 다음해 대제학에 올랐다. 문장에 능하여 특히 소차(疏箚)가 유명하였다.

85 순조 18년(1818)~고종 40년(1903). 조선후기의 문신. 본관은 은진(恩津), 호는 입재(立齋)·남곡(南谷), 자는 근술(近述), 시호는 문헌(文獻)이다. 헌종 14년(1848) 증광문과에 급제하여 대사헌·좌찬성 등을 거쳐 우의정이 되고, 고종 19년(1882) 좌의정이 되었으나 조미수호조약 등 개화정책에 반대하여 사임했다. 중추부영사(中樞府領事)로 치사(致仕)한 후 봉조하(奉朝賀)가 되었다.

11. 농헌聾軒 박선생朴先生

선생의 성은 박朴, 이름은 억추億秋, 자는 덕수德叟, 호는 농헌聾軒, 본관은 강릉이다. 신라 파사왕婆娑王의 5세손 관설당觀雪堂 시호 충렬忠烈 제상堤上의 후손이다. 고조 중경仲敬은 생원이었고, 증조 영근榮根도 생원이었으며, 조부 승휴承休는 교수敎授를 지냈다. 부친 윤량允良은 선무랑宣務郎 훈도訓導를 지냈는데, 삼가三可 선생의 조카이고 사휴四休 선생의 손자뻘이 된다. 어머니는 강릉최씨江陵崔氏로 신로信老의 딸이다.

선생은 중종 계미년(1523) 10월에 태어났다. 타고난 자질이 총명하고 이해가 빨라 삼가 선생에게 가까이 하여 친히 가르침을 받아 수기치인修己治人[86]의 도道가 깊은 경지에 이르렀고, 실제로 행하여 문학과 의로운 일을 함이 유림儒林의 사표師表가 되었다.

천성이 효성스러워 부친 훈도공訓導公이 7년간 병을 앓았는데, 들오리가 치

---

86 유가(儒家)의 근본이념인 인(仁)을 실천함으로써 자기 자신을 수양하고 그 인을 다른 사람들, 곧 사회 전체에 구현한다는 유학의 실천론을 말함. 『논어』 헌문(憲問)에 "수기함으로써 공경하고, 수기함으로써 사람을 편안히 하고, 수기함으로써 백성을 편안하게 한다"는 구절과 『맹자(孟子)』의 성기성물(成己成物), 『대학(大學)』의 명명덕(明明德)과 신민(新民), 『장자(莊子)』의 내성외왕(內聖外王)은 모두 수기치인과 같은 뜻이다. 이것을 수기치인으로 요약하여 정리한 것은 송(宋)나라의 학자들이다. 수기(修己)는 끊임없는 인의 실천을 통해 자아를 완성하는 것이며, 치인은 완성된 자아를 주변으로 확대시켜 다른 사람이 인격을 완성해가는 것을 돕는 일이다. 따라서 수기와 치인은 따로 떨어질 수 없는 밀접한 관계를 가진다. 수기와 치인의 방법에 대해 주희는 충(忠)과 서(恕)로 설명했다. 즉 "자기를 다하는 것을 충이라 하고, 자기를 미루어가는 것을 서라 한다"는 것이다. 수기치인에 대해 가장 분명하게 설명하고 있는 것은 『대학』의 8조목이다. 명명덕, 즉 치인의 내용과 과정을 세분화하면 격물(格物)·치지(致知)·성의(誠意)·정심(正心)·수신(修身)은 수기에 해당하고, 제가(齊家)·치국(治國)·평천하(平天下)는 치인에 해당한다. 우리나라에서는 이이(李珥)가 『대학』의 체제를 그대로 따라 『성학집요(聖學輯要)』를 지었다.

료에 좋다는 말을 들었다. 그러나 이때가 날은 차고 얼음이 얼어 그물을 펼치기가 어려웠다. 갑자기 두 마리의 오리가 우물 난간에 날아와 내렸다. 선생이 정성을 다해 기도하고 돌 하나를 던지니 두 마리 오리가 모두 떨어졌다. 이를 거두어 부친께 드렸더니 즉시 병이 나았다. 그 후에 또 병이 들어 중태에 빠지니 손가락을 잘라 피를 내어 수일 간 수명을 연장하였다. 그러다 부친이 돌아가시자 너무 슬퍼한 나머지 몇 번을 기절하였고, 상제喪祭에 예를 다하였다.

선생의 효성을 임금이 듣고 명종조에 정려旌閭를 내렸고, 계묘년(1543) 9월에 복호復戶하고 포장襃獎하였으며, 계해년(1563)에 효렴과孝廉科에 천거되어 사옹원 참봉司饔院參奉[87]이 되었다. 그때 사옹원 안에 계회첩도契會帖圖가 있었는데, 하의荷衣 홍적洪迪[88]이 시詩를 짓기를

미시은정조갱수未試殷鼎調羹手 큰 솥에 국맛도 맞추지 못했는데
요향천주묘할팽聊向天廚妙割烹 어찌 수라간에서 요리의 묘를 다하리오?
아역증위태관장我亦曾爲太官匠 내 또한 일찍이 태관장이 되어서
강제시구오단청强題詩句汚丹靑 부질 없는 시를 지어 단청을 더럽히네.

라고 하였다. 이는 큰 그릇을 적게 쓴 것을 애석하게 여긴 것이다. 그 첩도帖圖는 자손의 집에 가보家寶로 전한다.

---

87 조선시대 왕의 식사나 궁중의 음식 공급에 관한 일을 맡아보던 사옹원의 종9품직.

88 명종 4년(1549)~선조 24년(1591). 조선중기의 문신. 본관은 남양(南陽), 자는 태고(太古), 호는 양재(養齋)·하의생(荷衣生)이다. 선조 5년(1572) 진사로서 별시문과에 병과로 급제하여 권지승문원정자(權知承文院正字)가 되었다가 곧 사관(史官)이 되었다. 이듬해 사가독서(賜暇讀書)한 뒤 선조 7년(1574) 정자로 홍문관에 들어가 10년 동안 봉직하였다. 선조 16년(1583) 양사(兩司)에서 이율곡(李栗谷)을 탄핵하자 홍문관에서 그를 반박하니 왕은 대노하여 그를 장연(長淵) 현감으로 좌천시켰다. 4년 후 병으로 사임하고 돌아와서 다시 등용되어 병조 정랑을 거쳐 집의·사인에 이르렀다. 벼슬에 나가서 24년 동안 당쟁에 휩쓸리지 않았으며, 특히 시문에 능하고 종왕(鍾王)·회소(懷素)의 필법을 따라 필명도 높았다.

병인년(1566)에 청하현감淸河縣監이 되고, 임신년(1572)에 영평군수永平郡守, 무인년(1578)에 청풍부사靑風府使로 재직하다가 경진년(1580)에 마침내 관직을 사임하고 귀향하였다. 세 고을의 수령을 역임하면서 청렴 검소를 스스로 지니고 효제孝悌와 역농力農을 근본으로 하여 민속民俗이 크게 변화하니, 석벽石壁에 새겨놓은 글은 길이 우리들의 마음에 남으리라.

선조 경인년(1590) 8월 5일에 돌아가시니, 향년 68세였다. 전포錢浦 선영 서쪽 기슭 자좌子坐 언덕에 안장하였다. 영조 기묘년(1759)에 강릉 향현사에 배향되었다.

고종 을사년(1905)에 대광보국大匡輔國 이근명李根命[89]이 묘표墓表를 지었는데, 그 대략에

선생의 한 가문에 3현三賢이 함께 세상을 빛냈다. 조정암趙靜菴(조광조)·김충암金冲菴(김정)·이회재李晦齋(이언적)·권충재權冲齋(권벌) 등 제공諸公들과 도의道義의 교유交遊를 하였다. 이어 기묘己卯의 전철前轍을 다시 밟지 않고 과거를 멀리하여 호랑이 꼬리를 밟지 아니하였고, 산수를 배회하며 성리학을 강론講論하고 닦았다. 마침내 감흥感興을 일으킬 경지境地에 이르러 한 고을이 맑아지니, 지방의 사대부들이 추모하고 잊지 못하여 사당에 제물祭物을 차려 제사를 올린다.

라고 하였다. 봉래蓬萊 양사언楊士彦이 글을 짓고, 진사進士 이종손李宗孫이 쓴 비문에

---

89 헌종 6년(1840)~1916년. 조선말기와 대한제국기의 관료. 본관은 전의(全義), 자는 순구(舜九)이다. 고종 8년(1871) 정시문과(庭試文科)에 병과로 급제하여 한림(翰林)이 되고, 고종 17년(1880) 이후 성균관 대사성, 이조참판, 주차천진독리통상사무(駐箚天津督理通商事務)를 거쳐 고종 31년(1894)에 의주부윤·좌승지에 올랐다. 춘천부관찰사·궁내부특진관을 거쳐 1896년에 평안남도관찰사·의정부 찬정·내부대신·중추원의관·시종원경(侍從院卿)·장례원경(掌隷院卿) 등을 지냈다.

박윤량朴允良의 아들 억추億秋는 효렴과孝廉科에 올라 청하현감清河縣監을 역임하였다.

고 하였으며, 운곡雲谷 송한필宋翰弼의 「쌍한정기雙閒亭記」에

한 가문에서 네 사람이 두 번이나 현량에 뽑혔고, 효로써 정려旌閭를 받은 분이 세 사람이나 되니 한 나라의 빛나는 가문이다.

라고 하였다.

타압정墮鴨井은 선생이 예전에 살던 아죽리阿竹里에 있는데, 후손이 우물 위에 비석을 세워 하늘을 감동시킨 지극한 효성을 길이 전하게 하였다. 정려 각旌閭閣은 박월리 후손이 살던 거리에 있다. 선생의 효행은 『삼강행실도三綱行實圖』에 실리고, 유필遺筆과 행록行錄은 삼가 선생의 문집에 부록으로 간행되어 전한다. 판서判書 홍우순洪佑順이 글을 짓고, 당계棠溪 노경복盧景福[90]이 쓴 묘표墓表에

내가 강릉교수江陵敎授 시절에 박모朴某(박억추)·양만고楊萬古(양사언)와 함께 수업受業하였다.

고 하였다.

---

90 생졸년 미상. 본관은 풍천(豊川), 자는 수중(綏仲)이다. 선조 12년(1579) 식년문과 병과 19위로 급제하여 의흥현감, 영천군수, 형조정랑 등을 지냈다. 임진왜란 당시에 노경복은 의흥현감으로 있으면서 항복한 왜군을 조정에 보고하지 않고 살해한 일이 있었다. 이때 경상도 방어사 김응서(金應瑞)는 그의 처벌을 주장하여 처벌을 받기도 하였다.

12. 도경踏景 최선생崔先生

선생의 성은 최崔, 이름은 운우雲遇, 자는 시중時中, 본관은 강릉이다. 일찍이 자호自號를 학구鶴衢 또는 향호香湖라 했으며, 만년에는 호를 도경踏景이라 하여 세상 사람들이 도경踏景이라고 불렀다. 그의 선조는 강화망족江華望族으로 고려조에 진사進士에 장원급제한 만巒의 후예이다. 또 전하기를 문한文漢이 있었는데, 충숙왕의 부마駙馬로서 나라가 장차 망할 것을 알고 강릉에 은둔하였다. 선생의 6대조가 된다. 고조 연沇은 직장直長이었는데 승지承旨에 추증되었고, 증조 자점自霑은 생원·진사시에 모두 합격하고 등과登科하여 일찍이 사간원 정언司諫院正言으로 권간權奸에게 거슬려 여러 차례 외방으로 전보되었으나 청렴결백하고 곧은 지조가 드러나 가선대부嘉善大夫 예조참판禮曹參判에 추증되었다. 조부 세건世楗은 비안현감比安縣監을 지냈으며 이조판서吏曹判書에 추증되었고, 교수教授 담澹과 진사 호浩를 낳았다. 교수공이 진주강씨晋州姜氏 참봉參奉 준지俊智의 딸을 아내로 맞이하여 선생을 중종 임진년(1532) 6월 5일에 낳았다. 진사공이 아들이 없어 선생이 그 양자가 되었다.

선생은 어려서부터 차마 하지 못하는 마음이 있었는데, 7세 때 아이들이 앞 냇가에서 고기를 잡는 것을 보고 몰래 거두어 놓아주었다. 지나던 스님이 이를 보고 이상히 여겨 선생을 안아서 바위 위에 앉히고 재배再拜하고 갔으니, 그 인자하고 사랑스런 성품은 능히 사람을 감복하게 하는 점이 있었다. 12세 때 참판 김광진金光軫[91]에게서 『대학大學』을 배울 때, 하루 종일 말로써 가르쳐도 이해가 되지 않았으나 책을 반쯤 읽고서야 대의大義를 깨달았고, 1년이 거의 되어 능히 달통하여 정밀하게 되었다. 이는 일찍 경지에 이른 자질이었다.

명종 임자년(1552) 나이 21세 때 생원에 입격하고, 근궁芹宮[92]에 출입할 때에 한결같이 정리 조사하고 힘써 행함을 위주로 하고, 고향으로 내려올 때 성산星山 이회재李晦齋(이언적)[93]가 글로써 송별하며 지극히 애모愛慕의 정으로 말하기를 "그대는 진실로 나의 스승입니다"라고 하였다. 갑인년(1554)에 퇴계 이문순공李文純公을 도산陶山에 가서 도道를 듣고 돌아왔다. 율곡 이문성공李文成公이 이때 강릉에 있었는데, 선생이 왕래하며 학문을 강론하고 연마하며

---

91 연산군 원년(1495)~?. 조선중기의 문신. 본관은 강릉(江陵), 자는 자임(子任)이다. 형이 동지중추부사 김광철(金光轍)이다. 중종 21년(1526) 생원으로 별시 문과에 을과로 급제하여 중종 26년(1531)부터 중종 31년(1536)까지 사간원 정언, 사헌부 헌납, 지평, 장령 등 언관직을 두루 역임하였다. 특히 시강관으로 있을 때는 경연을 열 것, 승려와 불교의 폐단을 없앨 것, 궁중의 법도를 엄하게 할 것 등을 간하였다. 중종 33년(1538) 진주 목사로 부임하여 "정사(政事)에 부지런하고 민폐를 없애는 데 힘썼으므로 위엄과 은택이 함께 드러나 관리들은 위엄을 두려워하고 백성들은 은혜롭게 생각한다."는 평을 들었다. 이후 제포 첨사 등 줄곧 외관직을 역임하였다. 중종 39년(1544) 양주목사로 나가 흉년을 구제하고 백성들을 구휼하고 부역을 고르게 한 공으로 포상을 받았다. 명종 3년(1548)에 경상우도 병마절도사, 명종 4년(1549)에 청홍도 관찰사, 명종 6년(1551)에 전주부윤, 명종 8년(1553)에 함경도 관찰사, 명종 12년(1557)에 경상도 관찰사 등의 외관직을 역임하였다. "일에 임하기를 부지런하고 조심스럽게 하여 민폐 제거하기를 힘쓰므로 위엄과 은혜가 아울러 나타나, 아전들이 두려워하고 백성들이 사모하게 되었다.", "군(郡)을 잘 다스려 가는 데마다 명성과 치적이 있었다."는 칭송을 받았던 데서도 알 수 있듯 지방관으로서 치적을 많이 쌓아 명성이 높았다. 명종 19년(1564)에 호조참판이 되었다.

92 성균관을 달리 일컫는 말. "즐겁도다 반수여, 잠깐 미나리를 뜯네[思樂泮水 薄采其芹]"라고 한 데서 온 말이다(『詩經』, 魯頌 泮水).

93 성종 22년(1491)~명종 8년(1553). 조선중기의 문신·학자. 본관은 여주(驪州), 자는 복고(復古), 호는 회재(晦齋)·자계옹(紫溪翁), 시호는 문원(文元)이다. 중종 9년(1514) 을과에 급제하여 천관랑(天官郎)을 비롯하여 인동현감·장령(掌令)·밀양부사 등을 거쳐 중종 25년(1530) 사간(司諫)에 이르렀다. 당시 김안로(金安老)의 거용(擧用) 문제에 극력 반대하다가 물러났다. 중종 32년(1537) 김안로 일파가 쫓겨난 뒤 종부시첨정(宗簿寺僉正)·직제학(直提學)을 역임, 전주부윤이 되어 선치했으므로 경내(境內)가 평안하였다. 수천언(數千言)의 소를 올려 국가대본(國家大本)과 정치강령(政治綱領)을 논하여 왕의 찬탄을 받고 특히 가선(嘉善)에 올라 예조참판·우찬성을 역임하고 인종 원년(1545)에 의정부 우찬성이 되었다. 명종 2년(1547) 양재역(良才驛)의 벽서(壁書) 사건에 관련되어 강계(江界)로 귀양가서 사망하였다. 선조 때 영의정에 추증되었다. 그는 조선전기의 가장 유명한 성리학자의 한 사람으로 특히 주리(主理)의 학설은 이황(李滉)의 사상에 큰 영향을 주었다.

도의道義의 교분交分을 쌓았다.

선생은 일찍이 우리나라 서남에는 서원이 많이 건립되었는데, 오직 강릉에는 서원이 없다"고 하며 탄식하였다. 병진년(1556)에 칠봉七峯 함헌咸憲[94]과 함께 구산邱山에 사우祠宇를 창건하여 공자의 진영眞影을 모셔놓고 후학들로 하여금 뜻을 품고 학문을 닦는 곳으로 하였다. 퇴계가 시를 지어 찬미하기를

인재연수고임영人材淵藪古臨瀛   인재가 많이 나는 옛 임영 고을에

벽학구산간석청闢學丘山澗石淸   산골 물 맑게 흐르는 구산에 학교를 열었네.

라고 하였다. 선생의 성현을 추모하는 정성과 학문을 권장하는 열의를 또한 볼 수 있다.

일찍이 뜻을 같이하는 여러 친구들과 더불어 오대산과 금강산 등 여러 명산을 유람하였다. 이때 보고 들은 것은 모두 받아들여 궁리격물窮理格物[95]의 공부를 힘을 다하였다. 그리고 성균관에 들어갔을 때는 추앙하는 사람이 더욱 많았다. 퇴계가 어떤 사람에게 보낸 서찰에서 선생을 "부지런히 힘쓰면서도 재능을 숨기고 감추어서 남의 지목指目을 피하는 사람이다"고 하였다. 율곡이 또한 서찰에서 "학자가 궁리격물에 힘쓰지 아니하면 실리實理의 근본을 깨달을 수 없다"고 하였다. 퇴계의 말에 "재능을 숨기고 감춘다"는 말은 찬찬

---

94 중종 3년(1508)~?. 본관은 강릉, 자는 가중(可中), 호는 칠봉(七峯)이다. 조선 개국공신 함부림(咸傅霖)의 5세손으로 강릉부 성산면 건금리에서 태어났다. 중종 26년(1531) 24세의 나이로 생원시에 합격한 후 성균관에 입학하여 이황과 교유하였다. 중종 29년(1534) 알성문과에 병과로 급제하여 간성군수가 되었다. 명종 7년(1552) 예빈시정(禮賓寺正)으로 있을 때 동지사(冬至使)의 서장관(書狀官)이 되어 명나라 서울인 북경(北京)에 다녀왔으며, 이듬해 이천부사가 되었다. 명종 17년(1562) 삼척부사를 지냈으며, 재임 중에 관리들의 기강을 확립하고 백성들을 구휼하여 치적을 남겼다. 만년에는 학풍의 퇴폐를 통탄하고 강릉에 오봉서원(五峯書院)을 짓고 서장관으로 북경에 다녀올 때 가져온 공자(孔子)의 진상을 비치하여 추모하면서 후진을 가르쳤다.

95 모든 사물의 이치를 끝까지 캐서 만물을 관통하는 하나의 이치를 확인하는 것을 말함.

하고 곡진曲盡하여 가까운 사람들은 다 아는 사실이다. 우계牛溪 성문간공成
文簡公 역시 "독서로써 소양素養을 기르는데 힘쓰라"고 하였으니, 선생의 근본
바탕이 깊은 바를 미루어 헤아릴 수 있다.

무오년(1558)에 율곡과 향호정香湖亭에서 만나 『춘추春秋』를 강론하며 간
추려 1편을 완성하였다. 경신년(1560)에 또 황해도에 있는 율곡을 방문하고
작별에 임하여 지은 시에

산전득주음산광山前得酒飲山光 산 앞에서 술을 얻어 산빛을 마시는 것 같고

조쇄화연춘주장鳥碎花姸春晝長 새가 취하고 꽃이 고으니 봄낮이 길다.

라 하니, 선생이 얻은 바가 대개 이와 같았다.

임술년(1562)에 생부상生父喪을 당하고 이듬해에 또 후부상後父喪을 당하
여 4년을 여묘살이를 하였는데 정성과 예의를 다 하였다. 인하여 선생이 거처
하던 여묘를 망극암罔極菴이라 하였다. 문간文簡 노수신盧守愼[96]의 시에

초좌금래사재암草坐今來四載庵 초야에 묻혀 지낸 것이 이제 4년이 되었다

---

[96] 중종 10년(1515)~선조 23년(1590). 조선중기의 문신·학자. 본관은 광주(光州), 자는 과회(寡悔),
호는 소재(蘇齋)·이재(伊齋)·암실(暗室)·여봉노인(茹峰老人), 시호는 문의(文懿)이고 뒤에 문간(文
簡)으로 개시(改諡)하였다. 중종 38년(1543) 문과에 급제, 전적(典籍)·수찬(修撰)을 거쳐 중종 39
년 시강원 사서(侍講院司書)가 되었다. 대윤(大尹)으로서 인종 즉위 초에 정언(正言)이 되어 이기
(李芑)를 논핵, 파직시켰으나 명종이 즉위하자, 소윤(小尹) 윤원형(尹元衡)이 이기와 함께 을사사
화를 일으키자, 이조좌랑으로 있다가 파직, 명종 2년(1547) 순천에 유배되고 이어 양재역 벽서(良
才驛壁書) 사건으로 가죄(加罪), 진도(珍島)로 이배(移配)되어 19년간 섬에서 귀양살이를 했다. 선
조가 즉위하자 풀려 나와 교리(校理)로 기용, 이어 대사간·부제학(副提學)·대사헌·이조판서·대제
학을 지내고, 선조 6년(1573)에 우의정·선조 11년에 좌의정·선조 18년 영의정에 이르렀다. 선조 21
년 사임하고 영중추 부사(領中樞府事)가 되었으나, 이듬해 과거에 정여립(鄭汝立)을 천거했던 관
계로 대간의 탄핵을 받고 파직되었다. 문장과 서예에도 능했다.

라고 하였다.

선조 신미년(1571) 겨울에 천거하여 선공감역縫工監役을 제수하니, 선생이 진실로 벼슬에 나가는 것을 좋아하지 않아 어버이의 늙음을 핑계 대고 벼슬을 버리고 고향으로 돌아왔다. 선생이 지은 글에 "어버이를 그리는 사사로운 정[烏鳥私情]⁹⁷ 때문에 필마匹馬로 고향 산천에 돌아왔노라" 한 것은 바로 이때 지은 것이다. 계유년(1573)에 또 선원전 참봉璿源殿參奉에 제수하였으나 또 부임하지 않았다. 율곡의 서찰에 "이후에 서로 만날 길이 아득하니 기약할 수 없도다"라는 말이 있는데, 이것은 벼슬길에 나아가지 않음을 민망히 여겨서 한 것이다. 정축년(1577)에 강릉참봉康陵參奉⁹⁸을 제수하였는데, 이때 후모后母 최씨崔氏의 상을 당하여 부임하지 못했다.

신사년(1581)에 선릉참봉宣陵參奉⁹⁹에 바꾸어 제수하니 부임하여 이어서 상소하기를 "열성列聖의 능陵 아래에 각기 표석表石을 세워 천만세의 근심을 없애야 한다"고 청하였다. 또 말하기를 "신덕왕후神德王后의 능陵이 허물어져 흉하게 되었으니, 건원릉健元陵¹⁰⁰으로 옮겨 합장合葬해야 한다"고 하였으니,

---

97 자식이 부모에게 효성을 다하려는 마음씨를 이르는 말. 진(晉)나라 사람 이밀(李密)이 쓴 「진정표(陳情表)」에는 다음과 같은 글귀가 실려있다. "저는 조모가 안계셨더라면 오늘에 이를 수 없었을 것이며, 조모께서는 제가 없으면 여생을 마칠 수 없을 것입니다. 저는 금년 44세이고, 조모 유씨는 96세이니, 제가 폐하께 충성을 다할 날은 길고 조모 유씨에게 은혜를 보답할 날은 짧습니다. 까마귀가 어미새의 은혜에 보답하려는 마음으로 조모가 돌아가시는 날까지만 봉양하게 해 주십시오"(烏鳥私情, 願乞終養). 이밀은 어려서 아버지를 잃고 어머니 하씨가 개가하자, 할머니의 손에서 자랐다. 위의 글은 조모 유씨의 병세가 위독하여 이밀이 부득이 관직을 사양하게 됨을 황제께 고한 것이다.

98 서울 노원구 공릉동에 있는 조선 제13대 왕 명종과 명종비 인순왕후(仁順王后) 심씨의 능에 속해 있던 종9품 벼슬.

99 선릉은 조선 제9대 왕 성종과 성종의 계비 정현왕후(貞顯王后) 윤씨의 무덤이다. 왕릉과 왕비릉이 서로 다른 언덕에 있는 동원이강릉(同原異岡陵)으로, 왼쪽 언덕에 정현왕후의 능이, 오른쪽 언덕에 성종의 능이 배치되어 있다.

100 경기도 구리시 동구릉(東九陵) 경내에 있는 조선 태조의 능.

기묘제현己卯諸賢이 다만 소릉昭陵[101]만 복원하고 정릉貞陵[102]에는 언급이 없었던 것을 식자識者들이 한탄하였는데, 선생이 피눈물로 이를 호소하였던 것이다. 그 후 현종대왕顯宗大王이 마침내 효행을 발휘하여 영릉寧陵[103]에 표식을 세우고, 또 정릉을 보수하여 신神과 사람의 마음을 위로하였으니, 선생의 식견識見과 충성심은 성군聖君이 다스리는 성대聖代에 와서야 실행되었다. 일찍이 율곡이 조정의 중요한 지위에 있을 때, 시무時務에 대해 선생의 조언助言을 받지 못한 것을 아쉬워하였으니, 선생은 세상사世上事에 대해 깊은 관심을 가지고 있었다.

임오년(1582) 겨울에 율곡이 "기도箕都[104]에는 유풍遺風이 있어 가보지 않을 수 없다"며 영숭전永崇殿으로 바꾸어 임명하기에 선생이 즉시 부임하였다. 계미년(1583)에 황해도로부터 돌아올 때 율곡을 방문하였는데, 율곡이 송별하며 지은 시에

심소진원교도밀心遡眞源交道密　　마음이 참 근원으로 거슬러 친구를 사귀는
　　　　　　　　　　　　　　　　도가 긴밀하고

---

101 조선 문종의 비(妃) 현덕왕후(顯德王后)의 능.

102 태조 이성계의 비 신덕왕후(神德王后) 강씨(康氏)의 능. 원래 서울 도성 안 취현방(聚賢坊) 북원(北原, 현재의 정동)에 있다가 태종 14년(1409)에 현재의 위치로 이장하였다. 태조는 고려의 풍습대로 향리와 서울에 각각 부인을 두고 있었는데 강씨는 바로 서울에 있는 부인이었다. 고향에 둔 부인 한씨(韓氏)는 태조 등극 전에 죽었고, 등극과 더불어 왕후의 자리에 앉은 것은 현비(顯妃) 강씨로서 방번(芳蕃)·방석(芳碩) 두 형제를 낳았다. 태조 5년(1396) 현비가 죽자 태조는 정성을 다해 능을 조영하고 능 동쪽에 흥천사(興天寺)를 세워 재궁(齋宮)을 삼고 법석(法席)을 마련했으며, 대궐에서 정릉의 아침재 올리는 종소리를 듣고서야 수라를 들었다고 한다. 그 뒤 왕자의 난으로 현비 소생의 두 왕자가 죽자, 태조는 정사에 뜻을 잃고 태상당으로 있으면서 자주 정릉에 가서 불공에 정성을 기울였다. 그 후 능역의 광대함이 의정부에서 논란이 되었고 태조가 죽은 뒤로는 정릉에 대한 박대가 노골화하였다가, 태종의 뜻대로 도성 밖 현재의 자리로 이장하였다.

103 조선 제17대 왕 효종과 비 인선왕후(仁宣王后) 장씨의 무덤.

104 평양을 달리 이르는 말. 기자동래설(箕子東來說)에 따라 기자조선의 수도로 인식되었던 데서 유래하였다.

신유승지환정미 身遊勝地宦情微   몸은 훌륭한 경치에서 유유자적하느라 벼슬
할 뜻이 없다.

라 하였으니, 사우師友 간에 받드는 마음이 이와 같았다. 이해 12월에 왕자 사부의 물망物望에 올랐다.

갑신년(1584)에 연은전延恩殿 참봉參奉에 차임되었다가 목청전穆淸殿으로 옮겨갈 때, 모부인母夫人의 명으로 서울에 이르러 연은전에 입직入直하여 우천으로 인해 머물러 있을 때 지은 시에

운귀산사거 雲歸山似去   구름이 흘러가니 산이 움직이는 것 같고

수창석의명 水漲石疑鳴   물이 넘쳐 흐르니 바위가 우는 것 같네.

본체원래정 本體原來靜   사물의 본체는 본래 고요한 것인데

하혐외물색 何嫌外物索   어찌 외물이 얽어매어 혼란케 하는가?

라고 하였으니, 한 수의 시에 본체와 작용[體用]이 밝게 드러났다.

병술년(1586)에 파산坡山(파주)에 있는 우계牛溪[105]의 농막을 방문하였는데, 이별에 임하여 보낸 시에

점득유거향포촌 占得幽居香浦村   세상을 피해 궁벽한 향포촌을 지나가니

근리묘옥사도원 槿籬茆屋似桃源   초라한 집이 무릉도원 같구나.

---

105 중종 30년(1535)~선조 31년(1598). 조선중기의 문신·학자. 본관은 창녕, 이름은 성혼(成渾), 자는 호원(浩原), 호는 우계(牛溪)·묵암(墨庵), 시호는 문간(文簡)이다. 백인걸(白仁傑)의 문인이고, 이이·정철·송익필 등과 교유하였다. 선조 원년(1568)에 유일(遺逸)로 천거되어 전성서 참봉이 되고, 병조참지·이조참의·동지중추부사·좌참찬 등을 역임하였다. 기묘명현인 성수침(成守琛)의 아들로 명망이 높았으나, 임진왜란 때 임금을 따라가지 않은 것과 일본과 화의를 주장한 것이 논란거리가 되었다. 서인들이 집권한 숙종 7년(1681)이 돼서야 이이와 함께 문묘에 배향되었다.

라고 하였고, 또한

해천동망삼산외海天東望三山外　　바다의 동쪽 하늘 삼산 밖을 바라보니
인재선궁제기중人在仙宮第幾重　　사람이 선궁에 있음이 그 얼마나 많으리.

라고 하였다. 대개 선생의 한가롭게 지내고 자족自足하는 마음과 속세를 벗어나려는 생각이 드러난 것이니, 사람들이 선생을 우러러 "신선 속에 노니는 사람 같다"고 하였다. 이때 강씨姜氏 부인은 79세로 천수天壽를 마쳤다. 선생의 나이가 이미 55세였다. 3년의 예제禮制에 소채와 죽만 먹으며 여묘살이를 하니, 우계가 서찰을 보내 위로하기를 "쇠약해진 나이에 당한 슬픔에 신명神明이 도와주어 만복萬福을 누리니, 이것이 붕우朋友의 경하慶賀하는 바입니다"라고 하였다.

경인년(1590)에 사포서 별좌司圃署別坐에 제수받아 잠시 취임하였다가 곧 돌아왔다. 이로부터 향호정香湖亭에서 독서하며 다시는 벼슬에 나가지 아니하였다. 임진년(1592)에 이르니 곧 선생의 회갑回甲이었다. 나라의 정사가 어지러워져 임금이 서쪽으로 갔다는 소식을 듣고, 선생은 통곡하면서 달려가 문후問候하고 의義를 전하고자 했으나 근력筋力이 이미 쇠하여 어찌 할 바를 모르고 애태우다가 마침내 이루지 못했다. 계사년(1593)에 송강宋江 정철鄭澈이 치서馳書하여 임금의 위엄을 멀리 떨치어 머지않아 수복收復할 수 있다고 하였다.

을미년(1595)에 횡성현감橫城縣監에 발탁하여 제수하니, 사은숙배하고 부임한 지 수 개월만에 연로하여 관직을 버리고 돌아왔다. 묵재黙齋 원축공元軸公의 글에 "은자隱者의 집이 완연宛然하고 마당엔 나뭇가지 푸르니, 원량元亮

(도연명)의 흥취興趣를 보는 것 같구려" 하였다. 그 후 약포藥圃 정탁鄭琢[106]과 옥산玉山 이우李瑀[107]와 더불어 지팡이와 나막신을 신고 산과 호수를 두루 구경하면서 별천지別天地에서 노경老境을 유유자적하며 즐긴 것을 볼 수 있어 더욱 사람들로 하여금 존경심을 일으키는 바가 되었다. 이로부터 10여 년을 향리鄕里에서 지내면서 반드시 새벽마다 가묘家廟에 참배하고, 여묘살이를 할 때는 반드시 하루에 두 번씩 깨끗이 씻었다. 평상시에는 독서를 좋아하여 깊이 탐구하여 자세히 이해하고 관통貫通하는 것을 중요하게 여겼으며, 효孝에 돈독하고 부지런히 배우는 것을 나이가 들어서도 조금도 게을리 하지 않았다.

일찍이 스스로 책상 위에 글 한 구절을 써 놓고 방자한 마음을 경계하여

염려일시무소사念慮一時無所事　일시의 생각이라도 벼슬길 염두에 두지 말며

망사맹처갱제방妄思萌處更隄防　허망된 생각이 싹 트거든 제방을 고쳐 쌓아라.

---

106 중종 21년(1526)~선조 38년(1605). 조선중기의 문신. 본관은 청주(淸州), 자는 자정(子精), 호는 약포(藥圃)·백곡(栢谷), 시호는 정간(貞簡)이다. 이황(李滉)의 문인으로 명종 7년(1552년)에 사마시를 거쳐 명종 13년(1558) 문과에 급제, 선조 원년(1566)에 교리(敎理)로 춘추관 기주관(春秋館記注官)을 겸직하고 『명종실록』의 편찬에 참여했다. 이조 좌랑·응교를 지내고, 선조 14년(1581) 대사헌에 올랐으나 장령(掌令) 정인홍(鄭仁弘), 지평(持平) 박광옥(朴光玉)과 의견이 맞지 않아 사간원의 계청(啓請)으로 이조참판에 전임, 이해 진하사(進賀使)로서 명나라에 다녀오고, 이듬해 대사헌으로 재임되었다. 선조 22년(1589) 우찬성으로 사은사(謝恩使)가 되어 명나라에 다녀왔고, 선조 25년(1592) 임진왜란이 일어나자 좌찬성(左贊成)으로 왕을 의주(義州)로 호종(扈從), 이듬해 영위사(迎慰使)로 명나라 경략(經略) 송응창(宋應昌)을 영접했다. 선조 27년에 우의정이 되고, 선조 30년에 정유재란이 일어나자 몸소 전장(戰場)에 나가 사기를 돋우고자 했으나 왕이 그의 연로(年老)함을 들어 만류했다. 선조 32년에 관직을 사퇴했다가, 이듬해 좌의정으로 등용되어 판중추부사(判中樞府事)를 거쳐 선조 36년에 영중추 부사(領中樞府事)가 되고, 이듬해 호종공신(扈從功臣) 3등으로 서원 부원군(西原府院君)에 봉해졌으며 봉조하(奉朝賀)에 이르렀다. 박학다식(博學多識)하여 경서(經書)는 물론 천문·지리·상수(象數)·병법(兵法)에 이르기까지 정통했다.

107 중종 37년(1542)~광해군 원년(1609). 본관은 덕수(德水), 자는 계헌(季獻), 호는 옥산(玉山)·죽와(竹窩)·기와(寄窩)이다. 율곡(栗谷) 이이(李珥)의 동생이며 사임당(師任堂) 신씨의 아들이다. 벼슬은 빙고별좌(氷庫別坐), 사복시주부(司僕寺主簿), 비안현감과 괴산·고부군수를 거쳐 군자감정에 이르렀다. 시·서·화·금(琴)에 두루 능하여 사절(四絶)이라는 소리를 들었다. 글씨는 행서·초서를 잘 쓰고 그림은 특히 초충(草蟲)과 사군자·포도 등을 잘 그렸으며 화풍은 어머니의 화풍을 따랐다 한다.

고 하였다. 또 어느 봄날에 지은 시에

납진지당록초신臘盡池塘綠草新　겨울 지난 못가에는 녹초가 새로운데
이간양류경양춘已看楊柳競陽春　피어난 버들은 봄볕을 다투는구나.
탑연상대탐생리嗒然相對探生理　멍하니 마주앉아 생물의 이치를 탐구하니
이오지정무극진二五之精無極眞　음양오행의 정밀함이 끝없이 진실하구나.

라고 하였으니, 그 내직內職과 외방外方을 바탕으로 행하여 물物로 인하여 사리를 관찰함을 대략 시에서 볼 수 있다.

　선조 을사년(1605) 5월 22일에 돌아가시니 향년 74세였다. 강릉부 북쪽 50리 향동香洞 정좌丁坐 언덕에 안장하였다. 41년이 지난 인조 을유년(1645)에 고을 사람들이 향현사에 선생을 배향하였다. 대개 선생의 타고난 품성이 온화하고 순수하며, 덕행과 기국氣局이 뛰어나고 두터웠다. 겉으로 볼 때 보통 사람과 다른 점이 없는 것 같으나 조용하고 과묵한 점에서 제반 규칙과 기준에 합당하지 않음이 없었다. 사람을 만날 때는 항상 화평하고 소탈하여 법도法度에 뒤지지 아니하고, 보는 사람으로 하여금 흔모欣慕하는 마음이 우러나오게 하여 진실로 감복하지 않는 사람이 없었다.

　어려서부터 학문에 뜻을 두고 늙어서는 깊이 돈후敦厚하여 비록 한가하고 일이 없을 때라도 몸가짐은 단정하였으며 의관衣冠은 가지런히 하였다. 독서讀書와 사색思索을 할 때에는 오히려 미치지 못할까 두려워했으며, 부지런함에도 힘써 소양을 갖추어 점점 익숙하게 했다. 또 덕망있는 벗들을 학문이나

덕으로 감화시키니, 한 때는 여러 선비들이 동중서董仲舒[108]나 가의賈誼[109]와 같은 명망 있는 학자처럼 추앙하면서 선생보다 낫다고는 감히 생각하는 사람이 없었다. 무릇 벼슬길에 나감에 있어 열 번 관직을 천거받았으나 많이 나아가지 않았고, 또한 취임하여서도 오래 머무르지 않았다. 대개 고향으로 돌아와 어버이를 봉양하려는 지극한 정情에서 나온 것이지, 녹봉을 받기 위한 뜻이 아니었다.

숙종 계해년(1683)에 우암 송문정공宋文正公[110]이 묘표墓表를 지었는데,

고인古人의 말에 "충은 반드시 효에서 구한다"고 하였다. 이것으로 미루어 볼 때 공의 어버이 섬기는 효를 가히 알 수 있다. 그러므로 태어나서부터 부모의 장수를 기원하고, 벼슬길에 나아가는 것을 즐겨 하지 않았으나 어버이의 명으로 잠깐 나갔다가 곧 돌아왔다. 직을 훈계함에 있어서는 성현聖賢의 법과 교훈으로 하고, 종족宗族을 이끌고 가르침에는 효의孝義의 도道를 근본으로 하였

---

108 중국 전한(前漢) 때의 유학자. 일찍부터 『공양전(公羊傳)』을 익혔으며 경제(景帝) 때는 박사가 되었다. 장막(帳幕)을 치고 제자를 가르쳤기 때문에 그의 얼굴을 모르는 제자도 있었다. 3년 동안이나 정원에 나가지 않았을 정도로 그는 학문에만 정진하였다. 무제(武帝)가 즉위하여 크게 인재를 구하므로 현량대책(賢良對策)을 올려 인정을 받고, 전한의 새로운 문교정책에 참획(參劃)하게 되었다. 오경박사(五經博士)를 두게 되고, 한나라 문교의 중심이 유가(儒家)에 통일된 것은 그의 헌책(獻策)에 힘입은 바가 크다. 그러나 뒤에 자신의 학설로 말미암아 투옥되는 등 파란 많은 생애였다.

109 중국 전한(前漢) 문제(文帝) 때의 문인 겸 학자. 시문에 뛰어나고 제자백가에 정통하여 문제의 총애를 받아 약관으로 최연소 박사가 되었다. 1년 만에 태중대부(太中大夫)가 되어 진(秦)나라 때부터 내려온 율령·관제·예악 등의 제도를 개정하고 전한의 관제를 정비하기 위한 많은 의견을 상주하였다. 그러나 주발(周勃) 등 당시 고관들의 시기로 장사왕(長沙王)의 태부(太傅)로 좌천되었다. 자신의 불우한 운명을 굴원(屈原)에 비유하여 「복조부(鵩鳥賦)」와 「조굴원부(弔屈原賦)」를 지었으며, 『초사(楚辭)』에 수록된 「석서(惜誓)」도 그의 작품으로 알려졌다. 4년 뒤 복귀하여 문제의 막내아들 양왕(梁王)의 태부가 되었으나 왕이 낙마하여 급서하자 이를 애도한 나머지 1년 후 33세로 죽었다. 저서에 『신서(新書)』 10권이 있다.

110 선조 40년(160)~숙종 15년(1689). 조선후기의 문신·학자. 본관은 은진(恩津), 이름은 시열(時烈), 자는 영보(英甫), 호는 우암(尤菴) 또는 우재(尤齋)이다. 주자학의 대가로서 이이의 학통을 계승하여 기호학파의 주류를 이루었으며 이황의 이원론적 이기호발설을 배격하고 이이의 기발이승일도설을 지지, 사단칠정이 모두 이라 하여 일원론적 사상을 발전시켰으며 예론에도 밝았다. 주요 저서에는 『송자대전』 등이 있다.

다. 공의 벼슬 등위가 심히 영달하지 못해 그 포부를 비록 세상에 펼쳐 보이지
못하였으나, 도를 구하는 마음은 극히 돈후敦厚하여 여러 선생들의 기대하는
바가 많음을 볼 때 일향一鄕의 선사善士라 할 수 있다. 향인鄕人이 감복하여 사
당에 배향하였다. 그리고 명銘에 이르기를, "도道는 도산陶山에 가서 듣고, 덕德
은 파산坡山에 가서 쌓았으니, 노魯나라에 군자君子가 없었다면 도道와 덕德을
어디서 취할 수 있었겠는가?

라고 하였으니, 이에 더욱 선생의 실천하고 행함을 신임하였기 때문이다.

철종 신유년(1861)에 보국숭록대부輔國崇祿大夫 윤정현尹定鉉[111]이 비음기碑
陰記를 짓고, 예조판서 김기만金箕晩이 글씨를 썼다. 문집이 간행되어 세상에
전한다.

---

111 정조 17년(1793)~고종 11년(1874). 조선 말기의 문신. 본관은 남원(南原), 자는 정수(鼎叟), 호는
심계(梣溪)이다. 헌종 9년(1843) 식년문과에 급제하여 규장각 직각을 지냈다. 대사성·이조참의가
되고, 헌종 14년(1848) 황해도관찰사, 이듬해 병조판서가 되었다. 철종 원년(1850) 실록지사(實錄
知事)로 교정당상(校正堂上)이 되어 『헌종실록』 편찬에 참여하였다. 그 뒤 함경도관찰사 등을 지
내고, 철종 7년(1856) 규장각 제학으로 주자소주관당상(鑄字所主管堂上)이 되었다. 경사(經史)에
밝았고 비지(碑誌)에 조예가 깊었으며, 글씨를 잘 썼다.

* 『강릉향현행록』 원문 자료는 328쪽부터 오른쪽에서 왼쪽으로 보십시오.

未擢授橫城縣監蕭蕭赴任歲月以年老棄官歸黙齋
元公軸書有三逞宛然庭柯尚存元亮之興亦可想見其
後藥圃鄭公琢玉山李公瑊俱有眄庭天地杖履湖山等
語可見暮境幽居之樂尤有眄令人起慕也自此十餘歲
在鄉間必晨謁家廟在廬墓必日再灑掃平居好讀書潛
究玩索要在融會貫通其篤孝勤學不以年老衰也嘗
自題一句于竹上以求放心曰念慮一時無兩妄思萌
處更隄防又著春日吟曰朧畫池塘綠草新已看楊柳競
陽春咯然相對探生理二五之眞者縶可見於詩矣
外體立用行而因物觀理之實者縶可見於詩矣　宣祖

己巳五月二十二日終于正寢享年七十四葬于府北五
十里香洞丁坐原越四十一年仁祖乙酉邑人享先生
于鄉賢祠盖先生天資溫粹德器渾厚竅其外則似若無
甚異於人而動靜語默之間辭有不合於規矩準繩者其
接人也又藹和平樂易不留畦畛故見之者無不心醉而
誠服焉自少志學至老篤雖當燕閒無事之時容儀必
端莊衣冠必整飭俯讀仰思猶恐不及反其勤孳皆以董
養漸熟而又加以師友薰陶之益則一時羣賢皆推以董
賈重名不敢居其右凡八仕歷十官官多不就亦不久淹
盖出於娙養之至情不專以祿仕之非其志也　肅宗癸

友尤菴宋文正公撰墓表有曰古人云求忠必於孝推是
以觀則公之事親之孝因可知矣故生而愛日不肯官遊
雖以親命畧就而旋歸至於戒子以聖賢爲法爲訓以戒
宗族者固非孝義之道也公位未甚顯其所抱負雖不見
於世觀其求道之心甚篤而諸老先生期許之重則不但
爲一鄉之善士矣宜其鄉人化服俎豆于社也因銘曰閒
道于陶觀德于坡魯無君子斯民斯耶於此益可信先生
之實踐復也　哲宗辛酉輔國尹定鉉識碑陰記禮判金
其晚書有集列行于世

江陵鄉賢祠十二先生行錄終

江獨無房丙辰與七峯咸軒翔立祠宇于卯山妥奉尼聖
真影俾爲學藏修之所退溪作詩以美之曰人才淵藪
古臨瀛關學卯山澗石淸先生蓋聖之誠獎學之勤又可
見矣嘗與同志諸友遍覽五臺金剛諸名山氐接於耳目
者莫不各盡其窮格之工及再進芹宮推仰者益多退溪
與人書勉先生以鞱晦避人指目讀書持養勉之先生之
致力於窮格則無以見實理之本退溪之一言詩於鞱晦
惟左右識之牛溪成文簡公亦以讀書持養勉之先生之
淵源阡自此可推也戊午會栗谷于寄湖亭講論春秋抄
成一篇庚申又訪栗谷于海西臨別作詩曰山前得酒飲

是也宣祖辛未冬薦除繕工監役先生固不樂於從仕
旋以親老棄歸又著文曰鳥島私情匪馬故山云者
卽此時也癸酉又拜濤源殿衆奉有此後
盧日圖桓養有贈盧文簡守愼詩曰草坐今來四載養者
父憂翌年又丁所后父憂四年居盧情文備至因名所居
丁所后母崔氏慶未各立表石以爲千萬世無窮之慮又因
相逢香不可期之語蓋惆其不起也丁丑拜康陵叅奉時
請於 列聖陵下各立表石以爲千萬世無窮之慮又因
言 神德王后廢陵不可不還祔於 健元陵蓋已卯諸

賢只復昭陵而不及於貞陵識之者恨之故先生瀝血言之
其後 顯宗大王辛追來孝樹表于寧陵又修貞陵以慰
神人之心先生之見識忠誠實行于聖世矣嘗以時務獻
于栗谷當路時栗谷恨不能得其挾助然則先生之於世
事留意深矣壬午冬栗谷以其都遺風不可不觀爲之撰
姜永崧先生卽赴馬癸未自西峀訪栗谷栗谷詩以送之
曰心淵真源交道客身遊勝地官情微云師友之所推與
如此是年十二月入 王子師傅望甲申冬延恩殿叅奉
又移穆淸殿以女夫人命諸京入直延恩殿兩露有詩曰
雲峀山似去水漲石疑鳴本體原來靜何嫌外物縈尾言

之間體用昭著矣丙戌訪牛溪于坡山鄕庄臨別寄詩曰
占得幽居香浦村槿籬茅屋似桃源又曰海天東望三山
外人在仙宮第幾重蓋先生優遊自得翛然有出塵之想
人望之若神仙中人也是時姜夫人年七十九以天年終
先生年已五十五矣三年禮制居盧啜粥牛溪以書慰之
日衰年致哀明甲三年禮制居盧扶佑以至反吉萬福此朋友之深慶
先生庚寅拜司圃署別坐暫就旋歸自此讀書淵亭不復從
仕反壬辰卽甲也聞國事板蕩 大駕西巡先生周甲也
卽痛哭欲伸奮閣之義而筋力已衰倉皇熱竟未能遂
馬癸巳松江鄭公澈馳書報皇威遠暢收復可期之倍乙

31

張忽有雙鴨飛下井欄先生誠心黙禱以石一投而兩鴨並
陸取以供進病乃卽甦後又有疾臨革前指進血以延幾
日及夫丁憂毀幾滅性喪祭盡其禮孝感上聞　明宗朝
命旌閭癸亥屬孝廉為司饔院春奉時有院中契會帖我
洪荷表迪題詩曰未試殷勛調羹手聊向天廚妙割烹圖
亦曾為太官長強題詩句污丹青蓋惜其大器小用也帖
圖傳貞子孫家丙寅歷三郡清儉自持寬
寅為清河郡監壬申為永平郡守戊
蘭御下以孝悌力田為本民俗大化磨崖之頌父有餘思
也　宣祖庚寅八月五日辛　壽六十八葬于錢浦先塋西

贐軒朴先生

麗貞子原英宗己卯陞享江陵鄉賢祠　高宗乙巳大
匡輔國李根命撰墓表曰一門三賢并世同志與趙靜
菴金冲菴李晦齋權冲齋諸公為道義之交廸於己卯炳
幾退舉不踵虎尾與徊祥山水講劇性理遂至觀感興
起一邦以淑及其沒也鄉士大夫追慕不忘並服于一祠
而俎豆馬有朴允良之子億秋舉孝廉清河縣云宋雲谷
孫碑文有朴允良之子億秋舉孝廉清河縣云宋雲谷
翰兩碑閭亭記有一門四人兩選賢良三樹孝旌舉國華
族云陸鴨井在先生舊居阿竹里雄孝碑閭在博月里祀
孫世居閭先生孝行出三綱行實遺筆及行錄附刊于三

32

蹈景崔先生

可先生文集洪判書佑順撰棠溪盧景福墓表棠溪為江
陵教授時朴某楊萬古同為受業云

蹈景崔先生

先生姓崔諱雲遇字仲江陵人嘗自號鶴衢又曰香湖
晚號蹈景遂以蹈景稱於世其先江華望族麗朝進士壯
元露之後也再傳而有諱文漢以忠蕭王駙馬知國將止
邏于江陵子孫因籍焉於六世祖也高祖允直長
贈承旨曾祖自露俱中生進登科嘗以司諫院正言忰權
奸累補外郡清操益著贈嘉善禮曹祖世健比安縣監贈
吏判是生教授滄進士浩教授公娶晋州姜氏奉俊智

江陵鄕行狀

女生先生于　中宗壬辰六月初五日丙進士公無子而
子之先生自幼有至性七歲見羣兒捕魚于前川潛
而放之有行僧見而異之抱置石上再拜而去其仁愛
之性已有能感服人也十二歲從剃判金光斬受大學終
日口授不能解讀至半部便曉大義餘能貫通精微此
其鳳詩之實也　明宗壬子年廿一中生員出入芹宮一
以权撿力行為主反下鄉星山李晦齋以序送別極道愛
慕之情有曰君之於我實為師也甲寅往謁退溪李文純
公于陶山聞道而歸粟谷李文成公時在江陵先生往來
講劇記為道義之交先生嘗以為我國西南多建書院而

火廟主無托先生遂立別廟權奉祀之位土付宗家以資
生三十餘年及宗家成立還令主祀焉知府屢以忠孝薦
于道伯申達于　朝復其戶賜布賞職再被徵召以母夫
人奉養無主辭不赴時楊蓬萊士彥宰本府于萬于　朝
終不起時旱蝗珍富大和二縣尤甚楊侯強起先生安集
民人攝行判官事蝗不入境倉粟盈溢楊侯益奇之其
實而以詩美之其序畧曰人稱金孝子某六行具備孝父
友兄弟敦親戚睦隣里夷考古人亦少其類嘗治縣繩
墨不差卹民安集今歲春銓曹有　啓命薦吏材余乃首
薦之金君不肯起其介石確然之操不被天津胡孫之撓

意先知惠孝人桃花源裏見朱陳君子鄉中講五倫笑撥
二載粟紅珍富縣三年保合大和民瘙蝗不入橫溪驛天
海五雲深鎖鳳凰池仁君若問金生孝只在盂乾石裂時
雖大耳三藏宣能覿其涯浹我其詩畧曰一嶺遠浮暘谷

甚愛之母殘後遇其婣曰先生嘗丁伊稱忠婣母夫人
服喪哀毀一如前喪家有老婢曰諡丁吾平生不向
六年柬關守圣時空萬一忠臣先生年七十丁母夫人憂
日月便旋不向天地怨讟云屢蒙恩廩陞秩同知中樞府
事　宣廟乙巳以天年終享八十四其遺訓載在家乗
上批忠孝命旌閭掫其行實載三綱行實先生之子僉樞

景混敎授景時孫訓導埠俱以孝旌閭世稱三世四孝焉
蒼宋文正公跋四孝行錄畧曰今覩江陵金氏家譜則三
世之間四孝出焉此宣氣類相傳家敎也泯有以不失其
性初之本然歟抑觀感於大賢之家也記昔北坪師住堂
申氏婦德備矣克生文成公老先生雖於外祖母誠
敬備至以至上格宸裏　宣祖大王特許格外峠省夫如
是之懿此則金氏之門占得最多世云間在魯澗南峴右
蒼跋蓬萊序俱揭于閭秋史金正喜書三世四孝之閭墓
在府南松峴北谷子坐之原提學尹鳳朝撰墓表褧

龔軒朴先生

判洪鳳祚書
英宗已卯配享江陵鄉賢祠先生後孫建
葆真齋于魯澗宗孫家傍宋相公近洙書額撰記

先生姓朴諱億秋字德叟號龔軒江陵人新羅婆娑王五
世孫覲宇堂敎授諱忠烈堤上之後高祖中敬生員曾祖榮根
生員祖承休敎授諱忠烈堤上之後高祖中敬生員曾祖榮根
四休先生之族孫也母江陵崔氏信老之女先生以　中
宗癸未十月十日生天資頴悟親炙於三可先生以
治人之道深造實踐文學行義爲儒林之師表誠孝出天
父訓導公有七年之病闋野鴨可醫時天寒冰凍網羅難

意作詩見志築室于鼎峯之陽種松數百畝以為盤桓之
所先生克追先志與羣弟皆宅于此護養松林栗谷李文
成公與先生有道義之交作護松說署曰君之子知君之
意君之孫知君之子之意雖百歲松以意相傳終必不
泯其祖先之物雖斷枝斃蘖尚可犯其條幹邪云有一達官曾官江陵
凛然猶恐有傷尚可犯其條幹邪云有一
霜雪閱眼而起懷則林場寫悵為雖一枝一葉之微凛
遠為大蘚先生以帛書一絕置松魚腹中以寄之其詩曰
里樹耶此僞蓋之松出於栽培之手潤之以兩露實之以
潑潑鱗鬐氣力多龍門九級可跳過可傷知進不知退終

失滄溟萬里波其人割視而異之卽稱疾辭官未幾士禍
作而獨得免馬時人莫不服其先見之明也先生之實行
出於邑誌及輿地勝覽而江陵人物誌首稱先生馬墓在
府西內卯山負之原宋性澐箕撰墓表署曰嘗觀我
先祖尤菴文正公所著江陵金氏四孝子行錄跋數百載
之下有西興感今按栗谷李文成公所著護松說益知公
平日志節之偉可諭夫永世也吏判大提學金養淳書
純祖戊辰鄕人以先生陞享于鄕賢祠朴潤昭堂光佑金
雙溪堂細申企齋光漢沈漁村彦光趙玄洲纘韓崔翰林
雲潭李守孤堂蕃諸賢皆推重先生各有詩文先生後裔

27

繼起臨鏡堂于崑山世居上下里并揭諸賢詩文以耀一
堂之顏奉朝賀金覆陽相公洪藥周先後撰重修記宋守
宗齋達洙立齋近洙并有板上詩當時交孚之正後世
敬慕之篤此可見矣

葆眞齋金先生

先生姓金諱譚字譚之號葆眞齋江陵人溟州郡王周元
之后高祖匹陽進士曾祖墰訓導號崛山修金蘭半月會
祖盤石進士父光輅即將三陟沈氏文郡守希佺之女
生先生于 中宗壬午年十八發鄕解赴禮圍有華人相
之曰骨相當貴貴必妨壽先生曰吾若早死孰養父母遂

謝公車而歸專意養親父病嘗糞晨夕籲祈辰求以身代
竟遭憂衰毀逾禮饑至滅性祭奠進酌酒輒自乾若有醑
者馬及葬廬墓吸粥淚盡結血眼為之瞽于景湲景時
誠求藥空中忽有兒語三年醬致三斗眼之鄕里聞知不
日送致一石果得神效又墓前石儀時石堅釘折不可破
先生拜向號哭其夜雷震翌朝視之石皆自解若繩削焉
人以為孝感所致每哭墓時林間有虎常守見先生俯伏若致敬焉
服闋後常設朔望奠晨夕必謁廟焉 仁明兩廟國恤心
制食素三年族戚及知舊之喪必行素其宗家清素嘗失

28

庫日本人適至求見一國名畫及見先生所畫極愛之以
寶釼一雙請換曰此釼直三百金　上不許之詔使亦來
見先生畫歎曰誠絕寶也先生又精於數學藏一櫃于三
陟中臺寺吿孫亭櫃動之軋有夾僧徒不敢開壬辰亂
後有一書生開視乃崔氏諝牒也崔氏先系始自成完
中宗庚子贈議政府左贊成前義禁府事諡文正公
仁宗乙巳贈大匡輔國崇祿大夫議政府領議政墓在振
惠松守琿論已卯人材以先生為首曰若使此人得志可
以致君澤民而卒死於奸人之手惜哉先生歿後二十年
宣祖戊辰栗谷李文成
威峴下孫山除役洞乾坐原

公 啓經進除墓下地八結使奉祀復墓下里三十戶使
守墓　仁祖乙酉享江陵鄉賢祠約束徽殷撰行狀振
威士人立神道碑振威儒生元弘優等請建書院上疏署
曰崔某自少有山林高趣避世求志讀誦萬卷書遂成大
儒孝養承順如曾晳襲制一依失文公家禮鄉
人亦化之是以先正臣李玽曰崔某以處士隱入山林潛
心道學深知義理不求名利屢徵不起竟被已卯士禍之
禍與趙光祖一時為奸人誣陷而死蓋受業於金宏弼之
門道德學問粹然為士林山斗故見賣於諸賢如此云其
後丁巳報恩儒生上疏蒙　允金桑村自料具屏菴壽福

并享于報恩屏山書院先生居第二位　王子師傅成翠
陰爾鴻撰安文其春秋常享文曰帝宇宙朝懷風月
玉芙何傷蘭馨深烈先生不祧廟庚申冬自振威移安于
江陵經坊里遺集刊行于臨瀛世稿

臨鏡堂金先生

先生姓金諱說字說之號臨鏡堂溟州郡王周元二十四
世孫縣監允貴五世孫也高祖匹陽進士曾祖蟬訓導祖
盤石生員父光軒進士高鼎峯母江陵崔氏縣監世蕃女
先生自幼聰明才藝卓冠一鄉以博學篤行與起斯文為
己任不事舉業與羣弟調講論經旨錐隆寒盛暑必

整衣冠母夫人壽享百歲志貞德溫訓子孫有法導宗族
以睦先生與三弟承意誠養得一甘旨必先供進後分給
弟任及丁憂襄經吸濡三年哀毀一如祖括之日第或簞
之則捐備以䦤之其天倫友于類皆如此先生平生用工
在詩書易禮春秋作五經義以訓子孫其精微之辨條貫
之通曉然如指掌使蒙昧者怳若迷津之覺筏燭幽之懸
鏡云　中宗朝屬孝廉特除平康訓導辭不赴其後累徵
不起晚築一堂于鏡湖之上扁其堂曰臨鏡百家子史堆
案盈箱潛究性理寓趣江湖不以榮進為意時人號稱金
處士父鼎峯公以已卯司馬見幾於士禍之作遂有謝世

上給彈山海曲以賜祿懷弹罷掛樹而去俗尚大袖其制
甚濶先生獨造窄袖僅容一臂盖無人世官遊之意而務
異于衆以玩一世也 中宗朝趙靜菴諸賢嘗朝引進士
流罵先生將官之終不就先生嘗著破笠衣諧趙靜菴門
見金提學大成混之喩指吾輩也顧諸君坐長立不擇曰可飲
我一盃酒卽與之俠歆浮白曰我渡漢江船工智薄値颶
風幾溺心甚怖悴今飲酒醉然去座中皆恠之
其言果驗一日在净友堂崔簑適来先生偃卧自
若衰問此何人也老泉曰是隱士崔簑亭也先生佯醉不

起反衰出門乃屬唇乃君何交奸人為耶誤一時士流者
必此人也衰聞而深唧之衰嘗以山水圖寄金冲菴求題
先生適見之題曰落日下西山孤烟生遠樹幅巾三四人
誰是輞川主衰益唧之其叔父泰判世節與衰相善先生
每諫曰吾觀其為人真宵人也況今擧奸要寵宪寧觀見
士林大禍朝夕必至顧速棄官退歸鄉里以詩諷諫曰
暮秋江上天寒水自波孤舟宜早泊風浪夜應多有恩嫉
者言于衰及已卯禍作衰為花連微推官請弁推先生曰
趙光祖等以崔某為善士仰若山斗朝廷進退必决於崔且與金净菴
名雖林下之士光祖誤國之根皆由於崔某且與金净菴

23

別有陰謀每勸体退必有其情拏鞫甚迫先生供曰士林
不和恐有禍生勸叔父引退而已以白面書生黨於光祖
朱議朝廷萬無其理一生哘學惟忠孝而已又問君以清
節高士何要貪鄙之女耶對曰父生時已有議婚何必
立黄香待月明辛巳十月二十一日正色就刑年三十五
病鶴欲飛推羽翼長蘇將噴渇滄溟茫茫大地授何處
星垂綸清渭漫多情竞天忽暮乾坤暗霽日隨沉宇宙真
擇娶邪望奸羅織終置極刑臨命作一律四十年来堂北
父沒不得不從命況貪鄙不獨韓家擧世皆韓倓何必
是日白虹貫日天震數百里陰霧四塞跬尺不辨者數日

門人李達亨以蕭殘屍權厝于空谷夜守其側夢先生吟
一絕云亥宅誰相訪清猿獨可親自從蕭谷邊憶盡骸
人先生別業在振威治南炭峴嘗畜一猿能傳書札汲井
水滴硯頤指如人遂以名亭井亦以猿名東有
鋤川常持一竿釣於川上以寓閒趣嘗與松齋韓忠會坐
松齋彈琴先生軏起舞日今之士君子一遇毁譽禍福則
便失其常性臨難其能三節乎嘗住静庵門見其門人長
吟庵置樽極歡冲庵請掃松竹圖先生乗醉揮筆冲庵即
冲庵置樽極歡冲庵請掃松竹圖先生乗醉揮筆冲庵即
成簇子傳在湖堂知圖者稱天下絕筆所寫書又在內藏

三可堂朴先生

曰某年某月日處士星已殞以時考之乃　先生下世之日
也天使歸奏詔史官特書某年月日東國處士朴遂良卒
以是四休先生輓詩曰千載高名史永傳時本府使李頤
翰云赫赫芳名留史冊者是也葬于府北二十里沙川美
老里庚坐原　宣祖朝本道監司鄭松江澈鄭寒岡逑俱
雪不能侵我欲一鼓師襄琴魂招不歸海雲深大司憲洪
司憲李陶菴縡撰墓表銘詩曰萬古高亭松栢心大冬霜
來奈有文　仁祖乙酉鄉人立祠以享之　英宗甲戌大
鳳柞書碑高曰有明朝鮮國臨瀛處士朴公某之墓金潛
谷墭撰己卯名賢錄先生朴訥無華孝行甚篤以遺逸拜

縣監云先生平生遇興必吟哦無塵俗氣東國文章詩評
以為天馬行空不施韁勒云鏡浦臺板上詩五絕渭北傾
坤軸判南失洞庭岳陽樓一角漂泊落東溟其後道伯及
邑宰以判南失洞庭之句為取士試場題又七絕鏡面磨
平水府深又鑑形影未鑑心若教肝膽俱明照臺上應知
客窄臨其存警提醒之意後賢多有唱和詩嘗著書示意
曰小弐吾之器也人譽則喜人毀則怒怒者怒其不
可也喜者喜其可也一吾而以人言遂以吾為二吾小弐
吾則吾也非顏曾也一吾而以人言遂以吾為二吾小弐
吾之器也其詩與文數千篇先生臨歿時使燒之勿令傳

22

猿亭崔先生

播其後孫狀拾若干篇列行于世俞相公彥鎬跋雙閑亭
在美老里海畔宋雲谷翰炳記旌孝閭在雙閑亭傍金夢
村鍾秀識其碑

猿亭崔先生

先生姓崔諱壽城字可鎮號猿亭一號止海居士文號鏡
湖散人貫江陵釣隱先生之曹孫睡軒先生之孫生員世
孝之子也生員公以孝行節操見重於世以孝薦拜砥平
縣監不就母鐵原崔氏承音哲寬女　成宗丁未先生生
自幼志氣不羣聰敏絕人九歲文藝已成蓋天才而非學
得也條蒷子洪裕孫見之驚歎曰此兒乃風塵外物宜置

之溝壑中蔗山已未時年十三丁內艱一遵禮制朝夕饋
奠必親自備物事嚴親婉柔娣順一以養志為務及奉喪
粥廬墓毀瘠踰禮三年如一日鄉人皆化之服關不屑為
舉業雖赴場或曳白或成篇而不書名是無意於科宦也
受學于金寒暄堂宏弼之門與靜菴趙光祖灘叟李延慶
慕齋金安國思齋金正國新堂鄭鵬靜存李湛琴軒李長
坤自養金綵諸賢同門講磨閒學日就遂成大儒文章書
法畫格音律超絕一代人稱四絕諸賢勸就仕終不改操
有山水之趣自乙丑年十九以後遍遊五臺金剛俗離伽
異伽倻諸名山徜徉以自娛嘗囊藏三絃遇松則軋斷而

19

樂一日鄉人以新恩来訪母夫人見而稱歡先生曰凡為
人子悦親為大遂決意赴舉燕山甲子俱中生進第四人
其後不復應舉時當朝短喪制甚嚴先生居母憂慨然
曰寧死於鈇鉞不敢違先王之制也墓以終三年　中
宗反正之三年戊辰　命生時旋間與鄭誠謹同時旋孝
兩子秋金冲巷凈自楓巖而南訪先生于家一見如舊歡
樽對酌留歡數日臨別贈踯躅枝有詩曰萬玉層崖裏九
秋霜雪枝持来贈君子歲晩是心期先生和之曰似嫌九
先伐故欲曲其身直性猶存内邪能免斧斤當時誠襑之
微意可見也時　連議啓曰明經術有行義之人擢授不

三可堂先生　江陵鄉賢行錄　十九

次獎勵士林宇輔諸賢薦先生賢良戊寅五月廿七日
上引見薦舉人佐郎朴蕙司紙鄭琬主簿朴某先生請均
田政議　啓曰均田誠為美事然未重難未可遽行權冲齋
橛時以承宣記其詳先生之經綸未施而三代治隆之道
蓋鳳抱也出為忠清都事請監司孫公仲橄刊行陶靖節
詩集授學校徒朴訥齋跂其集曰是年七月特換龍
於陶靖節蹈遠引贄者避世之義云
宮縣監　上召見問曰堯舜之治可復為乎對曰可　上
古之甘者今亦甘古之苦者今亦苦草之為物至微而其

20

性猶如此况人性豈異於古今我若以堯舜之治治之則
其治不難致也　上嘉歡之邑有兄弟爭田累歲不決先
生具威饋招訟者仍設酌曰我為汝地主德化未行使汝
同氣致此争訟何面目忍為汝悻乎此進及汝等餞太守
而設也因論以古今兄弟友于之情曰田土易辨骨肉難
得也仍流涕如流其傍邑八九鄉有滿訟者皆就決焉己
積先生剖決如流其傍感悟還田相讓嶺南浩大訟牒煩
卯十一月十五日夜舉呈弄權士流要禍判書金凈太守
憲趙光祖大司成金凈同時就獄皆先生薦主也知禍及
己遂棄官歸鄉行橐蕭然惟一空籠而已初赴任之日乘

三可朴先生　工曹郎贄汀彙　廿一

一青雌牛而南反歸牛已乳因付其犢於官簿縣以其犢
生産至於數百缺以此為新舊刷馬價云先生堂叔四休
先生登賢良科官兵曹佐郎見士禍起亦退居桑鄉隔溪
相居杖履相從講劇經學海口小皐樹以松栢日與盤桓
于其上時人號曰雙閑亭先生家西有岸斗起名之曰三
可亭一可云有一可亭二可亭三可亭自解曰我無學衛登
司馬可無俗我無田地日再食可無飢我無仁智居山水
可無俗蓋其超然見機優閑自適禍不及焉　明宗丙午
考終于正寢二月初五日也享七十二　成宗乙未先生
之生　天使来曰處士星見東方及先生之殁天使又来

贊才或遺每有之人之歡洽蘭政府其體予懷廣詢博訪
以副予乏席之意　啟目畧曰歷代取士之法規制各異
西漢孝廉賢良等科最為近古郡國茂才薦到京師天子
臨軒親策則今依做此京中則勿論儒生朝士薦報成均
舘轉報禮曹外方則守令報監司監司移文禮曹令取昨
薦　啟開殿策　啟曰依允時京外所薦一百二十人
惟不克負荷是懼上下同心期臻唐虞之治其各憲著所
上御勤政殿　王若曰予以冪昧承祖宗之業夙夜孜孜
十人是月廿日唱榜賜紅牌及花以旱　命傳遊街拜弘

文著作歷兵曹佐即是年十一月十五日士林禍起北門
夜開東市朝迫屢小指以薦科非公而罷之　先生遂退居
江陵卜築沙月與從侄三可堂講劇經學樂而忘世日遊
海上小皐人號曰夤開亭兩家隔溪時或水漲不能揭屬
則隔水對坐擧盃相勸酣畫乃己三可堂先生卒先生以文
哭之有同一出處同一行裝雙開亭萬古長明之句兩
先生之道義相符此可見矣廢處二十餘年至　仁宗乙
巳　命復薦科除承文院校檢辭不就　明宗即位初李
芑尹仁鏡等又啟罷薦科　宣祖戊辰李相公浚慶等因
雷震之變　啟復薦科還先生本職領相尚震巡按關東

17

記訪之語人曰斯人如玉臺秋水其重亘如此先生嘗自
鮮四止之義曰止坐止高陰下步止葷門裏昨食止園蓤大
懼止檉才其閒淡自適之趣可推也先生贈漁村沈彥光
詩曰不堪軟思君淚雖處江湖之遠而愛君忠國之誠
未嘗火渝也享八十餘而卒葬于江陵錢浦先塋西麓負
亥原先生一傳而無嗣傍裔及外裔江陵崔氏奉墓祀
仁祖乙酉鄉人立祠于社以鄉賢享祀先生卽其一也朴
醫山幽關松檜隱映雙開亭關東追慕兩先生遨遊之趣
溪俗軒民獻按節關東追慕兩先生遨遊之趣巡訪古蹟
而去先生天資甚高慕道希賢出而為一世之所宗處而

為一鄉之矜式非有力學篤行之實能如是乎行蹟出東
國名臣錄及己卯黨籍有遺稿畧千篇并刊行于三可先
生文集中

三可堂朴先生

先生姓朴諱遂良字君擧初號碣巖晚號三可堂江陵人
新羅一等功臣諡忠烈堤上之后高麗自儉入本朝文科
端川郡事曾祖中敬生員崔睡軒先生為作醉翁記祖
榮根生員金梅月堂時習贈處士詩父承休教授母童海
李氏監察仲元之女生于　成宗乙未先生自幼孝
友天成學問日就及長雅志高潔無意世累惟以山水為

18

15

鏡覽金先生

都事入爲殿中監察以親老上疏乞歸
五年親病一未解帶非孝而何今徙蘭陵之行於予心惘然如失特除金城縣令以
爲養老之典此其除遇之隆也及遣親喪式克守禮眼關
入爲司憲府掌令執義議政府舍人出爲峽州原州牧使
性又公直屢典州郡皆有聲績歸橐蕭然家無負郭之資
世以淸白稱之嘗爲本道御史以府使韓倜政虐貪贓將
啓罷役母乘轎連三夜來乞于墻外省使之所敎云
牢排不聽蓋其嚴峻如此也早年與臨瀛文人傑十三五
僑以君子類要與相好修金蘭半月會有盟約五章一日

江陵鄕賢行錄

吉山慶吊二日良辰講好三日過惡雨責四日竹令贐金
五日故行削籍鄕賢中春軒崔先生同會目睡軒崔先生
作序文晚年謝官歸鄕時府伯設鄕飮酒禮鄕射禮邀光
生爲償相及爲鄕座首著鄕令一篇一鄕遵行之其鄕約
諸條署四一德業相勸德有二十二件右件
德業相約之人各自進修互相勸勉其中表異者報于官
達子　朝二過失相規犯義之過六犯約之過四不修之
過五右件過失同約之人各自省察而規戒然不悛則徙
輕重施罰罰有四等馬三禮俗相交之事有司主之期日科集違慢不如約者詰之
禮俗相交之事有司主之期日科集違慢不如約者詰之

16

深覽賢先生

春秋講信時講約法四患難相恤有七件右惠難相恤之
事其家告于約長及有司爲之糾集之程督之又有別條
三條馬李秉谷崔踽踽景諸先生儀乎呂氏鄕約潤色之之先生
之鍊達禮學科正風俗蓋如此也　純祖戊辰陞享江陵
鄕賢祠墓在府北十里鏡浦北甑山東加南丁坐九世孫
堂新羅忠烈公之后麗季忠敬公之桂之玄孫也曾
祖自傛入本朝文科端川郡事祖中信司馬文科永興判
衛鎭撰行狀

四休堂朴先生

先生姓朴諱公達字大觀初號江湖晚號四止又號四休

深覽賢先生

官父始行生員文科歷應敎贈吏判諡文憲五兄弟俱登
科母英陽南氏進士遇女先生生于　成宗庚寅自幼醇
謹孝友擇言而孅雖隆寒盛暑整服危坐鄕黨稱爲善士
燕山乙卯中生員時年廿六修身飭行堅坐讀書不復治
舉業金沖菴淨雅聞先生及三可先生之名　中宗丙子
秋自楓嶽歷訪留數日甚親歡贈詩曰相逢捿捿隱處此地
卽蓬瀛江海扁舟飄浮一客星趣皆骨遠眼入鏡湖
靑分手又千里馬前霜葉零蓋以隱逸許之也及還朝力
薦賢之責惟在牢輔子臨政頒治求賢如渴而治效未著
薦之己卯四月賢良科　傳旨暑曰爲國之務人才最先

可畏也不以無益而害有益不以未形之祚而害見存之
民下今有司斬學悅之頭以答卯民之望然後堤堰之地
復修儲水吾民之田許令自耕艷陽寺民怨兩聚之穀收
納州倉以補軍需則人心和而天地和應矣嗚呼天下國
家之事非宰相責非宰相不得盡言行非諫官而盡言乎
位非宰相責非諫官安能侵官而盡言乎幸承直言本以庸儒
畏乎民品恩之而不怠恩則至道之味與三王
思其降耆之由一復一日雖体勿休務王敬而作祈用顧
加四裏而屈於匹夫聞過必改従諫如流審其致災之理
不覺往惜而陳之伏願 殿下智高天下而聽於至愚威
家之事非宰相責非諫官安能侵官而盡言乎幸承直言以庸儒
白莫不清耳而聽刮目而視延頸跂踵冀有所聞偉發
允俞之詔採納聾瞽之言則非但愚臣之幸抑亦國家之
幸休願 殿下溶心焉疏入不報朝廷恐其禍出為鎮岑
縣監在官二年壬辰發憤病辛年三十葉于江陵府南十
里松峴友坐原先生初到鎮岑吏民輕其年必頒或有不
勤者有木瓜數千個混其數而亂之先生暗記其數一日
主吏以盡告之先生數之曰木瓜之數有饗而用處幾何

則爾何以盡為告耶吏民皆驚以為神自是廳門雖設不對
不敢欺　世祖幸上院寺時設崇佛闢佛二門令武士操
鐵椎立於闢佛門外試令舉庭従心以入則皆八崇佛門
先生晷無懼色獨入之際上亟命止之
其志操堅剛如此云　肅廟壬戌春陞享江陵鄉賢祠吏
判提學李參鉉撰墓表晷曰天地之間有純剛至正之氣
鍾於人而發為言威武不能屈禍福不能移者千百世一
人焉當　光陵受禪之餘朝野之間有純剛至正之氣
章直言烈烈之氣溢于詞表公之貞忠無愧扶生六臣也
學悅妖僧蠱惑焰焰朝廷莫敢言而毅然一疏與韓文
公佛骨表相上下云先生修金蘭半月會後人寫之為圖

實菴焉

槐堂金先生

先生姓金諱潤身字德叟號槐堂江陵人溟州郡王周元
之后高祖蔵正順大夫曾祖龍壽中正大夫祖仲祥校尉
父汝明司正母江陵王氏評議輕之女先生德性有素學
問以孝務盡怡悅母夫人嘗誠之曰爾嘗五昆季俱登科
親揚名顯親願汝效之先生篤志舉業　世祖戊子中生
員蔭仕訓導　成宗丙申擢丙科歷司錄典籍主簿慶尚

11

失時星象示警慶慰仍各徵彰作天道不遠譴告非靈
民有不感召之由臣愚以為人君居萬民之上為百神之主
然之理也臣竊觀歲在丙子奸臣搆亂因星變欲濟其奸
挾□魯山以遂其志社稷有危於懸旒國勢殆均於絕繼
世祖大王生知聖武精誠動天奸謀自露兇黨授首因天
人之共憤論□魯山扶寧越其後宰臣駿奔臺省進諫迫
共衆怒懌自賜死以罪論之死有餘辜然昔日南面行王
事者也世祖大王曾所從受禪者也骸骨委地而不收
旅魂飄飄而無依冥冥之中豈無欝結而不伸飢餓而求

醫軒崔先生

食乎臣恐雷霆之作必由於此昔唐太宗之於建成元吉
宋理宗之於濟王宏皆以罪誅之而以禮葬之彼中才之
主尚且如此況薄唐宋而不居者乎 魯山雖未有後嗣
興滅絕在 厰下耳伏願赦過宥罪大霈鴻恩令其道
監司收骸骨而改葬其官守令因歲時而致祭則是轉禍
為福之一段也臣伏觀江原道江陵麻法山堤防之地周
回三千餘步地形前低而後亢中陷而菊高蓄水刃刃
陳之地不過數十百步其餘高亢潧波邴不及之地亦二千
五百餘步則吾民之耕耨自如也其餘灌溉之地亦不下
二十餘結國家不審詳度徒聽妖僧學悅之語以為不耕

12

醫軒崔先生

之地謾棄不墾罷其堤防許令起耕施納上院寺以為供
佛之費學悅者貪求無厭不墾陳地托稱盜耕奪民田
七十餘石付種之地非但俊奪所失其下灌溉之地倘
值旱乾則無水可灌亦棄而陳荒矢非徒此也府止二里
許有艷陽寺稊庫歲在乙酉年間綿布數百餘疋同自南道
年年載來一疋之直或以二石八九斗或以二石五六斗
折之強其不欲之民計其結卜之數勒令分授於西成
猛差督使徵迫於星火大抵江原道之民富居者寡貧窶者
多委頭喪氣救死不贍豈得以償之乎是以髧首之徒揚
臂割杖遍滿閭里鞭撻其民人係縛其老贏以至財産牛

醫軒崔先生

畜盡奪無餘舞智弄文逐年取息一疋之直或以八九石
一石之直或至於五六石今年為是而明年又為是而蓄積
鉅萬陳陳相因民之餓莩者相望流離者不絕倘聖眼
亦可流涕欷九重深邃海演懸遠宝宝之岻無路上達撫
膺而慟呼泣而愬至今巷議街設萬口一辭咸曰使國家
去邪勿疑除惡務本遣一介使臣斬一僧頭成吾輩當分
食其肉矣此誠疾之已甚悲痛之辭也昔燕丹泣血而白
虹貫日鄒行含悲而夏月隕霜一夫之怨尚然如此
況一邑數萬之衆陰悲慘怛而寃惡至天平臣恐災變之
作亦源於此伏願知佛氏之有害而無益生民之至愚而

臣凜然若秋霜烈日不可犯者獨李正言存吾而已於今
忽有結之者嗚呼美哉我社稷之福也首唱大臣之非忠犯
人主之怒不以禍動其心一髮如公之一輩豈多也哉童世
聖作成之效於以益驗山林直士之氣於以益壯萬世
社稷之本於以益固此穆胥以扶病起立而感泣為賀者
也於是摘用唐泰政渡淮詩平生仗忠信今日住風波一
聯及關東第一人五字排冠句頭又假閭潛嶠去來辭以
三十字雙押撰歌以贈焉庚申以朝議徵拜漢城府右尹
歷大司憲工兵吏三曹參判乙丑拜江原道觀察使辭以
老不赴 中宗丙寅徵拜刑曹參判兼同知成均館事五

衙郡總府副摠管凡歷事八朝三司憲府四曹參判蓋先
生孝既無憾忠亦盡職一邦慕效之丁卯閏正月五日卒
于江陵鄉第享年八十是年四月葬于江陵助山考墓後
庚坐原外玄孫文成公栗谷李珥撰神道碑銘墓曰惟天
昇人曰孝與忠念厥初帝則是從烝烝我公奉以周旋
幹母之盡愛日知年持平白雲李命殷書右議政眉叟許
穆篆 仁祖乙酉享于鄉賢祠 肅宗戊午先生五世孫
文湜以江原道伯按關東立墓碑及右倰先生以佩俾翥
從遊精於性理深於禮學著喪禮考正編有逸稿刊行于
臨瀛世稿

9

先生姓崔諱洙字道源號春軒江陵人其先全州華族五
世祖立之麗朝平章事封江陵君子孫因籍焉高祖安瀨
吏曹典書封苪城君曾祖斯廣仕 本朝官戶曹判書祖
仁祖郡守汝南陰教授學旋善全民生員務女 世宗
癸亥生先生 世祖戊子登第官成均博士先生天性剛
直不容私偽不屈威武能文章常憤佛道之橫行魯山之
疏曰臣聞雷霆之擊無物不摧萬鈞之壓無物不碎人主
之威雷霆也人主之勢萬鈞也苟不開道求諫和顏接辭
未復 成宗庚寅 上因星變求言先生慷慨不顧乃抗
則乾肯犯顏觸諱直言極諫自取擊之壓之之禍哉幸今
聖上獎德音下明詔令文武百官下至山林處士並許陳
時政得失民間利害大哉 王言至矣王心真堯舜之捨
已焉湯之責已漢唐以來絕無而僅有也臣雖管見敢不
精白一心以平昔耳目之所觀記為 殿下陳之乎臣嘗
讀書觀天人之際休咎實待之兆有感必通其間甚悉是
以政失於此則變生於彼捷於影響宣不愲哉恭惟 主
上殿下卽位以來小心翼翼勵精圖治從諫若轉丸愛民
如赤子三皇以來未之有也明明上帝照臨下土宜錫介
祉以答灂休而卽位繞踰二年陰陽愆候旱乾結作雷霆

10

也貞敬夫人江陵咸氏縣令華之女先生于　世宗
戊申四月三日早喜讀書不作游戲斬然異皃兒庚申年
十三丁外憂哀毀盡禮親執奠饌鄉黨稱孝服闋一意向
學戊辰中司馬兩試　端宗甲戌擢乙科一人補江陵

副正字以母夫人在鄉不就京職常補江陵訓導例陞著
作博士都事乞郡養親癸未歷高城郡守後移寧越多惠
拜江原都事乞郡養親癸未歷高城郡守後移寧越多惠
政秩滿將歸縣民願借一年拜成均館司成又不就兩戌
秋序金蘭半月會暑日臨瀛文人傑士三五儕以君子類
盟約五章要與相好以睡軒痴翁常後師席造門而求辭
馬翁曰友之道二有心友焉有面友焉結友惟其心而已
其可與友面者我顧諸子各自敬之云　成宗庚子丁內
憂廬墓三年一不到家過哀柴毀幾至滅性服將闋大臣
咸薦其賢癸卯擢拜司憲府執義固辭改司成未幾還拜
執義歷禮賓奉常兩寺正松都有疑獄久不决特遣先生
推問剖析明决　　上嘉之賜鞍馬丁未冬湖南捕水賊九
十餘人又遣先生治之咸得其情陞拜吏曹參議擢拜
同副承旨遷禮曹參議擢拜忠清道觀察使　教曰古語
云求忠臣扶孝子之門君親一也蓋棗棘之天當事親而
爲孝當事君而爲忠宣二致惟卿學富才俊早捷詞場而

7

聲名隱然動搢紳閭咸曰漢廷名卿無出其右熱愛日誠
篤絶意榮進回翔郡寄者畫二十年旣能盡孝於其親則
其不爲盡惠於君乎以事親之心移於事君之春卿有加無
於卿者也擢陞銀臺予睠惟一道獄訟視他道爲繁
替卿可無圖報之心乎瞻惟忠厚之俗醲矣任其責者非在於觀
良由孝悌之風衰而忠厚之俗醲矣任其責者非在於觀
道之內卿其使乎肆命卿爲右道監司卿其徃盡心力使一
風寮俗善士敦孝悌而禮讓而
息辭訟在卿特易耳兩管通政以上聞奏定奪通訓以
下住卿處置於戲周度周諏惟盡職之是務勿剪勿伐庶

遺愛之永存故茲教示詳宜知悉佔畢齋金宗直作詩送
之署曰崔公閤望乃其人自少風稜楠磊落淳風美俗易
馴致大史定應滋筆待周南留滯不須恨他日及瓜期歸
鷸其期待之重如此也已酉拜大司憲辛亥拜同知中樞
府事俄拜慶州府尹重修鄉校倣太學制度務興文化多
有異蹟州人爲立興學碑甲寅拜同知事歷漢城府左尹
燕山丁巳復拜大司憲戊午以直諫忤旨罷歸鄉里佔畢
齋門人寒喧李穆愈歎其直言忤作序及詩以送之署
曰中原文獻地贒地贒君子之多固不可論吾東方自箕子
以來人材亦盛矣然近百餘年間以言爲官而能面斥權

8

歲廬次不脫経帶至誠盡禮嘗自博渉経史探賾羲理餘
事文章一不赴擧承襲家訓至於松纏之屬御貢進上前
不敢先嘗國恩行素如親忌聞知舊之喪匍匐往吊一日
行素馬母夫人年迫七十有九病視床褥先生與三弟焚
香祝天頑以子代母之命俄而夫人急然覺悟曰夢之
謂余曰夫人四子至誠如此天將瘳之以好爵又益夫人
退壽矣有頃夫人思食鯉膽而時値嚴冬萬無得鯉之路
先生與三弟同往川澤（即邑南川龍峯下沼）得一魚以救母病冰忽自解雙鯉躍出持
歸供母病遂勿藥鄉隣感歎曰斯人之孝出於天矣遠近

傳播名聞　九重　太宗丁酉並旌四兄弟之閭並授四
兄弟司正而復其子孫又特授司憲府監察先生乃歎曰
濫荷天恩心自愧怍向日得鯉實爲偶然吾無得焉曰
而廩賞至此過情之耻莫加於此遂不就仕　上聞之曰
昔王祥母病叩冰魚躍今成茂兄弟亦然前孝後孝覆載
同鑑不覺欽服時無物口堪嘗可憐四子叩冰泣滺滺
臺慈親臥蟻床經時無物口堪嘗可憐四子叩冰泣滺滺
金鱗研似霜　天人相感理分明萬古同然在一誠近日
溟州消息好王祥堂獨擅名聲　天廬若是懇摯時人莫
不艶歎曰事我一門生此四王祥信千古稀事也先生

孝友之外恒自存心於修齊之道嘗味邵子言曰言之於
口不若行之於身行之於身不若盡之於心言之於口人
得而聞之行之於身人得而見之盡之於心神之得而知之
人之聰明猶不可欺況神之聰明乎是知無愧於口不若
無愧於身無愧於身不若無愧於心吾既無愧於口不能
盡之於心也拈出一訥字以爲自號其名訥而期無愧
言乎又不能言之於口宣無愧於身乎既不能行之於身
乎之於身心宣無愧乎言旣不能言於口寧訥而無愧無
愧焉而愈寫而愈容矣先生之卒年月及墓無傳設壇于渭村
山行歲一朶先生之弟良茂後孫通仕郎堂通德郎即墓

弟亦以孝行　蕭宗兩戌表異其門閭其流風餘韻蓋自
先生流來矣　英宗己卯陞享鄉賢祠　旌孝閭自聲谷
今移建于本邑龍岡町大道傍揭板曰寧海李氏二世六
孝之閭先生外從曾孫三可朴先生以孝生時旌閭三可
先生之姪贅軒朴先生亦以孝旌閭世稱襄氏之孝出於
襄延壽亦以孝旌閭三可先生之外外孫
於李李氏之孝又出於襄內外孝子十三人自公始焉云
云

睡軒崔先生

先生姓崔諱應賢字寶臣號睡軒江陵人釣隱先生之子

嘉之賜鞍馬先生之朝天凡五度也自是決意勇退將
臨瀛都民顧留如司馬光之歸洛是年十二月十七日病
卒于第年五十一訃聞 上震悼乃罷御醫視弘遂失其
濟才遭禮官李夏成論荅荅支曰儀表秀麗度重寬弘繼
治療遣禮官李夏成論頃當址征頌有不續母予器重權置哉
賜優厚 文宗在東宮時遣應教金汶致荅其荅文君曰
舌出納歡載啓沃甚功數紫朝 至尊荅注彌篤特隆崇列伴
蕃注彌深于刑于吏鑑裁獨出謂將大用永作良弼云賜
學通經史令聞夙彰肄我 帝降俞音予予心是嘉
為賓客訓誨有年多兩儀刑云琉球國人亦有柰文對馬

三

島主嘗致賻物馬越明年辛酉二月十二日葬于江陵府
址助山庚坐原遵治命也梅竹軒成三間玩易齋笁硯德
耕隱趙瑞康淵冰堂辛碩松亭金泮存養齋李旬丹
溪河緯地諸賢有靫詩知製教南秀文序碩文直撰學柳
義孫銘直提學崔興孝書大提學鄭陟愛先生卒後二百
六年 仁祖乙酉首享江陵鄉賢祠其後領議政李裕元
撰神道碑文判書曹錫輿書夫人咸氏自先生捐館後衰
毀悲念或假寐先生來與欷洽若有神靈在傷吉山必先
告焉養旣闋罷廬墓更立小室於塋側香火晨夕三年乃
已一夕冥冥之中先生告夫人曰 御享年八十九云後以

壽封貞敬至庚子十二月夫人有疾語諸孫曰今年是家
君相報之期明日是家君忌辰我當同日逝矣至夕數問
忌祀行否奄然而終異我衬莫于同原達城君徐居正撰
碑文先生遺集刊行于臨瀛世稿

訥齋李先生

先生姓李諱咸茂字聖始號訥齋鄉人稱之曰百源堂軍
海人也新羅司徒立全之后高祖延東麗朝門下侍郎封
寧海君曾祖偅同正別將祖乙年文科府今父長荅戶部
與書文章節行當我朝受 命退居江陵母江陵崔氏戶
長河之女先生于江陵虎街里今玉幼而歧嶷迥異
川町

訥齋李先生文集　四

凡兄素有至行孝悌著名蓋其天性然也與其弟善茂春
茂良茂三人友愛隆篤誠孝備至嘗感服稱以四難謂其
四昆季友兄友難弟也先生嘗語輩弟曰古有張公藝
九世同居而今吾兄弟則其敢曰湛樂之
九世同居而今吾兄弟不能一室同居則
懷哉遂搆一室其制有倫常同案履則共被不少離於
父母之側奉養盡職嘗自謂曰我於事親不能盡愛敬而
賴吾第三人之能竭其力以獨有兄弟亦自安焉古之司馬牛以
獨無兄弟為憂吾則以
使之父母宣敢毀傷世或有為親斷指割股其誠心篤則
萬矣孝則孝矣罝不有違於啓手足之誠乎及丁外艱三

江陵鄉賢祠十二先生行錄

釣隱崔先生

先生姓崔諱致雲字伯卿號鏡湖釣隱江陵人高麗慶興
府院君忠武公必達之后滇州君漢柱先生之高祖也
曾祖漵贈典農少尹祖元亮俱中生進三司左尹壽九十
九趙石淵云仡尹江陵時旌其門日年堯達專之門父安
麟進士贈兵判尹江陵全氏即將仁具之女洪武二十三
年庚午六月十九日母夫人夢奇虎生先生于江陵私第
生員壬辰與鄉儒六十八人供狀聞于 朝建江陵鄉校
太宗戊子

丁酉擢第
世宗己亥補承文院正字庚子陞著作博士
辛丑試副校理壬寅選集賢殿修撰癸卯丁內艱三年
盧墓未禫
徵拜典農主薄
理戊申復以書狀赴京庚戌丙午充書狀官赴京尋爲校
人無春秋館記注官僉知承文院事癸丑子授議政府舍
人知製教壬子授議政府校
上以崔潤德師問罪以先生
猪江野人李滿住冠邊
為從事官至賊境全師獻捷先生之功多焉 上甚嘉
工禮吏三曹戊午拜左承旨薰經進秼贊官修文館直提
悅超授通訓承文院事甲寅進春秋館編修官乙卯喬議
學是年梅月堂金公生于漢師先生一見奇之命名曰時

習及稱五歲神童時人服其識鑑焉已未野人童倉等與
李滿住謀叛 上擬奏天朝命先生進階嘉善以遣之先
生善竦使事蒙勅而還 上備禮郊迎宴勞之仍賜鞍馬
田五百結奴婢三十口先生固辭至上上箋許相公絅曰
此人非矯情也乃其中心則宜成其名 上從之儀還藝
文提學刑吏二曹叅判兼集賢殿提學 世子右賓客先
生每入經筵 世子下階迎之先生以不敢當禮辭焉
上軫念吏之用刑不中按律未精 命先生註解無寃
錄仍念臺吏學螢講解律文凡斷疑刑必召先生議多矜
反先生性嗜酒 上賜手札以誡之遂奉粘于壁出入觀

省武自外醉歸峠夫人指壁而示之先生叩頭扵床下因以
節飲為膂扵官門步障上有食塊伴隆扇于地拾而吞之
後赴京師有相者曰子有蔭德拾食是矢嘗為銓曹亞卿
時乘軺過市遇鄉人戶長李陌陌乃先生戚再從也戴破
笠衣蒙裌潛遁乃下車呼曰李兄何不見我而避去也對
話良久其德量蓋如此嘗詠慈母石詩曰嚴后江頭峻
如壁府人指為慈母石我聞慈母名起我父母思同梱之
恩真難報而今賴有移忠孝行當竭力事明君展可揚名
酬二親蓋其忠孝心誠之所激也庚申又以請留童君事
如京復蒙勅允奉 恩賜弓笏及鶴頂金帶而還 上

『강릉향현행록 江陵鄕賢行錄』 원문

참고문헌

1. 자료

『三國史記』, 『高麗史』, 『朝鮮王朝實錄』, 『세종실록지리지』, 『신증동국여지승람』, 『강원도지』, 『임영지』, 『증수 임영지』, 『동호승람』, 『七峯咸先生遺稿』, 『강릉향교지』

『江陵崔氏三賢遺稿』, 『臨瀛世稿』, 『東儒師友錄』, 『惺所覆瓿藁』, 『기묘록보유』, 『拭疣集』, 『約軒集』, 『佔畢齋集』, 『李評事集』

『태조실록』, 『세종실록』, 『성종실록』, 『중종실록』, 『선조수정실록』, 『고종실록』

『경국대전』, 『연려실기술』, 『영동지방 금석문자료집』2

『唐書』, 『北齊書』, 『宋史』, 『일본서기』,

『朝鮮總督府施行年報』, 『施政二十五年史』

국립중앙박물관, 1997 『조선시대 고문서』

한국정신문화연구원, 『한국민족대백과사전』22권

2. 저서 및 논문

김수태, 1981 「고려 본관제의 성립」『진단학보』52, 진단학회.

_____, 1999 「고려초기 본관연구」『한국중세사연구』8, 한국중세사학회.

김정배, 1988 「고구려와 신라의 영역문제-순흥지역의 고고학자료와 관련하여-」『한국사연구』61·62, 한국사연구회.

김중권, 1999 「中宗朝의 賜暇讀書에 關한 硏究-賜暇讀書를 중심으로」『書誌學硏究』19, 書誌學會.

盧然洙, 2001 「朝鮮前期 江陵大都護府使 業務 硏究」『江原文化史硏究』6, 강원향토문화연구회.

박도식, 2002 『江陵市 實錄資料集』, 강릉문화원.

_____, 2003 『江陵의 歷史人物資料集』(下), 강릉문화원.

_____, 2004 『江陵의 12鄕賢 資料集』, 강릉문화원.

_____, 2011 『조선전기 공납제 연구』, 혜안.

_____, 2013 『江陵의 同族마을』, 강릉문화원.

_____, 2017 『강릉을 담은 역사와 문화』, 태학사.

_____, 2003 「조선초기 上院寺 立案文書 연구」『임영문화』26, 강릉문화원.

박도식, 2006 「1541년에 작성된 「李氏分財記」 연구」 『栗谷思想研究』13, 율곡연구원.

朴宗基, 1990 「高麗의 收取體制와 部曲制」 『高麗時代 部曲制研究』, 서울대출판부.

방용안, 1986 「悉直國에 대한 고찰」 『江原史學』3, 강원대학교 사학회.

변태섭, 1968 「高麗前期의 外官制」 『한국사연구』2, 한국사연구회.

서병국, 1981 「新唐書 渤海傳 소재 泥河의 재검토」 『동국사학』15·16, 동국사학회.

서영일, 2003 「斯盧國의 悉直國 併合과 東海 海上權의 掌握」 『新羅文化』21, 동국대 신라문화연구소.

宋俊浩, 1990 「한국의 씨족제에 있어서의 본관 및 시조의 문제」 『조선전기 사회사연구』, 일조각.

심현용, 2009 「고고자료로 본 신라의 강릉지역 진출과 루트」 『大丘史學』94, 대구사학회.

옥한석, 1994 『향촌의 문화와 사회변동』, 한울.

왕현종, 1996 「甲午改革期 官制改革과 官僚制度의 變化」 『國史館論叢』68, 국사편찬위원회.

유영익, 1990 『갑오경장연구』, 일조각.

李明植, 2002 「5세기 新羅의 對高句麗關係」 『大丘史學』69, 대구사학회.

이병도, 1976 『한국고대사연구』, 박영사.

이수건, 1978 「고려전기 토성연구」 『大丘史學』14, 대구사학회.

_____, 2003 『한국의 성씨와 족보』, 서울대출판부.

李純根, 1981 「新羅時代 姓氏取得과 그 의미」 『韓國史論』6, 서울대 국사학과.

李鍾書, 1997 「羅末麗初 姓氏 사용의 擴大와 그 背景」 『韓國史論』37, 서울대 국사학과.

李漢祥, 2003 「동해안지역의 5~6세기대 신라분묘 확산양상」 『영남고고학』32, 영남고고학회.

전덕재, 1990 「4~6세기 농업생산력의 발달과 사회변동」 『역사와 현실』4, 한국역사연구회.

鄭雲龍, 1989 「5世紀 高句麗 勢力圈의 南限」 『史叢』35, 고려대 역사연구소.

조이옥, 1999 「신라와 발해의 국경문제」 『백산학보』52, 백산학회.

채웅석, 2000 『고려시대의 국가와 지방사회』, 서울대학교 출판부.

홍영호, 2016 『신라의 하슬라 경영 연구』, 경인문화사.

善生永助, 1931 『生活實態調査』3(江陵編), 조선총독부.

3. 웹사이트

민족문화대백과사전(http://encykorea.aks.ac.kr)

두산백과사전(https://www.doopedia.co.kr)

디지털강릉문화대전(http://gangneung.grandculture.net

한국역대인물종합정보시스템(http://people.aks.ac.kr)

저자 약력

朴道植

- 경희대학교 대학원 사학과 졸업(문학박사).
- 강릉문화원부설 평생교육원 주임 교수.
- 저서;『강릉을 담은 역사와 문화』,『조선전기 공납제 연구』(2012년 대한민국 학술원 우수도서 선정), 『조선전기 공납제의 운영』,『강릉의 동족마을』(2014년 문화관광부 우수도서 선정) 외 다수.
- 공저;『강원도사』,『강릉시사』,『태백시사』,『동해시사』,『이천시지』,『한국고전 용어사전』,『朝鮮初期 古文書 吏讀文 譯註』외 다수.
- 논문;「조선전기 공납제의 내용과 그 성격」,「조선전기 貢物防納의 변천」,「16세기 國家財政과 貢納制 운영」,「崔有漣原從功臣錄券의 研究」,「〈북관대첩비〉에 보이는 함경도 의병의 활약상」,「〈栗谷先生男 妹分財記〉의 연구」,「1541년에 작성된「李氏分財記」연구」,「율곡 이이의 공납제 개혁안 연구」,「강릉 의 명칭 유래」,「조선시대 영동지방의 어업과 어물유통」,「조선후기 강릉부 우계면의 蔘貢 관련 完文 연 구」,「어촌 심언광의 북방 경험과 국방 개선안」외 다수.